cLv

Gracia Burnham / Dean Merrill

Im Angesicht meiner Feinde

Ein Jahr Geiselhaft auf den Philippinen

Christliche Literatur-Verbreitung e.V.
Postfach 11 01 35 · 33661 Bielefeld

Falls nicht anders vermerkt, sind die Bibelzitate der Elberfelder Übersetzung 2003, Edition CSV Hückeswagen, entnommen.

In the Presence of My Enemies, German
Copyright © 2003 by Gracia Burnham

German edition published with permission of Tyndale House Publishers, Inc.
All rights reserved.

1. Auflage 2015 (CLV)
(leicht gekürzte Ausgabe; früher erschienen im Verlag Gerth Medien, Aßlar)

© der deutschen Ausgabe 2015 by CLV
Christliche Literatur-Verbreitung
Postfach 11 01 35 · 33661 Bielefeld
Internet: www.clv.de

Übersetzung: Eva Weyandt, Hermann Grabe
Satz: CLV
Umschlag: typtop, Andreas Fett, Meinerzhagen
Druck und Bindung: GGP Media GmbH, Pößneck

Bestell-Nr. 256.270
ISBN 978-3-86699-270-2

Dieses Buch ist Ihnen gewidmet.
Wenn Sie für Martin und mich
während unserer Gefangenschaft gebetet haben,
auch wenn es nur ein einziges Mal gewesen ist,
dann fühlen Sie sich bitte angesprochen.
Ihre Gebete haben dazu beigetragen,
dass ich diese Zeit lebend überstanden habe
und unsere Geschichte jetzt erzählen kann.
Ich möchte zu einem Menschen werden, der aufrichtig betet
und Anteil nimmt am Schicksal anderer, die leiden.
Wir brauchen einander, nicht wahr?

Inhalt

Das »Who is who« der Kidnapper

Unter den Dutzenden von Mitgliedern der Abu Sayyaf, die die Burnhams zu unterschiedlichen Zeiten während ihrer Geiselhaft bewacht haben, waren diese die bekanntesten:

»Moktar«, »Abu Moktar«
Zivilname: Khadafi Abubakar Janjalani
Rolle in der Gruppe: Führer der gesamten Abu Sayyaf (nach der Ermordung seines älteren Bruders, des Begründers der Gruppe im Jahr 1998), Ende zwanzig, wirkte jedoch jünger, ruhig, vorübergehend »verheiratet« mit Reina
Einsatzdauer: Er nahm die Geiseln bei ihrer Ankunft auf Basilan am 31. Mai 2001 in Empfang und verließ sie Ende September 2001.

»Musab«, »Abu Musab«
Zivilname: Isnilon Totoni Hapilon
Rolle in der Gruppe: stellvertretender Kommandeur der Abu Sayyaf, mit geringen englischen Sprachkenntnissen, streng, eigensinnig, zuletzt »verheiratet« mit Ediborah
Einsatzdauer: von Anfang an bis Anfang Mai 2002

»Omar«, »Abu Omar«
Zivilname: Bakkal Hapilon
Rolle in der Gruppe: Bruder von Musab, nahm schließlich Sheila für sich, »heiratete« sie aber nicht formell
Einsatzdauer: Er nahm die Geiseln bei ihrer Ankunft am 31. Mai 2001 auf Basilan in Empfang und blieb bis Anfang 2002.

»Sabaya«, »Abu Sabaya«
Zivilname: Aldam Tilao
Rolle in der Gruppe: Mediensprecher, Verhandlungsführer bei den
Gesprächen mit der Regierung, charismatische Ausstrahlung, sehr
gute Englischkenntnisse, schließlich »verheiratet« mit Angie
Einsatzdauer: Er blieb fast die ganze Zeit bei den Geiseln.

»Solaiman«
Zivilname: Jainal Antel Sali jun.
Rolle in der Gruppe: wichtigste Bezugsperson für die Geiseln während der ersten drei Monate aufgrund seiner Bildung und seiner englischen Sprachkenntnisse, Ende dreißig, arbeitete früher als Ingenieur
und stammte aus einer sehr wohlhabenden Familie
Einsatzdauer: von Anfang an bis Ende September 2001

»Mang Ben«
Rolle in der Gruppe: erster Führer der Untergruppe der Burnhams,
groß, schmal, stattliche Erscheinung, Ende dreißig
Einsatzdauer: von Beginn der Geiselnahme an, bis er in den kämpfe-
rischen Auseinandersetzungen im Juli 2001 ums Leben kam

»Hurayra«
Zivilname: Jumadil Arad
Rolle in der Gruppe: verhielt sich den Burnhams gegenüber sehr
freundlich, Mitte zwanzig
Einsatzdauer: von Anfang an bis Ende September 2001 (mit einer
Unterbrechung gegen Ende dieser Zeit)

»Moghira«
Rolle in der Gruppe: Untergruppenführer, »heiratete« schließlich Fe
Einsatzdauer: Er nahm die Geiseln bei ihrer Ankunft auf Basilan am
31. Mai 2001 in Empfang und verschwand am Silvesterabend 2001.

»Sakaki«
Rolle in der Gruppe: der erste Bewacher, der Gracia Burnham zugeteilt wurde
Einsatzdauer: von der Ankunft auf Basilan an, bis er im Juli 2001 einfach verschwand

»Bro«, »Kosovo«
Zivilname: Alhamzer Limbong
Rolle in der Gruppe: klassischer Kriegertyp, groß, muskulös, gut gebaut, stolz auf seine langen, lockigen Haare, nur geringe englische Sprachkenntnisse, aber bereit, sie einzusetzen
Einsatzdauer: von Anfang an bis Ende September 2001

»Zacarias«
Zivilname: Toting Craft Hanno
Rolle in der Gruppe: Solaimans Assistent, fröhlich, Anfang zwanzig
Einsatzdauer: Er gehörte zu den drei Männern, die die Burnhams gefangen genommen hatten, und verließ die Gruppe Ende September 2001 aus gesundheitlichen Gründen.

Der Titel *Abu* bedeutet »Vater von«.

Mang bedeutet »Onkel«.

Neben den Abu Sayyaf gibt es auf den südlichen Philippinen noch folgende Widerstandsgruppen:
- Islamische Befreiungsfront der Moros (MILF);
- Nationale Befreiungsfront der Moros (MNLF).

Moro ist eine ethnische Bezeichnung für muslimische Filipinos. Sie reicht mehrere Jahrhunderte zurück zu den Spaniern, die die Muslime in ihrem Land »Mohren« nannten.

Das »Who is who« der Geiseln

Gefangen genommen in der Dos-Palmas-Ferienanlage
am 27. Mai 2001

Männer

Martin Burnham
Gefangenschaft: 1 Jahr, 11 Tage
Kurzbeschreibung: amerikanischer Missionar aus Kansas, Pilot, 42 Jahre, verheiratet mit Gracia, Vater von drei Kindern
Ende der Gefangenschaft: wurde am 7. Juni 2002 durch drei Schüsse getötet

Francis
Gefangenschaft: 20 Tage
Kurzbeschreibung: Bankier, 50 Jahre, verheiratet mit Tess
Ende der Gefangenschaft: wurde am 15. Juni 2001 nach einer Lösegeldzahlung freigelassen

Chito
Gefangenschaft: 38 Tage
Kurzbeschreibung: Verkäufer bei einer Handyfirma, in den Dreißigern, verheiratet, Vater von drei Kindern
Ende der Gefangenschaft: wurde am 3. Juli 2001 nach einer Lösegeldzahlung freigelassen

Reggie
Gefangenschaft: 7 Tage
Kurzbeschreibung: ehemaliger Redakteur einer philippinischen Zeitung, stellvertretender Leiter einer Baufirma mit vielen staatlichen Aufträgen, Ende vierzig
Ende der Gefangenschaft: wurde am 2. Juni 2001 nach einer Lösegeldzahlung freigelassen

Buddy
Gefangenschaft: 7 Tage
Kurzbeschreibung: Herausgeber eines Reisemagazins, verheiratet mit Divine
Ende der Gefangenschaft: wurde am 2. Juni 2001 nach einer Verwundung zurückgelassen

R. J.
Gefangenschaft: 7 Tage
Kurzbeschreibung: Buddys und Divines 8-jähriger Sohn
Ende der Gefangenschaft: wurde am 2. Juni 2001 freigelassen

Guillermo Sobero
Gefangenschaft: 16 Tage
Kurzbeschreibung: amerikanischer Bauunternehmer aus Kalifornien, 40 Jahre
Ende der Gefangenschaft: wurde am 11. Juni 2001 enthauptet

Sonny Dacquer
Gefangenschaft: 6 Tage
Kurzbeschreibung: Koch aus Dos Palmas
Ende der Gefangenschaft: wurde zunächst zurückgelassen, dann am 1. Juni 2001 enthauptet

Armando Bayona
Gefangenschaft: 6 Tage
Kurzbeschreibung: Sicherheitsbeamter aus Dos Palmas
Ende der Gefangenschaft: wurde zunächst zurückgelassen, dann am 1. Juni 2001 enthauptet

Eldren
Gefangenschaft: 6 Tage
Kurzbeschreibung: Sicherheitsbeamter aus Dos Palmas
Ende der Gefangenschaft: wurde am 1. Juni 2001 zunächst zurückgelassen; überlebte einen missglückten Versuch, ihn zu enthaupten

Frauen

Gracia Burnham
Gefangenschaft: 1 Jahr, 11 Tage
Kurzbeschreibung: amerikanische Missionarin aus Kansas, Anfang vierzig, verheiratet mit Martin, Mutter von drei Kindern
Ende der Gefangenschaft: wurde am 7. Juni 2002 durch einen Schuss verwundet, konnte jedoch evakuiert werden

Tess
Gefangenschaft: 7 Tage
Kurzbeschreibung: Frau von Francis, eine »Mutter« für Gracia während des Aufenthalts auf dem Boot, religiös und sehr liebevoll
Ende der Gefangenschaft: wurde am 2. Juni 2001 freigelassen, um die Lösegeldzahlung für ihren Mann voranzutreiben

Janice
Gefangenschaft: 7 Tage
Kurzbeschreibung: Mitarbeiterin von Chito, in den Zwanzigern, sehr lebensfroh
Ende der Gefangenschaft: wurde am 2. Juni 2002 freigelassen, um die Lösegeldzahlung für Chito voranzutreiben

Rizza
Gefangenschaft: 7 Tage
Kurzbeschreibung: Freundin von Reggie
Ende der Gefangenschaft: wurde am 2. Juni 2001 nach einer Lösegeldzahlung freigelassen

Divine
Gefangenschaft: 7 Tage
Kurzbeschreibung: Frau von Buddy, Mutter von R. J.
Ende der Gefangenschaft: wurde am 2. Juni 2001 zurückgelassen, nachdem sie bei einem Feuergefecht verwundet worden war

Angie
Gefangenschaft: 5 ½ Monate
Kurzbeschreibung: Schwester von Divine, Anfang dreißig; allein-
stehend, arbeitete im Familienunternehmen mit (Reisemagazin)
Ende der Gefangenschaft: Die Lösegeldzahlung erfolgte Ende August,
freigelassen wurde sie jedoch erst am 15. November 2001.

Letty
Gefangenschaft: 7 Tage
Kurzbeschreibung: chinesisch-philippinische Geschäftsfrau
Ende der Gefangenschaft: wurde am 2. Juni 2001 freigelassen, um die
Lösegeldzahlung für ihre Tochter und Nichte in die Wege zu leiten

Kim
Gefangenschaft: 20 Tage
Kurzbeschreibung: Tochter von Letty, Teenager
Ende der Gefangenschaft: wurde am 15. Juni 2001 nach einer Lösegeld-
zahlung freigelassen

Lalaine
Gefangenschaft: 38 Tage
Kurzbeschreibung: Nichte von Letty, Teenager
Ende der Gefangenschaft: wurde am 3. Juli 2001 nach einer Lösegeld-
zahlung freigelassen

Fe
Gefangenschaft: 5 ½ Monate
Kurzbeschreibung: Tochter eines Fischers aus Palawan, 20 Jahre, Ver-
lobte von Guillermo
Ende der Gefangenschaft: Die Lösegeldzahlung erfolgte Ende August,
freigelassen wurde sie jedoch erst am 15. November 2001.

Frauen und Männer, die am 2. Juni 2001 im Krankenhaus von Lamitan als Geiseln genommen wurden

Frauen

Sheila
Gefangenschaft: 5½ Monate
Kurzbeschreibung: Krankenschwester, verheiratet, Mutter eines Sohnes
Ende der Gefangenschaft: wurde am 15. November 2001 freigelassen

Reina
Gefangenschaft: 4 Monate
Kurzbeschreibung: Krankenschwester, Anfang zwanzig, alleinstehend
Ende der Gefangenschaft: wurde im September aufgrund einer Schwangerschaft freigelassen

Ediborah Yap
Gefangenschaft: 1 Jahr, 5 Tage
Kurzbeschreibung: Oberschwester, Mutter von vier Kindern
Ende der Gefangenschaft: wurde am 7. Juni 2002 durch einen Schuss getötet

Mann

Joel
Gefangenschaft: 4½ Monate
Kurzbeschreibung: Pfleger im Krankenhaus, Anfang zwanzig, alleinstehend
Ende der Gefangenschaft: entfloh am 14. Oktober 2001 während eines Feuergefechts

Die Nachnamen der noch lebenden philippinischen Geiseln wurden nicht genannt, um ihre Privatsphäre zu schützen.

Alle Daten in dieser Übersicht und im ganzen Buch basieren auf Orts-zeit. Die zentrale Zeitzone in den Vereinigten Staaten (wozu z. B. der größte Teil von Kansas und der gesamte Bundesstaat Arkansas ge-hören) liegt im Sommer 13 Stunden hinter der philippinischen Zeit zurück, im Winter 14 Stunden.

Glossar

Abu Sayyaf	»Vater des Schwertkämpfers«[1]
Al-Harakatul Islamiya	die Islamische Bewegung
alimatok	Blutegel
»Allahu akbar!«	»Allah ist der Größte!«
apam	muslimische Version eines Pfannkuchens
Banana Que	auch *banana-cue*; reife Bananenstücke, in braunem Zucker gewälzt und gebraten
banca	ein kleines Boot
bianbons	gebratener Bananenbrei
bolo	Messer; philippinisches Äquivalent einer Machete
CAFGU	den philippinischen Truppen als Helfer zugeteilter Zivilist
carabao	Wasserbüffel
Cebuano	philippinische Sprache
CR	»Komfortraum« (philippinische Abkürzung für eine öffentliche Toilette)
Hadsch	Pilgerreise nach Mekka, eine religiöse Pflicht für die Muslime
Ilocano	philippinische Sprache
kalaw	Bezeichnung für große Vögel mit roten Schnäbeln (vor allem für den Philippinischen Nashornvogel)

---

1 A.d.H.: Auch mit »Schwert Gottes« wiedergegeben.

langaw	auf Tagalog (einheimische Sprache) Bezeichnung für »Stubenfliege«– die Verpflichtung, etwas mit anderen zu teilen, wenn diese darum bitten
malong	Wickelrock aus Batikmaterial
Mudschahed (Pl. Mudschaheddin)	Kämpfer im Dschihad
pantos	weite Hose (wie eine Schlafanzughose)
sabaya	»Kriegsbeute« Wenn eine Gefangene mit ihrem Kidnapper »verheiratet« wird, nimmt er sie als *sabaya*.
»Salam!«	»Frieden!«
»Salam alaikum!«	»Friede sei mit dir!«; Standardgruß unter Muslimen
sindol	heiße Kokosmilch, die mit Früchten gemischt werden kann
sundalo	Soldaten
Tagalog	philippinische Sprache
terong	Kopfbedeckung, Kopfschal
tolda	gestreifter Sonnenschutz aus Plastik, der zwischen zwei Bäume gespannt wird
tsinelas	Sandalen

Einleitung

Das ist meine Geschichte, aber es ist nicht die ganze Geschichte. Die ganze Geschichte wäre zu umfangreich, um sie aufzuschreiben, und zu mühsam zu lesen. Mein Koautor Dean Merrill und ich haben zunächst alle Ereignisse niedergeschrieben, mussten jedoch anschließend bei der Überarbeitung immer mehr wegstreichen. Leider handeln einige dieser herausgenommenen Abschnitte von Menschen, die mir sehr lieb sind und mir nahestehen. Sie haben mir während der leidvollen Zeit im Dschungel und danach in beispielloser Weise zur Seite gestanden und mich unterstützt. Diesen Menschen sage ich, ihr wurdet nicht ausgelassen, weil ihr nicht wichtig seid. Ich hoffe, ihr wisst, dass ihr einen ganz besonderen Platz in meinem Herzen einnehmt.

Mein wichtigstes Ziel beim Schreiben dieses Buches war, Martins Geschichte zu erzählen. Ich hoffe, wir haben unsere Sache gut gemacht.

Gefangen im Morgengrauen

(27.–28. Mai 2001)

Bum, bum, bum!
Martin und ich fuhren aus dem Schlaf hoch. Draußen war es noch dunkel, und wir konnten nichts sehen. Wir hörten nur das Klopfen an der Holztür der Strandhütte, in der wir unseren 18. Hochzeitstag feierten.
Bum, bum, bum, bum, bum!
›Puh – wir sollen wohl in die Nachbarhütte umziehen‹, dachte ich. Beim Essen am Abend zuvor hatte ein Mitarbeiter des Hotels angedeutet, dass wir die Hütte wechseln sollten, doch dann hatte er das Thema fallen gelassen. Ich rief also der Person, die an die Tür klopfte, zu: »Es ist noch zu früh zum Umziehen!«
Bum, bum, bum!
Dieses Mal antwortete Martin: »Was ist?«
»Hier ist ein Sicherheitsbeamter«, ertönte die Antwort.
›Ich wette, er ist betrunken‹, dachte ich. Ich vermutete, dass er während der Nachtschicht getrunken hatte und jetzt Krawall machte. Erneut donnerte er gegen die Tür.
»Martin, der Sicherheitsbeamte ist bestimmt betrunken.«
»Nein, ich denke, irgendetwas ist nicht in Ordnung«, erwiderte er. Er stand auf und ging auf die Tür zu.
»Schatz, warte – du musst doch zuerst eine Hose anziehen!«
Martin griff knielange Khakishorts mit weiten Taschen von dem Stuhl neben dem Bett. Ich setzte mich auf und suchte mir ebenfalls meine Sachen zusammen – Shorts und ein graues T-Shirt, das ich am Abend zuvor getragen hatte.
Gerade als Martin die Tür erreichte, flog sie auf. Drei Männer mit M16-Gewehren drängten in den Raum. Alle waren klein, einer von ihnen noch sehr jung – vermutlich noch ein Teenager. Ein anderer war vielleicht drei- oder vierundzwanzig, mit langen schwarzen Haa-

ren. Der dritte Mann schien mir etwas älter zu sein. Alle trugen langärmelige schwarze Hemden; zwei waren mit Hosen in Tarnfarben bekleidet. Aber keiner hatte eine Uniform an, trug eine Maske oder Sonnenbrille; wir konnten ihre Gesichter gut erkennen.

Sofort schoben sie Martin zur Tür hinaus. Der ältere Mann rief mir zu:»Los, los, los!«

»Nein, nein, nein!«, erwiderte ich und umklammerte das Laken, das ich um mich gewickelt hatte.»Ich bin nicht angezogen.«

Ich wusste nicht, wie viel Englisch er verstand, aber in meinem gegenwärtigen Zustand würde ich ihm keinesfalls gehorchen – egal, was geschah. Zitternd zog ich mir die Shorts an.

»Okay, okay«, erwiderte er.

Ich kleidete mich weiter an.

Ein Mann hatte Martin nach draußen gebracht, während der dritte unsere Sachen durchwühlte. Er fand unsere Kamera und unser Handy.

»Bewegung, Bewegung, Bewegung!«, ertönte erneut der harsche Befehl. Während ich zur Tür hinausgeschoben wurde, schnappte ich mir noch schnell unsere *tsinelas*, die Sandalen, die auf den Philippinen üblicherweise getragen wurden. Meine Tasche oder irgendetwas anderes konnte ich nicht mehr holen.

Der junge Mann, der mir nach draußen gefolgt war, wollte, dass ich schneller ging – ja, sogar rannte. Aus einem Seminar wusste ich, dass man in den ersten Minuten einer Entführung allen Anweisungen Folge leisten sollte, bis sich jeder wieder ein wenig beruhigt hatte. Doch ich war zu wütend auf diesen Teenager, sodass ich beschloss, dass ich *nicht* rennen würde.

»Schneller, schneller!«, sagte er und stieß mich mit dem Gewehrkolben in den Rücken.

Mit ruhiger Stimme und zusammengebissenen Zähnen erwiderte ich:»Ich gehe schnell genug«, und behielt meinen Schritt bei.

Er stieß mich erneut, und es tat weh, aber ich war entschlossen, meinen Willen durchzusetzen.

Am Anlegesteg wartete ein knapp zwölf Meter langes Schnellboot mit drei großen Außenbordmotoren – wie es auf den Philippinen gern für Drogengeschäfte verwendet wird. Vier oder fünf verängstigte Geiseln saßen bereits auf dem Boden des Bootes. Martin, noch immer ohne Hemd, stieß einen Seufzer der Erleichterung aus, als er mich entdeckte, nachdem wir während des Marsches zur Anlegestelle getrennt gewesen waren.

»Oh, ich bin so froh, dich zu sehen«, sagte er. »Hat dir jemand etwas getan?«

»Nein, nein – ich musste mich nur erst richtig anziehen.«

Bedingt durch den eiligen Aufbruch trug er seine Kontaktlinsen nicht, sodass er nur verschwommen sehen konnte. Zu meinem Glück hatte mich Martin ein paar Jahre zuvor zu einer Laseroperation an meinen Augen ermutigt, der ich mich in Manila unterzogen hatte. Im Gegensatz zu ihm konnte ich also alles recht gut erkennen.

Während wir nebeneinander im Boot saßen, beobachteten wir, wie andere aus den verschiedenen Ferienhütten zum Boot gebracht wurden. Am Himmel wurde es gerade hell.

Einige der Leute hatten tatsächlich Koffer dabei! Ein recht elegant wirkendes Pärchen brachte nicht nur seine Koffer, sondern auch einen großen Wasserkanister mit. ›Du meine Güte‹, dachte ich bei mir, ›ich hätte wirklich nicht so schnell aus dem Zimmer rennen müssen. Ich hätte mich ein wenig langsamer bewegen und sogar einige Sachen zusammenpacken können.‹

Ich erhob mich und verkündete: »Ich werde Martin ein Hemd holen!«

»Hinsetzen«, rief einer der Kidnapper. »Wir werden ihm ein Hemd geben.«

Sofort gehorchte ich. Aber mir fiel auf, dass sein Englisch recht gut war. ›Wenigstens werden wir uns mit ihm verständigen können‹, dachte ich. Später erfuhren wir, dass sein Name Solaiman war.

»Ich habe unsere *tsinelas* mitgebracht«, sagte ich zu Martin und hielt sie hoch. Ich war sehr stolz auf mich.

»Ja«, erwiderte er. Wir zogen die *tsinelas* jedoch nicht an, stattdessen hielten wir sie einfach nur in den Händen. Martin sah sich still im Boot um und betrachtete zuerst die Männer mit den Gewehren, dann die anderen Geiseln. Er tat das Naheliegendste – er versuchte, die Situation einzuschätzen und alles zu begreifen. Das war jedoch nicht leicht, da fast jeder im Boot Sprachen sprach, die wir nicht verstanden. Gelegentlich warf jemand ein englisches Wort in die Unterhaltung ein, und wir konnten uns den Inhalt der Gespräche zusammenreimen. Doch die meiste Zeit beobachteten wir die Gesichter und lauschten auf den Tonfall des Sprechenden, um zu erahnen, was er sagte.

Ich blickte nach unten und sah meinen Ehering. ›Diese Leute werden meinen Ring nicht bekommen!‹, schwor ich mir. Also zog ich ihn ab – zusammen mit einem Türkisring, den ich an der anderen Hand trug – und steckte beide, als gerade niemand hinsah, in die Tasche meiner Shorts.

»Solltest du mir nicht deinen Ehering geben?«, fragte ich Martin.

»Oh nein, es wird alles gut werden«, antwortete er. Er war wirklich ein unverbesserlicher Optimist.

»Bist du sicher?«

»Ja, es wird alles gut.«

⌣

Dieser romantische Urlaub in der Dos-Palmas-Ferienanlage war meine Idee gewesen – eine Tatsache, die schwer auf mir lastete, als ich nun zitternd in diesem Boot saß. Martin war gerade eine Beförderung in der New Tribes Mission angeboten worden – jener Missionsgesellschaft, für die wir seit 15 Jahren im Bereich Missionsflugdienst arbeiteten. Man wollte ihn zum Chefpiloten für die gesamte Missionsgesellschaft machen, was eine Rückkehr in die USA nach Arizona bedeuten würde. Von dort würde er dann die Flugprogramme in der ganzen Welt organisieren.

Obwohl das Angebot ihm schmeichelte, war Martin an der Position nicht so richtig interessiert.

»Ich möchte nur sein, was ich immer gewesen bin: einfach Pilot«, hatte er mir erklärt.

Nichts tat Martin lieber, als am Steuerknüppel der kleinen rotweißen Cessna zu sitzen, die Landebahnen im Dschungel anzufliegen und unseren Missionarskollegen Lebensmittel sowie Medizin zu bringen oder Stammesangehörige zu den Krankenstationen zu befördern.

Trotzdem ließen Martins außergewöhnliches fliegerisches Talent und sein Fingerspitzengefühl im Umgang mit Menschen ihn in der Missionsgesellschaft immer weiter aufsteigen. Ja, er hatte diese Beförderung schon mehrfach abgelehnt, weil unsere drei Kinder noch klein waren und er nicht so oft unterwegs sein wollte.

Immer wieder hatte ich beteuert: »Weißt du, ich möchte genauso wenig in die Staaten zurückkehren wie du. Aber um ehrlich zu sein, du bist einfach der richtige Mann für diese Position. Wirklich!«

Ich liebte die Philippinen sehr, doch eigentlich war es mir egal, wo wir waren oder was wir taten, solange wir zusammen waren. Martin lächelte dann immer und schüttelte den Kopf.

Am 10. Mai war Martin für zwei Wochen in die Vereinigten Staaten geflogen, um sich mit den Leitern der New Tribes Mission zu treffen. Während seiner Abwesenheit war der Missionspilot auf der westphilippinischen Insel Palawan wegen eines Todesfalls in der Familie nach Hause gerufen worden, sodass für den Flugdienst auf der Insel gerade kein Pilot zur Verfügung stand. Per E-Mail waren Martin und ich zu dem Entschluss gekommen, dass er unmittelbar nach seiner Rückkehr auf die Philippinen nach Palawan gehen sollte, um dort für den Piloten einzuspringen; immerhin brauchten die Missionare dort den Flugdienst. Außerdem wurde ein Dolmetscher erwartet, der unter den Stämmen arbeiten sollte, auch er war auf einen Piloten angewiesen.

In Gedanken war ich Martins Termine durchgegangen. Müde und unter Jetlag leidend würde er auf die Philippinen zurückkehren – und vermutlich sofort für eine Woche nach Palawan aufbrechen. Die Tage auf der Insel würden lang sein, und er würde sich auch noch selbst verpflegen müssen. Das war mir nicht richtig erschienen. Er würde Hilfe brauchen.

Mein Terminplan war ebenfalls ziemlich voll gepackt. Besucher auf der Durchreise wurden bei uns erwartet. Doch dann waren seltsamerweise einige Termine abgesagt worden. ›Ich könnte ihn begleiten und ihm ein wenig zur Seite stehen‹, hatte ich gedacht. Außerdem war am 28. Mai unser Hochzeitstag, und wenn ich ihn begleitete, dann könnte ich an diesem Tag zumindest bei ihm sein. ›Vielleicht können wir während unseres Aufenthalts dort sogar etwas Besonderes unternehmen. Bisher haben wir nie Zeit gehabt, die Sehenswürdigkeiten von Palawan zu genießen‹, war es immer wieder in meinem Kopf herumgekreist.

Deshalb hatte ich eine unserer Mitarbeiterinnen auf der Insel angerufen und gefragt:»Wo könnten Martin und ich unseren Hochzeitstag feiern? Er ist gerade aus den USA zurückgekommen.«

»Oh, ihr solltet nach Dos Palmas fahren«, hatte meine Freundin vorgeschlagen.»Eine wundervolle Ferienanlage und ganz abgelegen. Man kann die Anlage nur mit dem Boot erreichen. Das Essen dort ist hervorragend, und es gibt zwei Arten von Zimmern – Gartenhütten auf dem Land und Hütten auf Pfählen über dem Wasser.«

»Was würdest du empfehlen?«

Im Hintergrund hörte ich ihren Mann rufen:»Die über dem Wasser! Das sind die schönsten.«

»Also gut. Könntest du für den Samstagabend, den 26., eine Hütte für uns buchen?«, hatte ich sie gefragt. Dann hatte ich unsere Nachbarn Bob und Val Petro gebeten, in der Zeit unsere Kinder zu nehmen. Außerdem hatte ich einiges vorgekocht und eingefroren, sodass auch in dieser Beziehung für sie gesorgt war.

Als ich schließlich die Reservierung für Dos Palmas erhalten hatte, hatte ich nach Luft geschnappt – 10 000 Pesos für uns beide (200 Dollar). Sicher, darin waren Unterbringung, Aktivitäten und alle Mahlzeiten enthalten gewesen, aber trotzdem … Das war schrecklich viel Geld für unser Budget. Ob Martin ärgerlich sein würde über diese Extravaganz? Was würden die Menschen denken, auf deren Spenden wir angewiesen waren? ›Vielleicht sollte ich einfach meine Freundin noch einmal anrufen und sie fragen, ob es nicht auch ein hübsches Hotel in der Stadt gibt‹, hatte ich noch überlegt.

Wenn ich doch das nur getan hätte …

༄

Ich sah mich um und zählte: 17 Geiseln saßen dicht gedrängt auf dem Boden des Schnellbootes. Auf dem Deck vor dem Steuerrad stand eine Gruppe Kidnapper, während sich ein paar andere hinten bei den Motoren aufhielten. Die Gespräche wurden sowohl auf Englisch als auch in anderen Sprachen geführt, die ich nicht kannte.

Der ganze Vorgang hatte vielleicht 25 Minuten gedauert – alle Geiseln waren aus den Hütten über dem Wasser geholt worden, keine aus den Gartenhütten. In der letzten Minute sagte jemand:»Moment mal! Wir brauchen einen Koch.« Schnell sprang einer der Kidnapper aus dem Boot und rannte den Hügel hoch, um den Koch des Hotels zu entführen; sein Name war Sonny. Außerdem überwältigten sie zwei Wachmänner, die sich offensichtlich gegen die Banditen nicht zur Wehr setzen konnten.

Mit Sonny und den Wachleuten waren wir nun zwanzig Geiseln.

Die Motoren wurden angelassen, und das Boot legte vom Anlegesteg ab – und zumindest ein Rätsel wurde zu dieser Zeit gelöst. Die gesamte Gruppe der etwa 15 Geiselnehmer reckte die Fäuste in die Luft und rief wie mit einer Stimme:»Allahu akbar! Allahu akbar!« (»Allah ist der Größte! Allah ist der Größte!«) Sofort wussten wir, mit wem wir es zu tun hatten: mit den gefürchteten Abu Sayyaf. Nur sie besaßen den Mut, etwas Derartiges zu tun.

Ich wusste nicht viel über die Abu Sayyaf, nur dass sie Terroristen waren. Auf den südlichen Philippinen hatten die Menschen schreckliche Angst vor ihnen. Später erfuhren wir die Bedeutung ihres Namens, der sie recht gut beschrieb: *Abu* (»Vater [des]«) *Sayyaf* (»Schwertkämpfer[s]«).

Diese Gruppe hatte bereits Jeffrey Schilling, einen afroamerikanischen Muslim, gefangen genommen. Er war im Jahr zuvor auf die Philippinen gekommen, um dort ein muslimisches Mädchen zu heiraten. Nachdem er von den Abu Sayyaf gehört hatte, hatte er gedacht, er könnte als»muslimischer Bruder« zu ihnen gehen und ihnen klarmachen, dass ihre Handlungsweise gegen den Koran verstoßen würde. Seine»Umerziehungsversuche« waren jedoch kläglich gescheitert, denn sie hatten behauptet, er sei ein CIA-Agent. Sie hatten ihn als Geisel genommen und eine Million Dollar Lösegeld gefordert. Jeffrey war siebeneinhalb Monate gefangen gehalten worden. Wir hatten gehört, er hätte schließlich fliehen können, nachdem er sich von seinen Handschellen befreit hatte. Dies war jedoch nur durch seinen starken Gewichtsverlust möglich gewesen.

Ich wandte mich an Martin. Eine schwere Last hatte sich auf meine Schultern gelegt. »Wir sind in großen Schwierigkeiten«, sagte ich.

»Ja, das stimmt«, pflichtete er leise bei.

Ich sah die weißen Hütten von Dos Palmas am Horizont verschwinden, und schon bald konnte ich gar kein Land mehr sehen. Wir rasten über die Sulusee – doch wohin? Die Fahrt auf dem offenen Meer war rau, und ein um das andere Mal wurden wir hochgeschleudert, bevor wir wieder unsanft landeten. Mit 35 Menschen war das Boot eindeutig überladen. Trotzdem ging es immer weiter.

Ich weinte nicht und hielt mich im Augenblick eigentlich ganz gut. Ich versuchte, bewusst ruhig zu bleiben und konzentriert die einzelnen Vorgänge zu verfolgen. Außerdem erinnerte ich mich an ein Seminar, das ich damals in den 1980er-Jahren besucht hatte, als Guy Sier im Auftrag der New Tribes Mission die Missionarsanwärter auf eine mögliche Geiselnahme vorbereitete.

»In den ersten Augenblicken, wo alle zusammengetrieben werden«, hatte er gesagt, »sind die Kidnapper besonders nervös. Also tut, was euch gesagt wird. Aber kurz darauf könnt ihr anfangen, Blickkontakt zu euren Entführern aufzunehmen. Ihr müsst versuchen, für sie zu einer realen Person zu werden, nicht nur zu einer Sache. Teilt ihnen eure Bedürfnisse mit. Das hilft, euch in ihren Augen zu einer Person zu machen.«

Was sonst hatte er gesagt? Diesem Seminar hatte ich keine besondere Beachtung geschenkt, Martin auch nicht. Eine Entführung – so etwas passierte anderen Menschen, nicht uns.

Ich beschloss, den Teil, an den ich mich noch erinnerte, in die Tat umzusetzen. Als der Fahrer den Motor ein wenig drosselte, lenkte ich Solaimans Blick auf mich und verkündete mit fester Stimme: »Wir brauchen einen CR².« Immerhin waren wir aus unseren Betten geholt und sofort zum Boot getrieben worden. »Wohin können wir gehen?«

»Ja, ja«, stimmten die anderen Geiseln nickend zu.

---

2   Philippinische Abkürzung für eine öffentliche Toilette.

»Hier gibt es keinen CR«, erwiderte Solaiman.

Das reichte mir nicht. »Nun, wir müssen aber zur Toilette, und wir werden gehen«, gab ich zurück. Ich erhob mich und setzte mich zum Heck in Bewegung.

Eine der anderen Geiseln erbot sich freiwillig, einen *malong*[3] hochzuhalten, um uns Frauen vor den Blicken der anderen zu schützen, wenn wir uns eine nach der anderen hinhockten und unsere Notdurft einfach auf dem Deck verrichteten. Nachdem wir fertig waren, gab der Fahrer wieder Gas, und wir rasten weiter.

Immer wieder wurden wir von der salzigen Gischt durchnässt, sodass wir zu frieren begannen. Ein älterer Mann fing vor Kälte an zu zittern, und jemand reichte ihm ein Hemd zum Überziehen.

Eine junge Frau neben mir war einem hysterischen Anfall nahe. Ich unterhielt mich mit ihr und erfuhr, dass ihr Name Divine war. Mit vor Schreck geweiteten Augen sah sie mich an und sagte: »Unsere Familie hat kein Geld! Wir können kein Lösegeld zahlen! Wir haben nichts!«

Ich legte ihr die Hand auf die Schulter und beruhigte sie. »Weißt du, es ist egal, ob du Geld hast oder nicht. Geld würde im Augenblick sowieso nichts bewirken. Wir müssen Gott vertrauen – nur ihm. Versuche, dich zu beruhigen und einfach nur diesen Tag zu überstehen.«

Sie umklammerte meine Hand und schien tatsächlich ein wenig ruhiger zu werden.

Nach etwa einer Stunde beugte sich einer der älteren Abu-Sayyaf-Führer, Mang Ben, ein bärtiger Mann in den Dreißigern, zu Martin hinüber. Er betrachtete Martins Hand und verkündete mit fester Stimme: »Ich will diesen Ring!«

Martin musste ihn abziehen und ihm aushändigen.

Ich blickte meinen Mann an und flüsterte: »Was habe ich dir gesagt?« Unwillkürlich erinnerte ich mich an den Tag, an dem ich diesen einfachen Goldring in Raytown (Missouri), einem Vorort von Kansas City, gekauft hatte. Ich hatte damals 50 Dollar dafür bezahlt. Jetzt war er am helllichten Tag gestohlen worden. Um nicht zu traurig zu werden, machte ich mir klar, dass wir einen anderen Ring würden

---

3   Großer philippinischer Wickelrock aus Batikstoff.

kaufen können. ›Es ist nur ein Goldring‹, sagte ich mir. ›Ein Ring kann ersetzt werden.‹ Ich umklammerte Martins Hand umso fester. Gelegentlich war am Horizont ein anderes Schiff zu entdecken. Wann immer dies geschah, trieben uns die Entführer zusammen und warfen eine Plane über uns. Bei einer dieser Gelegenheiten hörten wir, wie die Motoren gedrosselt wurden und ein anderes Boot längsseits kam. Das anschließende Gespräch wurde in einer Sprache geführt, die ich nicht verstehen konnte. Offensichtlich ging es um Lebensmittel, denn die andere Mannschaft warf den Abu Sayyaf irgendein Paket zu. Nachdem das Boot fort war, wurde uns das Essen unter die Plane gereicht. Es war Maniok, eine Wurzel, die ich noch nie zuvor gegessen hatte, obwohl ich wusste, dass sie von einigen philippinischen Bauern angebaut wird. Später erfuhr ich, dass Maniok blausäurehaltig und damit giftig ist, wenn man ihn roh isst. Aber er kann geschält, im Dampf gekocht und dann getrocknet werden. Man kann ihn auch stampfen, mit Wasser mischen und in Bananenblätter wickeln, bevor er in Salzwasser gegart wird, sodass er für den Menschen genießbar ist.

Der erste Bissen schmeckte sehr sauer. »Kann man das wirklich essen?«, fragte ich.

»Oh ja«, erwiderte eine der anderen Geiseln. »Wenn er so zubereitet ist, hält er sich viele Tage.«

Ich hatte gar nicht gemerkt, wie hungrig und durstig ich war, bis wir anfingen, den Maniok zu essen. Das Pärchen, das den großen Wasserkanister mitgebracht hatte, ließ ihn herumgehen, damit auch wir anderen trinken konnten. Das half ein wenig – aber ich musste unwillkürlich an die köstlichen Erdnuss-M & Ms denken, die ich leider in unserem Zimmer gelassen hatte.

Im Laufe des Vormittags wurde die Sonne immer heißer, und so wurde die Plane aufgezogen, um uns ein wenig Schatten zu spenden. Derweil ließen die Entführer über das Ziel unserer Reise keinen Ton verlauten. Also beobachteten wir sie und versuchten, ihre Namen herauszufinden und zu erfahren, wer die Anführer waren. Einer der Männer hob sich wegen seiner schillernden Persönlichkeit und seiner rhetorischen Fähigkeiten sehr rasch von den anderen ab. Sabaya war klein und stämmig. Während alle anderen in militärischen Drillichanzügen oder besonders weiten Hosen steckten, trug Sabaya eine enge rote Stretchhose und wirkte in ihr seltsam fehl am Platze.

Später fanden wir heraus, dass sein Name und die der meisten anderen nicht ihre richtigen Namen waren, sondern »Dschihad-Namen«, die sie ausgewählt hatten, um ihre neuen Rollen für den Heiligen Krieg zu beschwören. Sabaya zum Beispiel bedeutete »Kriegsbeute«. Andere Namen hatten ähnlich glanzvolle Bedeutungen, auf die sie sehr stolz waren.

Gegen 14 oder 15 Uhr kam Solaiman mit einem großen gelben Block zu den Geiseln und begann, uns zu befragen. Seine einleitenden Worte waren: »Wir sind die Abu Sayyaf. Einige Leute nennen uns Terroristen. Ihr sollt wissen, dass wir keine Terroristen sind. Wir sind einfach Menschen, die von der philippinischen Regierung ihres Heimatlandes beraubt wurden, und wir wollen es zurückhaben. Keiner in der Regierung will uns zuhören, darum müssen wir zu solchen extremen Maßnahmen greifen, um ihre Aufmerksamkeit auf uns zu lenken.«

Er fragte uns nach unseren Namen und unseren Berufen. Nacheinander schrieb er auf, wer wir waren:

– Francis, ein älterer Bankier, und seine Frau Tess;
– Chito, Verkäufer bei einer Handyfirma, mit seiner Mitarbeiterin Janice;
– Reggie mit guten Verbindungen zu einflussreichen Kreisen in Manila und seine Freundin Rizza. Diese beiden hatten die Koffer und den Wasserkanister mitgebracht.
– Buddy, Herausgeber eines Reisemagazins (für das er einen Artikel über Dos Palmas schreiben wollte), seine Frau Divine und ihr achtjähriger Sohn R. J.;
– Angie, Divines Schwester, eine junge Frau Anfang dreißig;
– Guillermo Sobero, amerikanischer Bauunternehmer, und Fe, seine junge Verlobte;
– Letty, eine chinesisch-philippinische Geschäftsfrau, und ihre Tochter Kim, die ich auf 13 oder 14 schätzte, außerdem Lettys Nichte Lalaine, ebenfalls ein Teenager. Lalaine hatte mit ihrer

Familie in einem der Gartenhäuser gewohnt, aber an diesem Abend bei ihrer Tante und Cousine in einer Wasserhütte übernachtet.
- Sonny, der Koch von Dos Palmas;
- Eldren und Armando, die beiden Wachmänner von Dos Palmas;
- Martin und ich.

Außer Guillermo, Martin und mir waren alle anderen Geiseln philippinische Staatsbürger und anscheinend recht wohlhabend, wenn sie sich ein Hotel wie das in Dos Palmas leisten konnten.

Als Solaiman bei uns angelangt war, erwiderte Martin: »Wir sind amerikanische Missionare der New Tribes Mission. Wir wollen den Stammesangehörigen helfen und leben auf Luzon.«

Ein Anflug von Enttäuschung machte sich auf Solaimans Gesicht breit. Er hatte gehofft, wir wären europäische oder wenigstens amerikanische Geschäftsleute, deren Firma uns bereitwillig freikaufen würde. Missionsgesellschaften dagegen waren zum einen arm und hielten sich zum anderen an die bestehende Politik, kein Lösegeld zu zahlen.

»Missionare? Kennst du Charles Walton?«, fragte er.

Charles, ein Wycliff-Bibelübersetzer, war vor etwa zehn Jahren im Süden der Philippinen entführt worden. Er entkam schließlich, nachdem er wochenlang in einem engen, aufgehängten Käfig gesessen hatte.

»Ja, wir kennen ihn«, erwiderte Martin. »Er ist ein Freund; die Missionsgesellschaft, für die er arbeitet, verfolgt ganz ähnliche Ziele wie NTM.«

»Nun, einige von uns waren dabei«, erwiderte Solaiman ein wenig geheimnisvoll.

Dann wandte er sich wieder unserer Sache zu, indem er folgende unheilschwangere Bemerkung hinzufügte: »Bei euch wird es um ein politisches Lösegeld gehen. Wir werden Forderungen stellen, und ihr werdet als Letzte an die Reihe kommen.«

›Oh-oh‹, dachte ich. ›Das kann eine ganze Weile dauern.‹ Sofort dachte ich an das Versprechen, das ich den Kindern gegeben hatte:

»Dad und ich werden nur eine Woche auf Palawan sein, dann kommen wir wieder nach Hause.« Mir wurde ganz übel bei dem Gedanken, was sie empfinden würden, wenn sie erfuhren, was uns zugestoßen war. Ich lehnte mich an Martin und murmelte: »Wie lange haben sie diese Sipadan-Leute festgehalten?« Ich meinte eine Gruppe von etwa 20 Touristen, die im Jahr zuvor aus einem Hotel in Malaysia entführt worden war.

»Ich weiß es nicht mehr. Drei, vier Monate?«

Ich versuchte zu erraten, was »eine lange Zeit« bedeuten würde. Sechs Wochen? Vorsichtig setzte ich meine Hoffnungen auf längstens zwei Monate. ›Schlimmstenfalls werden wir den Sommer mit diesen Typen verbringen und wieder zu Hause sein, wenn die Kinder zurück in die Schule müssen‹, redete ich mir ein.

In der Zwischenzeit überlegten die anderen Geiseln bereits, wie viel Geld sie aufbringen konnten. Alle schienen zu wissen, wie dieses Spiel lief. Die Verbreitung des muslimischen Glaubens sollte das übergeordnete Ziel sein, aber eigentlich ging es um Bargeld. Der Handel blühte.

»Meine Familie könnte vielleicht eine Million Pesos (20 000 Dollar) aufbringen«, erklärte einer.

Ein anderer Mann, der eher der Mittelschicht angehörte, sagte: »Wir könnten 250 000 Pesos (5000 Dollar) aufbringen.«

Solaiman schrieb die Summen auf. (Später erfuhren wir, dass er diese Verhandlungen zum ersten Mal führen durfte, und Sabaya war mit ihrem Verlauf nicht glücklich. »Du darfst dir nicht von ihnen die Summe vorgeben lassen«, erklärte er Solaiman. »Du siehst sie an, bewertest sie und sagst ihnen, wie viel sie zahlen müssen. Wenn sie einen chinesischen Nachnamen haben, dann bedeutet das, dass sie reich sind, also – 10 Millionen Pesos [200 000 Dollar], Ende der Diskussion.«)

Nachdem Solaiman die Liste durchgearbeitet hatte, war das Gespräch beendet. Der Motor heulte auf, und wir fuhren weiter.

Irgendwann an diesem Nachmittag sagte Solaiman zu Martin: »Weißt du, du hältst uns für eine drittklassige, primitive Gruppe. Aber eigentlich verfügen wir über hochmoderne Hightechgeräte. Siehst du unser Satellitentelefon? Unser GPS? Wir wissen, was wir tun!«

(Ich konnte mir ein Lächeln nicht verkneifen. Denn das Globale Positionsbestimmungssystem hatte ihnen nicht sehr geholfen, unsere Ferienanlage zu finden. Ihren Gesprächen hatten wir entnommen, dass sie sich auf ihrem Weg nach Dos Palmas verirrt hatten und einen Fischer nach dem Weg fragen mussten. Offensichtlich konnten sie ihr GPS nicht richtig einsetzen!)

Ich suchte den Horizont nach Land ab. Es kam kein Küstenstreifen in Sicht. Wo immer ich auch hinsah – nichts als weites Meer. Heute weiß ich, dass die nächsten größeren Inseln fast 500 Kilometer südöstlich lagen. Vermutlich war es besser, dass ich dies zu diesem Zeitpunkt noch nicht wusste.

Nach einem ganzen Tag auf dem Meer waren wir schrecklich wund gesessen. Bei Sonnenuntergang erreichten wir ein größeres Fischerboot. Hier warteten zusammen mit der Bootsbesatzung weitere Abu-Sayyaf-Kämpfer (ein Dutzend Mann oder etwas mehr). Wir waren erleichtert, das Schnellboot verlassen zu können. Wenigstens würden wir jetzt stehen können, ohne zu Boden gerissen zu werden, weil das Boot so schnell fuhr. Wir erhofften uns von diesem Umzug mehr Bequemlichkeit.

Ein »Steg« aus Bambus, nicht mehr als 12 Zentimeter breit, wurde zwischen den beiden Booten ausgelegt, und mir wurde klar, dass ich über knapp drei Meter offenes Wasser würde laufen müssen, um das Fischerboot zu erreichen. Diese Vorstellung ängstigte mich zu Tode. ›Das kann ich nicht‹, dachte ich.

Das Wasser unter mir hob und senkte sich leicht, während ich auf den Bambussteg starrte. Als ich an der Reihe war, gestand ich mir ein, dass ich keine Wahl hatte. Ich begann, auf Händen und Knien über den schmalen Steg zu kriechen, und betete, ich möge nicht ins Wasser fallen.

Martin war unmittelbar hinter mir, und als wir endlich alle an Bord waren, zählte ich an die 60 Leute – wieder viel mehr, als dieses 25 Meter lange Boot aufnehmen konnte und sollte.

Das Fischerboot verfügte über einen Innenbordmotor und über Ausleger – aneinandergebundene Bambuspfähle als Erweiterungen an den Seiten. Das Steuerrad befand sich mitten auf dem Deck und war in einem kleinen Steuerhaus untergebracht. Unten im Lagerraum befanden sich große Thunfische in Eis, die die Fischer gefangen hatten, bevor sie von den Abu Sayyaf wenige Augenblicke zuvor entführt worden waren.

Wir setzten uns auf das Deck, während die Entführer schnell mit ihren Abendgebeten begannen. Beim Klang der Gesänge im Boot spürte ich, wie alles vor mir verschwamm. ›Ich kann kaum glauben, dass das tatsächlich passiert.‹ Nachdem die Männer ihre Gebete zu Ende gebracht hatten, bekamen wir Reis und Thunfisch. Das half ein wenig. Aber auch hier gab es keine Toilette für die Frauen. Wieder waren wir gezwungen, uns in eine Ecke zu hocken. Angie, Fe und einige der anderen Frauen weinten hysterisch.

»Denkst du, unsere Leute wissen schon, dass wir entführt wurden?«, fragte ich Martin, als es dunkel wurde.

»Das kann man schlecht sagen«, erwiderte er. »Aber mach dir keine Sorgen, Gracia. Alles wird gut werden.« Sein Optimismus war ansteckend.

Ein Lied, das ich in der vorhergehenden Woche gehört hatte, kam mir wieder in den Sinn. »Martin, als du unterwegs warst, habe ich dieses Lied gehört. Versuch zu schlafen, ich singe es dir vor.« Und leise sang ich:

Sei stark, sei stark, sei stark in dem Herrn,
und sei guten Mutes, denn er ist dein Führer.
Sei stark, sei stark, sei stark in dem Herrn,
und freu dich, denn der Sieg ist dein.[4]

»Mmm, das ist ein gutes Lied«, murmelte Martin, als ich zu Ende gesungen hatte. »Danke, Schatz.«

In dieser ersten Nacht streckte sich keiner zum Schlafen aus; wir saßen auf dem Deck, dösten vor uns hin und lehnten uns von Zeit zu Zeit an unseren Nachbarn. Es wurde kalt, als die Meeresbrise die Hitze des Tages ablöste. Solaiman hatte sein Versprechen, Martin ein Hemd

---

4   *Be Strong In The Lord* von Linda Lee Johnson, © 1979 Hope Publishing Company.

zu geben, nicht gehalten. Zum Glück lieh Francis ihm wenigstens ein ärmelloses T-Shirt. Wir drängten uns aneinander, um uns gegenseitig zu wärmen.

Ich verfiel in einen unruhigen Schlaf. Ein einziges Mal wurde ich in dieser Nacht wach. Ich erinnere mich daran, dass mein Kopf auf das Deck herabgesunken und jemand mit seinem Fuß in mein Haar gekommen war. Mit einem Ruck befreite ich mich aus dieser misslichen Lage, um weiterschlafen zu können.

∼

Der folgende Morgen war ein Montag – der *Memorial Day* in den Staaten, aber für uns wohl kaum ein Feiertag. Bei Sonnenaufgang sahen wir uns auf dem Boot genau um, um festzustellen, ob uns in der Dämmerung am Tag zuvor vielleicht etwas entgangen war. Jemand baute einen »CR« für uns – eine Plattform draußen auf dem Bambusausleger, umgeben von einer Plane. Dorthin zu gelangen, war nicht so ganz einfach, aber wir konnten uns an einem Seil festhalten und uns wenigstens ins Meer erleichtern und mussten das nicht auf dem Boden des Fischerbootes tun.

Die Geiseln benutzten eifrig das Satellitentelefon. Sie riefen ihre Verwandten in Manila oder sonst wo an, um die Lösegeldzahlungen zu vereinbaren. Lebhafte Diskussionen folgten. Reggie ließ sofort seine Verbindungen spielen.

Er brachte einen Regierungsbeamten dazu, Sabaya zurückzurufen und zu sagen: »Ich kenne diesen Mann. Er ist ein guter Mann. Lass ihn frei, denn du schuldest mir noch einen Gefallen, weißt du noch?«

Sie einigten sich auf einen bestimmten Geldbetrag, und daraufhin versprach er, Reggie freizulassen.

Mittlerweile zeigte Guillermo die ersten Stress-Symptome. Wegen eines Nervenzusammenbruchs vor einiger Zeit müsse er eine Menge Medikamente einnehmen, erklärte er. Eine katastrophale Scheidung, die noch nicht abgeschlossen sei, sei die Ursache dafür. Jetzt konnten wir erleben, wie er sich in sich zurückzog. Sein Körper zitterte von Zeit zu Zeit, und seine Stimme war brüchig.

Dieses Fischerboot, in dem wir nun saßen, war eindeutig langsamer als das Schnellboot. »Wo fahren wir hin?«, fragte einer der Entführten.

Die Antwort der Abu Sayyaf war vage: »Wir werden sehen ...«

Mir wurde schmerzlich bewusst, dass ich nach muslimischen Maßstäben nicht angemessen gekleidet war. Natürlich hatten sie mir bei meiner Entführung keine Zeit gelassen, irgendetwas anderes anzuziehen. Einige Frauen trugen sogar noch immer ihre Schlafanzüge. Mir war der Gedanke peinlich, dass ich in meinen Shorts und dem T-Shirt in ihren Augen eine typische »lockere« Amerikanerin war. Ich fing an, Gott zu bitten, mich zu beschützen.

Irgendwann an diesem Morgen schenkte Fe mir ein langes Stück Spitze als *terong*[5], und ein anderer warf mir einen *malong* zu. Trotz meiner nackten Arme fühlte ich mich in Gegenwart dieser Muslime doch ein wenig präsentabler.

Solaiman wollte uns die hohen Moralbegriffe der Abu Sayyaf erklären. »Würden wir euch jemals anlügen? Nein. Würden wir euch jemals bestehlen? Nein. Würden wir jemals die Frauen anrühren? Niemals. Im Koran sind diese Dinge verboten.« Er ließ sich darüber aus, wie großartig es sei, wenn Allah der Herrscher und der Koran das maßgebliche Buch sei – wie in Afghanistan, ihrem geschätzten Vorbild. »Afghanistan wird der Welt zeigen, wie großartig der wahrhaft islamische Staat sein kann. Wissen Sie, im Islam wird einem Dieb die Hand abgehackt. So sollte es sein.«

Ich dachte nur: ›Moment mal – habt ihr nicht gerade Martins Trauring gestohlen?!‹

»Im Islam sind alle Frauen angemessen gekleidet; nichts außer ihren Augen ist zu sehen. Wenn die Augen einer Frau einen Skandal verursachen, werden sogar sie verdeckt. Es gibt keine Verlockungen zur Sünde, keine westlichen Filme, keinen Alkohol, kein Rauchen, keine Drogen.«

Das höchste Ziel unserer Entführer – so schien es – war, nach Afghanistan zu gehen. Was für ein Utopia musste das sein, sagten sie.

---

5 Kopfbedeckung.

Aber wenn das nicht klappen würde, würden sie sich eben mit der zweitbesten Möglichkeit zufriedengeben – nach Amerika zu gehen und sich einen guten Job zu besorgen!

Irgendwann an diesem Tag bat Sabaya Martin, mit dem Satellitentelefon bei Radyo Agong auf Mindanao anzurufen und dort eine Erklärung abzugeben. Dieser Radiosender war – wie wir später erfuhren – den Interessen der Abu Sayyaf gegenüber positiv eingestellt und bereit, ihre Botschaften zu senden, wenn darum gebeten wurde. Martin bereitete sich also darauf vor zu sprechen, aber natürlich lieferte Sabaya das Skript:

Ich, Martin Burnham, und meine Frau Gracia, seit fünfzehn Jahren für die New Tribes Mission auf den Philippinen tätig, sind entführt worden von den Abu Sayyaf, der Janjalani-Gruppe ...

Eigentlich hatte er nach Sabayas Vorgaben *Al-Harakatul Islamiya* sagen sollen, was »die Islamische Bewegung« bedeutet, aber Martin hatte Angst, das nicht aussprechen zu können.

»Also gut, dann nenne uns einfach die ›Osama-bin-Laden-Gruppe‹«, gab Sabaya nach.

(Es war Ende Mai, über drei Monate vor dem 11. September, sodass mir dieser Name überhaupt nichts sagte. Martin erzählte mir später, er hätte ihn vorher schon ein- oder zweimal gehört.)

»Kann ich nicht einfach sagen ›die Janjalani-Gruppe‹? Diesen Ausdruck kenne ich, dabei werde ich mich nicht versprechen«, schlug Martin vor. Er bezog sich auf den Gründer der Gruppe, der ein paar Jahre zuvor bei einem Kampf ums Leben gekommen war. Das wurde ihm gestattet. Seine Erklärung lautete weiter:

Wir bitten die amerikanische und die philippinische Regierung, sich um eine baldige friedliche Lösung zu bemühen.

Wie gewöhnlich blieb Martin ruhig, und er sprach ohne Manuskript. Als er fertig war, setzte er sich wieder neben mich.

»Das hast du gut gemacht, Schatz«, lobte ich ihn. »Wie immer.«

Gegen Abend schlug Chito, der immer voller Leben und Tatendrang war, vor, wir sollten uns »ein wenig besser kennenlernen«. Wir drängten uns alle in das Steuerhaus und setzten uns auf den Boden – oder was immer wir als Sitzgelegenheit finden konnten. Jeder nannte seinen Namen und den Namen seines linken Nachbarn. Schon bald kannten wir die Namen unserer Mitgefangenen. Wir sprachen miteinander und lachten sogar ein wenig; wir versuchten einfach, das Beste aus der Situation zu machen, indem wir uns über unsere Interessen und andere persönliche Dinge unterhielten.

Guillermo erzählte, er sei in Peru geboren worden, sei aber als Teenager in das Gebiet von Los Angeles gekommen, wo er nun eine kleine Baufirma hatte. Im Jahr zuvor war er im Urlaub nach Dos Palmas gekommen. Dort hatte er Fe im Souvenirladen der Ferienanlage kennengelernt. Seither waren sie über E-Mail in Kontakt geblieben, und jetzt hatten sie sich verlobt.

Je mehr wir über die anderen Geiseln erfuhren, desto mehr wurden wir als Gruppe zusammengeschweißt, und umso mehr waren wir bereit, uns gegenseitig zu ermutigen und aufzuheitern.

An diesem Abend wurde die »ökumenische« Zusammensetzung unserer Gruppe auf dem Boot sehr deutlich. Die Muslime führten natürlich ihr Abendritual durch, sie verbeugten sich nach Westen, Mekka zugewandt, und sprachen ihre Abendgebete. Die Katholiken holten ihre Rosenkränze hervor. Schließlich bat eine der Geiseln Martin, laut für das Wohlergehen der Gruppe zu beten.

»Herr, dies alles kann dich nicht verblüffen«, begann er mit ruhiger Stimme. Wir anderen neigten die Köpfe. »Du weißt, wo wir uns befinden, auch wenn wir keine Ahnung haben. Uns ist klar, dass sich andere Menschen Sorgen um uns machen. Aber du hältst uns in deinen Händen. Gib uns die Kraft, diese Situation zu erdulden. Wir wissen uns von dir abhängig. Amen.«

Ein ungewöhnlicher Friede erfüllte mein Herz, während ich dem Gebet meines Mannes zuhörte. Anderen schien es ähnlich zu ergehen.

»Wow, du kannst richtig gut beten!«, sagten sie.

Martin lachte. Für ihn war das Gebet seine Art, mit Gott zu reden, ihm seine Gedanken und Empfindungen mitzuteilen.

An diesem Abend wurde ausgehandelt, wo wir alle schlafen soll-ten. Die jüngeren Mitglieder der Abu Sayyaf hatten sich bereits das Dach des Steuerhauses als Schlafplatz erkoren. In der Nähe des Bugs bestand die Möglichkeit, Hängematten aufzuhängen, die von ihren Kameraden für sich beansprucht wurden. Ein paar andere hängten ihre Hängematten hinten im Boot auf. Auch die Fischer steckten sich ihren Schlafplatz ab.

Für die Geiseln blieben nur noch die schmalen Seiten des Decks. Wir lagen mit dem Kopf nach innen, die Füße baumelten über dem Meer. Ein paar andere ließen sich vor dem Steuerhaus nieder. Jeder Zentimeter war ausgefüllt.

Mochten die allgemeinen Umstände auch unangenehm sein – einen Luxus genossen wir alle: Nicht ein einziger Moskito quälte uns! Hier mitten auf dem Salzwasser konnten sie nicht brüten. Wir lagen dort draußen und betrachteten die Sterne über uns, ohne gequält und gestochen zu werden. Es ging eine sanfte Brise, und das Plätschern des Wassers gegen den Bootsrumpf klang friedlich.

Francis und Tess liebten weithin bekannte, ruhige Lieder, und sie sangen sogar recht gut im Duett. Als wir ausgestreckt unter dem weiten Himmel lagen, begannen sie, ein Lied nach dem anderen an-zustimmen. Wir anderen sangen mit, soweit wir den Text kannten.

Zum ersten Mal seit unserer Entführung liefen mir Tränen über das Gesicht. Es war so ergreifend – alle diese Geiseln sangen vom friedlichen Zusammenleben der Menschen, das so nah und doch so unglaublich fern war. In diesem Augenblick entstand ein Band, das uns miteinander verknüpfte. Ich starrte in den Himmel und glitt in einen unruhigen Schlaf.

Ein schöner Anfang

(1959–1981)

In beengten Verhältnissen klarzukommen, war eine Fähigkeit, die ich als fünftes der sechs Kinder von Norvin und Betty Jo Jones schon früh gelernt hatte. Ich wurde geboren, als meine Eltern sich gerade von dem tragischen Verlust meiner ältesten Schwester Terry Lynn erholten. Mit nur neun Jahren war sie am 10. Juni 1958 von einem rücksichtslosen Motorradfahrer überfahren worden, der die Blinklichter eines Busses ignoriert und ihn trotzdem überholt hatte.

Damals war ich bereits unterwegs. Meine Mutter erzählte mir später, ihre Schwangerschaft hätte sie gezwungen, Tag für Tag weiterzumachen und richtig zu essen. Außerdem hätte sie verhindert, dass sie in Verzweiflung versank. Ich wurde am 17. Januar 1959 in Cairo (Illinois) geboren.

Meine Eltern nannten mich Gracia. Etwa ein Jahr später zogen wir um, denn mein Vater übernahm eine Gemeinde in Ripley (Tennessee). Im Jahr 1962 wurde er gebeten, bei der Gründung einer Bibelschule in Woodstock (Ontario/Kanada) mitzuarbeiten. Und ab dieser Zeit beginnen dann auch meine bewussten Erinnerungen an meine Kindheit. Dort wurde auch meine kleine Schwester Mary geboren. Ich ging in Woodstock zur Schule und lernte hier natürlich auch das Schlittschuhlaufen, wie sich das für ein Leben in Kanada gehört. In meinem kleinen rosa-grauen Eislaufkostüm fiel ich immer wieder auf die Nase, aber egal, wie oft ich auf dem Eis lag – ich stand immer wieder auf.

In vielerlei Hinsicht erlebte ich eine wundervolle Kindheit. Neben Mary hatte ich noch zwei andere Schwestern, Becky und Nancy, und einen Bruder, Paul. Dank der klugen Erziehung meiner Eltern kamen wir immer recht gut miteinander aus. Gott und sein Wort standen im Mittelpunkt unseres Lebens. So kam es, dass ich manche Glaubenslieder bereits auswendig singen konnte, bevor ich noch lesen lernte, wenn ich die Texte auch nicht immer ganz verstand. So rätselte ich eine ganze Weile im Blick darauf herum, was es denn mit dem Beginn des Refrains in dem Lied »Die mit Tränen säen, ernten einst mit Freuden« auf sich habe, wo es heißt: »Garben bringen ein ...« An dieser Stelle verwechselte ich »Garben« (»Sheaves« im Original) mit »Käse« (»Cheese«), bis mich endlich jemand aufklärte.

Unsere Familie nahm an allen Gemeindeveranstaltungen teil: Sonntagsschule, Morgengottesdienste, Abendgottesdienste, Gebetsstunde, dazu die verschiedenen Abendessen und besonderen Veranstaltungen, von denen es immer genug zu geben schien.

Als ich sieben oder acht Jahre alt war, erklärte mir meine Sonntagsschullehrerin, wie wichtig es sei, mein Leben Christus anzuvertrauen. Sie erklärte es so gut, dass ich diese Entscheidung kurz darauf traf und mich bald taufen ließ.

Als ich etwas älter war, wurde die Bibelschule nach Nordwesten verlegt, nach Sault Ste. Marie. Dort war es richtig kalt. Wir vier Mädchen teilten uns ein Schlafzimmer mit zwei Etagenbetten. Irgendwie schafften wir es, uns in diesem langen, dunklen Winter gegenseitig zu wärmen. Ein Jahr später übernahm mein Vater ein Pastorat im südöstlichen Illinois, in der Congregational Christian Church in Olney, sodass wir wieder umzogen. In Olney besuchte ich die fünfte Klasse, und dort entstanden einige Freundschaften, die bis heute gehalten haben.

Irgendwo im Haus fand ich ein Buch über Amy Carmichael, die junge Nordirin, die zu Beginn des 20. Jahrhunderts nach Indien gegangen war, um dort mit Kindern zu arbeiten. Sie fand heraus, dass kleine Mädchen in den hinduistischen Tempeln zur Prostitution gezwungen wurden, und schuf eine Zufluchtsstätte für sie. Die Bücher, die sie während ihres ca. 50-jährigen Aufenthalts in Indien schrieb, haben mich durch ihre geistliche Tiefe sehr geprägt.

Noch lebendiger in meiner Vorstellung verlief das Leben der schottischen Missionarin Mary Slessor, von der in einem anderen Buch erzählt wurde. Dieses Buch habe ich bestimmt ein halbes Dutzend Mal gelesen. Mary arbeitete in Afrika, vor allem in Nigeria, kurz vor der Zeit von Amy Carmichael. Dort kämpfte sie gegen Hexerei, Kannibalismus, Alkoholismus und die besonders grausame Sitte des Tötens von neugeborenen Zwillingen, die als schlechtes Omen galten.

An Mary Slessor imponierte mir vor allem ihr Mut; sie scheute nicht davor zurück, den Stammesoberhäuptern ihre Meinung zu sagen. Das wiederum machte so viel Eindruck auf diese, dass sie nicht so genau wussten, was sie mit ihr machen sollten.

Zu diesem Zeitpunkt hatte ich mich noch nicht bewusst entschlossen, Missionarin zu werden. Aber diese Biografien begeisterten mich.

Noch einmal zog meine Familie um. Ich war mittlerweile 15, und mein Vater wurde Lehrer am Calvary Bible College in Kansas City. Meine Schwester Mary und ich besuchten dort eine Privatschule mit Namen Tri-City Christian School. Dort machte ich im Jahr 1977 meinen Abschluss. An dieser Schule hatte ich die Möglichkeit, nicht nur meine Liebe zur Musik zu entwickeln, sondern auch mein erstes und größtes Talent einzusetzen: den Umgang mit Menschen. Mit Vorliebe plante und organisierte ich Partys und Veranstaltungen, sowohl in der Gemeinde als auch in der Schule. Ich liebte den Umgang mit Menschen und wollte immer sicherstellen, dass es allen gut gefiel. Wenn meine Freundin Diane Jaeger und ich die Klasse betraten, hörten wir häufig Bemerkungen wie:»Ihr wart schon von Weitem zu hören!«

In meiner Freizeit machte ich Musik; ich sang sehr gern, spielte Basketball und Fußball, engagierte mich bei der Beschaffung von Spendengeldern, hielt Terminfristen für das Highschool-Jahrbuch ein und war Cheerleader. Es war eine herrliche Zeit.

Nach dem Schulabschluss bewarb ich mich bei diversen Colleges und erhielt auch mehrere Zusagen, aber mich faszinierte das Musikprogramm am Calvary Bible College am meisten. Peter Friesen, der beste Chorleiter, den ich je kennengelernt habe, gab mir Gesangsstunden, noch ehe ich mit meinem Studium dort begann. Ich fand Gefallen an der Arbeit mit ihm, und schon bald stürzte ich mich in den Strudel des College-Lebens.

Meine erste Mitbewohnerin, mit der ich ein Zimmer teilte, war Marcia Miller. Wir hatten beide nicht viel Geld, und die Cafeteria des Colleges war an den Wochenenden geschlossen. Darum kratzten wir oft unser Geld zusammen und gingen zu Wendy's[6], um dort für uns

---

6   A. d. H.: Schnellrestaurantkette vor allem in den USA und Kanada.

beide einen einzigen Milchshake zu bestellen. Bei der Besteckausgabe nahmen wir nicht nur einen Löffel, sondern auch einige Cracker, die normalerweise zu einem Chili-Snack gehörten. Diese dippten wir dann in unseren Milchshake, um eine komplette Mahlzeit zu haben. (Das war vermutlich nicht so ganz im Sinne der Geschäftsführung.)

Beeindruckt hat mich in dieser Zeit besonders, wie Marcia ihren Glauben lebte. Sie inspirierte mich zu einem einfachen, aufrichtigen Glauben, indem sie mir beibrachte, selbst in den kleinsten Ereignissen des Alltags nach der Hand Gottes Ausschau zu halten.

Glauben Sie es oder nicht, mir machte das Lernen Spaß. Aber mehr noch liebte ich das gesellschaftliche Leben. Ich machte bei fast allem mit, was angeboten wurde: Ich sang im Chor und in einem kleinen Ensemble, das am Wochenende herumreiste, hielt Sonntagsschulunterricht in der Tri-City Baptist Church, ging einmal in der Woche in eine Jugendhaftanstalt und sprach mit den Kids, die mit dem Gesetz in Konflikt geraten waren. Außerdem wurde mir die Herausgabe des College-Jahrbuches übertragen, und nebenbei arbeitete ich im Studentenrat mit und war Vertrauensstudentin für die Studienanfänger. Und immer, wenn es sich einrichten ließ, jobbte ich noch in der Cafeteria, um mein Schulgeld zu verdienen. Es war verrückt, aber ich liebte jede Minute.

Meine Eltern zogen schließlich in den Süden der Vereinigten Staaten, nach Arkansas (in den Nordosten dieses Bundesstaats). Mein Vater übernahm dort eine Gemeinde, und außerdem wollten sie in der Nähe meiner Großmutter sein, doch ich zog es vor, in Calvary zu bleiben. Damals war das Calvary Bible College in einem ehemaligen Kloster mit einer wunderschönen Kapelle untergebracht. Meine Freundin Margie und ich gingen in diese Kapelle, wann immer wir konnten. Wir setzten uns an eine Stelle, an der die Akustik optimal war, und dann sangen wir alle Lieder, die wir kannten.

Eine andere Freundin, Kathy Stech, besaß ein Auto, mit dem auch wir anderen mobil waren. Und in meinem letzten Jahr kam noch eine weitere enge Freundin dazu, Elizabeth Redden. Sie war mit einem Jungen namens Doug Burnham befreundet, der eine recht gute Figur abgab. Ich wusste nicht viel über ihn, nur dass er relativ still und ein

»MK«[7] von den Philippinen war. Obwohl Doug ziemlich zurückhaltend war, schien jeder auf dem Campus ihn zu kennen. Kurz nach meiner Rückkehr aus den Weihnachtsferien in meinem letzten Jahr sagte Elizabeth zu mir: »Hey, wusstest du, dass Dougs älterer Bruder für das zweite Semester hierher gewechselt hat? Er heißt Martin, und ich glaube, er hat schon eine Pilotenausbildung, denn er wird neben seinem Studium im Flugprogramm unterrichten. Möchtest du ihn kennenlernen?«

›Sicher, warum nicht?‹, dachte ich. ›Wenn er eine so gute Figur abgibt wie Doug, können Gespräche mit ihm durchaus bereichernd sein.‹ Sie führte mich zu einem Tisch, an dem die beiden Brüder ihr Mittagessen verzehrten. Martin war ein gut aussehender junger Mann. Sein Haar war etwas dunkler als dasjenige von Doug, mehr rötlich als blond.

»Hallo, Jungs!«, sagte Elizabeth. »Wie sind die Spaghetti heute?«

Sie stellte mich vor, und wir plauderten miteinander. Unser Gespräch dauerte nicht lange. Als wir uns verabschiedeten, um zu unseren Nachmittagsvorlesungen zu gehen, dachte ich nur, dass Martin genauso nett zu sein schien wie sein Bruder.

Im Laufe des Semesters war ich mit meinen Examensvorbereitungen ziemlich ausgelastet. Obwohl wir uns nicht besonders gut kannten, liefen Martin und ich uns immer wieder über den Weg. Er machte einen sehr netten Eindruck auf mich, und er suchte die Gesellschaft von Menschen, die ich mochte – fröhliche, lässige Typen in Jeans und Flanellhemden, die nicht darauf aus waren, irgendjemanden zu beeindrucken. Martin trug sogar Cowboystiefel. Viele der anderen Studenten schienen dagegen eine besondere Vorliebe für Designerkleidung und Krawatten zu haben. Jeder von ihnen wollte für einen Menschen gehalten werden, der es in der Welt zu etwas bringen würde. Martin und seine Freunde dagegen bevorzugten lässige Kleidung, die nicht besonders viel Aufsehen erregte. Einige von ihnen befanden sich in der Pilotenausbildung, während andere vom Land kamen – alle waren also sehr bodenständig. Das gefiel mir.

---

7 Abkürzung für »Missionary Kid« (Missionarskind).

Der Tag der Abschlussfeier, als ich mein Examenszeugnis für den Hauptstudiengang (Gemeindepädagogik) in Empfang nahm, war ein ganz besonderes Erlebnis für mich. Meine ältere Schwester Nancy überraschte mich mit ihrem Besuch, und sie brachte auch meine Eltern mit. Nach der offiziellen Zeremonie feierte die ganze Familie bei meinem Bruder; meine Schwägerin Beth hatte extra ein wunderbares Mittagessen zubereitet.

Das College hatte mir bereits einen Job als Sekretärin angeboten – für den Dekan, für die Leiter der verschiedenen Fachbereiche und für den Studentenpastor, der sich an dieser Ausbildungsstätte auch um seelsorgerliche Belange kümmerte. Ich freute mich über diese Gelegenheit – nicht nur, weil ich Geld verdienen würde, sondern auch, weil ich in Calvary, das ich so sehr liebte, bleiben konnte. Kathy Stech und ich mieteten eine kleine, mit Kakerlaken verseuchte Wohnung in der Nähe, und wir genossen unsere Selbstständigkeit; nicht einmal das Ungeziefer konnte unsere Begeisterung dämpfen. Im August nahm ich dann meinen Platz an einem Schreibtisch im Verwaltungsgebäude ein und kümmerte mich um die Bedürfnisse von vier äußerst beschäftigten Leuten, die ihre Lehrpläne für das Herbstsemester aufstellten.

Zu Semesterbeginn stellte sich heraus, dass in dem von Jungen genutzten Studentenwohnheim eine Reihe Streitsüchtiger untergebracht war. Für dieses Haus war Martin verantwortlich. Seine Aufgabe war es, dafür zu sorgen, dass der Frieden im Haus erhalten blieb. Immer wieder tauchte er bei mir auf, mit einem seiner Schutzbefohlenen im Schlepptau, der zum Dekan gerufen worden war, weil die neuesten Vorfälle geklärt werden sollten. Dadurch hatten Martin und ich immer wieder die Gelegenheit, uns zu unterhalten, während wir darauf warteten, dass sich die Unheil verheißende Tür öffnete.

Er erzählte mir von seinem Unterricht und von seinen Eltern auf den Philippinen. Sie missionierten in einem Eingeborenenstamm, den Ibaloi. Er erzählte mir, er sei der Älteste von fünf Kindern; neben Doug waren da noch Cheryl und Brian, die beide in Manila die Highschool besuchten. Und dann gab es noch seine kleine Schwester Felicia, die noch gar nicht zur Schule ging.

Eines Tages erzählte er mir, wie er seiner Mutter hatte helfen müssen, ihm eine Wunde am Bein zu nähen, nachdem er sich mit einer Machete geschnitten hatte. (Alle Jungen im philippinischen Regenwald tragen eine Machete bei sich.) Auf diese Weise erfuhr ich, dass seine Mutter Krankenschwester war.

Verständlicherweise war er bei der Missionary Prayer Fellowship (MPF) engagiert, einer auf die weltweite Mission ausgerichteten Studentenorganisation. Er und sein Freund Clay Bowlin führten wöchentliche Veranstaltungen durch, bei denen der Blick auf die verschiedenen Bevölkerungsgruppen in Übersee und ihre geistlichen Bedürfnisse gelenkt wurde. Und sie beteten für die Missionare – viele von ihnen waren in Calvary ausgebildet worden –, die auf der ganzen Welt ihren Dienst taten.

Einmal schrieben Martin und Clay für den jährlichen MPF-Gottesdienst ein längeres Anspiel, in dem verschiedene Pioniere in der Missionsarbeit der vergangenen Jahrhunderte dargestellt wurden.

Martin spielte den Engländer William Carey, einen der ersten Außenmissionare der Neuzeit. In einem typisch georgianischen[8] Kostüm mit Knickerbockern begann er mit seiner volltönenden Stimme:

Als Kind lernte ich, wie wichtig es ist, bei allem, was ich tat, mein Bestes zu geben und jede Aufgabe, die ich begonnen hatte, zu Ende zu bringen – eine Disziplin, die sich später bei meiner Arbeit auf dem Missionsfeld auszahlte …

Von Anfang an schenkte Gott mir den Wunsch, genau zu erforschen, was in seinem Wort stand … Während ich sein Wort studierte und darüber nachsann, wurde mir klar, dass wir als Gläubige einfach nicht das taten, was Gott uns aufgetragen hatte.

Wenn in seinem Wort steht: »Geht hin …«[9], dann meint er: »Geht hin!« Und wenn er sagt: »… in die ganze Welt«, dann meint er die *ganze* Welt.

»Predigt der ganzen Schöpfung das Evangelium«, das heißt: der ganzen Menschheit. Gott meint genau, was er sagt.

---

8 A.d.H.: Als *Georgianische Ära* wird in der englischen Kulturgeschichte die Zeit von etwa 1720 bis 1830 bezeichnet.

9 A.d.H.: Vgl. hier und im Folgenden Markus 16,15.

Er hat uns aufgetragen, zu gehen und alle Völker zu Jüngern zu machen. Das Versprechen, das darauf folgt, lautet: »Und siehe, ich bin bei euch alle Tage bis zur Vollendung des Zeitalters.«[10] Haben wir das Recht, dieses Gebot zu übergehen und nur die am Ende stehende Verheißung für uns in Anspruch zu nehmen?

Damals wusste ich es noch nicht, aber diese Worte beschrieben auch Martins Kindheit und Jugendzeit, sein intensives Bibelstudium und sein leidenschaftliches Verlangen, Gott immer besser zu erkennen. In dieser Hinsicht ahmte er William Carey nach. Die Perspektive, die stets den Missionsbefehl als Ganzes sieht, hatte in seinem Herzen bereits Wurzeln geschlagen.

Bei einer anderen Gelegenheit führte die MPF das Anspiel »Durchs Tor der Herrlichkeit« auf, die tragische Geschichte der fünf Missionare, die Anfang 1956 von den Kriegern eines Eingeborenenstammes in Ecuador ermordet worden waren. Natürlich kannten wir alle die Geschichte, da sie in der Presse viel Aufmerksamkeit gefunden hatte. Aber trotzdem verfolgten wir wie gebannt, wie die fünf Männer auf der Sandbank des Flusses neben ihrem kleinen Missionsflugzeug darauf warteten, dass die Aucas wie am Tag zuvor zu einem freundlichen Gespräch zurückkehrten.

Einer der Mitwirkenden sprang auf und deutete auf den imaginären Dschungel. »Oh, gut!«, rief er. »Da sind sie wieder!«

Und dann erstarrte er. »Aber seht nur – sie haben ihre Blasrohre dabei ...«

An dieser Stelle endete das Stück. Die am Anspiel Beteiligten brauchten nicht zu zeigen, was als Nächstes passierte; wir alle wussten es.

Tief beeindruckt verließ ich an diesem Tag die Kapelle des Campus. Ich konnte kein Wort mehr herausbringen. Meine Gedanken überschlugen sich: ›Wird Gott jemals von mir verlangen, was diese Männer getan haben? Werde ich durchmachen müssen, was sie durchgemacht haben?‹ Ich war tief erschüttert. Langsam ging ich zur Tür. Tränen liefen mir über das Gesicht.

---

10   A. d. H.: Vgl. Matthäus 28,20.

Ein besonders netter Junge

(1981–1983)

Was das Thema Partnerschaft bei mir anging, so sah es im Herbst 1981 ziemlich ernüchternd aus. Ich hatte eine Beziehung zu einem jungen Mann gehabt, den ich zwar sehr mochte, doch mir wurde klar, dass eine langfristige Bindung zu ihm nicht möglich sein würde. Nach reiflichen Überlegungen und Gesprächen mit meinen Freundinnen brachte ich schließlich den Mut auf, diese Beziehung zu beenden.

Ich war am Boden zerstört. Mein 23. Geburtstag stand bevor, und meine Zukunft lag noch wie im Nebel vor mir. Eines Nachmittags kam Martin im Büro vorbei. Wir plauderten eine Weile miteinander, dann lächelte er und fragte:»Das Herbstkonzert steht an, und ich wollte dich fragen, ob du Lust hast, mich dahin zu begleiten.«

Ich stand neben der Schreibmaschine und wurde blass. (Zumindest hat er das später behauptet.) Langsam ließ ich mich auf meinen Stuhl sinken und sagte:»Oh ... bittest du mich um ein Rendezvous?«

»Ja.«

Alle möglichen Gedanken stürmten auf mich ein. ›Will ich das alles noch einmal durchmachen? Und wenn es genauso endet wie das letzte Mal? Ich möchte nicht wieder verletzt werden.‹

Schließlich brachte ich die Worte heraus:»Kann ich dir später Bescheid sagen?«

Natürlich konnte ich nicht wissen, dass Martin diesen Satz schon oft von anderen Mädchen gehört hatte und dass er es einfach leid war, immer wieder die gleiche Reaktion zu erleben. Im Laufe der Zeit war er zu der Überzeugung gekommen, dass dies nur eine Ausrede war, um ihn hinzuhalten und ihm dann später eine Absage zu geben, entweder durch einen Brief oder über eine Freundin.

Darum hatte er sich vorgenommen, dass er, wenn er diesen Satz noch einmal hören würde, seine Einladung zurückziehen wollte.

Als ich nun den gefürchteten Satz aussprach, wollte Martin eigentlich sagen: »Nein, das geht nicht. Ist schon okay.«

Aber aus irgendeinem unerklärlichen Grund sagte er: »Ja. Du kannst mir Bescheid geben!« Damit drehte er sich um und ging zu seinem Unterricht.

Sobald er das Gebäude verlassen hatte, flitzte ich in das Büro meiner Freundinnen Kay und Joyce.

»Hey, ratet, wer mich eingeladen hat!«, platzte ich heraus. »Martin Burnham!«

»Oh, wirklich?«, antworteten sie und grinsten breit. *Alle* mochten Martin. Er war einfach so nett.

»Soll ich mit ihm ausgehen?«

»Natürlich! Natürlich!« Sie machten mir Mut, die Sache in Angriff zu nehmen.

Also kehrte ich an meinen Schreibtisch zurück und holte eine Karte hervor. Ich schrieb:

Danke für Deine Einladung, was den Samstagabend betrifft. Ich habe mich sehr darüber gefreut. Ich würde Dich sehr gern begleiten. Komm doch noch mal vorbei, dann können wir alles Weitere besprechen.

Als ich fertig war, gab ich sie der nächsten Person mit, die zur Flugabteilung ging.

Am Wochenende zog ich los, um mir für diese Gelegenheit ein neues Kleid zu kaufen, obwohl ich nur selten Geld für Kleidung ausgab. Ich weiß es noch wie heute, ich wählte ein wunderschönes gelbes Kleid mit Spaghettiträgern und eine passende Spitzenjacke.

Am Samstagabend trafen wir uns noch mit einem anderen Pärchen und zogen dann gemeinsam los. Im Laufe des Konzertes sah ich nach unten und entdeckte, dass Martin zu seinem Anzug seine Cowboystiefel trug. Ich konnte ein breites Grinsen nicht unterdrücken.

Martin entdeckte meinen Gesichtsausdruck und fragte: »Was ist denn?«

»Ach nichts«, erwiderte ich schnell, denn er sollte nicht denken, ich würde seine Kleidung kritisieren. Außerdem machte ich mich ja auch nicht über ihn lustig. Es bestätigte mir vielmehr, dass er eine eigenständige Persönlichkeit mit seinen eigenen Vorstellungen war. Er wollte sich nicht vorschreiben lassen, was man trug und was man nicht trug. Das gefiel mir.

Nach dem Konzert machte er einen Rundflug mit uns, um uns Kansas City bei Nacht zu zeigen. Als Vertrauensstudent für das Wohnheim musste er zwar zu einer bestimmten Uhrzeit zurück sein, aber wir nutzten jede Minute, bevor Martin mich zu Hause ablieferte.

Danach gingen wir häufiger miteinander aus, und ich begann sehr schnell, Martins bescheidene Art schätzen zu lernen. Wenn er im Mittelpunkt einer Party stehen wollte, dann war das kein Problem für ihn. Aber wenn ein anderer diese Rolle übernahm, hielt er sich viel lieber zurück. Er war kein bisschen geltungssüchtig, sondern wusste genau, was er konnte, und brauchte deshalb nicht bei jedem bezüglich seiner Talente anzugeben. Seine ruhige Kompetenz und seine Freundlichkeit allen Menschen gegenüber beeindruckten mich.

Und nicht zuletzt fuhr er ein klasse Auto – einen grünen Chevelle, mit dem er mich sogar fahren ließ. Ein ziemlicher Unterschied zu meinem kleinen Datsun B210, der dringend eine Überholung nötig hatte. Was Martin dann auch, nachdem ich ihm davon erzählt hatte, mithilfe eines Freundes in der College-Werkstatt selbst erledigte. Wie dankbar war ich ihm dafür!

Je besser wir einander kennenlernten, desto mehr erfuhr ich von seiner interessanten Vergangenheit. Als kleines Kind hatte er zusammen mit seiner Familie die Wichita Bible Church besucht, eine stark missionarisch ausgerichtete Gemeinde, die jedes Jahr im Oktober eine einwöchige Missionskonferenz veranstaltete. In dem Jahr, als Martin sieben war, machte ein Gastredner von der New Tribes Mission auf seine Eltern, Paul und Oreta Burnham, einen tiefen Eindruck. Paul arbeitete damals in einer Chemiefabrik, und Oreta war Krankenschwester. Sie hatten bereits vier kleine Kinder, doch sie begannen sich zu fragen, ob es dem Willen Gottes entsprach, den Rest ihres Lebens in Kansas zu verbringen, oder ob er etwas anderes mit ihnen vorhatte.

Im folgenden Frühjahr nahmen sie deshalb an einer fünftägigen Konferenz der New Tribes Mission in Wisconsin teil. Pauls Vater hatte die Flugtickets für Sohn und Schwiegertochter bezahlt, und Pauls Mutter passte auf die Kinder auf. Bei ihrer Rückkehr waren Paul und Oreta bereiter denn je, einen Dienst in Übersee zu wagen. Also boten sie ihr Haus zum Verkauf an, was dann auch schnell einen Abnehmer fand, und so hatten sie das Geld für eine einjährige Ausbildung zusammen.

Einige Leute erklärten sie für verrückt, weil sie ein solches Wagnis eingingen, angesichts der Größe ihrer Familie und der Tatsache, dass sie bereits die dreißig überschritten hatten. Aber sie gingen nach Wisconsin, ihren sechs Jahre alten Chevrolet bepackt mit Kindern und Kleidung sowie reichlich selbst eingekochten grünen Bohnen. Für den jungen Martin und seine Geschwister war dies alles ein großes Abenteuer. Doch er wusste bereits genau, was es hieß, sein Leben für den Dienst im Werk des Herrn zur Verfügung zu stellen, denn seine Entscheidung für Christus hatte er schon in seiner ersten Sonntagsschulklasse getroffen.

Nach einem Jahr Ausbildung in Wisconsin zog die Familie nach Camdenton in Missouri um, wo die Burnhams ein Jahr Sprachschule absolvierten. Am Ende ihrer Ausbildung angekommen, neigten sich dann auch die Ersparnisse vom Verkauf des Hauses ihrem Ende zu. So zogen die Burnhams zurück in die kleine Stadt Rose Hill in Kansas, nur ca. 30 Kilometer südöstlich von Wichita gelegen, wo die Familie ihre Wurzeln hatte. Dort nahm Paul Gelegenheitsjobs an, um seine Familie zu ernähren, während er gleichzeitig in den verschiedensten Gemeinden einen Unterstützerkreis für seine geplante Missionstätigkeit aufbaute. Und so kam es, dass die Burnhams im Sommer 1970 in Richtung Philippinen aufbrachen, indem sie im Hafen von San Francisco auf einem Frachter mit dem Namen *Philippine Corregidor* die lange Reise über den großen Pazifik antraten. Damals war Martin zehn Jahre alt.

Während dieser Reise spielte Martin mit seinen Brüdern Verstecken, und zwar zwischen den Zinkbarren, die auf dem Schiff aufgestapelt waren. Die Jungen ließen Papierdrachen vom Heck fliegen und hatten viel Spaß dabei. Und von der Reling aus beobachteten sie die Fliegenden Fische, die tatsächlich erstaunlich weit fliegen konnten. Bei der Ankunft in der Buch von Manila erwartete sie das heiße und stickige Klima, das sie so nicht gewohnt waren. Doch sie waren erstaunt, wie viel Englisch sie um sich herum hörten. Die Anwesenheit der US-Amerikaner im Lande über Jahrzehnte hinweg hatte durchaus ihre Spuren hinterlassen. Die Filipinos sprechen zwar die einheimischen Sprachen Tagalog, Cebuano und Ilocano, doch Englisch ist die Sprache, die sie miteinander verbindet.

Da es für Martin in dem Stammesgebiet, in dem seine Eltern arbeiteten, keine Möglichkeit gab, die Schule zu besuchen,[11] wurde er in ein Internat geschickt. Es war für ihn zwar schwer, von seiner Familie getrennt zu sein, doch die Tatsache, dass er gelegentlich in einem Missionsflugzeug nach Hause fliegen konnte, erleichterte ihm die Eingewöhnung ins Internatsleben. So entdeckte Martin dann auch bei einem dieser Flüge seine Begeisterung für Flugzeuge und das Fliegen.

Der Einsatz von Missionsflugzeugen war kein Luxus; vielmehr war er in den ländlichen Gebieten der Philippinen, wo es nur wenige Straßen gab und Brücken zur Überquerung der zahlreichen Wasserstraßen oft fehlten, eine dringende Notwendigkeit. Ja, die New Tribes Mission, die sich auf die Arbeit unter Eingeborenenstämmen spezialisiert hatte, musste sich ganz einfach auf die Piloten verlassen, die Lebensmittel, Medikamente, Post, Geräte und Menschen aus der Stadt zu den kurzen Landebahnen im Dschungel transportierten. Paul und Oreta Burnham zum Beispiel hatten damals von ihrem Dorf einen Weg von zweieinhalb Stunden, nur um zur nächsten Straße zu gelangen.

Seitdem er auf den Philippinen war und das Fliegen entdeckt hatte, bastelte Martin ständig Flugzeuge aus Bambusstücken und ließ sie vom Dach des Hauses seiner Eltern aus fliegen. Gelegentlich baute er auch ein Flugzeug mit einem kleinen Motor. Nach einigen Jahren absolvierte er bereits Luftfahrtkurse, während er noch die Highschool, die Faith Academy, in Manila besuchte. Und bei seinem Schulabschluss

---

11 Die Möglichkeit, Kinder zu Hause zu unterrichten, entwickelte sich erst später als Alternative zum Unterricht an Missionsschulen mit Internat.

im Jahr 1977 stand für ihn fest: Er wollte nach Amerika gehen, dort ein Auto kaufen, Pilot werden und viel Geld verdienen. Doch dann sagte sein Dad: »Einen Augenblick mal, Martin. Wir möchten, dass du wenigstens ein Jahr die Bibelschule besuchst.« Das gefiel Martin anfangs jedoch überhaupt nicht, denn er befürchtete, dies würde die Verwirklichung seiner Träume nur unnötig verzögern. Er wollte nur eines – fliegen.

Eine lebhafte Debatte folgte, doch schließlich fügte er sich den Wünschen seiner Eltern und reiste nach Jackson (Michigan), wo sich das New Tribes Bible Institute befand. Er arbeitete mit und lernte viel – und das, obwohl ihm, wie er selbst sagte, ständig kalt war. Denn schließlich war er in den Tropen aufgewachsen, wo man nur in Shorts und einem T-Shirt herumlief, höchstens mal in einer Jeans. Selbst Schuhe trugen viele Menschen auf den Philippinen nur gelegentlich. Deshalb weigerte sich Martin dann auch, auf dem Bibelschulgelände wärmere Sachen anzuziehen, und er sagte, in dem kalten Winter Michigans sei er damals beinahe erfroren.

Trotz dieser widrigen Umstände wurde in diesem Jahr das erste Fünkchen seines Missionseifers entzündet. Und während er die Bibel studierte, dachte er an all die Missionspiloten, die er auf den Philippinen kennengelernt hatte, und zog die Möglichkeit in Erwägung, sich ihnen anzuschließen.

Trotzdem oder vielleicht gerade deshalb zog er im folgenden Sommer (mit dem Segen seiner Eltern) wieder nach Wichita, in die »Lufthauptstadt der Welt«[12]. Dort absolvierte Martin sein Flugtraining und erwarb das entsprechende Zertifikat – eine Lizenz, die es ihm gestattete, als Mechaniker an Flugzeugen zu arbeiten. Anschließend besorgte ihm sein Onkel Ron Eyres eine Stelle bei Coleman, einem Hersteller für Campingausrüstung, und half ihm, eine Wohnung im Keller einer älteren Dame zu finden. Indem er nun Geld verdiente, konnte er seine weitere Ausbildung zum Piloten an der Abendschule fortführen.

So dauerte es auch nicht lange, bis der Ausbilder Martins Potenzial erkannte und ihn für einen Job bei Cessna Aircraft empfahl, was

---

12 A. d. H.: Diese Bezeichnung geht auf die Tatsache zurück, dass mehrere Flugzeughersteller in dieser Stadt ihren Hauptsitz haben.

es ihm wiederum ermöglichte, dem Cessna Flying Club beizutreten. Seit diesem Zeitpunkt boten sich ihm alle möglichen Gelegenheiten zu fliegen.

Eines Tages erreichte Martin die Nachricht, dass ein Pilot der New Tribes Mission, den er sehr gut kannte, beim Absturz seines Flugzeugs ums Leben gekommen war. Martin konnte sich gut vorstellen, welche Lücke er hinterließ. Wer würde ihn ersetzen? Wollte Gott ihn vielleicht doch in diesem Dienst haben, sodass er den allgemein üblichen Abschluss des Bibelschullehrgangs in Erwägung ziehen sollte?

Die Rose Hill Bible Church, die seine Familie anfangs unterstützt hatte, war zu diesem Zeitpunkt ohne Pastor, und ein Professor am Calvary Bible College war bereit auszuhelfen. Also erbot sich Martin, die jeweiligen Flüge von Kansas City nach Wichita (und zurück) zu übernehmen, sodass dieser Pastor rechtzeitig vor Ort sein konnte. Auf diese Weise hatte Martin viel Zeit, mit diesem Mann über das College und über Vorstellungen in Bezug auf den christlichen Dienst zu reden.

Eins führte zum anderen, und schon bald setzte sich die Missionsflugabteilung vom Calvary Bible College mit ihm in Verbindung und machte ihm den folgenden Vorschlag: »Wenn Sie als Student kommen, können Sie in unserer Flugabteilung einige Kurse geben.« Und so kam es, dass dieser wundervolle junge Mann in mein Leben trat.

∼

Eines Tages im Sommer 1982 sagte Martin zu mir: »Meine Schwester hat gerade ihren Abschluss an der Faith Academy gemacht, und meine Mutter bringt sie in die Staaten, damit sie sich hier auf das College vorbereiten kann. Sie kommen auch uns besuchen. Würdest du Doug und mich zum Flughafen begleiten?«

»Gern«, sagte ich. Ich freute mich über die Gelegenheit, seine Familie näher kennenzulernen.

Zu dritt kamen sie die Gangway herunter: Cheryl, Martins Mutter und die kleine Felicia. Martins Mutter war nicht besonders glücklich darüber, dass er mich mitgebracht hatte – immerhin gehörte ich nicht einmal zur Familie und nahm Platz in Anspruch, den sie eigentlich für das Gepäck gebraucht hätten! (So kam es, dass ein Teil ihres Gepäcks schließlich auf dem Schoß untergebracht werden musste.) Doch nach einer Weile hatten wir einen Draht zueinander gefunden. Auf der Fahrt machten wir bei einem Pfannkuchenhaus Halt, um etwas zu essen. Dabei amüsierte ich mich sehr über die Art, wie diese Familie, in der jeder scheinbar äußerst praktisch veranlagt war, Pläne schmiedete. Es war beinahe wie bei einer Geschäftsbesprechung: »Also gut, wir werden dieses tun, danach das und dann das, und braucht ihr irgendetwas für dieses …?« Ich beobachtete eine Familie, deren Mitglieder daran gewöhnt waren, getrennt voneinander zu leben. Darum gingen sie auch sofort die notwendigen Dinge an, während Felicia zufrieden mit den kleinen Kaffeesahnebehältern spielte und sie nacheinander austrank.

Nach einigen Wochen kehrten Oreta und Felicia auf die Philippinen zurück, und ich wusste noch immer nicht so genau, was Martins Mutter von mir hielt. Als ich ihn jedoch danach fragte, sagte er: »Du hast deine Sache gut gemacht. Sie findet dich sehr nett.«

Martin und ich gingen weiterhin miteinander aus, und meine Überzeugung wuchs, dass dies in der Tat ein ganz besonderer Mann war. Ich konnte es nicht leugnen, ich verliebte mich in ihn – daran bestand kein Zweifel. Und ich merkte, dass auch er mich liebte.

Ich hatte geplant, während der Frühjahrsferien 1983 meine Eltern zu besuchen, und Martin beschloss, mich zu begleiten.

»Wir fahren früh los, so gegen Mittag«, schlug er vor. »So treffen wir nicht allzu spät in Arkansas ein.«

Im Büro machte ich früher Schluss, doch als ich zum vereinbarten Treffpunkt kam, war Martin noch nicht da. Ich dachte: ›Das ist wirklich seltsam. Er hat mir gesagt, ich solle pünktlich sein, und er kommt zu spät.‹ Das war ungewöhnlich für ihn.

Etwas außer Atem tauchte er schließlich auf. Er entschuldigte sich für seine Verspätung, und wir verließen die Stadt. Am Spätnachmittag waren wir bis Springfield in Missouri gekommen, wo wir neben einem McDonald's-Restaurant in der Battlefield Mall parkten und einen Imbiss zu uns nahmen. Während wir zusammen am Tisch saßen, lachten wir und amüsierten uns. Ich sprach mit lebhafter

Gestik und spritzte dabei den Ketchup in meiner Hand aus Versehen über meine Bluse. Wir konnten gar nicht mehr aufhören zu lachen. Schnell wischte ich ihn mit der Serviette fort, und dann mussten wir auch schon aufbrechen.

»Willst du deine Bluse nicht erst noch auswaschen?«, fragte Martin.

»Eigentlich hatte ich das nicht vor. Wir sind doch in ein paar Stunden zu Hause. Da kann ich mich dann umziehen.«

Mit einem seltsamen Ausdruck auf dem Gesicht sah er mich an und sagte: »Weißt du, ich denke, du solltest deine Bluse auswaschen.«

Ich schwieg, war aber ein wenig ärgerlich. ›Du bist doch zu spät gekommen! Und jetzt sagst du mir, ich solle noch mehr Zeit vergeuden und meine Bluse auswaschen?‹, dachte ich.

Doch weil er es so gern wollte, ging ich zur Toilette und wusch die roten Flecken mit ein wenig Seife aus. Dann hielt ich die Bluse ein paar Minuten lang unter den Händetrockner.

»Ist es so besser?«, fragte ich ihn, als ich zurückkam.

»Ja, ich denke, es ist gut, dass du sie ausgewaschen hast.«

Wir fuhren etwa eine Stunde weiter, bis wir an einen Wegweiser kamen, auf dem stand: »Burnham, 2 Meilen«.

Martin bremste ab und betrachtete den Wegweiser. »Bist du schon einmal in Burnham gewesen?«, fragte er mich.

»Nun, um ehrlich zu sein, ja – einmal. Ich befand mich damals gerade auf dem Heimweg. Da bin ich abgebogen, um es mir kurz anzusehen. Es ist nichts Besonderes.«

»Ich würde es mir gern ansehen«, erklärte er und bog ab. In dem Ort standen nur noch wenige Gebäude: eine alte, verfallene Tankstelle, die nicht mehr betrieben wurde, die Burnham Baptist Church und ein paar Häuser.

»Komm, wir steigen aus und sehen mal, wann in dieser Gemeinde die Gottesdienste stattfinden«, schlug er mit strahlendem Gesicht vor.

›Du meine Güte‹, dachte ich. ›Jetzt vergeuden wir aber wirklich Zeit. Ich dachte, wir wollten zu einer anständigen Zeit in Arkansas eintreffen!‹

Aber ich schwieg. Wir stiegen aus und gingen zu dem Gebäude mit dem steilen Dach hinüber. Und dann … holte er eine kleine Schachtel aus der Tasche.

»Gracia … willst du mich heiraten?«, fragte er mich.

Ich schnappte nach Luft. Deshalb also der Umweg! Fassungslos sah ich ihn an und fragte: »Bist du sicher?!«

»Ja, ich bin sicher!«, erwiderte Martin grinsend.

»Bist du *sicher*, dass du sicher bist?«

»Ich bin sicher.«

Ich wollte gerade allen Mut zusammennehmen und Ja sagen, aber in diesem Augenblick wurde ich von allen möglichen Bedenken bestürmt. Ich fragte mich, ob ich noch warten und vor einer so wichtigen Entscheidung mit meinen Eltern reden sollte. Aber eigentlich hatte ich keinerlei Zweifel daran, dass ich Martin heiraten wollte. Und meine Eltern billigten diese Beziehung. Mit meinem Vater, der im Zweiten Weltkrieg in Italien als Pilot gedient hatte, kam Martin bereits sehr gut aus. Als er von meiner Freundschaft mit einem Piloten hörte, war er begeistert gewesen. Und die Tatsache, dass Martin der Sohn eines Missionarsehepaars war, machte die Sache noch besser.

»Mit deinem Dad habe ich bereits gesprochen, und er hat seine Zustimmung gegeben.« Martins Stimme durchbrach meine Gedankengänge. Schnell kehrte ich in die Realität zurück.

»Ja, ich möchte dich heiraten!«, rief ich. Dort auf dem Rasen vor der Burnham Baptist Church sanken wir einander in die Arme.

Er rannte zum Wagen zurück, um seine Kamera zu holen. Jetzt machte alles Sinn: warum er wollte, dass ich den Ketchup auf meiner Bluse auswusch, und wieso er an diesem Morgen zu spät gekommen war. Er hatte noch einige Besorgungen gemacht, um sicherzustellen, dass dieser Tag auch wirklich perfekt wurde.

Der Rest der Fahrt verlief sehr fröhlich. Er erzählte mir, er hätte bereits mit seinen Eltern auf den Philippinen gesprochen und ihnen erzählt, er hätte »die Richtige« gefunden. Sie hatten ihm versichert, sie würden im Sommer zur Hochzeit kommen, auch wenn ihr nächster Heimaturlaub noch nicht anstand.

Als wir dann gegen 19 Uhr bei meinen Eltern eintrafen, wartete das Abendessen auf uns. Es war ein besonderer Abend. Meine Eltern freuten sich mit uns und beglückwünschten uns zu unserer Verlobung.

⤫

Wir heirateten am 28. Mai 1983, nur wenige Monate, nachdem wir uns verlobt hatten. Die Trauung und die anschließende Feier waren einfach, aber für uns sehr wichtig, da wir unserer Familie und unseren Freunden an unserem Glück Anteil geben wollten.

Unsere Flitterwochen verlebten wir in Branson (Missouri). Damals war der Ort noch keine bekannte Touristenattraktion so wie heute. Wir hatten viel Spaß miteinander und schufen uns viele wundervolle Erinnerungen. Ich wusste, dass mein Leben einfach herrlich sein würde, solange Martin an meiner Seite war.

Viel zu schnell war es Zeit zum Aufbruch. Am Ende dieser wunderbaren Zeit wurden wir im äußersten Südwesten von Nebraska erwartet, wo Martin bei Stegg's Flying Service einen Sommerjob als Ernteflieger bekommen hatte. Wir machten zunächst einen Zwischenstopp in Arkansas und dann in Rose Hill, um uns von Martins Eltern zu verabschieden, die schon bald auf die Philippinen zurückkehren würden.

In dem Landstädtchen Imperial (Nebraska) bezogen wir eine kleine Wohnung und fanden auch schnell Freunde. Wir besuchten dort die Imperial Bible Church, und alle waren freundlich zu uns; ein frisch verheiratetes Ehepaar veranlasst wohl viele dazu, sich von ihrer gastfreundlichen Seite zu zeigen. Wir wurden auf jeden Fall häufig zum Essen eingeladen. Außerdem beteiligte ich mich an einem Frauenbibelkreis. Während Martin arbeitete, nahm ich an einem Kurs zur Aufarbeitung von alten Möbeln teil, weil ich einige Stühle restaurieren wollte, die in die Jahre gekommen waren und die meine Eltern uns geschenkt hatten. Es war ein wundervoller Sommer.

Schon bald wurde Martin von einem der Farmer dort ein fester Job angeboten, und wir wogen die Vor- und Nachteile sorgfältig ab.

»Weißt du, es wäre wirklich leicht, sich an einem Ort wie diesem niederzulassen und sich ein schönes Leben zu machen, nicht wahr?«, sagte Martin eines Abends zu mir, während er in den weiten Sternenhimmel blickte. Das Geld war in der Tat verlockend. »Aber das ist nicht unser Auftrag.«

Er hatte recht. Auch wenn es uns dort sehr gefiel, so hatten wir beide doch das Empfinden, dass Gottes Pläne für uns anders aussahen. Darum beschlossen wir, Imperial zu verlassen, bevor wir dort zu tiefe Wurzeln geschlagen hatten. Noch in diesem Herbst kehrten wir ans Calvary Bible College zurück, und Martin nahm dort seine Kurse in der Flugabteilung wieder auf, bis der nächste Orientierungskurs der New Tribes Mission begann.

Neulinge

(1984–1987)

Die Mitarbeiter der New Tribes Mission nannten es »Boot Camp« – ein Jahr des Lebens unter einfachsten Bedingungen und des intensiven Studiums der für den Missionsdienst benötigten Fächer. Dieser Aufenthalt sollte darüber entscheiden, ob man für den Dienst im Ausland geeignet war oder ob man sich einfach nur selbst für geeignet hielt. Martin und ich kamen im Januar 1984 in die kleine Stadt Durant (Mississippi) und zogen in eine kleine Einzimmerwohnung in einem umgebauten ehemaligen Krankenhaus aus dem Bürgerkrieg. Unsere Wohnung verfügte über einen Herd und einen Kühlschrank, aber es gab kein eigenes Bad, weshalb wir das Gemeinschaftsbad am Ende des Ganges benutzen mussten. Zum Spülen mussten wir Wasser aus ebendiesem Bad holen, und das gebrauchte Wasser wurde den Hügel hochgetragen und dort in eine Grube gegossen.

Für den Müll gab es eine andere besondere Grube auf demselben Hügel. Alles auf diesem Gelände sollte uns auf die Zustände, die wir in den Missionsländern antreffen würden, vorbereiten. Das Ziel der Missionsgesellschaft war es, den Kandidaten für die Realitäten der Mission unter Eingeborenen die Augen zu öffnen.

Zu unserer Gruppe gehörten drei Familien mit Kindern, zwei weitere Ehepaare und dazu noch zwei alleinstehende Frauen. Die Lebensbedingungen waren ziemlich schwierig, und da war es kein Wunder, dass zwischen uns und den anderen in unserer Gruppe eine enge Bindung entstand. Außerdem fanden wir auch in der First Presbyterian Church im nahe gelegenen Kosciusko einige sehr gute Freunde.

Unsere wöchentlichen Unterrichtsinhalte im Lager reichten von Kursen, in denen wir uns mit dem Wesen der Gemeinde beschäftigten, bis hin zu Soziologie. Sehr intensiv befassten wir uns mit der Frage, welche Merkmale eine neutestamentliche Gemeinde unbedingt haben sollte – nicht notwendigerweise eine US-amerikanische Gemeinde, sondern eine Gemeinde, wie sie nach dem Willen Gottes sein sollte (unabhängig davon, in welchem Umfeld sie sich befindet). Wir beschäftigten uns mit interkulturellen Themen und erstellten eine ausführliche Fallstudie über die Yurok-Indianer im Norden Kaliforniens – über ihre Traditionen, ihre Wertvorstellungen und ihren Gott, *Wapakumu*. Wir taten so, als wären wir Yuroks, und jedes Gruppenmitglied musste versuchen, auf für Yuroks verständliche Weise vom Glauben an Gott zu erzählen, und zwar mit den passenden Veranschaulichungen und Bildern. Jesus als das »Lamm Gottes« war zum Beispiel ein Bild, das die Yuroks gar nicht verstehen konnten. Also mussten wir uns überlegen, wie wir sie in ihrem Lebensumfeld ansprechen konnten. Es war eine ausgezeichnete Übung.

Was die Finanzen betraf, so war wieder einmal alles recht einfach. Die New Tribes Mission ist keine bequeme Missionsgesellschaft. Alle Missionare und zukünftigen Missionare müssen selbst für ihren Lebensunterhalt aufkommen. Das Hauptbüro in Sanford in Florida dient zwar als Sammelpunkt für die eingehenden Spenden, aber es gibt keine Garantien, und bei einem fehlenden Spendenaufkommen steht dem Betreffenden kein Sicherheitsnetz zur Verfügung. Das eingehende Geld wird an die Missionare weitergegeben – es werden keinerlei Bearbeitungsgebühren abgezogen, aber es gibt auch keine zusätzlichen Zahlungen. Wenn also der Kontostand eines Missionars in einem bestimmten Monat sinkt, so ist das allein sein Problem.

Nach mehreren Monaten begannen Martins Eltern, uns 50 Dollar im Monat zu schicken, obwohl auch sie sich um ihr Budget Gedanken machen mussten. Mehrere unserer Studienfreunde schickten ebenfalls ein wenig, und schon bald betrug unser monatliches Einkommen annähernd 100 Dollar. Wir lebten deshalb vorwiegend von unseren Ersparnissen, die wir während der Sommerarbeit in Imperial zurückgelegt hatten. Natürlich drehten wir jeden Cent zweimal um, bevor wir ihn ausgaben.

Ich kann nicht sagen, dass Martin und ich diese Zeit besonders gemocht hätten. Immerhin hatten wir beide ein abgeschlossenes Studium und waren der Meinung, dadurch über ein gewisses Maß an

Wissen zu verfügen. Doch hier waren wir einfach nur Neulinge; das war ein ziemlicher Schlag für unser Ego. Aber es war auch eine notwendige Erfahrung.

Wir lernten, mit Menschen auszukommen, die anders waren als wir; wir lernten, in beengten Unterkünften zu leben, und wir lernten, uns einer Leitung unterzuordnen, auch wenn wir mit den Entscheidungen nicht immer einverstanden waren. Wir fanden Wege, trotz unseres knappen Budgets Gastfreundschaft zu üben, denn obwohl wir weder viel Geld noch Vorräte en gros zur Verfügung hatten, wurden wir trotzdem abwechselnd dazu eingeteilt, vorbeikommende Besucher aufzunehmen. Das war eine großartige Übung für Situationen, wie sie ständig auf dem Missionsfeld vorkommen.

Zu unserer Ausbildung gehörte außerdem ein »Dschungellager« – eine bestimmte Zeit, die wir im Wald verbringen mussten. Dort mussten wir uns ein Haus bauen aus den Materialien, die wir zur Baustelle tragen konnten. Wir durften also keinen Wagen oder Ähnliches zu Hilfe nehmen. Als wir mit dem Dschungellager an der Reihe waren, baute Martin uns eine recht ansehnliche Hütte mitten im Wald – unser erstes eigenes Heim! Mehrere Tage später holte er mich ab. Wir packten alles zusammen, was wir in den kommenden sechs Wochen brauchen würden, und ruderten über den See, um zu unserem neuen Zuhause zu gelangen.

Wir deckten uns mit Vorräten ein, da wir unseren Lagerplatz nicht verlassen durften, um irgendetwas zu besorgen. Wenn wir etwas Wichtiges vergessen hatten, mussten wir eben ohne das Betreffende auskommen. Nachdem wir alle unsere Sachen den Hügel hinaufgeschleppt hatten, stellte Martin eine Tonne auf, die er in der Mitte durchgesägt hatte, um daraus einen Herd zu machen, auf dem ich über einem Holzfeuer kochen konnte. Dieser Herd hatte sogar einen Backofen, der recht gut funktionierte.

Das Dschungellager war eine ganz besondere Zeit für Martin und mich sowie für die anderen Kandidaten, wenn auch keine leichte. Ich habe schöne Erinnerungen an die Männer, die Brotteig kneteten und ihn über heißen Kohlen backten. Dort feierten wir unseren ersten Hochzeitstag und genossen die oberste Schicht unseres leicht verbrannten Hochzeitskuchens. (Wenn man jung und verliebt ist, denkt man daran, solche wichtigen Dinge einzuplanen!)

Wir hatten viel Spaß miteinander. Oft spielten wir bis tief in die Nacht hinein Dutch Blitz und Trivial Pursuit.

Gegen Ende dieser sechs Wochen musste Martin leider nach Arizona fahren, um sich auf der Flugbasis der Missionsgesellschaft einer Pilotenüberprüfung zu unterziehen. Doch ich hatte dadurch keine Vorteile; vielmehr wurde von mir erwartet, dass ich für mich selbst kämpfte und im Lager ausharrte. Der Besuch meiner Eltern in meinem Dschungellager war deshalb ein kleiner Lichtblick. Ich schaffte es sogar, ihnen eine halbwegs anständige Mahlzeit vorzusetzen.

Ich kam ganz gut allein zurecht, bis eines Morgens auf einmal die Ankündigung folgte: »Heute kommt ihr alle wieder zurück. Packt eure Sachen.« Das gehörte zur Ausbildungsstrategie. Es kamen oftmals solche unerwarteten Anweisungen, um zu sehen, wie wir mit ihnen zurechtkamen.

»Aber mein Mann ist nicht da, um mir beim Packen zu helfen«, protestierte ich.

»Ja, du hast recht. Aber das kann dir eines Tages auch auf dem Missionsfeld passieren«, erwiderte unser Leiter.

Ich hatte keine andere Wahl, als unsere Sachen zusammenzupacken und sie allein den Berg hinunter zum See zu schleppen. Ein Teenager half mir, das Boot über den See zu rudern. Dort lud ich dann alles auf den Anhänger des Traktors, der zum Campgelände zurückfahren sollte. Die ganze Zeit über brummte und grummelte ich vor mich hin, wie ungerecht das sei.

Und als ich schließlich unsere Sachen die zwei Treppen hoch in unsere kleine Wohnung geschafft hatte, war ich vollkommen erledigt, und der Schweiß lief in Strömen. Deshalb beschloss ich, in den Swimmingpool auf dem Campgelände zu gehen, um mich ein wenig zu entspannen. ›Ich habe ein wenig Mitleid verdient!‹, sagte ich mir.

Dort am Pool traf ich eine Frau, die mit ihrer Familie gerade auf Heimaturlaub war. Ich beschwerte mich bei ihr darüber, dass ich ohne die Hilfe meines Mannes unser Dschungellager hatte abbrechen müssen.

Sie hörte mir ruhig zu und sagte dann: »Wollen Sie hören, was ich gerade erlebt habe?«

Dann erzählte sie, ihr Mann habe draußen im Dschungel einen Herzinfarkt bekommen. Er war daraufhin aus ihrem Dorf ausgeflogen und zur medizinischen Versorgung sofort in die Staaten gebracht worden. Diese Frau hatte dadurch ganz allein ihren gesamten Haushalt zusammenpacken und ausziehen müssen – und das mit mehreren kleinen Kindern.

Ich war zu Recht getadelt worden. ›Darum also das Lager‹, dachte ich. ›Wir sollen herausfinden, ob wir mit allen Widrigkeiten fertigwerden können, die das Leben uns vielleicht einmal zumuten wird.‹ Während dieser Zeit lernte ich sehr viel. Ich lernte, dass wir manchmal viel Unangenehmes auf uns nehmen müssen, um unsere Arbeit zu tun. Das Leben ist nicht immer schön. Und Glück ist nicht abhängig von unseren äußeren Lebensumständen, sondern von unserer inneren Einstellung zu ihnen. Doch damals wusste ich noch nicht, wie wichtig diese Lektionen 16 Jahre später im philippinischen Regenwald werden würden.

Als wir unser »Trainingslager« nach einem Jahr verließen, war ich am Boden zerstört. In dieser Zeit hatten wir eine sehr enge Beziehung zu den 18 Leuten aufgebaut, die mit uns dort gewesen waren, und es fiel mir unglaublich schwer, mich von ihnen zu verabschieden. Ich weinte immer weiter, bis mir klar wurde: ›Mädchen, dein ganzes Leben lang wirst du Abschied nehmen müssen. Du musst dich zusammenreißen, wenn du in der Zukunft überleben willst.‹ Ich beschloss also, mich von einem Abschied nie wieder so herunterziehen zu lassen wie dieses Mal.

Wir hatten die nächste Ausbildungsstufe erreicht, die uns zur Flugbasis nach Arizona führte. Dort bekam Martin eine intensive Vorbereitung auf die technische Seite seiner zukünftigen Missionsarbeit.

Als dann Überlegungen angestellt wurden, wo wir unseren Dienst tun sollten, ging Martin zur Missionsleitung und sagte: »Ihr könnt uns überall hinschicken, aber bitte nicht auf die Philippinen.« Nicht, dass er das Land nicht gemocht hätte, aber er war dort aufgewachsen und sorgte sich um seine Akzeptanz bei den Missionaren, die ihn nur als Kind gekannt hatten. Würden die Altgedienten in der Mission bereit sein, in sein Flugzeug zu steigen und ihm ihr Leben anzuvertrauen? Vielleicht war es besser, in ein anderes Land zu gehen.

Mir persönlich war es egal, wohin wir geschickt wurden. Das Leben mit Martin war so schön, und ich liebte ihn so sehr, dass wir überall glücklich sein konnten, solange wir nur zusammen waren.

Die Leiter der Mission verstanden Martins Bedenken und begannen, von den Bedürfnissen in Paraguay zu sprechen. Dies ging eine Weile so weiter, und wir konnten uns diese Möglichkeit durchaus vorstellen. Doch dann wurden wir eines Tages zu einer weiteren Besprechung gebeten.

»Wisst ihr, auf den Philippinen wird dringend ein Pilot benötigt«, sagte man uns. »Martin, du kennst die Kultur und ein wenig auch die Sprache. Es wäre wirklich lächerlich, dich irgendwo anders hinzuschicken. Wärest du bereit zurückzugehen?«

Ohne zu zögern, stimmte Martin zu. So ein Mensch war er eben. Wo immer er um einen Dienst gebeten wurde, sagte er bereitwillig zu.

Da er bereits über Sprachkenntnisse verfügte, konnten wir die Sprachschule überspringen. Die Not auf dem Missionsfeld sei wirklich groß, erklärte man uns, und sofort wurde unser Ankunftsdatum festgesetzt: Anfang 1986. Doch noch immer hatten wir keine nennenswerte finanzielle Unterstützung, und unsere Ersparnisse neigten sich langsam dem Ende zu. Wir würden jetzt mit Macht darangehen müssen, Menschen zu finden, die bereit waren, uns finanziell zu unterstützen.

Das war für Martin sehr schwer. »Gracia, ich mag Fremde einfach nicht um Geld bitten«, sagte er mir. »Solche Leute sind wir nicht.«

»Ich weiß«, stimmte ich zu. »Wie wäre es, wenn wir einfach nur mit Leuten sprechen würden, die uns kennen und bereits Interesse an uns gezeigt haben? Würde das nicht für die Bestreitung unseres Lebensunterhalts ausreichen?«

Wir wussten es nicht, beschlossen aber, es zu versuchen. Zuerst riefen wir Jack Middleton an. Er war Pastor der Wichita Bible Church, die Martin früher besucht hatte.

»Wir werden aufs Missionsfeld gehen«, erklärte Martin fröhlich an diesem Herbsttag. »Wir reisen Anfang nächsten Jahres aus.«

»Seid ihr sicher?«, lachte Jack. »Wisst ihr nicht, wie lange ein Missionar heutzutage braucht, um seine finanzielle Unterstützung zu sichern? Drei Jahre! Und ihr wollt das in weniger als drei Monaten schaffen?«

»Wir werden auf den Philippinen dringend gebraucht«, erwiderte Martin ungerührt. »Wenn wir das Geld für die Tickets zusammenbekommen, werden wir ausreisen. Um die monatliche Unterstützung werden wir uns später kümmern.« Das war die Art, wie Martin dachte. Auf den Philippinen hatte er immer wieder erlebt, wie Gott für seine Familie gesorgt hatte; darum empfand er es nicht als anmaßend, eine solche Aussage zu machen. Im Herzen wusste er es einfach. Martins Vertrauen auf Gott und sein Glaube waren so stark, dass ich mich davon anstecken ließ. Auch ich machte mir keinerlei Sorgen.

Weil wir danach nichts mehr von Jack hörten, setzten wir uns noch mit anderen Leuten in Verbindung. Die Sonntagsschulklasse junger Erwachsener, die Martin während unserer Zeit in Mississippi geleitet hatte, war bereit zu helfen.

»Wir werden versuchen, das Geld für eure Tickets zu beschaffen, damit ihr ausreisen könnt«, versprachen sie uns. (Die Tickets kosteten an die 2000 Dollar.) »Betet für uns, denn so etwas haben wir noch nie gemacht. Aber wir werden einige Spaghetti-Abende und Flohmärkte veranstalten und sehen, was wir tun können.«

Eine Woche später riefen sie uns voller Begeisterung an. »Wir haben nicht nur das Geld für eure Tickets, sondern auch für die Verschiffung eurer Sachen!«

Wow – unsere Bitte war erfüllt worden, ob wir nun bereit waren oder nicht. Überschwänglich bedankten wir uns bei ihnen, und sobald das Geld eintraf, atmeten wir tief durch und kauften unsere Tickets für den Februar.

Als Pastor Middleton hörte, was passiert war, berief er eine dringende Sitzung des Missionsausschusses in seiner Gemeinde ein, etwa eine Woche vor unserer Abreise. Er bat uns, daran teilzunehmen und die Vorstellungen von unserer künftigen Arbeit zu erläutern.

Als wir zu Ende gesprochen hatten, sagten die Leute: »Wir möchten euch wirklich gern unterstützen. Wir dachten nur, wir hätten noch viel Zeit für unsere Entscheidung.« Am Ende des Abends hatten sie sich jedoch auf eine monatliche Summe geeinigt. Wir dankten ihnen und kehrten nach Hause und zu unseren Kisten zurück.

Wir stellten fest, dass die Leute im Allgemeinen viel eher bereit waren, eine Geldzusage zu machen, wenn sie wussten, dass wir unsere Tickets bereits besaßen und auch wirklich ausreisen würden. Und als wir auf den Philippinen angekommen waren, nahm die Unterstützung noch mehr zu, und wir hatten stets, was wir brauchten. Ich empfehle diesen Ansatz nicht als allgemeingültige Methode weiter. Ich bin sicher, es gibt andere gute Wege, Spendengelder für die Missionsarbeit aufzubringen. Aber dies war Gottes spezieller Weg für uns.

Eigentlich hatten wir an dem Tag Richtung Philippinen aufbrechen sollen, an dem Präsident Ferdinand Marcos aus dem Land floh. Das philippinische Volk hatte genug von seiner Diktatur gehabt und seine Regierung nach Massendemonstrationen gestürzt. Wegen der Unruhen wurden wir jedoch darüber informiert, dass unser Flug um zwei Wochen verschoben worden war. Da saßen wir nun auf gepackten Koffern.

Wir genossen diese beiden Wochen, so gut es ging, verbrachten noch viel Zeit mit Verwandten und Freunden, und schon bald brach erneut der Tag der Abreise an. Eine kleine Gruppe begleitete uns zum Flughafen in Wichita – meine Eltern sowie einige Verwandte und Freunde aus den örtlichen Gemeinden. Ich muss sagen, an diesem Tag kam ich ganz gut mit dem Abschied klar. Ich stellte mir vor, dass ich diese Leute in der folgenden Woche wiedersehen würde, darum musste ich auch nicht mit den Tränen kämpfen.

Doch als wir am Flughafen von Los Angeles die Maschine der Philippine Airlines bestiegen und die Passagiere nicht mehr auf Englisch, sondern auf Tagalog begrüßt wurden, konnte ich meine Tränen nicht mehr zurückhalten. Ich verließ meine Heimat und wusste nicht, wann oder ob ich überhaupt jemals zurückkehren würde. Aber dann nahm Martin meine Hand, und ich beruhigte mich.

Als wir in Manila das Flugzeug verließen, raubte mir die hohe

Luftfeuchtigkeit beinahe den Atem. Der Terminal erinnerte mich an meine Besuche im Affenhaus im Zoo von Wichita – es war dort ebenso feucht und warm. Steve Roberts, der Chefmechaniker der New Tribes Mission, holte uns ab. Und gleich erlitt ich meinen ersten Kulturschock, denn im Straßenverkehr schien es keine Regeln zu geben. Die auf den Asphalt gemalten Linien bedeuteten nichts. Ich dachte, wie mutig dieser Steve Roberts doch war, als plötzlich ein kleines Kind auf die fünfspurige Straße und direkt vor unser Auto lief. Ich hätte mich beinahe verschluckt. Doch der kleine Junge wollte nur seine Zeitungen verkaufen!

Nach dieser Schreckensfahrt war das Gästehaus der New Tribes Mission eine willkommene Zufluchtsstätte. Ich war vollkommen erschöpft, als wir an diesem Abend zu Bett gingen, doch gegen halb vier morgens wachte ich bereits wieder auf – meine erste Erfahrung mit dem Jetlag.

Während ich in meinem Bett lag, lauschte ich auf die Geräusche Manilas. Was war das – das Krähen eines Hahnes? ›Was hat ein Hahn in einer Großstadt verloren?‹, fragte ich mich. Martin wachte kurz nach mir auf und erklärte mir, dass es auf den Philippinen überall Hühner und Hähne gibt, nicht nur auf den Bauernhöfen.

Am folgenden Morgen wurden wir aktiv. Wir setzten uns mit dem Geschäftsführer zusammen, der uns einiges über unseren Aufenthalt in diesem fremden Land erklären wollte. Charlie Breithaupt zog eine Liste hervor und sagte: »Also gut, die Post – nun, Martin, du bist ja schon hier gewesen, du weißt, wie die Postzustellung funktioniert … Nun zu den Finanzen – du bist ja schon hier gewesen; du weißt, wie das läuft.«

Ich saß da und hoffte darauf, dass Martin ein gutes Erinnerungsvermögen besaß, denn ich hatte von nichts eine Ahnung.

Martin erwiderte: »Nun, eigentlich bin ich von hier weg, nachdem ich die Highschool abgeschlossen hatte. Es wäre besser, wenn du uns genauso behandelst wie jeden Neuankömmling.«

Während der folgenden Tage erledigten wir die notwendigen Formalitäten. Wir beantragten eine philippinische Fahrerlaubnis; und wir mussten zum Einwanderungsbüro, wo unsere Fingerabdrücke genommen wurden. Doch schon bald waren wir nach Norden unterwegs, um ins Innere der Insel Luzon zu gelangen. Mit dem Bus brauchten wir sieben Stunden zu einem Missionsgelände in Aritao, das einen Landeplatz besaß.

Das Gelände lag in einer wunderschönen Gegend. Unser Haus war über der Erde auf Pfählen gebaut, und wir hatten sogar ein Bad mit fließendem kaltem Wasser. Draußen auf der Veranda stand eine Hollywoodschaukel, die ich ganz besonders liebte. ›Bestimmt wird es wundervoll sein, hier zu sitzen und die Schönheit der Berge zu genießen und die Bauern zu beobachten, die mit ihren Wasserbüffeln die Reisfelder unten im Tal pflügen‹, dachte ich bei mir.

Heutzutage leben nur noch wenige Missionare in Gemeinschaften wie die in Aritao. Nur selten findet man noch solche kleinen Siedlungen, aber damals in den 1950er-Jahren, als unsere Hütte erbaut wurde, war das noch üblich. Natürlich ist fraglich, wie eine solche Siedlung auf die Eingeborenen wirkt, jedoch hatte sie ganz eindeutig ihre praktischen Vorteile. Der Informationsfluss wird extrem erleichtert, da alle dicht beieinanderleben. Auch werden Krankheiten verhindert, weil alle in einem besser kontrollierten Umfeld wohnen, als dies anderswo der Fall ist.

Die New Tribes Mission besaß auf den Philippinen drei Flugzeuge: eine Super Cub, eine Helio Courier und eine Cessna. Martin war die rot-weiße Helio Courier zugeteilt worden. Fast unmittelbar nach unserer Ankunft machte er seinen ersten Flug und kümmerte sich um die Bedürfnisse der Missionarsfamilien, die unter vier unterschiedlichen Stämmen auf Luzon arbeiteten. Er brachte ihnen alles, von Milchpulver über Eier und Fleisch bis hin zu Benzin für Kühlschränke und Herde.

Ich hatte kaum Zeit, unsere Sachen in unserem kleinen Haus mit den beiden Zimmern zu verstauen, denn schon kurz darauf übernahm ich die Verantwortung für das Funkgerät. Zweimal am Tag, einmal um 7.00 Uhr morgens und noch einmal um 15.30 Uhr, sprach ich mit jeder Station bei den verschiedenen Stämmen. Wenn jemand eine Nachricht für einen anderen hatte, machte ich eine Liste und brachte die verschiedenen Beteiligten zusammen, wie es früher die Vermittlung getan hatte. Auch nahm ich Bestellungen von Lebensmitteln und Medikamenten, Terminabsprachen und Flugreservierungen entgegen.

So etwas hatte ich noch nie zuvor getan, aber in gewisser Weise erinnerte es mich an die Zeit am Calvary Bible College, als ich für vier Chefs gleichzeitig gearbeitet hatte. Ich hatte damals viel um die Ohren, als es z. B. darum ging, irgendein Dokument zu erstellen. Plötzlich kam einer der Chefs herein und sagte: »Ich habe da eine Bekanntmachung, was Andachten und Gottesdienste betrifft – schreiben Sie das auf ...« Und sofort musste ich meine Arbeit unterbrechen – ganz gleich, was ich gerade tat. Danach begann ich, die Bekanntmachung zu tippen. Bei einer anderen Gelegenheit klingelte plötzlich das Telefon, oder Leute kamen herein, um den Studentenpastor oder den Dekan zu sprechen. Ich war also an vielschichtige Aufgaben gewöhnt, und ich merkte schnell, dass es bei der Koordination der Flüge nicht anders zugehen würde.

Zu der Arbeit am Funkgerät gehörte auch die »Flugüberwachung«, wann immer Martin in der Luft war. Er meldete sich etwa alle zehn Minuten bei mir, um mir seine Position durchzugeben, die ich notierte, damit wir bei einem Notfall zumindest seine letzte Position hatten. Auch behielt ich die Wetterlage im Blick, indem ich mich am Zielort nach dem Wetter erkundigte. Mit anderen Worten, wann immer er in der Luft war, saß ich am Funkgerät und rührte mich nicht von der Stelle.

Um ehrlich zu sein, mir gefiel das alles sehr gut. Ich stürzte mich sofort in die Arbeit. Wir waren ständig beschäftigt, und so mochten wir es auch.

Martins Sorge, seine fliegerischen Fähigkeiten würden auf den Philippinen vielleicht nicht richtig geschätzt werden, war anfangs vielleicht berechtigt, doch sehr bald ließen sich die Leute von seinem außergewöhnlichen Talent überzeugen, wenn er die Cessna immer wieder zwischen den Bäumen auf Landebahnen von kaum 300 Metern sicher auf die Erde brachte. Sein Können war wirklich erstaunlich. Er schaffte es, ein voll beladenes Flugzeug punktgenau zum Stehen zu bringen, und manchmal war das auch wirklich notwendig. Ich gebe zu, ich sage das als bewundernde Ehefrau, aber es stimmte. Und nachdem er aus dem Cockpit gesprungen war, merkten die Leute sehr schnell, wie sehr er den Eingeborenen und den Missionaren an vorderster Front, denen er zu dienen versuchte, zugetan war. Er wusste, dass Menschen, die wochenlang kein Englisch hatten sprechen können, einfach jemanden brauchten, der sich bei einer Tasse Kaffee mit ihnen unterhielt.

Es dauerte nicht lange, bis Martin praktisch alles über jeden Missionar wusste. Er wusste, wer in finanziellen Schwierigkeiten steckte. Er wusste, in welcher Ehe es kriselte. Er wusste, wer sich durch die Sprachprobleme hatte entmutigen lassen, weil er die Sprache nicht so schnell erlernte, wie er es gedacht hatte. Er sah die neugeborenen Babys. Er gratulierte den Missionarskindern zu ihren guten Noten.[13] Und er besuchte Dorfbewohner, die gerade zu Christus gefunden hatten.

Martin war der richtige Mann, um sich all das anzuhören. Er hatte ein Herz für jeden, den er kennenlernte, und alle, die ihn kannten, liebten ihn.

In Bezug auf unsere eigene finanzielle Situation erlebten wir, dass Gott auf erstaunliche Weise stets für uns sorgte. Sicher, es gab Zeiten, wo wir weniger zu essen hatten; es gab Zeiten, wo wir gelaufen sind und nicht Martins Motorrad genommen haben. Aber wir hatten immer, was wir wirklich brauchten.

Wir wohnten bereits seit sechs Monaten in Aritao, und eines Tages konnte ich Martin eine wunderschöne Mitteilung machen: Wir würden ein Baby bekommen!

Als dann im Februar 1987 der Geburtstermin näher rückte, flog Martin mich nach Manila, denn das dortige Krankenhaus verfügte über eine annehmbare Geburtsabteilung. Wir wohnten im Gästehaus der Mission und warteten auf die Ankunft des Babys.

---

13 Mittlerweile wurden die ersten Missionarskinder zu Hause unterrichtet (A. d. H.: vgl. Fußnote 11 auf S. 52), sodass M. Burnham ihnen vor Ort gratulieren konnte.

Es war geplant gewesen, dass Martin kurz nach der Geburt an einem Seminar in Neuguinea teilnehmen sollte, doch das Baby war immer noch nicht da. Aber er wollte das große Ereignis nicht verpassen, deshalb blieb er.

Einige Tage nach dem errechneten Geburtstermin sagte der philippinische Arzt endlich: »Der Muttermund fängt an sich zu öffnen. Wir werden Sie aufnehmen und einfach die Wehen einleiten.«

Aber trotz der Wehen fördernden Medikamente wollte das Baby immer noch nicht kommen. Es war ein langer Tag voller Schmerzen, und wir alle fingen an, ein wenig nervös zu werden.

Nach vielen Stunden kam der Arzt erneut zu mir, sah mich an und sagte: »Wir werden Ihnen helfen.«

Ich wusste nicht so genau, was er meinte, aber ich fand es bald heraus. Ich wurde in den Kreißsaal geschoben und bevor ich wusste, wie mir geschah, standen links und rechts von mir zwei Assistenzärzte – und schoben Jeffrey buchstäblich auf die Welt![14] Ich hatte nie irgendwelche Geburtsvorbereitungskurse mitgemacht, aber ich hatte einiges über die Geburt gelesen, und ich erinnere mich noch, wie ich dachte: ›So sollte es bestimmt nicht sein!‹

Zum Glück ging es Jeffrey gut und mir auch. Ich war sogar in so guter Verfassung, dass wir nach weniger als 24 Stunden das Krankenhaus verlassen konnten. Martin unterzeichnete alle Papiere, bezahlte unsere Rechnung (ich glaube, es waren etwa 75 Dollar), und wir machten uns auf den Weg.

Natürlich hatten wir in Manila kein Fahrzeug zur Verfügung, und so mussten wir ein Taxi nehmen. Martin stellte sich an den Straßenrand und winkte nach einem alten, klapprigen Taxi. Der Wagen hatte keine Klimaanlage und stand kurz vor dem Auseinanderfallen, aber der Fahrer war auf der halbstündigen Fahrt zum Gästehaus ungemein stolz, dass er einen Amerikaner mit seinem erstgeborenen Sohn nach Hause brachte! Martin zeigte sich von seiner großzügigen Seite, als er bezahlte.

---

14 A.d.H.: Es ging vermutlich um eine heute nur noch selten angewandte Methode, bei der die Geburt durch starken Druck auf den Oberbauch beschleunigt wird.

Da Martin nach Neuguinea aufbrechen musste, kam Oreta, Martins Mutter, nach Manila, um ihr erstes Enkelkind zu bestaunen und sich während seiner Abwesenheit um mich zu kümmern. Während dieser Zeit im Gästehaus entstand eine sehr enge Beziehung zwischen uns. Sie hat sich rührend um mich bemüht und mir gezeigt, wie ich mit einem Neugeborenen umgehen musste.

Es dauerte jedoch nicht lange, bis wir wieder zu Hause in Aritao waren – als nun dreiköpfige Familie. Wir hätten nicht glücklicher sein können.

Kleinkinder und Flugverkehr

(1987–2000)

Jeff war noch ein kleines Baby, als eines Tages eine Delegation von Missionaren der New Tribes Mission von der südlichen Insel Mindanao zu uns kam.

»Wir brauchen sehr dringend ein Flugprogramm auf unserer Insel«, erklärten sie. »Wir sind insgesamt acht Familien, also mehr, als ihr hier auf Luzon seid. Würdet ihr in Erwägung ziehen, zu uns zu kommen, um ein ähnliches Programm aufzubauen?«

Martin flog hin, um die Möglichkeiten zu überprüfen. Er fand bestätigt, was ihm gesagt worden war: eine Insel mit großen natürlichen Ressourcen, die aber wenig genutzt wurden. Sie ist die zweitgrößte Insel der Philippinen. Weit abgelegen von der hektischen und boomenden Metropole Manila, aber auch näher an den Angehörigen der muslimischen Minderheit, denen es seit Jahrzehnten zuwider war, unter der »christlichen« Vorherrschaft, wie sie es sahen, zu leben.

Doch offensichtlich war, dass die Leute die Unterstützung durch Flugzeuge brauchten. Also arbeiteten wir auf einen Umzug hin, beantragten einen Ersatz für unseren gegenwärtigen Posten und bauten ein Flugzeug, eine Piper Super Cub, für diesen neuen Außenposten um. Ich half aus, wann immer das möglich war – in der Regel, wenn Jeff schlief. Die Außenhaut der Super Cub besteht zum großen Teil aus Stoff, und mir machte es Spaß, zusammen mit anderen NTM-Missionaren den Stoff zu nähen, der über die Streben gespannt wurde. Diese Arbeit kann nur zu zweit erledigt werden, jeweils eine Person auf jeder Seite des Flügels. So hatten wir genügend Gelegenheit zum Reden und Scherzen.

Schon bald packten wir unsere Sachen zusammen und machten uns auf den Weg nach Malaybalay[15], einer mittelgroßen Stadt in

---

15 Ausgesprochen »M'lai-b'lai«.

den Bergen, in der es mehrere Colleges und Hochschulen gab. Martin fand dort interessanterweise früher einen Platz für sein Flugzeug als ein Haus für uns; der dortige Flugplatz verpachtete ihm ein Stück Gelände, wo er einen Hangar bauen konnte, was sofort in Angriff genommen wurde. In der Zwischenzeit wohnten wir im Gästehaus der Mission, während wir uns auf die Suche nach einer Unterkunft machten. Da es dort kein Missionsgrundstück gab wie in unserem ersten Wohnort auf den Philippinen, suchten wir in den Wohngegenden der Einheimischen nach einem Haus. Das machte uns nichts aus, wir freuten uns eher darauf, in einem richtigen Dorf unter den Filipinos zu leben und sie besser kennenzulernen.

Eines Tages entdeckte einer unserer Freunde beim Joggen ein leeres Haus. Martin sah es sich an und kam ganz aufgeregt zurück.

»Weißt du, dieses Haus bietet viele Möglichkeiten!«, erzählte er mit der für ihn typischen Begeisterung. »Und die Miete beträgt nur 30 Dollar im Monat.«

»Also gut! Dann nehmen wir es!«, erwiderte ich, ohne zu zögern. Vielleicht hätte ich es mir zuerst ansehen sollen. Dieses Haus brach förmlich auseinander. Große Löcher klafften im Dach. Und die Küche – du meine Güte! Filipinos haben normalerweise »schmutzige Küchen«, wie sie es nennen, im hinteren Teil des Hauses, wo sie über einem offenen Feuer kochen. Nun, die vorherigen Mieter hatten das gesamte Haus als ihre »schmutzige Küche« genutzt, sodass die Decke voller Ruß war.

»Martin, wir haben doch gar keine Zeit, dieses Haus in Ordnung zu bringen«, rief ich.

Doch mein optimistischer Martin erwiderte: »Keine Sorge, ich denke, wir schaffen das schon.«

Alle unsere Kollegen rieten uns, wir sollten uns woanders umsehen, aber die anderen Häuser, die wir fanden, waren zu teuer für uns. So begannen wir, das Haus in unserer Freizeit instand zu setzen. Wir hatten ohnehin nur wenige Besitztümer. Es war also nicht so, dass wir viele Möbel hätten hineinstellen können. Aber zwei Betten und ein Kinderbett für Jeff mussten schon noch sein, bevor wir einzogen.

Und wissen Sie was? Das Haus war wirklich sehr schön! Auf dem Feld hinter dem Haus baute ein Pächter Erdnüsse, Mais und Maniok an. Der Vermieter hatte uns dieses Feld versprochen, sobald es abgeerntet war. Und so bekamen wir bald einen anständigen Garten. Außerdem befanden sich auch Obstbäume auf unserem Grundstück, von denen wir uns reichlich bedienen konnten. Wir ernteten Kokosnüsse, Früchte des Morangbaumes[16], Papayas, Guaven, Orangen sowie Bananen und hätten sogar unseren eigenen Kaffee rösten können.

Malaybalay wurde unser Heim für die nächsten acht Jahre, und wir liebten es. Wir lernten unsere Nachbarn kennen, und obwohl ich kaum Cebuano – die Sprache der Einheimischen – sprach, ging ich jeden Nachmittag nach draußen, wenn auch alle unsere Nachbarn im Freien saßen und sich unterhielten. Ich hörte gern zu, wie die Frauen miteinander plauderten, und ich schloss sogar einige sehr nette Freundschaften, auch wenn mein Vokabular begrenzt war.

Sonntags besuchten wir die Bethel Baptist Church, die bereits im Zweiten Weltkrieg gegründet worden war und sich aus mehreren Generationen von Gläubigen zusammensetzte. Neben einem Gottesdienst in Cebuano wurde auch ein englischer Gottesdienst abgehalten, was sehr schön für uns war. Wir empfanden eine tiefe Verbindung zu diesen Glaubensgeschwistern, die sehr fröhliche Menschen waren, und Martin und mich gern bei ihren Festen zu sehen schienen. Vielleicht lag dies daran, dass wir immer alles mitmachten – ob es nun um einen Liedvortrag oder die Aufführung eines lustigen Sketches ging.

Im Herbst 1989 wurde unsere Tochter Melinda Joy[17] geboren. Ich brachte sie ganz früh am Morgen des 17. Oktobers in dem hübschen kleinen Baptistenkrankenhaus von Malaybalay zur Welt. Dort waren die Betten knapp, und mein Zimmer wurde dringend für andere Patienten benötigt. Weil ich mich nach der Entbindung sehr gut fühlte, machte ich daher Platz und begab mich bereits am späten Vormittag wieder auf den Heimweg. Außerdem war wie auch nach Jeffs Geburt meine Schwiegermutter Oreta aus Luzon gekommen, um mich zu unterstützen. Ich hatte also eine perfekte Pflegerin an meiner Seite.

---

16 A.d.H.: Er gehört zur Gattung der Brotfruchtbäume.
17 A.d.H.: Sie wird im nachfolgenden Text »Mindy« genannt.

Mindy war ein wundervolles, gesundes Baby, aber als sie erst ein paar Monate alt war, ging es mir auf einmal nicht besonders gut. Zunächst behielt ich mein Unwohlsein für mich, doch mein Magen war irgendwie ständig in Aufruhr. Eines Tages schließlich gestand ich Martin: »Ich fühle mich nicht besonders gut.«

Wir dachten, dass ich vielleicht Würmer hätte, eine durchaus häufige Krankheit auf den Philippinen. Also machte ich die übliche Wurmbehandlung, drei Tage Combantrin, aber es half nicht.

Nach einer Weile sagte Martin zu mir: »Weißt du, Gracia, dir geht es genau wie bei den anderen Schwangerschaften.«

»Das ist doch lächerlich«, gab ich zurück. »Ich habe eine sieben Monate alte Tochter und stille noch!«

Doch schließlich ging ich zum Arzt. Und ob Sie es glauben oder nicht, ich war tatsächlich schon wieder schwanger! Das war wirklich eine ziemliche Überraschung.

Sofort lief ich zum Hangar, um es Martin zu erzählen.

»Das ist Mindy gegenüber nicht fair!«, weinte ich. »Und es ist dem neuen Baby gegenüber nicht fair.«

Auch mit all meinem Weinen und Klagen konnte ich diese Tatsache nicht mehr ändern, aber ich musste einfach erst einmal Dampf ablassen. Später tröstete ich mich mit dem Gedanken, dass ich vielleicht noch ein süßes Mädchen bekommen würde, das dann mit Mindy spielen konnte. Sie würden als beste Freundinnen miteinander aufwachsen.

Nun, der Geburtstermin war im Dezember, ein paar Wochen vor Weihnachten – und zur Welt kam Zachary, ein Junge mit der Energie von zwei Jungen! Wir brachten ihn nach Hause und liebten ihn genauso sehr wie die ersten beiden Kinder. Und auch wenn er unerwartet kam, muss ich sagen, dass er unserer Familie eine wundervolle Dimension hinzugefügt hat. In dem Jahr im Dschungel, das ich ohne ihn verbringen musste, habe ich oft an ihn gedacht und erkannt, wie sehr ich ihn vermissen würde, wenn er nicht noch zu unserer Familie dazugekommen wäre.

1991 fuhren wir erstmalig auf Heimaturlaub nach Hause. Ohne Kinder waren wir von den Vereinigten Staaten aufgebrochen, und fünf Jahre später stiegen wir mit drei Kindern im Alter von vier Jahren und jünger aus dem Flugzeug. Jemand lieh uns einen alten Kombi, den wir während unseres Aufenthalts in den Staaten benutzen konnten. Wir fuhren durch das ganze Land und besuchten die zehn Gemeinden und die 20 Einzelpersonen, die uns finanziell unterstützten. Wir dankten ihnen nicht nur für das gespendete Geld, sondern vor allem auch für ihre Gebete.

Unser Aufenthalt in den Staaten war nur kurz. In weniger als einem Jahr waren wir wieder in Malaybalay und versorgten die acht Missionarsfamilien der New Tribes Mission, die auf der ganzen Insel verteilt lebten, mit allem, was sie zum Leben brauchten. Wir liebten unser Leben dort. Es war eine wundervolle Zeit. Neue Gemeinden entstanden unter den Einheimischen, und die Bibelübersetzungsprojekte kamen gut voran. Da diese neuen Gemeinden in den Bergen lagen, wo es keine Straßen gab, war Martin sehr beschäftigt.

Aber nicht nur Martin hatte ständig zu tun, auch ich war den ganzen Tag beschäftigt, nicht nur mit den Kindern, sondern auch mit dem Funkgerät. Martin ging jeden Tag gegen sechs Uhr zum Hangar, um das Flugzeug zu beladen, denn er flog gern am frühen Morgen, wenn der Himmel noch klar war. Am Nachmittag brauten sich in dem tropischen Klima der Philippinen häufig Gewitter zusammen. In der Zwischenzeit besorgte ich ihm Informationen zum Wetter und erledigte alles andere, was er benötigte. Die einzelnen Flüge dauerten häufig 30 bis 40 Minuten; dazu kam die Zeit, die er am Boden verbrachte.

Besonders hektisch wurde es für uns, als die anderen beiden Piloten der New Tribes Mission gleichzeitig die Philippinen verließen. Die Nordicks hatten auf der Insel Palawan gearbeitet, hatten aber kurz zuvor ihre 13 Monate alte Tochter durch eine rätselhafte, sich sehr schnell verschlimmernde Krankheit verloren. Als sie merkten, wie krank sie war, war es bereits zu spät. Bald darauf wurde bei Sheri Nordick Diabetes festgestellt, und unmittelbar danach klagte ihr Sohn Jake über Schmerzen in seinem Bein. Der philippinische Arzt räumte ein, er wüsste nicht, was mit ihm los sei.

»Der kleine Junge könnte Krebs oder dergleichen haben«, erklärte er den Nordicks. Das war der Tropfen, der das Fass zum Überlaufen brachte – sie packten sofort ihre Sachen, fuhren zum Flughafen und flogen mit der nächsten Maschine nach Hause.

Die Söhne des anderen Piloten hatten gerade die Highschool abgeschlossen, und er und seine Frau waren der Überzeugung, sie sollten mit ihnen nach Amerika zurückkehren. Auch sie verließen das Missionsfeld.

Und auf einmal waren Martin und ich allein. Wir versuchten, drei Inseln gleichzeitig zu versorgen. Martin blieb jeweils zwei Wochen auf den verwaisten Inseln und kam dann nach Mindanao zurück. Das bedeutete, dass er fast einen Monat am Stück von zu Hause fort war. Sehr schnell erkannten wir, dass das so nicht weitergehen könnte.

Deshalb baten wir eine andere Missionsgesellschaft, die Wycliff-Bibelübersetzer, Luzon für uns zu übernehmen, während wir versuchten, die anderen beiden Inseln abzudecken. Einmal im Monat flog Martin nach Palawan und blieb dort zehn Tage oder länger. Meistens flog er allein, doch manchmal begleiteten die Kinder und ich ihn dorthin. Was leider die Reisen für alle Beteiligten auch nicht weniger anstrengend machte.

Palawan[18] ist die 442 Kilometer lange, schmale Insel, die sich auf einer Landkarte von den anderen philippinischen Inseln abhebt wie ein in den Südwesten geworfener Speer. Diese Insel ist ein Naturparadies – dort gibt es viele Mahagoniwälder, atemberaubende Strände, Korallenriffe und eine Vielfalt verschiedenster Tiere – von Nashornvögeln bis zu zwei Meter großen Waranen. In der Nähe von Puerto Princesa, der Provinzhauptstadt, fließt ein unterirdischer Fluss, auf dem man etwa acht Kilometer weit paddeln kann, wenn einen die hängenden Fledermäuse nicht stören. Palawan wird immer noch als das »letzte Paradies der Philippinen« bezeichnet, obwohl heute Abwanderung, Abholzung, zunehmender Tourismus und wachsende Armut ihren Tribut fordern.

---

18 Ausgesprochen »Pa-laow-an«.

Die Missionspiloten der New Tribes Mission waren im Dienst auf Palawan mit der Einsamkeit konfrontiert. Sie lebten weder in einer Siedlung wie in Aritao noch in einer Stadt mit anderen Missionaren in der Nähe, wie es bei uns in Malaybalay der Fall war. Sie waren vielmehr ganz auf sich allein gestellt und wohnten in einem Haus in der Nähe der Landebahn. Sie übernahmen alles, vom Einkaufen der Vorräte über das Führen der Bücher bis hin zur Instandhaltung des Flugzeugs. Außerdem mussten sie vor den Gefahren des wuchernden Dschungels auf der Hut sein. Da das Klima dort noch tropischer ist als auf den übrigen Inseln der Philippinen, mussten sie sich zudem vor Malaria und dem Denguefieber um einiges mehr in Acht nehmen. Jedes Mal, wenn wir nach einem Aufenthalt auf Palawan zurückkamen, waren wir vollkommen erschöpft.

Eine große Hilfe für uns alle war, dass Martin sehr viel Wert auf Familienurlaub legte. Auch wenn wir nicht viel Geld hatten, war er immer bereit, uns einen wunderschönen Urlaub zu ermöglichen. Jedes Jahr fuhren wir nach Camiguin, einer herrlichen kleinen Insel, die sich aus sieben Vulkanen gebildet hatte. Dorthin konnte man nur mit der Fähre kommen. Eine Woche lang erkundeten wir die Insel oder saßen einfach nur an dem weißen Sandstrand. Es war so erholsam.

Jedes Mal, wenn ich von dort zurückkam, war ich wieder für die Arbeit bereit. Das war vor allem in jener Zeit besonders nötig, als ich begann, Jeff selbst zu unterrichten. Ich stellte für ihn einen kleinen Schreibtisch neben meinem Funktisch auf, sodass ich notfalls beides gleichzeitig tun konnte. Unterlagen und Bücher bekam ich von unterschiedlichen Institutionen in den USA[19] und auch auf den Philippinen. Missionarskinder, die inzwischen mit der nächsten Klasse begonnen hatten, gaben ihre Lehrbücher und sonstigen Unterrichtsmaterialien an diejenigen Familien weiter, in denen es Schüler gab, die jünger waren als sie.

Wenn neben den Lehrbüchern kein Übungsmaterial und keine Anleitungen für Lehrer zur Verfügung standen, verfasste ich selbst

---

19 Besonders von Calvert, einer auf Heimunterricht spezialisierten Einrichtung, die im US-Bundesstaat Maryland ihren Sitz hat.

entsprechende Unterlagen – schließlich war mein Hauptstudiengang am Calvary Bible College Gemeindepädagogik gewesen.

In Jeffs drittem Schuljahr legten wir eine Pause mit dem Heimunterricht ein, denn mehrere Missionarsfamilien (von NTM und den Southern Baptists) schlossen sich zusammen und mieteten gemeinsam einen Jeepney, mit dem unsere Kinder jeden Morgen zu einer Wycliff-Schule gebracht wurden, die etwa 30 Minuten entfernt war. Auch die Rückfahrt erfolgte auf diese Weise. Jeepneys sind bunt angemalte philippinische Vehikel, die vorn wie Militärjeeps aussehen, auf deren Ladefläche jedoch Bänke angeschraubt sind und die über ein Metalldach als Schattenspender verfügen. Es handelt sich also um die philippinische Version eines Transporters, auch wenn sie anders als diese keine Heckklappe haben und daher viel lauter sind, wenn man auf der Ladefläche sitzt.

∿

Eines Morgens brach Martin schon früh auf, um einen amerikanischen Geschäftsmann und einen Missionarskollegen in die Stadt Davao zu fliegen. Wie gewöhnlich saß ich am Funkgerät; Jeff war gerade aufgestanden und verzehrte eine Schüssel Cornflakes auf der anderen Seite der Bücherregale, die wir als Raumteiler aufgestellt hatten.

Martins Stimme kam krächzend durch den Lautsprecher. »Äh, Gracia, wir haben hier ein Problem ...« Dann verstummte das Funkgerät.

Ich wartete auf weitere Erklärungen, aber es kam nichts.

»Drei-null-neun, kannst du mir sagen, wo das Problem liegt?«, funkte ich besorgt zurück.

»Der Motor verliert an Kraft. Eine Rauchwolke ist sichtbar geworden – ich weiß nicht so genau, was es ist. Ich befinde mich im Augenblick über den Bergen und bin jetzt in den Wolken; ich versuche zu steigen, solange es noch geht, um so viel Höhe wie möglich zu gewinnen, um mit ...« Und dann war es wieder still.

Meine Handflächen begannen zu schwitzen, und ich betete mit meinem ganzen Herzen: ›Oh Gott, hilf ihm, zeige ihm, was er tun soll.‹

In diesem Augenblick kam eine philippinische Freundin vorbei, die mir ein geliehenes Buch zurückbringen wollte. Ich platzte heraus: »Bete auf dem Weg zur Arbeit für Martin! Irgendetwas stimmt nicht!« Sie versprach, das zu tun.

Ich wartete weiter auf Martins Stimme. Noch immer nichts.

Ich rief zum Raumteiler hinüber: »Jeffrey! Bist du da?«

»Ja.«

»Bete für Daddy! Er hat Probleme mit dem Flugzeug!«

»Ist gut, Mom.«

Kurz darauf rief ich erneut. »Jeff, Jeff – bitte bete für Daddy! Er ist in Schwierigkeiten!«

Mein Sechsjähriger antwortete mit leicht vorwurfsvoller Stimme: »Mom! Ich habe doch bereits gebetet!«

Der kleine Junge war davon überzeugt, es reiche aus, einmal mit Gott zu sprechen. Dann hatte er sich wieder seinem Frühstück zugewandt.

Es überkam mich ein beruhigender Friede. ›Also gut, Gott – du wirst dich um Martin kümmern, nicht wahr?‹ Etwa zehn Minuten später meldete sich Martin erneut. Er hatte die Wolkendecke durchstoßen und konnte nun das Tal vor sich sehen. Mittlerweile war der Motor ausgefallen, der Propeller drehte sich nicht mehr. Er flog im Gleitflug.

»Gracia, ich fliege den Landeplatz der Wycliff-Bibelübersetzer an, den in Nasuli. Ich denke, ich könnte es schaffen.«

Weitere fünf Minuten Stille. Wie erstarrt saß ich auf meinem Stuhl.

Dann: »Ich schalte jetzt auf die Nasuli-Frequenz, um die dortigen Mitarbeiter über meine ungeplante Ankunft zu informieren. Wir werden eine Weile keinen Funkkontakt haben.«

Und wieder hielt ich die Luft an.

»Gracia, wir sind auf dem Boden. Ich habe eine Landung mit stehendem Propeller hingelegt«, funkte er. »Hier herrscht große Freude! Alle sind zur Landebahn gekommen und feiern.« Er hatte den letzten Zaun mit nur 15 Metern Höhe genommen. Der Motor hatte zwar das gesamte Öl durch ein Leck in einer der Leitungen verloren – aber mein Mann war in Sicherheit.

Ich sank auf meinem Stuhl zusammen und blieb mehrere Minuten lang dort sitzen. Von ganzem Herzen dankte ich Gott für seine Rettung.

Ein Mitarbeiter fuhr nach Nasuli, um Martin abzuholen. Als Martin später zur Tür hereinkam, sah er auf seine Uhr und meinte beiläufig: »Ich habe dir doch gesagt, ich wäre gegen zehn Uhr zurück, nicht wahr?« Wir sahen einander nur an und fingen erleichtert an zu lachen.

∼

Wie unser erster Einsatz dauerte auch dieser länger als die üblichen vier Jahre, weil niemand da war, der Martins Platz im Cockpit einnehmen konnte. 1997 schließlich bekamen wir Piloten für jede Insel und fuhren erneut nach Hause. Wir blieben 15 Monate in den Staaten, weil auf der Flugbasis in Arizona ein Flugzeug umgebaut und für den Einsatz auf den Philippinen ausgerüstet werden musste. Dieses Mal war Jeff alt genug, um im Hangar zu helfen.

Die Kinder waren genau im richtigen Alter, um das Herumreisen im Land zu genießen. Wir besuchten wieder die Gemeinden und Freunde, die uns unterstützten. Jeff war in der sechsten Klasse, Mindy in der dritten und Zach in der zweiten. In diesem Jahr unterrichteten wir sie nicht zu Hause, sondern im Wagen. Jedes Kind hatte seine eigenen Bücher und ein kleines Pult, das auf den Schoß gelegt werden konnte. Und wir waren ganz bei der Sache, während wir über die Schnellstraßen Amerikas rollten. Ich hatte auch einige gemeinsam zu lösende, altersdifferenzierte Aufgaben vorbereitet.

Natürlich konnten wir in dem rumpelnden Wagen nicht an der Handschrift arbeiten. Damit mussten wir warten, bis wir an einer Raststätte eine Pause einlegten oder bei jemandem zu Hause waren. Aber sie bekamen während dieser ganzen Zeit regelmäßig Unterricht. Sie hatten einen kleinen Atlas, in dem sie verfolgten, durch welche Bundesstaaten wir kamen, die sie dann mithilfe von Stickern markierten. Während dieser Zeit lernten die Kinder enorm viel über das Land ihrer Wurzeln, auch wenn sie nicht richtig in den USA lebten.

In diesem Heimaturlaub ließen wir uns aber auch für sechs Monate in Arkansas in der Nähe meiner Eltern nieder, und die Kinder besuchten dort eine staatliche Schule. Sie sollten auch das Leben in Amerika kennenlernen und nicht ständig in einem Wagen leben. Wir legten großen Wert darauf, ihnen einen geregelten Tagesablauf zu ermöglichen. Während dieser Monate reiste Martin allein herum, um einige großzügige Spender zu besuchen, und einmal musste er kurz zurück auf die Philippinen, um dort einige dringende Angelegenheiten zu regeln.

Dann war der Heimaturlaub auch schon vorüber, und die ganze Familie kehrte zurück, dieses Mal zu unserem ersten Posten nach Aritao auf Luzon. Obwohl die Kinder in Arkansas viele Freunde gewonnen hatten, freuten sie sich sehr darauf, wieder »nach Hause« zu kommen.

Da nun auf allen drei Inseln Piloten stationiert waren, wurde Martin zum Chefpiloten für die Philippinen ernannt. Dies bedeutete eine große Veränderung in seinem Aufgabenbereich: Er musste die Piloten ausbilden und war mit regelmäßigen Sicherheitskontrollen und allgemeiner Aufsicht betraut. Außerdem war er Ersatzpilot für den Fall, dass einer der Piloten krank wurde oder eine Familie nach Hause zurückkehren musste.

Auch während wir in Aritao wohnten, behielten wir unseren regelmäßigen Familienurlaub bei. Wenn wir einmal nicht an den Strand fuhren, reisten wir nach Baguio, in die »Sommerhauptstadt der Philippinen«.

Baguio liegt in den Bergen, wodurch es dort kühler und damit angenehmer ist. Wir mieteten immer ein Haus, das über eine Küche verfügte, und versorgten uns mit den verschiedensten Lebensmitteln und herrlich frischem Gemüse vom Markt. Wenn wir einmal nicht in die Stadt fuhren, ritten wir aus oder besichtigten Sehenswürdigkeiten in der Umgebung. Abends saßen wir gern gemütlich vor einem Feuer.

Mittlerweile hatten wir natürlich recht gut gelernt, uns in der philippinischen Gesellschaft zurechtzufinden. Eine der Besonderheiten im Alltag ist die Zahlung von Bestechungsgeldern. Die Polizei hält die Leute grundlos an und zieht unter einem fadenscheinigen Vorwand ihren Führerschein ein, aber eigentlich wollen die Beamten nur Geld kassieren. Wenn uns so etwas passierte, versuchten wir immer, den

Polizisten zu erklären, dass das falsch sei, aber Martin brauchte seinen Führerschein, und schließlich gaben wir ihnen doch das Geld. Mehr als einmal diskutierten wir in der Familie, ob es falsch war, so zu handeln. Und im Laufe der Jahre kamen wir zu dem Schluss, dass sie Unrecht taten, indem sie sich faktisch der Erpressung bedienten; wir fügten uns nur in die Notwendigkeiten. Vermutlich würden einige Leute mir in dieser Beziehung widersprechen, aber unser Gewissen war rein.

Eine andere Begebenheit, durch die unsere Kinder eine Lektion bezüglich der Besonderheiten der philippinischen Kultur bekamen, war, als jemand Zacharys Fahrrad stahl. Alle im Viertel wussten, wer es genommen hatte; wir wussten es auch, weil wir gesehen hatten, wie die Person damit herumfuhr.

»Dad, dieses Kind hat mir das Fahrrad gestohlen!«, rief Zachary eines Tages.

Martin tat, was ihm logisch erschien – zumindest, soweit wir die philippinische Lebensart verstanden. Er schickte einen Vermittler, der mit den Eltern reden und sie höflich darum bitten sollte, uns das Fahrrad zurückzugeben.

Sie wurden sehr aufgebracht und verlegen, denn so werden derartige Dinge in ihrer Kultur nicht gehandhabt. Unser Vermittler erklärte uns, man würde einen anderen nicht einfach eines Vergehens beschuldigen. Vielmehr würde man ein Lösegeld für das Eigentum anbieten, und dann könnten alle wieder fröhlich sein.

Martin sagte: »Wie wäre es, wenn wir dich mit einem selbst gebackenen Kuchen und einigen Keksen zu ihnen schicken würden?«

Wir schlugen dies vor, weil wir ihnen kein Geld geben wollten.

So geschah es, und sie gaben Zacharys Fahrrad anstandslos zurück. In ihren Augen hatten wir durch diese Regelung der Angelegenheit eine Beziehung zu ihnen hergestellt; beiderseitige freundschaftliche Bande waren nach dieser Sichtweise geknüpft worden. Alle im Viertel freuten sich, dass wir diese Sache angemessen geregelt hatten. Niemand musste sich schämen oder in Verlegenheit geraten.

Als ich das nächste Mal über das Wort *Lösegeld* nachdenken musste, stand natürlich viel mehr auf dem Spiel als ein Fahrrad.

Die Gefahren von Palawan

Wenn Sie meine Kinder heute nach ihrer schönsten Erinnerung an die Philippinen fragten, würden sie vermutlich sagen: Thanksgiving 2000. Es war eine jener besonderen Gelegenheiten, wo wir alle in das Flugzeug stiegen und mit Martin zu einer anderen Missionsstation flogen.

Wir waren auf Palawan, weil Martin dort einen im Urlaub befindlichen Piloten vertreten sollte, und hatten die großartige Idee, unsere Missionare Norm und Jacqui Rice mit einem typisch amerikanischen Thanksgiving-Menü zu überraschen. Sie lebten ganz allein in einem weit abgelegenen Dorf und mühten sich noch damit ab, die Sprache der dort lebenden Einheimischen zu lernen. Wir wussten, sie würden sich über unseren Besuch freuen.

Auf einem seiner Flüge nach Puerto Princesa hatte Martin einen importierten Truthahn ergattert. Er war nicht billig gewesen, aber er brachte ihn trotzdem mit nach Hause. Aufgeregt verständigten wir Norm und Jacqui, wir würden am nächsten Tag kommen und das »Essen« mitbringen.

Ich blieb praktisch die ganze Nacht auf und bereitete das Menü vor. Neben dem Truthahn backte ich Brot und Kürbiskuchen, kochte Gemüse und fand sogar in meinen Vorräten eine Dose Preiselbeersoße, die im Vergleich zum Truthahn in diesem Teil der Welt noch schwerer aufzutreiben war. Am folgenden Morgen war alles vorbereitet und verpackt, und wir waren startklar.

Der Flug zu der betreffenden Landebahn im Dschungel war fast genauso aufregend wie die beste Achterbahnfahrt in Disney World. Martin folgte dem von Bäumen gesäumten Flusslauf und sank immer tiefer. Wir alle hielten die Luft an, als er plötzlich eine scharfe Kurve flog und in letzter Minute auf dem Gras aufsetzte. Doch wie immer hatte er seine Sache gut gemacht.

Die Rices erwarteten uns zusammen mit einer Gruppe von Dorfbewohnern am Rande der Landebahn.

Nachdem die Propeller zum Stillstand gekommen waren, stiegen wir aus dem Flugzeug und riefen:»Hallo! Wir sind da! Fröhliches Thanksgiving!«

Der Ausdruck auf Norms und Jacquis Gesicht, als wir anfingen, unser Essen auszupacken, ist mir unvergesslich. Ich hatte ein Tischtuch mitgebracht, Porzellan, Kerzen und kleine Spitzendeckchen. Als wir alles ausgeladen hatten, war der Tisch wunderschön gedeckt.

Norm neckte derweil die Kinder.»Na, habt ihr denn auch einen Truthahn mitgebracht?«

»Ja, natürlich.«

»Ach, das stimmt doch gar nicht – das ist sicherlich nur ein großes Huhn«, sagte er. (Das essen die meisten Amerikaner auf den Philippinen als Ersatz für den obligatorischen Truthahn.)

Als wir dann schließlich mit einem breiten Grinsen den goldenen Vogel präsentierten, riefen sie aus:»Das gibt es doch gar nicht! Das ist ja unglaublich!« Sie waren absolut begeistert.»Wo habt ihr dieses Prachtexemplar denn gefunden?«

Wir erzählten ihnen die Geschichte, und die Freude in unserer Runde kannte keine Grenzen.

Mir war es sogar gelungen, die Zutaten für ein leckeres Dessert an diesem Tag aufzutreiben und es entsprechend zuzubereiten. Und so kam es, dass es in dieser kleinen Hütte in einem Dorf auf Palawan hinsichtlich eines richtigen Thanksgiving-Essens an nichts fehlte.

Am Spätnachmittag, als wir wieder nach Hause zurückkehrten, waren wir von den besonderen Erlebnissen noch ganz erfüllt.

∽

Nur sechs Monate später waren wir wieder auf Palawan, dieses Mal ohne unsere Kinder. Eine hektische Zeit und viele Flüge erwarteten uns, darum waren wir dankbar für die Gelegenheit, für kurze Zeit in Dos Palmas auszuspannen.

Die Hotelangestellten holten uns mit einem strahlenden Lächeln und einem herzlichen Willkommen am Flughafen ab. Martin und ich gehörten zu etwa 30 Gästen, die nach Dos Palmas gekommen waren, um sich im tropischen Klima zu erholen. Auf einer kleinen Hoteljacht wurden wir um die Mittagszeit auf die Insel gebracht. Ein herrliches Büfett erwartete uns. Das Wetter war perfekt.

Zwei riesige Palmen überragten das ganze Gelände – daher auch der Name der Freizeitanlage. Ein schmaler Gehweg lud dazu ein, die Insel zu Fuß, zu Pferd oder auf gemieteten Fahrrädern zu erkunden. Auch wurden Tauchen, Schnorcheln und Angeln als Freizeitaktivitäten angeboten. Ein hübscher Geschenke-Laden lud zum Stöbern ein.

Unsere Hütte verfügte über eine Klimaanlage und einen Kühlschrank. Der Boden war in einem hübschen Dekor gefliest, und hinter den Vorhängen lag die Außenveranda, die etwa einen Meter breit und zwei Meter lang war. Ich dachte: ›Das ist ein so schöner Ort! Morgen früh, wenn Martin seinen Jetlag ausschläft, werde ich mich hierher setzen und ein paar Briefe schreiben.‹ Ich freute mich sehr auf diese Erholungspause, auch wenn wir nur einen Kurzurlaub gebucht hatten.

An diesem Nachmittag gönnten wir uns ein Schläfchen. Ich hatte einige Snacks mitgebracht: Popcorn, Chips und Erdnuss-M & Ms. Wir sahen unsere Post durch, und Martin erzählte ununterbrochen von seinem Aufenthalt in den Staaten.

Schon bald war es Zeit für das Abendessen. Als wir das Zimmer verließen, sagte ich zu Martin: »Weißt du, diese Tür macht keinen besonders sicheren Eindruck.«

Er sah sie sich an und beruhigte mich: »Nein, das ist immer so. Aber mach dir keine Sorgen – es wird schon nichts passieren.« Immerhin verfügte diese Freizeitanlage über eigenes Sicherheitspersonal, das ständig auf dem Gelände patrouillierte.

In dem runden Gebäude mit dem strohgedeckten Dach labten wir uns an dem reichhaltigen Büfett. Es gab Rindfleisch, gebackenen Fisch, Schweinefleisch süßsauer, und auch eine Salatbar war aufgebaut – wir konnten essen, was wir wollten. Die Tische standen draußen; es war angenehm im Freien, obwohl es etwas windig war. Überall sah man leger gekleidete Leute.

An dem Tisch neben uns saß ein großer braunhäutiger Mann mit einer attraktiven jungen Filipina. Noch hatte ich keine Ahnung, dass ich sie schon bald viel besser kennenlernen würde: Es waren Guillermo und Fe. An seinem Akzent erkannten wir ihn als Amerikaner. Vor dem Essen hörte ich die Frau etwas von einem Tischgebet sagen. Er erwiderte nur: »Mach ruhig.«

An diesem Abend kamen wir auf dem Rückweg zu unserer Hütte an einem Videoke-Platz vorbei. Videoke ist eine beliebte Beschäftigung der Filipinos. Jemand mit einer guten Stimme sang, und wir wären beinahe stehen geblieben und hätten zugehört.

Doch dann wollten wir lieber noch ein wenig spazieren gehen und die Abendluft genießen, bevor wir in unser Zimmer zurückkehrten. Der Himmel war klar, das Wasser vollkommen ruhig. Wir redeten und redeten bis tief in die Nacht hinein, und dann schliefen wir sorglos ein.

Sechs Stunden später – und das ganze kommende Jahr – hatten wir weder Bett noch heißes Wasser bzw. Elektrizität oder Bibel, nicht einmal die grundlegendsten Dinge im Leben einer Frau. Wenn ich morgens aufwachte, hatte ich nichts zu tun – nichts, außer mich darauf zu konzentrieren, am Leben zu bleiben. Was für ein seltsames Gefühl war das im Vergleich zu meinem früheren Leben als schwer beschäftigte Missionarsfrau, Mutter von drei heranwachsenden Kindern, Lehrerin, Familienbuchhalterin, Briefschreiberin, Haushaltsorganisatorin, Funkerin, Gastgeberin für einen nicht enden wollenden Strom von Gästen – meine Liste mit zu erledigenden Arbeiten war ständig übervoll. Jetzt war die Seite vollkommen leer.

Während der ersten Tage an Bord des Fischerbootes brauchte ich nicht einmal zu überlegen, was ich anziehen sollte. Ich hatte gar keine Auswahl: Es war immer dasselbe graue kurzärmelige Shirt, das ich bei der Entführung getragen hatte.

Sonny, der Koch von Dos Palmas, hatte zumindest eine kleine schmutzige Küche mit einem Holzofen, in der er unser Essen zubereiten konnte. Er nahm den Fisch aus dem Lagerraum und fand dazu einen Reisvorrat. Eines Abends servierte er uns ein heißes Getränk – ›Kaffee‹, dachten wir. Es schmeckte sogar recht gut. Aber eigentlich war es aus verbranntem Reis zubereitet worden, der mit Wasser aufgefüllt worden war.

Guillermo hatte sich freiwillig als »Wasserholer« gemeldet. Er lehnte sich mit einem Eimer über die Reling und zog Wasser zum Waschen hoch. (Nicht, dass man sich mit Salzwasser besonders gut waschen konnte – ich merkte, dass die Seife überhaupt nicht schäumte –, aber wenigstens war es besser als nichts.) Das klingt so einfach, aber da sich das Boot mit einer ansehnlichen Geschwindigkeit fortbewegte, musste Guillermo sehr vorsichtig sein, um nicht über Bord gezogen zu werden.

Unser Trinkwasser kam aus zwei großen Plastikfässern, von denen jedes vielleicht 190 Liter fasste. Je länger wir jedoch unterwegs waren, desto dringender wurde die Aufforderung, das Wasser einzuteilen. Rizza schien den Sinn dieser Worte nicht zu verstehen; mehr als einmal bemerkte ich, wie sie ihre Kleider auswusch – vermutlich, um für Reggie hübsch auszusehen.

»Oh Rizza, aber bitte nicht in unserem Wasser!«, bat ich sie. Doch meine Bitten bewirkten nichts.

Rizza schien auch für die muslimische Zurückhaltung in der Wahl der Kleidung keinen Sinn zu haben. Deshalb wurde sie von den Abu Sayyaf ermahnt, wenigstens eine langärmelige Bluse zu tragen, was sie auch tat – doch dann knöpfte sie diese Bluse prompt bis weit nach unten auf.

Das Trinkwasser ging immer mehr zur Neige und war schließlich ganz aufgebraucht. Uns blieb nichts anderes übrig, als das geschmolzene Eis aus dem Lagerraum zu trinken. Natürlich roch und schmeckte es alles andere als appetitlich.

Auch Guillermo hatte keinen Sinn für Zurückhaltung. Für muslimische Männer ist es eigentlich Pflicht, sich vom Nabel bis unterhalb der Knie bedeckt zu halten. Irgendwie hielt das Guillermo jedoch nicht davon ab, sich bis auf die Unterhose auszuziehen, um ein Salzwasserbad zu nehmen oder, besser gesagt, um sich Wasser aus einem

Schöpflöffel über den Kopf zu gießen. Alle anderen um ihn herum starben beinahe vor Verlegenheit, vor allem die Abu Sayyaf.

»Martin, kommen Sie!«, rief er. »Nehmen Sie auch ein Bad!«

»Nein, nein, ich möchte nicht. Machen Sie ruhig.«

All dies trug natürlich nicht dazu bei, die Zuneigung der Entführer gegenüber Guillermo zu steigern. Sie hatten ihn ziemlich schnell als »schlechten Mann« eingestuft. Obwohl er ein christlicher Missionar war, wurde Martin dagegen als »guter Mann« betrachtet, weil er keinen Alkohol trank, nicht rauchte, nicht fluchte und Frau sowie Kinder hatte.

Als unsere Entführer Martins Brieftasche durchsuchten und ein Foto von Felicia, Martins Schwester, entdeckten, die gerade Mitte zwanzig war, zogen sie jedoch die Augenbrauen hoch.

»Wer ist das?!«, fragten sie entsetzt, denn sie hielten sie für Martins Freundin.

»Oh, das ist meine kleine Schwester«, erwiderte er.

Dies schien ihre Bedenken zu zerstreuen.

Ein paar der jüngeren Abu Sayyaf merkten schon bald, dass Martin im Umgang mit mechanischen Dingen recht geschickt war. Deshalb ließen sie sich von ihm ihre Transistorradios reparieren und zeigen, wie sie die von uns Geiseln gestohlenen Uhren stellen konnten. Wahllos hatten sie die Knöpfe gedrückt und nichts erreicht. Auch zeigte er ihnen, wie ihre »neu erworbenen« Kameras zu bedienen waren.

Sie gingen die erbeuteten Ausweispapiere durch, die sie aus unseren Räumen mitgenommen hatten, und gaben vieles davon zurück. Doch Martins Pilotenlizenz bekamen wir nicht wieder. Er hatte sich mühsam durch die philippinische Bürokratie arbeiten müssen, um diesen kleinen Papierfetzen zu bekommen, und jetzt war er fort. (Irgendwann später bemerkten wir durch Zufall eine Tüte im Steuerhaus, und als wir hineinsahen, entdeckten wir die übrigen Dokumente. Wir schmuggelten sie natürlich sofort hinaus und behielten einiges davon, darunter auch einen Taschenkalender von 2001. Den Rest zerrissen wir und warfen die Schnipsel ins Meer.)

Ein ernster, mondgesichtiger Entführer mit Namen Musab setzte sich selbst zum geistlichen Führer der Abu Sayyaf ein und fing an, im Bug des Bootes Koranstudien abzuhalten. Die Teilnehmer waren schon bald von seinen langatmigen Reden gelangweilt.

Nur zwei aus der Abu-Sayyaf-Gruppe hatten den Koran ganz durchgelesen, obwohl jeder ein Exemplar besaß. Eines Tages, nachdem wir dem nasalen Singsang von Musabs Koranvortrag zugehört hatten, fragte Martin einen der Männer: »Was bedeutet das, was er gesprochen hat?«

»Oh, das wissen wir nicht«, erwiderte er. »Wir haben nur gelernt, die Worte auf Arabisch auszusprechen, aber ihre Bedeutung kennen wir nicht.«

»Tatsächlich?«

»Natürlich nicht. Wir sprechen kein Arabisch.«

»Warum übersetzt ihr den Koran denn nicht in Tagalog, damit ihr auch wisst, was ihr lest?«, fragte ich.

»Oh nein, nein – dann würde er verfälscht werden. Der einzig wahre Koran ist auf Arabisch geschrieben.«

Unsere Entführer schienen jedoch eifrig darauf bedacht zu sein, uns auf die Ähnlichkeiten zwischen dem Christentum und dem Islam aufmerksam zu machen. Ja, einige Personen sind sowohl im Koran als auch in der Bibel zu finden, wie zum Beispiel Adam, Abraham, Mose und David – sie nennen sie alle »Propheten«. Als sie herausfanden, dass unser jüngster Sohn Zachary heißt, strahlten ihre Gesichter.

»Oh ja, Zacharias!«, riefen sie und gratulierten uns dazu, unser Kind nach einem ihrer Propheten genannt zu haben. Sie fingen sogar an, Martin »Abu Zacarias« (Vater von Zachary) zu nennen.

Auch einer der Entführer hieß Zacarias – der kleine, stämmige Kerl, der unser Zimmer durchsucht hatte. Er war eine einzigartige Persönlichkeit und brachte die Leute gern zum Lachen, vor allem mit seinem bruchstückhaften Englisch. Manchmal kombinierte er zwei Sätze miteinander, zum Beispiel, als es zu regnen begann: »Der Regen fällt, und die Leute laufen davon!« Alle starrten ihn verständnislos an, dann fingen wir an zu lachen.

Am Dienstagnachmittag, dem dritten Tag unserer Gefangenschaft, waren auf einmal die Batterien des Satellitentelefons leer. Das ärgerte Sabaya und die anderen über die Maßen. Wie sollten sie nun ihre Erklärungen an die Welt abgeben? Schon bald kamen Martin und Chito ihnen zu Hilfe, indem sie ihnen zeigten, wie sie sechs kleinere Batterien zusammenschließen konnten, um die Batterie des Satellitentelefons wieder aufzuladen.

»Wisst ihr, ihr solltet euch wirklich überlegen, euch ein Solarpanel zu beschaffen«, schlug Martin vor. »Auf diese Weise wäret ihr von den Batterien nicht so abhängig.« Sie hielten das für eine großartige Idee und telefonierten prompt mit einem ihrer »Kumpel« an Land, indem sie ihn beauftragten, ein solches Teil zu bestellen.

Ich beobachtete all dies mit Sorge und gab Martin gegenüber zu bedenken: »Vielleicht solltest du deine klugen Ideen für dich behalten, weißt du? Du machst dich für diese Gruppe unentbehrlich, und dann werden sie uns nie freilassen!« Auf der anderen Seite war es für uns von Vorteil, wenn sie weiterhin mit der Außenwelt kommunizieren konnten. Martins Rat diente vielleicht doch unseren Zwecken.

Irgendwann schließlich – vielleicht aus Wertschätzung – gaben sie Martin doch noch ein T-Shirt mit langen Ärmeln, damit er nachts nicht so fror. Außerdem teilten wir uns meinen *malong*.

Und noch etwas bekamen wir: ein paar Zahnbürsten für die ganze Gruppe. Martin und ich teilten uns gern eine. Sie war unser einziger Besitz, abgesehen von den Kleidern, die wir trugen. Zahnpasta jedoch bekamen wir nicht.

Letty, die recht wohlhabende chinesisch-philippinische Geschäftsfrau mittleren Alters, war sehr um ihre Tochter und Nichte besorgt, die sie fast nie aus den Augen ließ. Eines Nachmittags kam sie jedoch mit einer weiteren Sorge zu mir.

»Ich habe meine Periode bekommen«, flüsterte sie. Es war ihr schrecklich peinlich. »Was soll ich tun?«

Ich sah mich vergeblich auf dem Boot um.

»Ich weiß nicht, was ich Ihnen raten soll«, erwiderte ich hoffnungslos. Ich lief ein wenig herum und überlegte, was ich tun würde, wenn ich betroffen wäre.

Dann kam mir eine Idee – eine schlechte, so viel war klar, aber mir blieb nichts anderes übrig, als nach jeder Möglichkeit zu greifen. »Dort drüben auf dem Boden des Maschinenraums liegt ein Stück Karton. Vielleicht könnten wir ihn irgendwie weicher machen, wenn wir ihn klein schneiden und ein wenig kneten …«

»Oh nein, nein, das würde nicht funktionieren«, wehrte sie ab und zog los, um das Boot abzusuchen.

Doch kurz darauf kam sie mit dem Karton in der Hand zurück und riss ihn leise in Stücke. Wir anderen Frauen machten uns wortlos daran, ihn in den Händen zu kneten, um die rauen Ecken weicher zu machen.

Schon bald brachen einige Frauen über irgendetwas in schallendes Gelächter aus. Was um alles in der Welt war so lustig? Ich ging zu ihnen hinüber und fand heraus, dass sie sich gerade Werbesprüche für dieses neuartige Hygieneprodukt für Frauen ausdachten – wie es verpackt werden sollte, wie die Werbung aussehen sollte und welche Slogans dafür verwendet werden sollten – es war wirklich lustig. Während ich diese Frauen lachen sah, dachte ich bei mir: ›Ist es nicht seltsam, dass der Mensch selbst in den dunkelsten Situationen noch fröhlich sein kann?‹

»Sssssst! Ssssssst! Ssssssst!« Die Abu Sayyaf verliehen mit einem typisch philippinischen Geräusch ihrem Missfallen Ausdruck. Das bedeutete: »Hört auf damit! Haltet den Mund!«

Zu viel Humor passte nicht in eine Atmosphäre, die vom Dschihad geprägt war. Aber unsere Lachmuskeln waren nun einmal gereizt, und wir konnten uns trotz ihrer Missbilligung nicht beruhigen. Schließlich fragten wir Solaiman, ob wir eine Liste anfertigen könnten mit Dingen, die wir brauchten – nicht nur Letty, sondern auch alle anderen. Er stimmte zu und gab uns ein Stück Papier.

Die meisten Leute in einer solchen Situation hätten vermutlich grundlegende Dinge wie Seife, Shampoo usw. aufgeschrieben. Aber nein, unsere Liste sah aus, als würden wir in ein Einkaufszentrum gehen: Shampoo gegen fettige Haare (Marke Sunsilk), Rejoice-Shampoo mit Festiger, Secret-solid-Deodorant, Colgate-Zahnpasta, Close-up-Zahnpasta pfefferminzfrisch, Dial-Seife, Unterwäsche in verschiedenen Größen – es war verrückt! Ich saß da und lachte in mich hinein.

›Sollten wir denn nicht ein wenig realistischer sein?‹, dachte ich. Schließlich wandte sich jemand an mich und fragte: »Was möchten Sie denn?«

»Irgendeine Seife reicht aus«, erwiderte ich, »und ich denke, wir sollten eine Schachtel Amoxicillin[20] aufschreiben.« Wir waren sechzig Leute auf dem Boot, das nur für zehn Fischer gebaut war. Es war nur eine Frage der Zeit, bis jemand krank wurde.

Dann wurde diese lange Liste, auf der von Eau de Cologne bis hin zu Büstenhaltern alles aufgeschrieben war, zu Sabaya gebracht. Er warf einen Blick darauf, reichte sie uns zurück und sagte: »Rechnet zusammen, wie viel das in etwa kosten wird.«

Janice übernahm die Aufgabe, die Beträge zusammenzurechnen. Sie kam auf etwa 14 000 Pesos (280 Euro).

Sie ging zu Sabaya zurück und zeigte ihm die Kalkulation.

»So viel habt ihr nicht«, verkündete er. »Von dem Geld, das wir aus euren Zimmern geholt haben, bekommt ihr zehn Prozent. Das sind nur 2000 Pesos. Streicht diese Liste zusammen.«

Mit langen Gesichtern setzten wir uns zusammen und versuchten, eine vernünftigere Einkaufsliste zu schreiben.

Als wir damit fertig waren, wurde ein Mann mit einem Schnellboot losgeschickt, der an Land fahren und mit Vorräten zurückkommen sollte. Er fuhr los, kehrte jedoch nie zurück. Später hörten wir im Radio, dass er von der Polizei in der Stadt entdeckt und verhaftet worden war. Wir fragten uns auch, ob er sich vielleicht abgesetzt hatte. Auf jeden Fall bekamen wir nichts von dem, was auf unserer Liste stand!

~

In diesen ersten Tagen auf dem Boot quälten uns natürlich in erster Linie die Gedanken an Jeff, Mindy und Zach. Wir wussten, dass

---

20 A. d. H.: Bezeichnung eines Breitband-Antibiotikums.

die Missionsgesellschaft unsere Kinder sofort aus dem Land bringen würde, um weiteres Unglück abzuwenden.

In einem einzigen Augenblick war uns alles genommen worden.

Niemand interessierte es, dass Martin ein ausgezeichneter Pilot war oder dass ich eine hervorragende Pizza backen konnte. Wir definierten uns nicht mehr über unseren Dienst oder Beruf; wir waren nichts weiter als zwei Menschen mitten auf der Sulusee, die keine Ahnung hatten, was als Nächstes passieren würde, und die keine Möglichkeit hatten, die Vorgänge irgendwie zu beeinflussen.

Ich saß da und beobachtete, wie die Abu Sayyaf mit Martin sprachen, ihm alle möglichen Aufträge gaben, und dachte: ›Ihr habt gar keine Ahnung, was für ein großartiger Mensch er ist. Ihr habt da einen so tollen Mann unter euch, und es interessiert euch nicht einmal.‹

Mitunter kam es vor, dass der Bootsmotor streikte. Dann gingen einige unter Deck, um sich daran zu schaffen zu machen. Manchmal ließen sie ihn nur abkühlen, bevor er tatsächlich wieder ansprang. Eines Nachts liefen wir bei Ebbe auf eine Sandbank auf. Es kostete viel Mühe, uns wieder freizubekommen, und voller Sorgen dachte ich schon daran, dass wir auf unbestimmte Zeit feststecken könnten. In einer anderen Nacht regnete es kurzzeitig ziemlich heftig, sodass alle 20 Geiseln im Maschinenraum Schutz suchten.

Eines Nachmittags vertrieben wir uns die Zeit mit Singen. Die meisten beteiligten sich daran.

Chito, der aus einem ähnlichen gemeindlichen Umfeld kam wie Martin und ich, stimmte unter anderem in Lieder wie »Praise Ye the Lord, the Almighty«[21] mit ein. Die Abu Sayyaf tolerierten unser Singen für den Augenblick; ihrer Meinung nach bedeutete das, dass wir glücklich und zufrieden waren, während sie uns jedoch nur sehr ungern weinen sahen.

Irgendwann an einem dieser Tage folgte uns ein Schwarm Delfine. Sie vollführten ihre anmutigen Luftsprünge in einem schier unglaublich blauen Wasser. Wir staunten bei jedem Sprung. Es war ein so wunderschöner Anblick, und ich musste unweigerlich daran den-

---

21 A. d. H.: Höchstwahrscheinlich handelt es sich bei dem Original dieses Liedes um »Lobe den Herren, den mächtigen König der Ehren«.

ken, dass dies unter anderen Umständen eine wunderschöne Reise gewesen wäre. Traurig war nur, dass Martin ohne seine Brille dieses Naturschauspiel nur schemenhaft wahrnehmen konnte.

Am Mittwochabend kam schließlich Land in Sicht. Die Lichter einer großen Stadt waren am Horizont einer Insel zu erkennen. Wir Geiseln hatten noch immer keine Ahnung, wo wir uns befanden.

Eine ganze Weile kreuzten wir vor der Küste und hielten Ausschau nach einem Lichtsignal vom Strand, das den Abu Sayyaf einen sicheren Landeplatz anzeigen würde. Aber das Signal kam nicht. Soweit wir es sagen konnten, waren wir ganz allein.

Krankenhaus des Schreckens

(30./31. Mai – 3. Juni 2001)

Die Abu Sayyaf schienen davon überzeugt zu sein, im richtigen Gebiet angekommen zu sein, darum lenkten sie das Boot zwischen einige kleine Inseln, um die frühen Morgenstunden des nächsten Tages abzuwarten. Nach mehreren Tagen und Nächten auf dem Wasser wäre es tatsächlich eine Erleichterung für uns gewesen, an Land zu gehen. Aber was würde uns erwarten, wenn wir festen Boden unter den Füßen hatten? Würden die Zustände besser oder schlimmer sein?

Während des Nachmittags kamen ein paar Sympathisanten der Abu Sayyaf in einem kleinen Boot zu uns herausgefahren. Sie fragten, was wir brauchten, fuhren an die Küste zurück und brachten uns dann Kekse und Cola. Später am Abend fuhren wir noch einmal an der Küste entlang, um erneut nach dem Signallicht Ausschau zu halten. Dieses Mal war es wirklich da, es waren sogar zwei Lichter.

Die Küste in diesem Gebiet war felsig, und das Fischerboot konnte nicht bis an den Strand heranfahren. Darum stiegen wir in das etwa brusthohe Wasser, ungefähr wie die Marines, die an der Küste der Normandie gelandet waren. Nur hatten wir nicht halb so viel Mut wie sie.

Weitere Mitglieder der Abu Sayyaf begrüßten an Land ihre Kameraden. Erneut ertönte der Schrei »Allahu akbar!«, begleitet von dem traditionellen doppelten Kuss, einen auf jede Wange. »Salam! Salam!« (»Frieden! Frieden!«), hallte es durch die Luft. Sie lachten und redeten in Sprachen miteinander, die ich nicht verstehen konnte.

Dann trieben sie uns im Dunkeln den Berg hoch. Kein Haus, kein Lagerfeuer – absolut nichts war in der Dunkelheit zu erkennen. Aus irgendeinem Grund hatte Martin seine *tsinelas* auf dem Boot verloren; er war jetzt barfuß. Es war egal, denn ich stellte fest, dass der steile Pfad für meine *tsinelas* sowieso zu uneben war. Immer wieder rutschten sie mir an den Füßen hoch, sodass ich sie schließlich auszog. Die meisten anderen taten dasselbe.

Oben angekommen, erwartete uns eine kleine Hütte, die zur Aufbewahrung von Kokosnussschalen gebaut worden war, etwa 30 Zentimeter über dem Boden errichtet. Diese Hütten werden so gebaut, damit in einer Grube darunter ein Holzkohlenfeuer angezündet werden kann. Die Kokosnüsse werden darin geröstet, bis ihre Schalen schwarz sind. Auf diese Weise wird das Kokosfleisch in ihrem Innern für den Transport zum Markt konserviert. Diese Hütte war vielleicht 16 Quadratmeter groß. Wir kletterten hinein und legten uns auf dem Bambusboden zum Schlafen nieder. Es war nur eine kleine Verbesserung im Vergleich zu dem harten Bootsdeck. Doch nun, da wir wieder an Land waren, fielen leider auch die Moskitos unbarmherzig über uns her.

Wir waren alle verschwitzt und schmutzig, und als der Morgen anbrach, vernahmen wir mit Begeisterung, dass wir in kleinen Gruppen zum Fluss gebracht werden würden, um ein Bad zu nehmen. Letty, Kim und Lalaine gingen als Erste, während wir anderen im Wald warteten.

Ich denke, an dieser Stelle muss ich erst einmal klarstellen, was das Wort *Bad* in diesem Zusammenhang bedeutet. Alle Bilder von heißem Wasser, Schaum oder Privatsphäre sollten Sie sofort aus Ihren Gedanken verbannen. Was ich meine, ist, in einen kalten Fluss zu steigen (natürlich komplett angekleidet, um den Bewachern keinen Anstoß zu geben) und sich selbst unter den Kleidern – so gut es ging – zu waschen. Anschließend kam man dann wie eine nasse Ratte aus dem Wasser heraus. Danach wickelte man einen *malong* um sich, dessen Ecken man mit den Zähnen festhielt, damit man seine nasse Kleidung ausziehen und trockene anziehen konnte – vorausgesetzt, man hatte welche dabei. Ansonsten musste man sich einfach langsam von der Sonne trocknen lassen.

Letty und die Mädchen hatten gerade mit ihrem Bad begonnen, als plötzlich und ohne Vorwarnung Schüsse ertönten. Die bewaffneten Streitkräfte der Philippinen (AFP) hatten uns innerhalb von nur wenigen Stunden nach unserer Landung aufgespürt. Ich hörte jemanden schreien:»Hinlegen!«, und wir alle warfen uns flach auf den Dschungelboden. Ich robbte auf dem Bauch zurück zu der Hütte. Die Abu Sayyaf erwiderten sofort das Feuer und rannten in den Wald, um den Kampf voranzutreiben.

»Lauft, lauft, lauft!«, lautete ein anderer Befehl.

Also stand ich auf und rannte mit gesenktem Kopf los. Ich war starr vor Angst, mein Herz klopfte zum Zerspringen. Mehrmals kam der Befehl, sich fallen zu lassen; dann standen wir wieder auf und rannten weiter. Nachdem wir in die Hütte zurückgekehrt waren, ließen wir uns auf den Boden sinken, um zu verschnaufen. Schon bald taumelten Letty und die Mädchen vollkommen verstört herein.

Während draußen die Schießerei weiterging, kam Sabaya dazu und blickte Tess an.

»Komm mit«, befahl er. »Du musst den Radiosender anrufen und eine Nachricht an Präsidentin Arroyo[22] durchgeben. Du sagst, sie soll die Truppen auf Basilan zurückrufen und das Feuer auf die Abu Sayyaf einstellen, weil wir sonst unschuldige Geiseln verletzen müssen.«

Basilan – da waren wir also. Zum ersten Mal seit fünf Tagen wussten Martin und ich, wo wir uns befanden, obwohl der Name uns zunächst nichts sagte. Basilan, so erfuhren wir später, ist eine kleine, nur etwa 65 Kilometer breite Insel, unmittelbar vor der Spitze der Halbinsel Zamboanga[23] gelegen. Diese Insel ist sehr stark bewaldet und war schon immer arm, doch die Situation der dortigen Bevölkerung wurde noch schlimmer, als sich Anfang der 1990er-Jahre die Abu Sayyaf etablierten und dort Unterschlupf suchten. Angst und Chaos herrschen seither auf dieser kleinen Insel.

Tess tat, was Sabaya ihr aufgetragen hatte. Sie sprach über das Satellitentelefon. Ob ihre Botschaft sofort an die Verantwortlichen weitergeleitet worden war oder nicht, wussten wir nicht. Aber nach etwa zehn Minuten hörten die Schüsse auf. Erstaunlicherweise war keiner in unserer Gruppe verletzt worden.

Wir saßen in der Schutzhütte und versuchten, uns langsam wieder zu beruhigen. Noch nie in meinem Leben war auf mich geschossen

22 A. d. H.: Präsidentin Gloria Macapagal-Arroyo, von Januar 2001 bis Juni 2010 im Amt.
23 Diese Halbinsel auf Mindanao ist nach der gleichnamigen Stadt benannt.

worden, und die meisten anderen Geiseln hatten so etwas auch noch nie erlebt. Was für ein Schock, sich ganz plötzlich in tödlicher Gefahr zu befinden!

Wenn mir jemand gesagt hätte, dass dies das erste von insgesamt 17 ähnlichen Feuergefechten in den kommenden Monaten war, wäre ich vermutlich auf der Stelle tot umgefallen.

Nachdem sich schließlich unsere Nerven langsam beruhigt hatten, kochte einer der Entführer einen großen Topf Reis und verteilte ihn an die Geiseln. Jeder von uns griff in den Topf und nahm sich eine Handvoll. Ich war noch immer so extrem angespannt, dass ich eigentlich keinen Hunger hatte, aber ich nahm trotzdem etwas. Ich wusste, es war besser, Nahrung zu sich zu nehmen, solange es etwas gab. Der Topf ging mehrmals herum, und weil er über dem offenen Feuer gehangen hatte, war seine Außenseite verrußt, sodass auch unsere Hände bald ganz schwarz waren. Es gab jedoch keine Möglichkeit, uns zu waschen. Vielmehr wurden wir schnell zur Tür hinausgetrieben und durch den Wald zu einem anderen Versteck geführt, da die AFP jetzt wussten, wo wir steckten.

Eine knappe Stunde später hielten wir an. Angie, Fe und ich mussten dringend auf die Toilette. Wir wussten nicht, was wir tun sollten, da so viele Männer um uns herumstanden. Also verzogen wir uns stillschweigend ins hohe Gras. In der Zwischenzeit hängten die Abu Sayyaf ihre Hängematten an einige Bäume.

Doch dann kamen sie aus irgendeinem Grund zu der Auffassung, dass dies kein geeigneter Lagerplatz sei, und wir wurden weitergetrieben. Je weiter wir in den Dschungel vordrangen, desto dichter wurden die Bäume, und auch der Weg wurde immer schwieriger. Als wir uns zu einer weiteren Pause hinsetzten, fiel plötzlich ein Schwarm bösartiger Bienen über uns her. Die Leute sprangen auf und fingen an, schreiend davonzulaufen, auch wenn die Entführer versuchten, uns zu beruhigen. Mehrere Geiseln wurden gestochen und begannen, hemmungslos zu weinen.

In diesem Augenblick sank die Stimmung der ganzen Gruppe, denn uns wurde klar, dass unsere Situation immer nur schlechter werden würde – egal, wohin wir uns wandten. Ich wurde von Furcht ergriffen. ›Wie soll das nur enden?‹, fragte ich mich. Die Dunkelheit brach herein, und wir marschierten weiter. Die Entführer hatten unsere Handgelenke aneinandergebunden. Martin lief vor mir, Chito hinter mir. Mehrere Stunden marschierten wir in einer Reihe und erreichten schließlich eine weitere Hütte, die zu dem gleichen Zweck wie die erste errichtet worden war. Diese war im Gegensatz zu der anderen voller Kokosnussschalen, weshalb uns nichts anderes übrig blieb, als uns obendrauf zu setzen. Aber das war natürlich sehr unbequem.

Ein paar Zivilisten waren in der Nähe, und wir spürten die Spannung, die in der Luft lag – irgendetwas würde bald geschehen. Den wenigen Bruchstücken Englisch, die in ihre Gespräche mit einflossen, entnahmen wir, dass sie über einen Jeepney sprachen. Gegen 23 Uhr kam einer angefahren, und wir wurden alle hineingeschoben. Nur Sonny, Eldren und Armando, die drei Angestellten von Dos Palmas, blieben zurück, weil einfach kein Platz mehr für sie war.

»Behaltet sie einfach hier«, schlug einer der Terroristen vor.

Die Abu Sayyaf kletterten auf das Dach, und wir fuhren los. Einer der Geiseln sagte: »Ich frage mich, was mit Sonny geschehen wird ...« Sehr viel später erfuhren wir, dass er und Armando schon kurz darauf enthauptet wurden. Eldren hatte ebenfalls geköpft werden sollen, doch der Versuch misslang. Er kam mit dem Leben und einer tiefen Wunde am Hals davon.

Der erste Fahrer war offensichtlich unerfahren und fuhr viel zu schnell über einen holprigen Weg. Wir im Innern des Wagens wurden hin und her geworfen, und für die Männer auf dem Dach war es richtig gefährlich. Einer fiel sogar herunter, wie ich mich erinnere. Sabaya löste den Fahrer bald darauf ab, aber auch er hatte Probleme mit der Gangschaltung.

Nach etwa einer Stunde sahen wir allmählich Häuser und Lichter. Wir näherten uns einer Stadt. Plötzlich kam der Wagen unter ein paar Lampen schlitternd zum Stehen.

»Bewegung, Bewegung, Bewegung!«, ertönte der Befehl von einem der Entführer. Wir sollten so schnell wie möglich aus dem Wagen aussteigen.

Es gab nur ein Problem: Wir waren noch immer mit einem Seil aneinandergebunden. Der Erste versuchte auszusteigen, doch das Seil war ganz verheddert, und unser Ausstieg endete mit einem Gemeinschaftssturz. Die Bewacher schrien uns immer weiter zu:»Bewegung! Bewegung! Bewegung!« Offensichtlich waren sie aufgebracht darüber, dass wir kostbare Zeit verloren. Nach einer Weile hatten wir uns alle erhoben. Wir wurden zu einem kleinen, einstöckigen, U-förmigen Gebäude geführt, das sich als Krankenhaus entpuppte. Später erfuhren wir den Namen der Stadt: Wir waren in Lamitan.

Ich bekam einen großen Schreck. ›Das ist das Letzte, was dieses Haus gebrauchen kann!‹, dachte ich. ›Die Patienten sind krank und wollen doch gesund werden – und da kommt mitten in der Nacht eine Horde Terroristen mit ihren Gefangenen. Jetzt werden noch mehr Menschenleben in Gefahr gebracht.‹

Drei unserer Entführer (Hurayra, Bro und Zacarias) klopften im Gehen mit ihren Gewehrkolben gegen die Jalousien. Ich glaube, sie wollten das Personal mit dem Lärm einschüchtern. Dann trieben sie uns Geiseln von dem Hof in ein Einzelzimmer, das gerade frei war.

»Ihr könnt anfangen zu baden«, wurde uns gesagt, da es in diesem Haus endlich Seife und frisches Wasser gab – nun ja, zumindest kaltes Wasser. Jemand schlug vor, wir sollten in alphabetischer Reihenfolge vorgehen. Natürlich gefiel uns Burnhams dieser Vorschlag!

Aber als Martin und ich in den Waschraum kamen, ertönten draußen schon wieder Schüsse. Das Krankenhaus wurde beschossen. Das war eine Überraschung für die Abu Sayyaf. Sie hatten nicht damit gerechnet, dass die Regierungstruppen es wagen würden, ein Krankenhaus unter Beschuss zu nehmen. Ihr Plan war es gewesen, eine solche Konfrontation zu inszenieren und auf diese Weise Verhandlungen zu erzwingen. Ich denke, sie gingen davon aus, nach einigen Verhandlungen und Kompromissen vonseiten der Regierung Zusagen bezüglich ihrer Forderungen zu bekommen. Die Geiseln hätten letztlich freigelassen werden sollen, und alle hätten nach Hause zurückkehren können.

Aber offensichtlich ging ihr Plan nicht auf. Den AFP war es egal, dass dies ein Krankenhaus war, und sie hielten sich nicht wie erwartet zurück.

Martin und ich wuschen uns in Windeseile, bevor wir das Bad verließen. Leider blieb uns nichts anderes übrig, als unsere schmutzigen Sachen wieder anzuziehen. Wir setzten uns in eine Ecke und warteten, wobei wir uns natürlich von der Tür möglichst weit entfernt hielten, für den Fall, dass die Regierungstruppen hereinplatzen würden. Während das Geschützfeuer nachließ und dann wieder zunahm, deutete eine der Geiseln zu dem Fenster unmittelbar über unseren Köpfen und sagte zu Martin und mir, wir sollten uns doch lieber eine Stelle suchen, wo die Gefahr kleiner war. Das taten wir auch. Aufmerksam hielten wir die Tür und die Fenster im Blick. Inmitten dieses Chaos, glauben Sie es oder nicht, kam einer der Entführer in den Raum und brachte uns Kekse und Cola. Wir aßen schnell und voller Dankbarkeit.

Imam, ein älterer Mann mit einem Kinnbart, hielt vor unserer Tür Wache. Kleine Fältchen umspielten seine Augen, wenn er lächelte, und ich dachte bei mir, er sähe wie ein netter alter Großvater aus. Trotzdem gehörte er zu den Abu Sayyaf, und auch mehrere seiner Familienangehörigen waren Teil dieser Gruppe.

Ich betrachtete ihn, wie er mit dem Gewehr in der Hand neben der Tür stand. ›Warum ist er dabei?‹, fragte ich mich. ›Er ist zu alt für solche Kämpfe. Vielleicht ist es seine Aufgabe, einfach zu warten und aufzupassen … Und wenn sich die Situation heute Abend verschlimmert, wird er dann derjenige sein, der uns alle erschießt?‹

Ich stieß Martin in die Seite und deutete auf Imam. »Denkst du, dass man ihm befohlen hat, uns zu erschießen, wenn die Sache heute Abend schiefläuft?«, flüsterte ich.

Seinem Wesen entsprechend sah mein Mann die Dinge anders. »Oh nein«, versicherte er mir. »Ich glaube nicht, dass irgendjemand vorhat, uns zu töten. Sie wollen doch unser Geld.«

Im Laufe des Abends nahmen die Kämpfe noch zu, und wir wurden in einen anderen Raum gebracht. In diesem Zimmer lagen Patienten in ihren Betten. Mir ist peinlich zu erzählen, was als Nächstes passierte. Die anderen Geiseln begannen prompt mit der Plünderung des

Zimmers. Sie nahmen alles mit, was sie einpacken konnten, von Babypuder über Seife bis hin zu den Kleidern der Patienten. Auf einmal waren die meisten von uns genauso skrupellos geworden wie unsere Entführer. Das Gesetz des »Ich brauche das, also nehme ich es mir, ob es mir nun gehört oder nicht« trat in Kraft.

›Wo liegt der Unterschied zwischen uns und den Abu Sayyaf?‹, fragte ich mich. ›Wir stehlen doch alle.‹ Jemand hielt mir einen Toilettenartikel hin.

»Ich nehme das nicht«, erwiderte ich. »Es gehört mir nicht. Wir bestehlen diese Leute!«

Die anderen Geiseln räumten ungerührt das Zimmer aus; wir dagegen setzten uns im Flur auf den Boden. Während ich dort saß, dachte ich über das nach, was ich gerade erlebt hatte. Bis zu diesem Punkt hatte ich angenommen, wir Geiseln wären die Guten. Jetzt musste ich zugeben, dass man, wenn man nur an sich und seine eigenen Bedürfnisse denkt, zu fast allem fähig ist.

Jedoch hätte ich an diesem Abend in Lamitan vehement geleugnet, dass ich mich noch vor Ablauf des Jahres ganz ähnlich verhalten würde.

Schließlich verlegten die Krankenschwestern zwei Patienten aus dem Zimmer, um Platz für uns zu machen. Auch brachten sie uns einige Krankenhauskittel, die wir gern annahmen. Endlich konnte Martin sein Hemd wechseln.

Die Schießerei dauerte die ganze Nacht über, deshalb war es kein Wunder, dass wir, als an diesem Morgen die Sonne aufging, alle erschöpft und müde waren. Doch die Schießerei ging immer noch weiter. Irgendein Flugzeug warf Mörsergranaten über uns ab, von denen eine im Operationssaal einschlug. Dadurch explodierte ein Sauerstoffbehälter, weshalb auch noch ein Feuer ausbrach. Mehrere der Abu Sayyaf rannten los, um das Feuer zu löschen, während ihre Kameraden weiterschossen.

Irgendwann später zogen wir wieder in den Flur um, vielleicht weil er geschützter lag. Imam bewachte uns auch weiterhin, sein M16 immer in seinen Armen haltend. Bro, ein großer, muskulöser Kriegertyp mit langen und ungewöhnlich lockigen Haaren, kam durch den

Flur gestürmt, um sich wieder am Feuergefecht zu beteiligen. Als er über die Beine und Körper der Leute hinwegstieg, sagte er unentwegt: »Entschuldigung ... Entschuldigung ... Entschuldigung.« Martin und ich sahen uns an und mussten über diese unerwartete Höflichkeit inmitten eines Gemetzels unwillkürlich lachen. Das war die typisch philippinische Höflichkeit.

Mittlerweile hatten die AFP die Elektrizitätsversorgung und die Telefonleitungen des Krankenhauses gekappt. Das machte die Abu Sayyaf natürlich wütend, die gedacht hatten, sie könnten von dort aus mit der Presse telefonieren und Interviews geben.

Martin wurde in den Hof gerufen, um über das Satellitentelefon zu sprechen; dort draußen war der Empfang besser. Es machte mich nervös, wenn er mich allein ließ, und vor allem natürlich, dass er nach draußen gehen musste. Aber mir blieb keine Wahl.

»Rufen Sie Ihre Missionsgesellschaft in Manila an«, forderte Sabaya. »Sagen Sie diesen Leuten, sie sollen sich mit der amerikanischen Botschaft in Verbindung setzen und *sie* auffordern, mit Präsidentin Arroyo zu sprechen.«

Die Nachricht war etwa dieselbe wie zuvor: »Stellt das Feuer auf das Krankenhaus ein; ihr bringt nicht nur die Geiseln, sondern auch die Patienten in Gefahr.«

Als Martin dort draußen im Hof stand und das Handy ans Ohr drückte, hörte er auf einmal die vertraute Stimme unseres Freundes Bob Meisel, des Leiters des NTM-Büros in Manila. Zuerst erkannte Bob Martin nicht, und es dauerte eine Weile, ihn davon zu überzeugen, dass er tatsächlich mit Martin sprach. Im Hintergrund waren die Schüsse zu hören, und natürlich war keine Gelegenheit für ein offenes Gespräch. Martin konnte nur wie befohlen seine Nachricht weitergeben.

»Martin, ist Gracia bei dir?«, wollte Bob wissen.

»Ja.«

»Kann ich mit ihr sprechen?«

»Nun, sie ist nicht unmittelbar neben mir. Sie befindet sich im Krankenhaus.«

Im Hintergrund sagte Sabaya zu Martin: »Erinnere sie daran, dass die Genfer Konvention Feindseligkeiten gegen Krankenhäuser verbietet!«

Martin gab diese Botschaft weiter. Aber nur mit Mühe konnte er ein Grinsen unterdrücken. Es war so lachhaft – hier war Sabaya, ein radikaler Terrorist, der versuchte, während dieses Telefonats die Regierungstruppen an die Regeln der Genfer Konvention zu erinnern, die im Falle bewaffneter Konflikte galten!

Die Batterie des Telefons erstarb, und das Gespräch endete abrupt. Irgendwie erfuhren die Abu Sayyaf inmitten dieses Chaos, dass das Lösegeld für Reggie und Rizza eingetroffen war. Da wir uns an einem öffentlichen Ort aufhielten, würde es einfach sein, einen Zivilisten zu finden, der beide aus dem Krankenhaus führen konnte.

Außerdem beschlossen die Entführer, R. J. – Divines kleinen Jungen – ebenfalls freizulassen. Bei mehr als einer Gelegenheit hatten sie betont, R. J. sei ein »Unschuldiger« und hätte gar nicht entführt werden dürfen. Als er aber erfuhr, dass er seine Mutter verlassen sollte, bekam R. J. schreckliche Angst und begann zu weinen. Doch Divine tröstete ihn und sagte ihm, es sei das Beste für ihn, und sie würde bald wieder bei ihm sein.

Nur mit großer Mühe blieb sie ruhig wie wir alle, als wir sahen, wie er zusammen mit Reggie und Rizza das Krankenhaus verließ. Dieser Gang der Ereignisse veranlasste die meisten anderen Geiseln, sich nochmals über Satellitentelefon bei ihren Leuten zu melden, um mit ihnen den eigenen Freikauf zu besprechen.

Der Tag schleppte sich dahin, und die Schießerei ging unvermindert weiter. Wir sehnten uns nach Stille, um endlich ein wenig zu schlafen, aber das war uns nicht vergönnt. Meine Nervosität machte sich mit einem Durchfall bemerkbar, aber um zur Toilette zu gelangen, musste ich den Hauptflur benutzen, der zum Eingang führte – eine ungeschützte Feuerzone. Einige Male ging ich das Risiko ein, doch dann wurde meine Angst zu groß.

»Gibt es hier noch eine andere Toilette, die ich benutzen kann?«, fragte ich eine der Schwestern.

Es gab noch eine in einem freien Krankenzimmer. Als ich den Raum betrat, schlief dort friedlich ein Mitglied der Abu Sayyaf! Jetzt war ich erneut in Nöten: ›Und wenn er nun aufwacht, während ich im Bad bin?‹

Ich rannte wieder hinaus, um Martin davon zu erzählen. »Ich werde jetzt in diesem Zimmer auf die Toilette gehen«, sagte ich, »aber wenn ich in ein paar Minuten nicht wieder da bin, musst du kommen und nach mir sehen, okay?«

Er versprach es.

Trotz des Beschusses versuchten die Angehörigen des Pflegepersonals, die Situation – so gut es ging – zu meistern, obwohl auch sie Angst hatten. Als uns auf einmal Glassplitter um die Ohren flogen, teilten sie Decken an uns aus, die wir über uns legen konnten. Das war gut – nur leider war es unter den Decken schrecklich warm. Etwa zu diesem Zeitpunkt wurde ein Mann mit Namen Sniper, der den Abu Sayyaf half, sich in Lamitan zurechtzufinden, direkt ins Auge getroffen. Er wurde von draußen hereingebracht und in den Flur gelegt, in dem wir saßen. Blut strömte über sein Gesicht, und er stöhnte erbärmlich.

Sofort liefen einige Schwestern zu ihm hin und verbanden sein Auge. Doch sein Atem ging weiterhin schwer, und auf einmal kippte sein Kopf zur Seite. Er begann, Blut zu erbrechen. Als wäre es eine Antwort darauf, wurde die von draußen in das Krankenhaus schießende Artillerie noch einmal lauter. Entsetzt und traurig beobachteten wir, wie Sniper sich wand und vor Schmerzen krümmte.

Kurz darauf kam ein Krankenhausangestellter mit T-Shirts in den Flur. Sofort griffen die anderen Geiseln zu. Er hatte auch eine Reihe von Tüten mit braunem Zucker dabei, die jeweils 500 Gramm wogen. Ich nahm keine, weil ich nicht wusste, was ich mit braunem Zucker ohne jede Zutat anfangen sollte. (Ich hatte noch nicht gelernt, Nahrungsmittel zu horten, wann immer ich etwas ergattern konnte.)

Der Angestellte ließ die Zuckertüten auf den Boden fallen. Dadurch platzten ein paar von ihnen auf, und ich sah, wie sich die braunen Körner mit dem blutigen Erbrochenen mischten.

Plötzlich wurde das Pfeifen der Schüsse lauter, und jemand schrie: »Alle runter!«

Wir warfen uns auf den Boden. Während der nächsten dreißig

Minuten lag ich auf dem Boden, mein Gesicht unmittelbar neben den Blutlachen, die Sniper hinterlassen hatte. Es war fast mehr, als ich ertragen konnte.

›Ist es so, wenn man jemanden sterben sieht?‹, fragte ich mich. Ich spürte, wie meine Gedanken sich vernebelten; ich konnte nicht mehr klar denken. Langsam glitt ich in einen Schockzustand hinein. Glassplitter flogen durch die Luft, und jemand warf eine Decke über mich. Ich kauerte da und wusste, dass ich versuchen musste, mich zusammenzunehmen. Ich hauchte ein Gebet: »Oh Gott, hilf mir! Mach mich ruhig, bitte. Bewahre uns und hilf mir, dass ich bei Verstand bleibe.«

Die Hitze und der Gestank waren unerträglich. Irgendwann konnte ich es nicht mehr aushalten und warf die Decke von mir.

»Was ist los?«, fragte Martin.

»Wenn ich sterbe, sterbe ich eben – aber unter dieser Decke werde ich ersticken. Ich bekomme Platzangst darunter«, erklärte ich ihm.

Mittlerweile war es Spätnachmittag. Unsere Nerven lagen blank. Die Abu Sayyaf holten ihre Gebetsketten hervor, um ihre Gebete zu sprechen. Ich beobachtete, wie sie still für sich beteten und sich dabei die bunten Perlen durch die Finger gleiten ließen. Jeder Rosenkranz (die Muslime nennen ihre Perlen ebenfalls Rosenkranz) besteht aus drei Teilen von jeweils 33 Perlen, dazu noch eine gesonderte Perle, also insgesamt 100.

Irgendwie hatte ich das Gefühl, dass dieses Krankenhaus unser Grab werden würde. Ich blickte Martin an und sagte: »Sie werden uns alle erschießen. Wir werden hier sterben.«

Und wieder beruhigte er mich. »Das glaube ich nicht«, erwiderte er. »Es wird bald zu Ende sein.«

In diesem Augenblick tauchte wie aus dem Nichts ein Jeep auf und fuhr in den Hof. Heraus sprangen sechs Abu-Sayyaf-Kämpfer als Verstärkung mit Gewehren und neuer Munition! Sofort änderte sich die ganze Stimmung.

»Wie seid ihr denn durch die Straßensperren gekommen?«, fragte einer unserer Entführer ungläubig.

»Wir haben ihnen erzählt, wir seien die Leibwächter des Gouverneurs.«

Der Gouverneur von Basilan hatte tatsächlich früher den Abu Sayyaf angehört und sogar in den Anfängen der Organisation die Entführungsstrategie, Lösegeld zu erpressen, eingeführt. Mittlerweile war er in die Politik gegangen und wurde von seinen ehemaligen Kameraden nicht mehr besonders geschätzt. Doch er wusste nach wie vor, wie man eine eigene Armee rekrutiert, ein Netz von eigenen Gefängnissen unterhält usw. Die Nennung seines Namens reichte aus, um durch die Straßensperre der AFP gelassen zu werden.

Nach einer halben Stunde kam ein neuer Befehl: »Packt eure Sachen zusammen! Wir verschwinden hier!«

Also nahm ich mir ein Laken und machte daraus einen provisorischen Rucksack für Martins zusätzliches Hemd, unsere Zahnbürste und ein paar übrig gebliebene Nahrungsmittel. Einige der anderen Geiseln aßen ein wenig Reis, doch ich war zu erregt und konnte nichts herunterbringen.

Bevor wir gingen, teilten die Abu Sayyaf die Gruppe auf. Einige Leute sollten freigelassen werden, um die Lösegeldzahlungen für ihre Partner voranzutreiben. Janice konnte zum Beispiel gehen, während Chito bleiben musste. Letty wurde ausgewählt, aber nicht ihre Tochter und ihre Nichte. Tess konnte gehen, aber nicht Francis. Kurz bevor sie loszogen, bekamen Janice, Letty und Tess genaue Anweisungen, wer in Zamboanga das Geld erhalten sollte. Man schärfte ihnen ein, dass nur dann, wenn sie sich an die Anweisungen hielten, ihre Angehörigen freigelassen werden würden.

Nach einem emotionsgeladenen Abschied verschwanden die drei in die eine Richtung, während wir anderen, insgesamt elf Personen, mit Seilen in Dreiergruppen zusammengebunden und zur Hintertür hinausgeschoben wurden – natürlich in Begleitung der Abu Sayyaf. Besonders erstaunt war ich, als ich sah, wie Sniper sich erhob und mit uns kam.

In der Zwischenzeit waren vier neue Geiseln dazugekommen: drei

Krankenschwestern mit Namen Ediborah, Reina und Sheila sowie ein Pfleger mit Namen Joel.

Im Hof strich eine sanfte Brise über mein Gesicht, und ich dachte: ›Danke, Herr – wenigstens werde ich hier draußen sterben, wo es etwas kühler ist.‹

Ich hatte jedoch nicht viel Zeit zum Nachdenken, denn es wurde erneut geschossen.

»Hinlegen! Hinlegen!«, ertönte der Befehl.

Dann: »Lauft!«

Und wieder: »Hinlegen!«

Wir ließen uns in der Nähe eines Hauses mit einem kleinen Geschäft fallen. Bro trat die Tür ein und stürmte, das Gewehr im Anschlag, in den Laden, wo er sich bei den Süßigkeiten bediente. Er stopfte sich die Sachen in seine Taschen, dann kam er wieder heraus und ging an uns, die wir auf dem Boden lagen, vorbei und legte vor jeden ein paar Bonbons.

›Wie seltsam das ist!‹, dachte ich. ›Wir stecken mitten in einem Feuergefecht, und er denkt an Bonbons.‹

Wir rannten wieder los und bekamen dann den Befehl, uns fallen zu lassen. Ich lag zwischen Martin und Guillermo. Ich sah auf und bemerkte, wie eine Granate an meiner Schulter vorbeizischte, begleitet von einer plötzlichen Hitzeentwicklung. Guillermo schrie auf: »Ich bin getroffen! Ich bin getroffen!«

Martin war sehr still. Ich wandte mich ihm zu und fragte: »Wurdest du auch getroffen?«

»Ja, in den Rücken. Aber ich kann nicht sagen, ob es schlimm ist oder nicht.«

Etwas weiter hinten konnte ich Divine und Buddy aus dem gleichen Grund schreien hören. »Wir sind getroffen worden!«, riefen sie.

»Lassen Sie uns zurück, lassen Sie uns einfach zurück«, erklärte Buddy den Entführern. »Wir sind ziemlich schwer verwundet.«

Einer der Abu Sayyaf sagte zu einem anderen: »Okay, wir lassen sie zurück.« (Im weiteren Verlauf unserer Gefangenschaft haben wir erfahren, dass Buddy und Divine aus dem Dschungel entkommen und sich nach einem monatelangen Krankenhausaufenthalt von ihren Wunden erholen konnten.)

Es wäre nett gewesen, wenn sie uns alle in diesem Augenblick einfach zurückgelassen hätten. Wir hatten jedoch leider kein solches Glück. Einer der Entführer kam zu uns herüber, sah sich Martins Rücken an und verkündete sofort:»Alles in Ordnung.«

Als Nächstes betrachtete er Guillermos verwundeten Fuß und verkündete erneut:»Es ist nicht so ernst. Auf, weiter geht's!«

Wir hatten also keine andere Wahl, als aufzustehen und weiterzulaufen. Am Stadtrand wurden wir langsamer, und unsere zweite durchwanderte Nacht begann. Guillermo humpelte, denn er hatte große Schmerzen. Doch Martins Schrapnellwunde war zum Glück wirklich nicht ernst und verkrustete schnell. Ungefähr zu jeder vollen Stunde machten wir eine Pause. Ich war dann jedes Mal so erschöpft, dass ich auf den Boden sank und sofort einschlief. Doch leider dauerten diese Pausen nie lange, und ich wurde stets unsanft geweckt.

Seltsamerweise wurden wir von den AFP nicht verfolgt, und im Laufe der Zeit stellten wir fest, dass sie dies niemals taten. Ein Kampf war eine Sache, aber eine Verfolgung schien nicht Teil ihrer Taktik zu sein. Das gehörte zu einem der fortwährenden Rätsel unserer Gefangenschaft.

Schließlich erreichten wir einen Hügel neben einem Farmhaus, und als wir über das Tal hinwegblickten, konnten wir in der Ferne ein Feuergefecht erkennen. Leuchtspurgeschosse explodierten in der Luft.

»Was ist das?«, fragten wir Sabaya.

»Das ist eine Schießerei, die unsere Leute angezettelt haben, um die AFP von uns abzulenken«, erklärte er.

Da nun kein weiterer Angriff mehr zu befürchten war, legten wir uns unter einen Baum und schliefen auf dem kalten Boden. Es war die erste von vielen Nächten, die wir auf diese Weise verbringen sollten.

Mittlerweile war Angie einer Hysterie nahe, weil ihre Schwester Divine nicht mehr da war. Sie war in so schlechter Verfassung, dass ich zu Martin sagte:»Vielleicht sollte ich heute Nacht neben ihr schlafen, um ihr gegebenenfalls zu helfen.«

Er nickte zustimmend.

Ich holte also das Laken, das ich aus dem Krankenhaus mitgenommen hatte, und breitete es für Angie und mich aus. Zwei Steine dienten uns als Kissen, beinahe wie bei Jakob im Alten Testament. »Alles wird gut werden«, versuchte ich sie zu trösten. »Ich werde heute Nacht bei dir bleiben. Ich weiß, du wirst Divine und Buddy vermissen, aber es ist besser, dass sie nicht mehr bei uns sind. Sie sind frei, Angie.«

Ich legte beruhigend den Arm um sie, bis sie einschlief.

Am folgenden Morgen gestand Martin jedoch, dass er während der Nacht, die er so ganz allein hatte verbringen müssen, sehr gefroren hatte. Er brauchte mich, und ich war nicht für ihn da gewesen. Ich weinte hemmungslos, als ich daran dachte, wie mein Mann so alleine auf dem Boden gelegen und vor Kälte gezittert hatte. ›Von jetzt an‹, so schwor ich mir, ›werde ich ihn nachts nie mehr allein lassen – egal, unter welchen Umständen.‹

Dieses Versprechen hielt ich bis zum Ende.

Die Drohung

Die Führer der Abu Sayyaf hatten die Nacht in dem Farmhaus verbracht, während die anderen Kidnapper ihre Hängematten zwischen die Pfähle gehängt hatten, auf denen das Haus erbaut worden war. An diesem Morgen schlachteten sie eine Ziege und kochten sie zu unserem üblichen Reis zum Frühstück. Zwar waren wir für das Essen dankbar, doch das Fleisch war extrem zäh. Wir kauten und kauten und schluckten es schließlich im Ganzen hinunter.

Außerhalb des Farmhauses fand Sabaya ein Paar alte hellblaue Gummistiefel. Sie waren hinten aufgerissen, und die Sohlen lösten sich bereits ab.

»Wollen Sie die?«, fragte er mich und hielt sie in die Höhe.

Sie sahen aus, als würden sie jeden Augenblick auseinanderfallen, darum lehnte ich zunächst ab. Immerhin hatte ich ja meine *tsinelas*. Er bot sie auch den anderen an, doch keiner wollte sie nehmen.

Daraufhin kam er wieder zu mir. »Sind Sie sicher, dass Sie diese Stiefel nicht wollen?«, fragte er.

Ich überlegte und nahm sie dann doch an, da ich sie möglicherweise später noch einmal würde brauchen können.

Mittlerweile hatte jemand aus der Gruppe Martin ein Paar recht widerstandsfähige Gummisandalen geschenkt. So musste auch er nicht mehr barfuß weiterlaufen.

Wir verließen das Farmhaus und marschierten wieder den ganzen Tag lang. Als wir an einem Bach Pause machten, wurde einer meiner *tsinelas* von der Strömung mit fortgespült, und ich konnte zum Glück gleich die Stiefel anziehen. Ich sprach ein stummes Gebet, indem ich Gott dankte, dass ich eine zweite Chance erhalten hatte, sie anzunehmen. Was sich später als positiv herausstellte, denn ich sollte in den folgenden elf Monaten keine anderen Schuhe mehr bekommen. Wahrscheinlich sah ich aus wie ein Mädchen vom Land, das gerade aus dem Stall kommt, doch zumindest blieb es mir erspart, barfuß weiterzulaufen.

Auf den engen Pfaden, die wir durch den Dschungel gingen, wimmelte es von *alimatoks* (Blutegeln). Diese kleinen, nur wenige Zentimeter großen Lebewesen gehören zu den Ringelwürmern und halten, auf Blättern sitzend, Ausschau nach möglichen Opfern. Wenn sie dann eines gefunden haben, setzen sie sich auf dessen Haut, saugen sich voll Blut und schwellen dabei an.

Damit ich diese Blutegel-Plage halbwegs im Griff hatte, zog ich bei jeder Pause meine Stiefel aus und überprüfte eingehend meine Beine. Nach einer Weile fühlte ich mich regelrecht von diesen Tieren verfolgt, sodass ich, wann immer ich nur ein leichtes Jucken an meinen Beinen spürte, sofort annahm, dass wieder ein *alimatok* der Verursacher war.

Doch damit nicht genug, denn neben diesen gewöhnlichen Egeln gibt es noch eine besondere Art von *alimatoks*, die es auf die Augen ihrer Opfer abgesehen haben. Sobald man von einem dieser Egel befallen ist, muss man sofort handeln, da sie sonst Blindheit verursachen können. Deshalb lernten wir, uns ganz besonders vor dieser Art in Acht zu nehmen.

∽

Mittlerweile waren wir daran gewöhnt, dass wir ständig von Waffen und Gewehren umgeben waren. Mehr als einmal saß mir einer der Entführer direkt gegenüber und hielt dabei den Lauf seiner M16 unachtsam geradewegs in meine Richtung. Wenn ich dies dann entdeckte, streckte ich vorsichtig die Hand aus und schob den Lauf zur Seite.

Einer der Männer merkte, dass ich das nicht mochte, und er war so nett und legte seinen Finger über die Mündung des Gewehrs! ›Das ist wirklich gut!‹, dachte ich. ›Erst wird sein Finger abgeschossen – und dann werde ich sterben!‹ Schließlich gab ich einfach auf und akzeptierte, dass die Gewehre ständig auf mich gerichtet waren. Was konnte ich auch schon daran ändern?

Ungefähr zu dieser Zeit entdeckten wir jeden Abend ein Flugzeug am Himmel, das offensichtlich den Dschungel nach Lagerfeuern absuchte. Wir wussten nicht, ob es ein philippinisches oder vielleicht sogar ein amerikanisches Militärflugzeug war. Martin hatte den Eindruck, dass es unbemannt sein könnte, und seine Flugzeugkenntnisse waren nicht zu verachten. Immer wieder flog das Flugzeug über uns hinweg. Und wann immer wir es herannahen hörten, blieben wir sofort reglos stehen, um keine Aufmerksamkeit zu erregen. Wenn das Flugzeug dann vorbeigeflogen war, setzten wir unseren Weg fort.

Die Abu Sayyaf wollten natürlich von den bewaffneten Truppen nicht erkannt werden. Und wir Geiseln auch nicht, denn mittlerweile wussten wir, dass ein Rettungsversuch durch einen Frontalangriff vonseiten der AFP vermutlich mit hohen Verlusten auf unserer Seite ausgehen würde. Die Truppen wollten uns Geiseln sicherlich helfen, aber um eine so sensible Operation durchzuführen, waren sie einfach nicht ausgebildet. An diesem Punkt wussten wir, dass wir allein durch Verhandlungen eine Chance hatten, die Entführung lebend zu überstehen. Und für die Abu Sayyaf bedeutete Verhandlung nur eines: Lösegeld.

Unterwegs begegneten wir wenigen Zivilisten, weil die meisten der Inselbewohner flohen, sobald sie in der Ferne Kampfeslärm hörten. Infolgedessen durchquerten wir ein verlassenes Dorf nach dem anderen. Es war regelrecht unheimlich.

✤

Im Laufe der Zeit lernte ich allmählich die vielfältigen Verwendungsmöglichkeiten des *malong* kennen. Dieses Stück Batikstoff ist etwa einen Meter breit und vermutlich doppelt so lang. Zwei seiner Enden sind aneinandergenäht und bilden damit eine lange Röhre. Man kann in ihn hineinschlüpfen und ihn sich um die Taille wickeln. Auf diese Weise erhält man einen langen Rock. In kalten Nächten kann man sich schützend darin einwickeln. Und wenn nötig, kann man ihn auch als Handtuch oder sogar als Taschentuch benutzen. Wann immer es an der Zeit ist weiterzuziehen, kann man aus dem *malong* auch einen

Rucksack zum Transport seiner Habe machen. Und zu guter Letzt lässt er sich zum Transport von Verwundeten in eine Bahre verwandeln (wobei man natürlich noch zwei Bäumchen fällen muss, um deren Stämme als Stangen zu verwenden).

Wenn ich mich also umziehen wollte, stieg ich hinein und hielt den *malong* mit den Zähnen fest. Auf diese Weise hatte ich beide Hände frei. Ich konnte mich sogar darin waschen. Bei dieser vielseitigen Nutzung blieb es jedoch leider nicht aus, dass er mehr als einmal total schmutzig war, was wiederum einen beschwerlichen Ausflug zum Fluss bedeutete, um ihn auszuwaschen.

Doch was mir während des Lebens im Dschungel mit am schwersten fiel, war das Fehlen von Toilettenpapier. Den anderen schien das nicht so viel auszumachen, aber ich hatte damit richtig Probleme. Dass ich mich nach dem Stuhlgang nur mit kaltem Wasser und meiner Hand reinigen konnte, war beinahe mehr, als ich ertragen konnte. Und manchmal stand nicht einmal Wasser zur Verfügung. Wenn ich dann bei der nächsten Mahlzeit mit den Händen essen musste, ekelte ich mich so sehr, dass ich mich beinahe übergab.

Wann immer wir an einen Fluss kamen, füllten die Männer die Wasserkanister wieder auf. Aus irgendeinem Grund brauchte ich während unserer Wanderungen durch den Dschungel besonders viel Wasser, denn sonst lief mein Gesicht hochrot an, und ich atmete extrem schwer. Das machte den anderen Angst.

Ich stellte fest, dass die Abu Sayyaf sehr zornig auf mich wurden, wenn ich mehrmals am Tag um einen Schluck Wasser bat. Manchmal lehnten sie meine Bitte sogar rundweg ab. Es dauerte eine Weile, bis mir klar wurde, dass sie das Wasser für die rituellen Waschungen aufhoben, die ihren drei Gebetszeiten vorausgingen – jeden Tag bei Sonnenaufgang, um 12.30 Uhr und bei Sonnenuntergang.

Wenn ein Muslim sich in einem Dschihad, dem Heiligen Krieg, befindet, ist er von zwei der fünf täglichen Gebetszeiten befreit, die normalerweise von ihm verlangt werden. Um einen gewissen Ausgleich zu schaffen, wird von ihm aber mitten in der Nacht, um 1 oder 2 Uhr, eine zusätzliche Gebetszeit erwartet. Unsere Bewacher hielten sich jedoch nie daran, denn nach den langen Tagesmärschen waren sie einfach zu müde. Doch als einmal unsere Gruppe vom Militär sehr heftig bedrängt wurde, diskutierten die Männer darüber, ob ihre ausgelassenen Gebetszeiten der Grund dafür sein könnten. Daraufhin versuchten sie, einige Male mitten in der Nacht zum Beten aufzustehen, doch schon bald ließen sie es wieder sein.

Vor jedem dieser Gebete mussten sich unsere Entführer dem Reinigungsritual unterziehen, und das jeden Tag dreimal. Zu diesem Ritual gehörte:

1. Waschen der rechten Hand und des rechten Armes bis zum Ellbogen – *zweimal*;
2. Waschen der linken Hand und des linken Armes bis zum Ellbogen – *zweimal*;
3. Waschen des Gesichts – *zweimal*;
4. Waschen der Ohren;
5. Waschen des Mundes, indem sie einen Schluck Wasser in den Mund nahmen und wieder ausspuckten;
6. Waschen der Nase, indem sie Wasser in die Nase zogen und es wieder ausschnaubten;
7. Waschen der Haare, indem sie sich Wasser ins Haar rieben;
8. Waschen der Füße.

(Ich muss gestehen, dass diese Rituale, in deren Verlauf diese Männer fortwährend spuckten und sich schneuzten, nicht gerade zu jenen Dingen gehörten, die ich mochte.)

Für dieses Ritual wurde natürlich eine ansehnliche Menge Wasser gebraucht, und unsere Entführer nahmen es damit sehr ernst. Dies zeigte sich an folgender Begebenheit: Eines Abends, als wir gerade essen wollten, stieß Angie zufällig gegen einen der Männer, nachdem er sich gerade für das Gebet gewaschen hatte.

»Warum haben Sie mich berührt?!«, fuhr er sie an. »Jetzt bin ich unrein und muss mich noch einmal neu waschen!«

Das bedeutete, dass er sich in einer ziemlich langen Reihe bei der Bergquelle anstellen musste, um seinen Krug neu zu füllen. Ziemlich aufgebracht stapfte er davon.

Einige Tage, nachdem wir aus dem Krankenhaus in Lamitan entkommen waren, stießen wir auf ein verlassenes Haus. Mehrere Mitglieder der Abu Sayyaf zogen zusammen mit einigen der männlichen Geiseln in das Wohnzimmer. Wir Frauen bekamen das kleinere Zimmer an der Seite.

Wir wollten uns gerade einrichten, als ich jemanden schreien hörte: »Sundalo! Sundalo!« (»Soldaten! Soldaten!«)

Die Armee rückte schon wieder an. Also suchten wir in aller Eile unsere Sachen zusammen, um erneut im Urwald unterzutauchen.

Doch in all dem Chaos bemerkte ich, dass auf einmal Martins Schuhe fehlten. Ich wurde zornig. Wer hatte sie gestohlen?

»Mach dir keine Gedanken darum«, beruhigte er mich. »Bestimmt tauchen sie wieder auf.«

»Was meinst du?«, gab ich zurück. »Wir müssen wieder in den Dschungel, und du hast nichts an den Füßen.«

Ich ging zu Musab, der der Führer unserer kleinen Gruppe zu sein schien, und fuhr ihn an, ohne mir dabei große Mühe zu geben, meinen Zorn zu verbergen: »Martin braucht seine Schuhe.«

Musab blickte mich von oben herab an und zuckte gleichgültig die Achseln.

Jetzt war ich wirklich zornig. »Martin kann nicht barfuß durch den Dschungel laufen!«, belehrte ich ihn. »Ihr müsst ihm irgendwelche Schuhe geben. Das ist lächerlich. Er wird sich verletzen, und ihr habt nichts, womit ihr eine Wunde versorgen könntet. Verstehst du mich?«

Und ganz plötzlich wurde mir klar: Nein, er verstand mich wirklich nicht, denn er sprach kaum Englisch.

Sein Gesichtsausdruck wurde streng, denn Vorhaltungen von einer Frau duldete er nicht. (Erst später erfuhr ich, dass Musab der stellvertretende Leiter der Abu Sayyaf war! Ich hatte also einen der führenden Leute unserer Entführerbande zurechtgewiesen.)

Solaiman, der die Szene beobachtet hatte, kam auf mich zu und sagte: »Gracia, du musst dich beruhigen. Es wird alles gut werden.«

Und tatsächlich, in genau diesem Augenblick kam Musabs Bruder den Hügel hinauf. Er hatte ein Bad genommen, und an den Füßen trug er – Martins Schuhe! Ich war wirklich außer mir. Der Kerl hatte sie sogar an einer Stelle kaputt gemacht. Mit einem strahlenden Lächeln und ohne ein Wort der Erklärung gab er sie Martin zurück.

Ich war wirklich zornig, doch allmählich beruhigte ich mich wieder. Mir wurde klar, dass ich, wenn ich diese Sache lebend überstehen und meine Kinder wiedersehen wollte, mein Temperament im Zaum halten musste.

Wir marschierten den ganzen Nachmittag, und gegen Abend erreichten wir eine weitere Kokosnusshütte, in der wir übernachten wollten. Doch kurz vor Sonnenuntergang wurden auch hier erneut *sundalo* gesichtet. Also versteckten wir uns auf einem nahe gelegenen Berggipfel. Die Soldaten am Fuß des Berges eröffneten das Feuer, und mehrere Abu Sayyaf rannten den Berg hinunter, um sich gegen den Feind zur Wehr zu setzen.

Überaus stolz auf ihre Leistung kehrten sie wenig später in unser Versteck zurück, und wir erfuhren, dass sie drei AFP-Soldaten enthauptet und deren Sachen geplündert hatten. Eines ihrer Opfer war ein Sanitäter gewesen, dessen Medikamententasche unsere Ausrüstung verbesserte – so makaber das auch klingt.

Noch andere Dinge, die die Soldaten bei sich getragen hatten, sollten für die Abu Sayyaf von Vorteil sein. So brachten sie ein Funkgerät mit, detaillierte Karten und ausführliche Ausarbeitungen zu dem Strategieplan der AFP für das Aufspüren der Abu Sayyaf. Die Ziele ihrer Suche waren auf den Karten nummeriert, und angefügt war eine Liste aller Bataillone, die sich an ihr beteiligten.

Chito starrte die Liste an und rief:»Seht nur, alle diese Leute suchen nach uns!«

Wir alle, auch unsere Entführer, hatten keine Ahnung, dass das Aufgebot des Militärs so groß war. Offensichtlich waren wir Gegenstand einer größeren Militäroperation. Leider war dieser Gedanke bei der groben Vorgehensweise der Soldaten jedoch alles andere als tröstlich.

Bei diesem Scharmützel waren mehrere Angehörige der Abu Sayyaf verletzt und einer getötet worden. Deshalb fällten ihre Kameraden kleine Bäume und bastelten aus ihnen mithilfe von *malongs* Bahren für den Toten und die Verwundeten. Als wir dann in der Nacht durch ein muslimisches Dorf kamen, ließen sie dort sowohl den Toten als auch die Verwundeten zurück. Wir anderen marschierten wieder einmal die ganze Nacht hindurch. Erst am folgenden Morgen machten wir eine Pause. Nun konnten endlich die Krankenschwestern, die in Lamitan zu unseren Mitgefangenen geworden waren, einige kleinere Verletzungen versorgen.

Mehrere Tage lang marschierten wir weiter. Unterwegs fanden Martin und ich schließlich heraus, wer der eigentliche Führer der Abu Sayyaf war. Er gehörte seit der Landung auf Basilan unserer Gruppe an, doch nie hätten wir gedacht, dass Khadafi Janjalani, auch »Moktar« genannt, mit seiner ruhigen Art und seinem Babygesicht der Anführer war.

Janjalanis älterer Bruder Abdurajik Abubakar Janjalani hatte die Gruppe vor mehr als einem Jahrzehnt nach seiner Rückkehr aus dem Afghanistankrieg gegründet. Inspiriert von dem dortigen Leiter seiner Guerilla-Einheit, dessen Name Professor Abdul Rasul (Abu) Sayyaf war, hatte sich der ältere Janjalani in seiner Heimatstadt auf Basilan niedergelassen, um eine ähnliche Bewegung ins Leben zu rufen. Im Dezember 1998 war er schließlich von den AFP erschossen worden, woraufhin dann sein jüngerer Bruder seine Nachfolge angetreten hatte.

Während wir weiterhin auf der Flucht waren, wurde unsere Gruppe immer größer. Eines Tages erreichten wir gegen Mittag eine Schule. Obwohl kein Unterricht stattfand, waren ein paar Lehrer anwesend, und aus irgendeinem Grund hatten sie keine Angst vor uns. Mittlerweile sahen wir alle absolut heruntergekommen und abgezehrt aus, und wir konnten ihr Mitleid mit uns spüren. Wohl aus diesem Grund ließen sie im Dorf eine Kuh schlachten, die sie für uns zubereiteten. Gekochte Eier, Nudeln, Reis und süße, heiße Milch wurden uns vorgesetzt – ein Festmahl! Es war die erste richtige Mahlzeit, die wir seit dem Verlassen des Bootes vor einer Woche bekommen hatten.

Die Frauen schenkten mir sogar einen Satz Kleider zum Wechseln: eine Hose, ein langärmeliges Shirt, einen Büstenhalter und Unterwäsche, sogar ein teures grünes Handtuch war dabei! Die anderen weiblichen Geiseln bekamen eine ähnliche Ausstattung. Ihre Freundlichkeit überwältigte uns. Ich steckte alles in mein Bündel, das ich ständig entweder in der Hand hielt oder auf der Schulter trug, um es nur ja nicht zu verlieren.

Wir blieben in der Schule, bis wir gegessen und uns ein wenig ausgeruht hatten, bevor wir wieder in den Dschungel zurückkehrten. Kurz darauf erreichten wir einen Ort, den ich aufgrund eines Aufklebers, der noch von der Volkszählung ein Jahr zuvor stammte, »Haus 125« nannte – eine Hütte mit zwei Räumen und einem strohgedeckten Dach, ohne Elektrizität und fließendes Wasser. Die Fensteröffnungen waren weder mit Glasscheiben noch mit einem Fliegengitter ausgestattet. Es war wie die meisten ländlichen Häuser in den Tropen auf Pfählen etwa 1,50 Meter über dem Boden erbaut, sodass man nur über eine Holzleiter hineingelangte. Die Fläche unter dem Haus war für die Haltung von Schweinen und Hühnern gedacht – allerdings waren zu diesem Zeitpunkt weit und breit keine Tiere zu sehen, weshalb einige der Terroristen ihre Hängematten dort an den Pfählen aufhängten. Andere befestigten sie an Bäumen in der Nähe.

Für die Abu Sayyaf war dies ein sicherer Zufluchtsort: ziemlich abgelegen, sodass die bewaffneten Truppen auf der Suche nach ihnen nicht daran vorbeikamen, doch nahe genug an den Dörfern und Farmen, um Nahrungsmittel beschaffen zu können. Auch der Fluss lag nur wenige Minuten Fußmarsch entfernt. Hier konnten sie über ihre Satellitentelefone weiterhin mit den Medien im Gespräch bleiben, um so Druck auf die Regierung in Manila auszuüben. Denn nach wie vor bestanden sie auf der Erfüllung ihrer Forderungen.

Während wir uns in der Hütte einrichteten, entstand unter uns Geiseln eine heiße Diskussion darüber, wie wir schlafen sollten. Unsere muslimischen Entführer hatten klargemacht, dass Martin und ich als Ehepaar in der Mitte liegen sollten, sozusagen als Trennungslinie zwischen den Geschlechtern, damit der Anstand gewahrt blieb. Neben Martin lag Guillermo, da unsere Entführer diese beiden jede Nacht mit Handschellen aneinanderfesselten, um ihre wichtigsten Geiseln nicht zu verlieren. Dann kamen Francis, Chito und Joel, der junge Pfleger aus dem Krankenhaus.

Neben mich reihten sich die drei Krankenschwestern Sheila, Reina und Ediborah, und hinter ihnen lagen Angie und Fe. Die Teenager Kim und Lalaine kauerten an der Wand. Es war so eng, dass ich mich, wenn ich in der Nacht aufwachte, nicht umdrehen konnte.

»Hey, ich habe eine Idee«, sagte ich nach der ersten schlimmen Nacht. »Einige von euch könnten doch hier am Fußende schlafen. Da ist noch Platz. Wie wäre es mit euch, Lalaine und Kim?«

Sie blickten mich an, als hätte ich den Verstand verloren. »Wir können da nicht schlafen! Wissen Sie denn nicht, dass es Unglück bringt, wenn man mit dem Gesicht zur Tür schläft?«

Fast jeder Filipino weiß offensichtlich, dass man im rechten Winkel zu einer Tür schlafen muss, sonst stößt einem etwas Schreckliches zu.

»Also gut, dann werden Martin und ich dort schlafen. So haben wir mehr Platz.«

»Nein, nein, nein!«, protestierten alle einstimmig. »Sie sollen mit uns zusammen in der Reihe schlafen.«

Ich merkte, dass ich diese Debatte nicht gewinnen konnte.

Als ich eines Morgens aufwachte, hörte ich die Vögel auf den Dschungelbäumen zwitschern. Außerdem vernahm ich, wie Holz für das Feuer gehackt wurde. Das Klappern von Töpfen weckte in mir die Hoffnung, dass es an diesem Morgen vielleicht Kaffee geben könnte. Gleichzeitig konnte man den bedrückenden Singsang der Gebete unserer Entführer hören. Sie begannen jeden Tag mit mindestens 20 Minuten dieses Rituals.

Ich versuchte, meine braunen *pantos* (einem Pyjama-Unterteil ähnlich) glattzustreichen. Ein freundlicher Mensch hatte mir dieses Kleidungsstück geschenkt. Dann richtete ich meinen *terong*, den Schal um den Kopf, um die missbilligenden Blicke meiner Entführer zu vermeiden. Socken besaß ich noch immer nicht.

Not macht erfinderisch, wie es so schön heißt, und ich dachte mir einen Ersatz für den Schutz meiner Füße aus. Ein paar Tage zuvor hatte Lalaine mich unterwegs gefragt: »Möchten Sie ein T-Shirt, das ich gefunden habe?«

»Oh, danke!« Ich freute mich über ihre Großzügigkeit.

Sie warf mir ein Kleidungsstück zu – und es stellte sich als Teil der

Schuluniform eines kleinen Mädchens heraus. Einem achtjährigen Kind hätte es wohl gepasst. Ich war enttäuscht. Aber nachdem ich es mir näher angesehen hatte, erkannte ich, dass ich die beiden Ärmel herausreißen und sie mir über die Füße ziehen konnte. Jeweils ein Ende konnte über den Zehen zugebunden werden, sodass ich wenigstens Füßlinge für meine alten blauen Gummistiefel hatte.

Schon bald war es Zeit für das Frühstück. Ein paar der »Jungen« – junge Mitglieder der Gruppe, die sich noch im Teenageralter befanden – brachten unser Essen auf einem großen Bananenblatt. Der Reis war darauf hoch aufgetürmt, und darüber war eine Dose Sardinen in Tomatensoße gekippt worden. Es gab keinerlei Schüsseln oder Besteck; wir aßen mit den Händen – und zwar in aller Eile, wie ich schnell gelernt hatte. Denn wir Geiseln befanden uns zwar in der gleichen schwierigen Lage wie die Entführer, doch beim Essen traten die Unterschiede zutage. Wenn wir nicht schnell zugriffen, blieben wir hungrig.

Irgendetwas an der Hektik an diesem speziellen Morgen machte mich traurig. Ich konnte mich nicht überwinden, mich ins Gewühl zu stürzen und erneut um mein Essen zu kämpfen. Denn dabei fühlte ich mich wie ein Tier. Ich setzte mich also an die Seite und beobachtete das Durcheinander. Guillermo bemerkte mich schließlich.

»Komm, Gracia – Zeit zu essen! Du musst bei Kräften bleiben.«

»Ich möchte einfach nicht so grabschen«, erwiderte ich.

Francis hörte meine Bemerkung, und nachdem das Bananenblatt sauber gewischt war, setzte er sich mit einem nachdenklichen Ausdruck auf dem Gesicht neben mich.

»Weißt du, meine Hunde zu Hause bekommen besseres Essen als das«, bemerkte er mit leiser Stimme.

»Nun«, erwiderte ich, »um ehrlich zu sein, das ist genau das, was wir unseren Hunden zu fressen geben – Reis mit ein paar Sardinen in Tomatensoße.«

Keiner von uns beklagte sich wirklich. Wir dachten nur darüber nach, was im Dschungel aus uns geworden war, ein Faustpfand in dem düsteren Szenario einer verzweifelten Auseinandersetzung. Wir wussten, dass die Regierung in Manila die Abu Sayyaf als gierige Gangster betrachtete, die ausgelöscht werden mussten. Die Tatsache, dass sie unschuldige Unbeteiligte als Geiseln festhielten, war sicherlich ein erschwerender Faktor. Aber der Kampf musste weitergehen.

Das einzige Problem war, dass die Abu Sayyaf jedes Tal und jeden Berg auf dieser tropischen Insel viel besser kannten als die AFP, und sie hatten nicht vor, sich so leicht schnappen zu lassen.

Die Morgenhitze nahm zu, und die Stunden schleppten sich dahin. Wir durften den Raum jedoch nicht verlassen, und damit war er für 24 Stunden am Tag unser Quartier geworden, es sei denn, wir mussten nach draußen, um »dem Drang der Natur« nachzugeben, wie Solaiman es gern umschrieb. Er hatte diesen Ausdruck von einem amerikanischen Bekannten gelernt. Wenn er wollte, konnte er uns gegenüber also auch sehr freundlich sein. Allerdings schwelte in ihm ein unerklärlicher Zorn auf den Westen, der seiner Meinung nach die Quelle alles Bösen, aller Genusssucht, aller Unmoral und Dekadenz war. Doch dazu passte wiederum nicht seine große Vorliebe für Levi's Jeans.

Durch den Boden der Hütte drang das Gemurmel der Geiselnehmer zu uns herauf, die sich unter der Hütte zu einer Lagebesprechung zusammengefunden hatten. Es ging um Verhandlungen, was zunächst hoffnungsvoll klang, deshalb hörte ich aufmerksamer zu. Sabaya, der wichtigtuerisch auftretende Sprecher der Gruppe, verhandelte mit jemandem über Satellitentelefon, aber das Gespräch verlief ganz eindeutig nicht besonders erfolgreich.

»Nein, Castillo soll nicht mit uns verhandeln!«, brüllte Sabaya. »Wer ist er überhaupt? Wir kennen ihn nicht, und wir trauen ihm nicht. Wir wollen, dass Malaysia sich einschaltet und in dieser Sache vermittelt. Das hat das letzte Mal, bei den Leuten von Sipadan, ganz gut geklappt. Sie müssen jemanden von dort ernennen.«

(William Castillo, so erfuhren wir später, war ein Beauftragter von Präsidentin Arroyo, und er hatte Sabaya bereits beim ersten Gespräch durch seine abweisende Haltung beleidigt. Daher waren die Dinge gleich zu Beginn sehr unglücklich gelaufen.)

Ich hörte still zu und dachte: ›Wenn Präsidentin Arroyo klug ist, wird sie einen neuen Verhandlungsführer ernennen. Die Chemie muss stimmen, wenn überhaupt Hoffnung auf einen Kompromiss bestehen soll.‹ Etwa eine Stunde verging. Wie so oft fragte ich mich, was aus unseren drei Kindern geworden war. Hatte die Missionsgesellschaft sie bereits in die Staaten zurückgebracht? Von wem hatten sie wohl erfahren, dass ihre Eltern entführt worden waren? Wie war derjenige bei der Überbringung dieser Nachricht vorgegangen? Wie ging es Jeff, Mindy und Zach wohl mittlerweile? Hatten sie mit großen psychischen Problemen zu kämpfen? Jeff würde mit seinen 14 Jahren versuchen, der starke ältere Bruder zu sein. Aber Mindy war erst elf und Zach gerade zehn. Das alles war so schrecklich …

Meine Gedankengänge wurden von Sabaya jäh unterbrochen, der erneut telefonierte, und dieses Mal direkt mit Präsidentin Arroyo.

»Frau Präsidentin, mir scheint, Sie verstehen nicht richtig. Wir haben drei Amerikaner. Wir wollen eine Million Dollar für Martin. Wenn wir das bekommen, werden wir ihn freilassen und seine Gefährtin auch.«

Was immer sie darauf antwortete, hatte eine heftige Reaktion zur Folge. Sabaya wurde immer lauter: »Sie wollen unsere bedingungslose Kapitulation? Was sind Sie, verrückt? Wenn Ihre Generäle meinen, sie könnten uns in die Berge folgen und uns dort erledigen, dann haben sie den Verstand verloren.«

Und in der Hitze der Auseinandersetzung wütete Sabaya weiter: »Wenn Sie nicht innerhalb von 72 Stunden Malaysia als Vermittler hinzuziehen, werden wir einen der Weißen töten!«

Martin und ich blickten uns erschrocken an. War dies das Todesurteil für einen von uns? Meinte er es wirklich ernst? Die einzigen »Weißen« nach Sabayas Definition waren wir beide und Guillermo. (Guillermo hatte zwar erst zwölf Tage vor seiner Entführung die amerikanische Staatsbürgerschaft bekommen. Aber für die Abu Sayyaf war er trotzdem ein Yankee.)

Ich blickte zu Francis hinüber, der jetzt in einer Ecke saß. Dabei zog ich die Augenbrauen in die Höhe, als wollte ich fragen: ›Habe ich richtig verstanden?‹

Er sah mich zwar an, nickte aber nicht.

Nach dem Telefongespräch ging ich zu Francis hinüber.

»Habe ich richtig verstanden, als sie sagten, sie würden einen der Weißen töten?«, flüsterte ich.

Francis nickte und bestätigte:»Ja, genau das hast du gehört.«

Dann wandte er sich ab und starrte auf den Boden. Es gab nichts mehr zu sagen. Wir wussten beide, dass die Abu Sayyaf, wenn sie vom »Töten« sprachen, nicht nur eine Kugel in die Brust meinten. Sie sprachen von der für sie typischen Tötungsweise, auf die sie sehr stolz waren: das Enthaupten mit einem *bolo*-Messer, das auf den Philippinen einer Machete entspricht.

Ich überlegte, was ich sagen würde, wenn sie kämen, um Martin zu holen. Ich würde ihnen sagen:»Nehmt nicht Martin. Meine Kinder brauchen einen Vater. Ich bin doch nur eine Frau – die Familie kommt auch ohne mich aus.«

Für meine Entführer war ich nicht so viel wert wie Martin, darum würde ich sie vielleicht davon überzeugen können, mich an seiner Stelle zu nehmen. Auf der anderen Seite versuchte die pragmatische Seite meines Verstandes, mich zu beruhigen. ›Reg dich ab, Gracia. Bestimmt blufft Sabaya nur. Denk doch nur: Seine ganze Strategie zielt darauf ab, euch am Leben zu halten. Auch du bist zu wertvoll, um geopfert zu werden.‹

Martin stimmte mir zu.»Sie brauchen uns als Handelsware«, sagte er leise.»Wenn sie uns töten, was bleibt ihnen dann noch?«

Dieser Gedanke veranlasste uns, Guillermo gegenüber nichts zu sagen. Er hatte das Gespräch nicht mit angehört und wusste daher nichts von der Drohung. Wir wollten keinen falschen Alarm auslösen. Aber Martin und ich blickten beide auf unsere Uhren und rechneten aus, wann die 72 Stunden auslaufen würden: Um 15.15 Uhr am Sonntagnachmittag. An diesem Abend beteten wir leise zusammen, Gott möge uns irgendwie beschützen und befreien.

Zurückgelassen

(Restlicher Juni 2001)

Freitag und Samstag kamen und vergingen, ohne dass etwas Nennenswertes geschah. Wir taten kaum etwas anderes, als in der heißen Hütte herumzusitzen und miteinander zu reden. Um uns die Langeweile zu vertreiben, stellte uns Chito Denksportaufgaben. Eine handelte von einem Fluss mit drei Missionaren auf einer Seite und drei Kopfjägern auf der anderen. Ein kleines Boot stand zur Verfügung, aber darin hatten nur zwei Leute auf einmal Platz. Das Ziel war, alle Missionare über den Fluss zu schaffen, ohne sie in Gefahr zu bringen. Wir rätselten stundenlang an der Aufgabe herum und nahmen kleine Steine und Holzstücke als Denkhilfe. Ich glaube, wir fanden schließlich sogar eine Lösung, aber ich erinnere mich nicht mehr daran, wie diese aussah.

Nachdem wir keine neuen Rätsel mehr kannten, erzählten wir uns von unseren Familien und unserer Arbeit. Und als auch hier alle Informationen ausgetauscht waren, fassten wir den Inhalt von Büchern zusammen, die wir gelesen hatten. Als ich an der Reihe war, erzählte ich aus dem Leben Christi. Martin berichtete anschließend von einem Missionar mit Namen Paulus. Er sprach von den Orten, an denen Paulus gewesen war, von den Leuten, die er kennengelernt hatte, und von seinen Leistungen. Dann erzählten wir »Geiselgeschichten« aus der Bibel, wie zum Beispiel von dem kleinen Sklavenmädchen aus Israel, das den syrischen General Naaman mit dem einzigen wahren Gott bekannt machte. Wir erzählten von der Königin Esther – einer anderen Person, die sich die Situation, in der sie sich befand, nicht ausgesucht hatte.

Andere träumten von dem, was sie tun würden, sollten sie jemals freikommen. Joel wollte Feuerwehrmann werden, vielleicht sogar in den Vereinigten Staaten. Fe wollte das College besuchen und sich im IT-Bereich weiterbilden. Angie und ich unterhielten uns über die

Attraktionen in Branson (Missouri). Ich erzählte ihr, Martin und ich hätten unsere Flitterwochen dort verbracht, und versprach ihr, wenn sie mich in den Staaten besuchen würde, würden wir eine Fahrt nach Silver Dollar City[24] machen! Und nicht zuletzt unterhielten wir uns über die Motivation der Abu Sayyaf, wobei die unterschiedlichsten Meinungen geäußert wurden.

Doch wir konnten nicht nur beieinandersitzen und uns unterhalten, denn die Bedürfnisse des täglichen Lebens ließen sich durch die widrigen Umstände nicht immer so einfach befriedigen. Schon der regelmäßige Gang zur Toilette in Gegenwart von 80 Männern forderte mir einiges ab, und ich hatte alle Mühe, nicht die Nerven zu verlieren.

In diesen zwei Tagen verbrachte Martin viel Zeit mit Guillermo. Er hatte uns bereits mitgeteilt, er sei nicht religiös.»Ich bin nicht aktiv«, so hatte er es ausgedrückt. In letzter Zeit war er mehr damit beschäftigt gewesen, auf die bereits erwähnte Scheidung von seiner bisherigen Frau hinzuarbeiten, denn er wollte Fe heiraten. Aber unter den gegebenen Umständen war er Martin sehr nahegekommen und respektierte ihn als Freund.

»Wissen Sie, Guillermo, wir müssen für das, was immer uns auch erwartet, stets bereit sein«, sagte Martin zu ihm. Er erklärte ihm, wir alle hätten Dinge getan, die vor Gott falsch seien, und Gott, der heilig ist, betrachte diese Dinge als Sünde. Er sagte ihm, dass wir uns nicht selbst retten könnten und dass ohne Gottes Gnade uns alle der ewige Tod erwarten würde. Dies war eines von mehreren Gesprächen, die Martin mit ihm über die von Christus geschenkte Vergebung und die Freiheit von der Gefangenschaft der Sünde führte.

Guillermo hörte still zu, und als die Dunkelheit hereinbrach, sagte Guillermo, nachdem er wieder an Martin gefesselt worden war: »Danke für alles, was Sie mir gesagt haben. Sie haben mir wirklich sehr geholfen.«

Schließlich brach der Sonntag an, und Sabayas Ultimatum verstrich ohne Zwischenfall. Nur das Satellitentelefon war ständig in Gebrauch.

---

24 A.d.H.: Name eines Themenparks in Branson. Darüber hinaus verfügt diese Stadt über eine Vielzahl von Angeboten im kulturellen und Unterhaltungsbereich.

Offensichtlich hatte die Regierung einige Forderungen der Abu Sayyaf erfüllt, und obwohl wir keine Einzelheiten kannten, atmeten wir alle ein wenig leichter.

Am folgenden Morgen, dem Montag, kehrten einige der »Jungen« mit einer Lebensmittel-Lieferung zurück. Bei einem Blick aus unserem Zimmer entdeckte ich unten einen Kürbis! So lange hatten wir schon kein Gemüse mehr gehabt. Auch eine oder zwei Ziegen standen da. Das Wasser lief mir im Mund zusammen, und ich konnte die Köstlichkeiten beinahe schmecken, die auf uns warteten.

Das Feuer wurde entfacht, und die Vorbereitungen begannen. Als man gerade das Fleisch braten wollte, ertönten plötzlich Schüsse, genau wie am vorhergehenden Wochenende. Dieses Haus war also doch kein sicheres Versteck. Zum vierten Mal in weniger als zwei Wochen waren wir von den AFP aufgestöbert worden.

Sofort begannen die Abu Sayyaf, mit ihren M16 in alle Richtungen zu feuern. In der Zwischenzeit stiegen wir Geiseln die wacklige Leiter herunter. Unsere wenigen Besitztümer trugen wir natürlich bei uns. Unter dem Haus kauerten wir uns zusammen und fragten uns, ob dies wohl unsere letzten Minuten auf der Erde sein würden.

»Lauft!«, ertönte der Befehl. Sofort rannten wir den Berg hoch in dem Versuch, den vorrückenden Truppen zu entkommen. Ich begann sofort zu keuchen, durfte aber nicht stehen bleiben; ich musste, so schnell wie möglich weiterrennen. Dann hörte ich ein ungewöhnliches Geräusch. Zuerst vernahm ich einen dumpfen Schlag. Ein paar Sekunden später folgte über uns ein Surren. Kurz danach der gleiche dumpfe Schlag. Unmittelbar darauf gab es ganz in unserer Nähe eine Explosion. Wir duckten uns, um der Druckwelle auszuweichen. Auf einmal wusste ich, was das war: ein Artilleriegeschütz! Martin und ich sahen uns ungläubig an.

»Was um alles in der Welt soll das?«, rief er. »Sie schießen auf uns. Sie müssen doch wissen, dass Geiseln dabei sind – warum dieses schwere Geschütz?«

Wenn dies die Methode der AFP war, die Geiseln zu retten, dann waren wir in größeren Schwierigkeiten, als wir gedacht hatten. Die Abu Sayyaf hatten immer dafür gesorgt, dass wir außer Sicht waren, und jetzt verstanden wir auch, warum sie dies taten: In diesem Punkt konnten wir ihre Handlungsweise durchaus nachvollziehen.

Martin wandte sich zu mir um und bemerkte mit einem sarkastischen Unterton: »Das müssen besonders gute Artillerieschützen sein; sie denken, sie könnten aus 16 Kilometer Entfernung feuern und dabei nur die Abu Sayyaf treffen, nicht uns.«

Nachdem wir uns weit genug von dem Beschuss entfernt hatten, konnten wir endlich etwas langsamer gehen. Aber stehen bleiben durften wir nicht, denn wir wussten nicht, ob die AFP uns folgten oder nicht. Unser Marsch an diesem Tag war weder kurz noch leicht; wir mussten uns unseren Weg durch das Dickicht bahnen, bergauf und bergab, bis wir vollkommen erschöpft waren. Erst am Abend hielten wir an. Es war dunkel, als wir schließlich einen Platz erreichten, den unsere Entführer für sicher hielten. Dort übernachteten wir.

Die Abu Sayyaf waren sehr aufgebracht. Ihre Drohung hatte nichts bewirkt. Sie hatten gehofft, einen akzeptablen Vermittler einschalten zu können, doch stattdessen sahen sie sich einem neuerlichen Beschuss ausgesetzt. Eine hitzige Diskussion entbrannte unter den Anführern.

›Was werden sie jetzt tun?‹, fragten wir uns. Während wir uns nach einem ebenen Platz zum Schlafen umsahen, schob ein Entführer mit Namen Haija Martin zu einem kleinen Baum. Er sprach nicht viel Englisch, machte ihm aber klar, dass er sich auf die Erde legen und seine Arme um den Baum halten sollte, weil er beabsichtigte, ihn mit den Handschellen zu fesseln.

»Sie schlafen hier«, bestimmte er.

Mit den Armen um den Baum konnte Martin sich jedoch nicht hinlegen.

Und wieder einmal konnte ich mich nicht zurückhalten. Ich wandte mich an Mang Ben und sagte: »So kann er aber nicht gut schlafen.«

Mang Ben sah mich direkt an. »*Das – ist – mir – egal*«, fuhr er mich an.

Ich biss mir auf die Zunge, als ich mich zu meinem Mann umwandte und sagte: »Ich verspreche, ich bleibe hier, Martin. Ich werde dich nicht verlassen.«

Guillermo, der bisher jede Nacht, die wir an Land verbracht hatten, mit Handschellen an Martin gefesselt worden war, wurden nun auf einmal die Hände auf den Rücken gebunden. »Sie kommen mit uns. Jemand möchte Sie sehen.«

Guillermo hatte an dem Abend seinen Pullover ausgezogen, weil ihm so warm geworden war. Als er jetzt weggeführt wurde, warf er mir den rosa Pullover zu. Er schob mir auch seinen Rucksack zu und sagte: »Passen Sie auf meine Sachen auf, bis ich zurückkomme, ja?«

›Ach du meine Güte‹, dachte ich, als ich den Rucksack nahm. ›Das klingt überhaupt nicht gut. Ob sie wohl …?‹ Ich brachte den Gedanken nicht zu Ende.

Fieberhaft suchte ich nach einer weniger Angst machenden Erklärung. ›Vielleicht ist sein Lösegeld ja gezahlt worden, und sie wollen mit ihm nur über eine Freilassung sprechen‹, dachte ich und versuchte, gute Miene zum bösen Spiel zu machen.

Etwa fünf Minuten später hörten wir einen Aufruhr und Schreie. »Was war das wohl?«, wandte ich mich fragend an Martin und lauschte angestrengt.

»Hmmm, ich weiß nicht genau.«

»Vielleicht hat ein Zivilist unser Lager gefunden oder so etwas«, sagte ich halblaut vor mich hin.

Das war eine lahme Erklärung, und wir beide versanken in ein unbehagliches Schweigen. Martin schaffte es irgendwie, sich auszustrecken, während ich mich an ihn lehnte. Wir beteten gemeinsam, und wie immer wanderten unsere Gedanken zu unseren Kindern. Wir überlegten, was sie im Augenblick wohl gerade taten. Montagnacht auf den Philippinen war Montagmorgen in den Vereinigten Staaten; vermutlich schliefen sie lange, da sie Sommerferien hatten.

Unser Gespräch verebbte, und ich döste ein, wachte aber immer wieder auf und wartete darauf, dass Guillermo ins Lager spaziert kam und seine Sachen zurückforderte. Schließlich legte ich den Kopf auf seinen Rucksack, und Martin und ich schliefen ein.

Am folgenden Morgen war Guillermo nicht zu sehen. Wir wollten nicht fragen, aber seine Verlobte Fe konnte ihre Besorgnis nicht verbergen.

»Wo ist Guillermo?«, fragte sie die Entführer.

»Er ist in der Nacht mit einem Einsatzkommando mitmarschiert«, erklärte ihr einer der Männer.

Wir sahen uns um. Das machte Sinn. Etwa 20 Abu Sayyaf fehlten, und es war nicht ungewöhnlich, dass diese Gruppen Dörfer überfielen und nachts Unruhe stifteten. Vielleicht hatten sie Guillermo gezwungen, sich ihnen anzuschließen.

Später jedoch beobachtete ich einige Männer, die ihren Spaß miteinander hatten. Jemand stieß einen netten jungen Mann mit Namen Jaafar herum, der kaum älter sein konnte als 18 Jahre.

»Oooh, oooh, tötet mich nicht! Ich möchte meine Söhne sehen!«, spottete er.

›Was?‹ Derartige Worte ergaben keinen Sinn, zumindest nicht in der gegenwärtigen Umgebung. Aber mein Gefühl sagte mir die schreckliche Wahrheit: ›Das war ein Zitat aus Guillermos Mund.‹ Ich konnte es nicht beweisen, aber irgendwie wusste ich, dass ich recht hatte. Ich erzählte Martin, was ich gerade gehört hatte, und obwohl wir hofften, dass wir uns irrten, konnten wir den Gedanken nicht verdrängen, dass dies Guillermos letzte Worte gewesen waren.

In den folgenden Tagen hörten wir diesen Satz häufiger; er wurde sogar eine Art Scherz unter den Entführern. Allmählich gestanden wir uns die schreckliche Wahrheit ein: Guillermos enthaupteter Körper lag irgendwo draußen auf dem Berg, und sein Kopf war vermutlich wie eine Trophäe auf einem Bambuspfahl aufgespießt worden.

Sabaya hatte Wort gehalten. Es hatte sich erwiesen, dass seine Gruppe meinte, was sie sagte.

Etwa einen Tag nach dem Mord traf die Nachricht ein, dass Tess Erfolg gehabt hatte. Das Geld für ihren Mann Francis war eingetroffen. Auch das Lösegeld für Kim war gezahlt worden.

Diese Tatsache an sich löste noch keine unmittelbare Freude aus, weil erst noch die Übergabe geregelt werden musste. Die Abu Sayyaf wollten nicht, dass die Geiseln in die Hände der AFP fielen. Sie suchten unentwegt nach Zivilisten, die in ihren Augen vertrauenswürdig waren und mit deren Hilfe die Betreffenden die Straße von Basilan[25] unauffällig überqueren konnten: Bis Zamboanga war es nur etwa 30 Kilometer, und dort sollten sie auf Weisung der Kidnapper öffentliche Erklärungen abgeben.

In der Zwischenzeit schrieben wir Geiseln eine Liste mit Gebrauchsgegenständen, die Francis uns wenn möglich besorgen lassen sollte: noch mehr *malongs*, Deodorant, Zahnpasta, Süßigkeiten usw.

»Sag den Leuten dort draußen, sie sollen sich bemühen, uns freizubekommen«, fügten wir hinzu.

»Oh ja, wir werden euch freibekommen«, erwiderte er. »Philippinische Geschäftsleute werden Geld geben; wir werden auch für euch das entsprechende Lösegeld zusammenbekommen.«

Mehrere Tage zuvor hatten wir in dem Umschlag mit den Dokumenten, die wir auf dem Boot gefunden hatten, auch die Visitenkarte eines Optikers entdeckt und mitgenommen. Auf deren Rückseite schrieb ich nun eine Nachricht für unsere Kinder. Bewusst hielt ich sie recht neutral, weil ich sie nicht noch mehr aufregen wollte, als sie es vermutlich bereits waren.

Hallo, Kinder,
wir wollten Euch nur grüßen und Euch sagen, dass es uns gut geht. Der Herr hat uns besondere Kraft gegeben, hier auszuharren, auch wenn die Situation nicht einfach ist! Eines Tages werden wir Euch alles davon erzählen.
Wir lieben Euch drei von ganzem Herzen. Unsere Familie ist die beste!!
Bis dahin, liebe Grüße von Mom und Dad

Francis nahm diese Nachricht mit, und sie erreichte tatsächlich unsere Kinder. Jeff hat sie laminieren lassen und trägt sie noch immer ständig bei sich.

---

25 A. d. H.: Seefahrtsstraße zwischen der Insel Basilan und der Halbinsel Zamboanga, die zu der Insel Mindanao gehört.

Wir marschierten wieder mehrere Stunden, bis wir zu einem weiteren Farmhaus kamen. Dort wurden Francis und Kim an Kuriere übergeben, und erneut bekamen sie detaillierte Anweisungen, was sie der Öffentlichkeit sagen sollten. Francis sollte über Radyo Agong die bekannten Forderungen weitergeben: »Wir wollen unsere Heimat zurück. Wir werden der Regierung auch weiterhin Probleme bereiten, bis sie zu Verhandlungen bereit ist. Außerdem werden wir bis dahin nicht aufhören, weitere Geiseln zu nehmen.«

Francis befolgte die Anweisungen sehr genau, wie wir es bereits am folgenden Tag im Radio hören konnten.

In der Zwischenzeit beschlossen die Abu Sayyaf, uns in zwei Gruppen aufzuteilen. Ediborah, Sheila, Angie und Fe bildeten eine Gruppe. Zu unserer Gruppe gehörten Chito, Joel, Reina, die junge Lalaine, Martin und ich. Für die Aufteilung wurde kein Grund genannt; vielleicht sollte sie einfach nur die Suche der AFP erschweren und das Risiko verringern, uns alle auf einmal zu verlieren.

Diese Trennung dauerte etwa drei Wochen, in denen wir uns nicht sahen. Während dieser Zeit kampierte unsere Gruppe in einer fast parkähnlichen Gegend, an einem wunderschönen Fluss gelegen. Dort ruhten wir uns aus und konnten fast jeden Tag baden. Wir bauten eine *tolda* auf, eine gestreifte Plastikplane, die über ein an zwei Bäumen festgebundenes Seil geworfen und an den Ecken an Büschen befestigt wurde. Darunter legten wir einige Bretter, die wir in der Nähe gefunden hatten, damit wir bei Regen nicht direkt im Schlamm liegen mussten. (Joel gelang es, einen der Abu-Sayyaf-Kämpfer zu überreden, ihm eine Hängematte zu geben, die er ganz in der Nähe befestigte.)

Eines Tages rief Sabaya die Geiseln einzeln zu sich, um mit uns im Koran zu lesen. Martin und ich gingen gemeinsam.

»Ich möchte euch die Bedeutung meines Namens (›Kriegsbeute‹) erklären«, begann er. »Ihr seid unsere Beute. Wir können euch sogar zu Sklaven machen – aber für den Augenblick seid ihr nur unsere Kriegsbeute. Der Koran erlaubt uns so etwas. Hier, ihr könnt es selbst lesen.« Er reichte Martin eine englische Übersetzung.

Mein Mann las den folgenden Abschnitt: »Wenn ihr [auf einem Feldzug] mit den Ungläubigen zusammentrefft … wenn ihr sie schließlich vollständig niedergekämpft habt, dann legt [sie] in Fesseln, [um sie] später entweder auf dem Gnadenweg oder gegen Lösegeld [freizugeben].«[26]

In anderen Abschnitten, die Sabaya uns zeigte, hieß es: »Diejenigen, die umkehren, [noch] bevor ihr Gewalt über sie habt …«[27], und: »[Sagt zu den Ungläubigen:] Wenn sie … [mit ihrem gottlosen Treiben] aufhören [und sich bekehren], so ist Gott barmherzig und bereit zu vergeben. Und kämpft gegen sie, bis niemand [mehr] versucht, [Gläubige zum Abfall vom Islam] zu verführen, und bis nur noch Gott verehrt wird!«[28]

Sabaya erklärte uns, was dieser Abschnitt seiner Meinung nach bedeutete und wie er auch von verschiedenen muslimischen Gelehrten interpretiert worden war: »Wir haben vier Möglichkeiten, mit Menschen umzugehen, die Kriegsbeute sind: 1. sie zu töten; 2. sie zu unseren Sklaven zu machen; 3. sie zum Islam zu bekehren und sie dazu zu bringen, mit uns im Frieden zu leben; und 4. Steuern von ihnen einzuziehen, während sie ihre Religion auch weiterhin im Geheimen praktizieren. In der ganzen Welt gibt es diese vier Möglichkeiten, und sie treffen auch auf euch zu«, fuhr Sabaya fort.

Wir fragten uns, warum er uns das sagte, und warteten auf eine große Ankündigung, aber es kam keine. Dann durften wir gehen.

Etwas später wurde Reina geholt, die auf die gleiche Weise belehrt wurde. Mit ihren ungefähr 20 Jahren war sie recht hübsch und ziemlich couragiert. Wir sahen, wie ihr dieselben Stellen vorgelesen wurden und sie sich dieselbe Rede anhören musste.

Doch als sie zurückkam, war sie sichtlich beunruhigt. Bei ihr hatte die Rede etwas anders geendet. »Er hat mir gesagt, ich solle an

---

26 A.d.H.: Alle Koranzitate aus: *Der Koran*, übersetzt von Rudi Paret, Stuttgart, Berlin, Köln: Kohlhammer, 8. Auflage 2001. In Bezug auf das vorliegende Zitat vgl. Sure 47,4 (a.a.O., S. 357).
27 A.d.H.: Vgl. Sure 5,34 (a.a.O., S. 82).
28 A.d.H.: Vgl. Sure 2,192-193 (a.a.O., S. 30). Die Worte »Sagt zu den Ungläubigen« sind entsprechend dem Wortlaut des Originals in eckigen Klammern hinzugefügt worden.

einen dieser Männer als *sabaya* übergeben werden«, berichtete sie mit zitternder Stimme. »Ich muss mit ihm leben und schlafen und alles.«

»Oh Reina!«, riefen wir. »Das ist schrecklich!« Wir wussten von ihrem Freund in Lamitan.

»Ich weiß. Ich habe ihm gesagt, lieber würde ich sterben. Aber er sagte, ich hätte keine Wahl. Also fragte ich: ›Und was kommt als Nächstes?‹

›Nun, du hast nur die Wahl, mit wem du gehen willst‹, hat er geantwortet.«

Was für eine Zwangslage! Wir starrten in die Ferne und überlegten, was sie tun sollte. Gab es einen Weg, einen solchen Gräuel zu verhindern? Wir zermarterten uns das Gehirn, aber uns fiel nichts ein.

Schließlich schlug ich vor: »Nun, Reina, wie wäre es mit Daud? Er scheint sehr viel freundlicher zu sein als die anderen.«

Daud hatte mehrere Jahre zuvor seine Frau bei der Geburt ihres Kindes verloren. Er war neu in der Gruppe und wirkte sanfter und nicht so hart wie die anderen.

Reina schüttelte ungläubig den Kopf. Das war einfach zu viel.

An diesem Abend begannen die Mitglieder der Abu Sayyaf, Reina »den Hof zu machen«. Wenn es nicht so traurig gewesen wäre, hätte es uns richtig belustigen können. Sie brachten Kekse und Süßigkeiten sowie Kaffee; es wurde eine richtige Party. Sie stellten sich vor und wollten ihr so viel wie möglich über sich mitteilen.

Am folgenden Tag wurde Reina erneut zu Sabaya gerufen. Doch als sie zurückkehrte, war die Abmachung geändert worden. »Ich darf nicht mehr wählen«, berichtete sie uns mit betrübter Stimme. »Ich bin Janjalani gegeben worden.«

Sie konnte protestieren, so viel sie wollte, die Sache war abgemacht.

»Er ist der führende Kopf der Gruppe«, hatte Sabaya gesagt in dem Bemühen, sie zu beruhigen. »Er ist gebildet, und bei ihm wirst du besser behandelt als bei den anderen.«

Und so kam, was ausgehandelt worden war. Niedergeschlagen suchte Reina ihre Sachen zusammen und zog auf die andere Seite des Hügels zu Janjalanis Hängematte.

Umzingelt

(Anfang und Mitte Juli 2001)

Das ständige Leben unter freiem Himmel hatte seine negativen Auswirkungen auf meine körperliche Verfassung. So schienen zum Beispiel nach jeder im Freien verbrachten Nacht meine Knochen mehr zu schmerzen. Ich wurde alt, und zwar ziemlich schnell. Etwa jede Stunde wachte ich von Schmerzen gepeinigt auf und musste mich aufsetzen, manchmal sogar aufstehen. Dadurch störte ich natürlich Martin, da jetzt (nach Guillermos Ermordung) wir beide mit Handschellen aneinandergefesselt wurden, die an einem Baum befestigt waren.

Eines Abends bei Sonnenuntergang kam einer der Entführer ins Lager gerannt. Er war losgezogen, um Lebensmittel zu besorgen, und berichtete:»Soldaten! Wir sind verraten worden. Sie wollen uns am Morgen überfallen.«

Daraufhin taten wir so, als würden wir uns wie üblich schlafen legen, dann standen wir nach Einbruch der Dunkelheit auf und packten unsere Sachen zusammen. Unsere Gruppe von 40 bis 50 Leuten folgte dem Flusslauf und kam dabei nur wenige Hundert Meter am Lager der Soldaten vorbei. Ganz leise schlichen wir in der Dunkelheit daran vorüber.

Jeder von uns hatte einen Bewacher an der Seite, der die Aufgabe hatte, auf uns aufzupassen und dafür zu sorgen, dass wir keinen Fluchtversuch unternahmen. Mein Bewacher war Sakaki, ein recht netter Bursche, der sich in der Stadt viel wohler zu fühlen schien. Kämpfer in einer gewalttätigen Guerillagruppe zu sein, passte irgendwie nicht zu ihm. Bei dieser Wanderung hatte ich wegen meiner Nachtblindheit, mit der ich mich seit der Operation an meinen Augen herumquälte, große Schwierigkeiten, im Dunkeln zu sehen. Ich konnte nicht erkennen, wohin ich trat, und wir durchquerten den Fluss jetzt auf großen Steinen. Nachdem die Anführer mein Problem erkannt hatten und sahen, dass ich immer weiter zurückblieb, wurde Hurayra beauftragt, mir zu helfen.

Wenn man ihn so mit seinem furchterregenden Gewehr sah, konnte man es mit der Angst bekommen, aber er war eigentlich ein ganz netter Kerl, der mir auf dieser Tour wirklich sehr half. So nutzte er die fluoreszierenden Blätter, die es überall im Dschungel gab, als Orientierungshilfe für mich, indem er diese an seinem Rucksack befestigte. Und wenn er über einen Felsblock stieg, reichte er mir die Hand, um mir zu helfen. Das war selten; die meisten anderen weigerten sich, eine Frau zu berühren, und erst recht eine amerikanische Frau. (Manche wickelten sich, wenn sie mir helfen mussten, ein Handtuch um die Hand, um eine direkte Berührung zu vermeiden.)

Hurayras Freundlichkeit schloss auch Martin mit ein. Irgendwann begann er damit, jeden Morgen zwischen acht und neun Uhr mit »einem Geschenk für Mr. Martin« aufzutauchen; dabei handelte es sich meist um Kaffee, Kekse oder manchmal auch heiße Milch. Er setzte sich dann mit einem kleinen Notizbuch zu uns und bat uns, ihm beim Englischlernen zu helfen.

Martin und er arbeiteten immer mindestens eine Stunde miteinander, wobei es nicht nur um Vokabeln, sondern auch um generelle Informationen über die Vereinigten Staaten ging. Sein eigentliches Ziel sei es, so erklärte er, nach Afghanistan zu gehen und im Heiligen Krieg zu sterben, damit er geradewegs ins Paradies käme.

Eines Tages fragte Hurayra nach dem englischen Wort für Stuhlgang.

»Nun, in unserer Kultur werden wir nicht so spezifisch«, erwiderte ich. »Wir sagen nur: ›Ich muss zur Toilette‹, oder: ›Ich muss zum WC.‹ Es wird als unhöflich betrachtet, detailliert zu erklären, was man dort tut.«

Er sah uns lange an und sagte dann: »Wenn Sie mir nur sagen, Sie gehen zur Toilette, dann habe ich viele Fragen!«

Lachend erklärte ich: »Hurayra, wenn Sie mich mit einem Wasserkrug und einem *bolo*-Messer, um ein Loch zu graben, im Wald verschwinden sehen, könnten Sie es sich doch denken, nicht wahr? Aber ich sage trotzdem nur: ›Ich gehe zur Toilette.‹«

»Oh, in Ordnung … aber ich habe trotzdem viele Fragen!«

Bei einer anderen Gelegenheit, als Martin und ich gerade in einer Quelle badeten, erbot sich Hurayra sogar, unsere Wäsche zu waschen. Er schien zu begreifen, dass es uns schwerfiel, uns an das Leben als Geiseln zu gewöhnen, und dass wir Hilfe brauchten. Für einen Terroristen war er ungewöhnlich höflich und freundlich!

Obwohl Reina gezwungen war, die meiste Zeit mit Janjalani zu verbringen, versuchten wir, so oft wie möglich miteinander zu reden. Verständlicherweise litt sie unter ihrem neuen Schicksal als Janjalanis »Geliebte«. Aber trotzdem versuchte sie immer wieder, gegen Resignation und Niedergeschlagenheit anzukämpfen.

Oft nahm sie allen Mut zusammen und sagte Janjalani ihre Meinung. Es machte Spaß, ihr zuzuhören.

Wenn er zum Beispiel sagte: »Sieh nur, wie viel Unterstützung unsere Bewegung bekommt«, gab sie zurück: »Natürlich werdet ihr von den Zivilisten unterstützt – ihr habt Geld! Ihr schickt sie mit 3000 Pesos (60 Dollar) in eine Stadt, und sie bringen euch einen Sack Reis und ein wenig getrockneten Fisch zurück – den Rest behalten sie. Wartet nur, bis euch das Geld ausgeht.«

Lalaine dagegen schien sich mit Bro angefreundet zu haben, der ihr als Leibwächter zugewiesen worden war. Dies konnte natürlich auch ein Fall des Stockholm-Syndroms sein, eine häufige Reaktion bei Entführungsfällen: Die Geisel fühlt sich zu ihrem Entführer hingezogen oder verliebt sich sogar in ihn. Auf jeden Fall war mir klar, dass sie in Gefahr schwebte.

»Lalaine, du musst vorsichtig sein«, erklärte ich ihr. »Denk daran, dieser Mann ist ein Terrorist.«

»Was?«, erwiderte sie. »Diese Leute haben mir nichts getan. Sie wollen nur ihre Heimat zurück.«

»Lalaine, denk doch mal nach!«, wies ich sie wie eine schimpfende Tante zurecht. »Sie haben dich mit Gewalt aus einem Hotel geholt, in dem du mit deiner Familie Urlaub gemacht hast. Im Augenblick verkaufen deine Eltern vermutlich gerade ihr Haus, um 10 Millionen Pesos für deine Freilassung aufzutreiben. Vermutlich gehen sie bei jedem, den sie kennen, betteln und machen hohe Schulden, um dich freizukaufen. Und du sagst, diese Männer hätten dir nichts getan? Lalaine, du musst dir darüber klar werden, wer hier die Bösen sind.«

»Na ja, wenigstens sind sie nicht wie das Militär, das nur der Bezahlung wegen hier draußen ist«, versuchte sie zu argumentieren. »Ein Land braucht bewaffnete Truppen, sonst kann es nicht überleben«, gab ich zurück. »Diese Banditen würden sonst vollkommen außer Kontrolle geraten.«

Ich weiß nicht, ob es mir gelang, sie vollends zu überzeugen. Die Abu Sayyaf hatten sie in erheblichem Maße propagandistisch beeinflusst. Glücklicherweise wurde kurz darauf Chitos und ihr Lösegeld gezahlt, und die beiden durften gehen. Bevor sie uns verließen, baten wir Chito, unsere Kinder anzurufen. Nur sehr ungern sah ich Lalaine gehen; ich hatte sie richtig lieb gewonnen.

Chitos letzte Worte an Martin und mich waren: »Geben Sie mir zwei Wochen – einen Monat höchstens –, dann habe ich Sie hier herausgeholt.« Das war am 3. Juli 2001.

∾

Das Motorrad, das Lalaine und Chito an diesem Abend abholte,[29] hatte anscheinend Lebensmittel mitgebracht, denn nachdem wir etwa eine Stunde lang gelaufen waren, machten wir in einem verlassenen Dorf Rast, um etwas zu kochen. Die Männer zündeten ein Feuer an, und wir aßen – um zwei Uhr morgens! Mittlerweile hatten wir gelernt zu essen, wann immer wir etwas zu essen bekamen – egal, um welche Uhrzeit.

Unsere Ernährung war in der letzten Zeit recht gut gewesen. Wir hatten ungefähr zwei Mahlzeiten pro Tag bekommen, und selbst wenn die Lebensmittel knapp wurden, konnten wir immer noch den *pako*[30] essen, einen dunkelgrünen Farn, der im Dschungel wächst. Wir konnten die krausen Enden abschneiden und roh essen. Da sie hellgrün sind, sind sie vermutlich sogar ziemlich gesund.

---

29 A. d. H.: Auf den Philippinen und in anderen asiatischen Ländern werden auch auf Motorrädern ohne Seitenwagen oft mehr als zwei Personen befördert.
30 A. d. H.: Auf Tagalog Bezeichnung für »Farn«.

Manchmal kochten unsere Entführer den *pako*, dann wieder wurde er mit Zwiebeln gebraten. Das Ganze war wirklich sehr gut.

Obwohl sie einer Mission folgten, schienen die Abu Sayyaf im Augenblick nicht besonders aggressiv zu sein. Sie gingen Auseinandersetzungen mit den AFP, so gut es möglich war, aus dem Weg, da sie auf uns aufpassen mussten, solange sie auf ihren Geldregen warteten.

Diese Passivität war für diese Guerillakämpfer im Grunde schwieriger zu ertragen als die Feuergefechte. Manchmal bezeichneten sie ihre Arbeit als »Babysitting«, denn wenn wir nicht gewesen wären, hätten sie bei den vielen Gelegenheiten, die sich boten, den AFP-Kämpfern mit aller Härte nachsetzen können.

Aber das Geld lockte gleich »um die Ecke«, darum warteten sie.

Nach einer Weile wurden Joel, Martin und ich – aus welchem Grund auch immer – einer Gruppe von etwa einem Dutzend Entführer, die von Mang Ben angeführt wurde, zugeteilt. Ein Vorteil der Änderung war, dass in dieser Gruppe das Ziegenfleisch besonders würzig schmeckte, ansonsten blieb alles gleich.

Mang Ben teilte seine Männer nachts in Wach-Schichten von jeweils zwei Stunden ein, um sicherzugehen, dass wir nicht entflohen.

Als ich mich eines Nachts wegen meiner schmerzenden Glieder wieder einmal aufsetzte, ertönte Mang Bens dröhnende Stimme in der Dunkelheit: »Warum machst du das?«

Ich konnte sein Gesicht nicht erkennen.

»Was?«, fragte ich zurück.

»Du legst dich jetzt hin!«, befahl er aus seiner Hängematte.

»Mir tut alles weh, weil ich auf dem Boden liegen muss«, antwortete ich und blieb trotz seiner Anweisung noch eine Weile sitzen. Schließlich legte ich mich jedoch wieder hin und versuchte weiterzuschlafen.

Eigentlich brauchten die Abu Sayyaf keine Angst zu haben, dass wir versuchen könnten zu fliehen. Martin und ich sprachen immerzu über diese Möglichkeit, doch jedes Mal kamen wir zu demselben Schluss: Wenn wir es versuchten und geschnappt würden, würden wir erschossen werden – Ende der Geschichte.

Wenn ich nicht gewesen wäre, hätte Martin bestimmt einen Fluchtversuch unternommen, das weiß ich. Er hat mir oft gesagt, dass ich, sollte sich mir jemals die Gelegenheit bieten zu entkommen, sie nutzen sollte.

»Wenn ich weiß, dass du in Sicherheit bist, werde ich auch fliehen. Mach dir um mich keine Sorgen«, sagte er.

Aber gemeinsam wäre eine Flucht für uns unmöglich, das war ihm klar. Wann immer wir darüber sprachen, fragte er mich: »Wie weit kannst du laufen? Wenn wir hier gemeinsam verschwinden, werden sie sofort hinter uns her sein. Diese Kerle können den ganzen Tag rennen. Schaffst du das auch?«

Ich musste eingestehen, dass ich das nicht konnte.

»Gracia, ich habe das Gefühl, dass wir hier früher oder später herauskommen werden«, sagte er dann. »Glaube mir, ich habe keine Ambitionen, in diesem Entführungsfall zum Helden zu werden.«

Und so warteten wir darauf, dass unser Lösegeld gezahlt wurde.

Die Leute in Amerika fragen mich häufig, ob die Abu Sayyaf zu mir persönlich grausam gewesen seien. Ja, sie waren grausam – die ganze Entführung war grausam. Aber ein Zwischenfall ist mir besonders in Erinnerung geblieben. Ich litt unter Durchfall (was leider häufig der Fall war). Als Haija, ein besonders unfreundlicher Entführer, Martin und mich eines Abends zusammenkettete, war mir klar, dass ich während der Nacht würde aufstehen müssen.

»Ich bin krank«, erklärte ich. »Würdest du mich bitte heute Nacht nicht fesseln?«

Wortlos begann er, Martin und mich zusammenzubinden und dann die Handschellen am Baum zu befestigen.

»Ich werde heute Nacht zur Toilette müssen«, erklärte ich. »Bitte. Ich verspreche, ich werde morgen früh noch hier sein. Du weißt doch, dass ich Martin nicht verlassen werde.«

In seinem gut aussehenden Gesicht zeigte sich keine Regung. Er ließ das Schloss zuschnappen und reichte Sakaki den Schlüssel, wobei er ihm in einer Sprache, die ich nicht verstand, Anweisungen erteilte.

›Dann muss ich eben Sakaki belästigen‹, dachte ich.

In der Nacht musste ich aufstehen.

»Sakaki! Sakaki!«, rief ich. Aber ich konnte ihn nicht aufwecken. Joel schlief in der Nähe und hörte mein Rufen.

»Joel! Bitte hole doch den Schlüssel von Sakaki.«

Er setzte sich auf, rührte sich aber nicht weiter. Stattdessen wandte er sich den leeren Reissäcken zu, auf denen wir schliefen. Er richtete und glättete sie.

»Joel – ich habe Durchfall. Ich muss in den Wald!«

Er antwortete noch immer nicht, sondern hielt den Blick auf die Reissäcke gesenkt.

»Was ist los, Joel?«

Schließlich gab er eine Antwort. »Haija hat gesagt, wir dürfen dich nicht losbinden«, gestand er leise.

Ich bekam Panik. »Joel, was soll ich tun?«

»Ich weiß es nicht.«

Martin war bisher nicht aufgewacht. In wachsender Verzweiflung sah ich mich um. Ich hatte noch eine Plastiktüte, in der einige Bananen gewesen waren, und so rutschte ich zur Seite, fort von den anderen. Dann hockte ich mich hin und benutzte die Tüte, so gut es in der Dunkelheit ging. Ich fühlte mich in meiner Menschenwürde verletzt. Wasser zum Waschen war natürlich nicht in Reichweite.

Für mich war das Grausamkeit.

Früh am folgenden Morgen, als die Sonne gerade aufging und bevor wir losgekettet wurden, entsorgte Joel die Tüte im Wald. An diesem Tag beschwerten wir uns bei Solaiman über eine solche Behandlung. Wir erklärten ihm, wie schrecklich das gewesen sei. Er entschuldigte sich nicht, doch danach wurden wir ein wenig besser behandelt.

Immer wieder stellten wir eine Wunschliste mit Gegenständen zusammen, die wir brauchten. Auf eine dieser Listen setzte ich zum Beispiel Deodorant, zwei Äpfel, zwei Orangen und Erdnussbutter. Wir bekamen das Deodorant und die Erdnussbutter – etwas, was den Abu Sayyaf bisher unbekannt war. Wir bekamen auch zwei große Packungen Apple-Dapple-Kekse und zwei Packungen Orangencreme-Kekse!

Das war großartig für Martin und mich, da Muslime nichts essen, in dem Margarine enthalten ist. Das bedeutete, wir hatten die Kekse ganz für uns allein.

∾

Eines Tages flogen einige Flugzeuge in einer Formation über uns hinweg.

»Was ist das?«, fragten die Abu Sayyaf Martin, da sie wussten, dass er sich in solchen Dingen auskannte.

»Diese Flugzeuge suchen nach uns«, erwiderte Martin.

Wir wurden alle ziemlich nervös, und schon bald kam der Befehl zum Zusammenzupacken. Doch dann saßen wir da und warteten auf weitere Anweisungen, während die Anführer die Köpfe zusammensteckten. Sie zögerten so lange, dass einige der Männer ihre Hängematten wieder befestigten. Ich unterhielt mich währenddessen mit Reina, und wir begannen, uns zu entspannen.

Doch ganz plötzlich entdeckten wir Soldaten auf der anderen Seite einer Lichtung, die geradewegs auf uns zukamen. Das Feuer wurde eröffnet, und wir ließen uns zu Boden fallen.

»Reina! Komm mit uns!«, sagte ich.

»Nein, nein – ich muss zum Emir«, erwiderte sie. (Emir ist der arabische Ausdruck für »Anführer«.) Sie lief in die eine Richtung zurück zu Janjalani, während wir uns in die andere Richtung davonmachten. Wir rannten, ließen uns fallen, rannten weiter und ließen uns wieder fallen.

Sobald wir uns wieder sammeln konnten, stellten wir fest, dass Ibno Sahid, einer der Jüngsten, zusammen mit zwei anderen Entführern ziemlich schwer verletzt worden war. Reina hatte Schrapnellsplitter im Gesicht abbekommen. Der Schusswechsel ließ nach, und wir liefen 15 Minuten zu einem Fluss. Auf einmal wurden wir erneut von vorn beschossen. Wir ließen uns fallen und rannten bald wieder los.

Irgendwann landete Joel direkt neben mir, und in seiner Panik sprach er jedes Gebet, das er je in seinem Leben gehört hatte. Zuerst war es: »Heilige Maria, Mutter Gottes, bete für uns Sünder jetzt und in der Stunde unseres Todes.« Schon bald wechselte er jedoch zu: »*Allahu akbar! Allahu akbar! Allahu akbar!*«

»Beten Sie, Gracia, beten Sie!«, forderte er mich auf.

»Ich bete, Joel, ich bete!« Vermutlich dachte er, weil er nichts von mir hörte, würde ich nicht beten.

Auf einmal tauchte ein Hubschrauber über uns auf. Er war auf der Suche nach uns, deshalb kauerten wir uns unter die Bäume, um nicht gesehen zu werden. Inmitten dieser gefährlichen Situation blickte ich auf – und da stand Bro und filmte die ganze Szene mit der aus Dos Palmas gestohlenen Videokamera! ›Dieser Mann hat wirklich Nerven‹, dachte ich.

Der Hubschrauber flog schließlich davon, und wir versuchten weiterzulaufen, bis wir auf eine dritte Gruppe AFP-Soldaten trafen. Wir erkannten, dass wir in der Falle saßen. Wir hatten keine andere Wahl, als uns in die heiße Sonne zu setzen und zu warten. Zum Glück floss in der Nähe ein Bach vorbei, doch leider war er voller Blutegel-Eier. Wir mussten dennoch aus ihm trinken, um in der heißen Sonne nicht auszutrocknen, also schlossen wir die Augen und würgten das Wasser hinunter.

Und dann geschah ein Wunder, denn wie aus dem Nichts ging plötzlich eine Tüte mit reifen *lansones*[31] durch die Reihen von Geiseln und Entführern. Woher sie stammten, weiß ich nicht. Ich liebe *lansones* – diese Frucht ist kleiner als eine Aprikose und gleicht im Innern einer Weintraube.

»Gracia, das ist doch dein Lieblingsobst!«, sagte Martin.

»Ja, das stimmt!«

»Ist das zu glauben? Mitten in dieser Auseinandersetzung schenkt Gott dir ein paar *lansones*!«, lachte Martin.

Nachmittags gegen 16 Uhr hockte ich gerade im Gebüsch, als Sakaki zu rufen begann: »Madam! Madam! Madam! Kommen Sie, kommen Sie, kommen Sie!«

Als ich dann die Gruppe erreicht hatte, wurde schon wieder geschossen. Dieser Kampf hörte einfach nicht auf.

---

31 A. d. H.: Auch *lancones* oder *lanzones*, Früchte des Lansibaumes.

Auf Ellbogen krochen wir weiter, bis wir unsere gesamte Gruppe erreicht hatten. Während wir dort lagen, kam jemand mit einer erstaunlichen Neuigkeit.

Mang Ben war getötet worden.

Ich starrte in die Ferne und dachte an seine Frau und seine drei Kinder zu Hause – ein Junge, ein Mädchen und dann noch ein Junge – genau wie in unserer Familie. Leise begann ich zu weinen. Dieser Mann, der Führer unserer Gruppe, trat in diesem Augenblick in eine Ewigkeit ein, auf die er nicht vorbereitet war.

Ich dachte daran, was Martin und mich bewegt hatte, auf die Philippinen zu kommen: Wir wollten Menschen wie Mang Ben helfen, Vergebung durch Christus zu finden und sich auf das Danach vorzubereiten. Jetzt weinte ich noch heftiger.

Ich konnte mich erst wieder beruhigen, als ich mich an das erinnerte, was Mang Ben immer gewollt hatte: Er hatte im Dschihad sterben wollen. Sein Wunsch war in Erfüllung gegangen.

Ich blieb mit dem Gesicht nach unten im Gras liegen, wo es unglaublich heiß war. Ich war vollkommen außer Atem. Dann sah ich zu dem verwundeten Ibno hinüber, der mühsam atmete. Aus der Ferne betrachtet schienen seine Verletzungen nicht tödlich zu sein, aber er tat mir schrecklich leid. Mein Verstand vernebelte sich, es war dasselbe Gefühl wie damals in dem Krankenhausflur in Lamitan, als wir bombardiert wurden. Meine Gedanken kamen zu einem Stillstand. Ich schnappte nach Luft.

»Ich werde jetzt einfach schlafen«, murmelte ich zu Martin, der dicht neben mir lag.

»Ist gut«, erwiderte er.

Ich legte mich hin und schlief auch tatsächlich ein paar Minuten lang ein.

Meine Ruhe wurde jedoch durch lebhafte Stimmen unterbrochen. Einige unserer Kidnapper überlegten, was mit Mang Bens Leiche geschehen sollte. Wenn die AFP sie in die Finger bekamen, könnten sie versuchen, sie für eine Belohnung von mehreren Tausend Pesos zurückzugeben. Die Abu Sayyaf waren entschlossen, ihnen diese Genugtuung nicht zu verschaffen.

Mittlerweile war es dunkel geworden, und sie trugen den Leichnam zum hintersten Ende des Feldes. Jemand rief über das Satellitentelefon in Mang Bens Dorf an und berichtete von ihrem gefallenen »Bruder«. An diesem Abend wurden Mang Bens Besitztümer verteilt. Ich bekam einen Rucksack, nicht den von Mang Ben, denn dieser war zu schön. Aber die Person, die ihn bekam, verschenkte ihr Exemplar weiter, und so bekam ich schließlich auch einen Rucksack, wenngleich dieser ziemlich schäbig war. Aber wenigstens konnte ich jetzt meine Sachen richtig verstauen. Und so begann ich, meine Besitztümer umzuräumen: das Laken, das Deodorant, ein paar Damenbinden, die ich hatte ergattern können, und die kostbare Burnham-Zahnbürste.

Erstaunlicherweise konnten wir im Schutz der Dunkelheit von dort verschwinden. Für mich war das unglaublich. Genau wie damals bei der Auseinandersetzung im Krankenhaus schienen die Regierungstruppen nicht daran interessiert zu sein, uns zu verfolgen. Immerhin war jetzt Nacht: Ihr »Dienst« war vorbei. Ihre Hingabe an die Sache hatte ganz bestimmt Grenzen – im Gegensatz zu dem Eifer der muslimischen Rebellen, die bis zum Tod kämpfen würden, um als Belohnung ins Paradies zu kommen, wo laut Koran 72 dunkeläugige Jungfrauen auf sie warteten.

Wir liefen die ganze Nacht hindurch. Die drei Verletzten wurden von den anderen in *malongs* getragen. Dann kam Ibnos älterer Bruder mit einem *carabao*[32] vorbei, der einen riesigen geflochtenen Korb hinter sich herzog, in den wir unsere Verwundeten hineinlegen konnten.

Einige neue Gesichter gesellten sich zu uns. Von wo sie kamen, weiß ich nicht; vielleicht aus Mang Bens Dorf. Sie blieben am Ende der Karawane. Ungefähr jede Stunde legten wir eine Pause ein. Normalerweise verschwand ich in dieser Pause im Gebüsch.

Bei einer solchen Gelegenheit ließ ich meinen Rucksack neben Martin stehen, und als ich zurückkehrte, hatten sich bereits alle wieder erhoben, um weiterzulaufen. Ich reihte mich schnell hinter Martin ein, der an Sakaki gefesselt war. Irgendwie fühlte ich mich seltsam leicht. ›Ich habe gerade ein Feuergefecht hinter mir, und wir werden

---

32 Wasserbüffel.

heute Nacht keinen Schlaf bekommen – aber irgendwie fühle ich mich so leicht, als würde ich hüpfen‹, dachte ich.

Und plötzlich fiel mir ein, warum: Ich hatte meinen Rucksack nicht dabei! Kein Wunder.

Sofort drehte ich mich um und wollte die etwa hundert Meter zurücklaufen, um ihn zu holen.

»Nein!«, fuhr einer der neuen Männer mich an. »Sie gehen!«

»Oh bitte, mein Rucksack steht dort, mit allen meinen Sachen!«, flehte ich. »Es ist doch nur ein kurzes Stück. Lassen Sie mich ihn holen, bitte, ich hole Sie wieder ein.«

Er richtete sein Gewehr auf mich und wiederholte: »Nein – Sie gehen!«

Diesen Mann kannte ich nicht. Hätte er zu den ursprünglichen Entführern gehört, hätte ich ihn ignoriert und wäre trotzdem zurückgelaufen. Aber der hier schien extrem unnachgiebig. Wagte ich es, ihn herauszufordern?

Ich wandte mich um und rannte zu Sakaki. »Sakaki, mein Rucksack!«, flehte ich. »Ich habe ihn dort hinten stehen gelassen; hilf mir!«

Er versuchte, sich für mich zu verwenden, aber bevor er auch nur einen halben Satz vorgebracht hatte, schnitt ihm der Neue das Wort ab: »Nein – weitergehen! Beeilung!«

Mir rutschte das Herz in die Hose. Alles, was wir in diesem Leben besaßen, befand sich in dem Rucksack. Das Laken, mit dem wir uns in der Nacht zudeckten, mein langärmeliges Shirt, unsere Zahnbürste – alles war darin. Schreckliche Schuldgefühle quälten mich. ›Wie dumm von mir! Ich habe gerade alles verloren.‹

»Oh Martin, es tut mir so leid, es tut mir so leid!«, weinte ich.

Mein Mann machte mir keine Vorwürfe. Er antwortete ruhig: »Weißt du, Schatz, wir müssen unsere Kräfte für den Marsch sparen. Ich vergebe dir. Und du musst die Situation einfach so annehmen, wie sie ist. Es wird alles gut werden.«

Aber ich war in großer Not. Jetzt konnte ich nichts mehr tun, um diesen tragischen Fehler wiedergutzumachen. Für den Rest der Nacht musste ich einen Fuß vor den anderen setzen. Mit jedem Schritt trauerte ich mehr.

Ein Lied im Dschungel

(Ende Juli 2001)

Gegen Tagesanbruch erreichten wir vollkommen erschöpft ein kleines Dorf. Unsere Reihen lösten sich auf, als sich verschiedene Personen zu Boden sinken ließen und sofort einschliefen, um dann von anderen geweckt und zum Weitergehen aufgefordert zu werden.

Irgendwann kam dann eine kleine Schutzhütte in Sicht, und beim Näherkommen bot sich uns ein willkommener Anblick: Überall lagen reife Bananen auf dem Boden. Von neuer Energie beseelt, sammelte ich so viele auf, wie ich konnte. Ich steckte sogar noch einige für später in meine Taschen. Martin und ich setzten uns auf den Boden und genossen jeden Bissen der nahrhaften Frucht.

Die Bewohner dieses Dorfes fühlten sich offenbar sehr sicher in der Gegenwart der Terroristen, denn sie setzten sich ohne Scheu zu uns und sprachen in ihrer Sprache mit uns. Sie sahen sich unsere Verletzten an und schnalzten mitfühlend mit der Zunge. Außerdem boten sie an, Ibno und die anderen beiden Verletzten mit dem Boot nach Zamboanga zu bringen, wo sie medizinisch versorgt werden konnten.

Und dann tauchte ausgerechnet Sakakis Frau in diesem kleinen Dorf auf! Als Muslimin war sie von Kopf bis Fuß in ein schwarzes Gewand gehüllt, durch das man noch nicht einmal ihre Augen erkennen konnte. Sogar ihre Hände waren mit einem schwarzen Tuch verhüllt.

Eigentlich hätte sie in dieser Aufmachung bedrohlich wirken müssen, aber uns erschien sie wie ein Engel im strahlend weißen Gewand, denn sie hatte eine große grüne Tasche bei sich. Diese Tasche übergab sie Solaiman, der sie durchsuchte, zunächst mehrere Gegenstände herausnahm und sie dann zu Martin und mir brachte.

In dieser Tasche befanden sich *malongs*, Seife, Zahnpasta, Damenbinden usw. Während ich die Sachen durchsah, wurde mir klar, dass in der Tasche alles enthalten war, was ich am Abend zuvor verloren hatte! Ich schnappte vor Freude nach Luft. Es war, als hätte Gott bereits vorausgeplant, um meinen schrecklichen Verlust auszugleichen. Plötzlich wurde die Tragödie unserer entsetzlichen Nacht umgekehrt. Doch in der Tasche war ein noch größerer Schatz enthalten: Briefe! Sie waren nach zwei Monaten auf der Flucht das erste Lebenszeichen von unseren Lieben. Wie um alles in der Welt waren diese Briefe in ihre Hände gelangt? Wir hatten keine Ahnung, aber es war uns egal. Wir waren so dankbar, von unseren Kindern zu hören.

Jeffs Brief lautete:

Hallo, meine coolen Eltern,
wir haben hier viel Spaß bei unseren Großeltern sowie allen unseren Cousins und Cousinen. Tante Felicia hat für uns Filme in der Videothek ausgeliehen. Es war toll. Der erste Film hat mir nicht besonders gefallen, aber das ist in Ordnung. Ich wollte Euch nur grüßen und Euch sagen, dass ich mich darauf freue, Euch wiederzusehen. Ich bete für Euch. Tschüss.
Jeff (der Coole)

Er hatte noch ein Smiley daruntergesetzt.

Ich glaube nicht, dass Martin in den vergangenen Wochen jemals so gestrahlt hat. Was für eine Freude, von unserem Erstgeborenen zu hören.

Mindy schrieb von der Tierklinik, die sie besucht hatten, und von den Hunden und Katzen, die sie dort gesehen hatte. Zum Schluss schrieb sie:

Ihr sollt wissen, dass ich für Euch bete.
Tschüss, Mom, tschüss, Dad.
In Liebe, Mindy
PS: Alles Gute zum Vatertag, Dad!

Es war so schön.

Der zehnjährige Zach schrieb kurz und bündig.

Liebe Mom und lieber Dad,
wie geht es Euch? Mir geht es gut. Heute sind wir zu Wal-Mart gefahren. Es ist lustig dort. In der Mega Mall haben wir zwei Computerspiele gekauft.
Ich schreibe Euch wieder.
Alles Liebe, Zach

Wir lachten vor Freude, vor allem über diese letzte Zeile, er wolle uns noch einmal schreiben.

»Nein! Wir wollen nicht so lange hier sein, dass wir noch einen Brief von Zach bekommen!«, sagten wir. Stattdessen wären wir am liebsten nach Rose Hill in Kansas losgerannt und hätten dort den kleinen Kerl in unsere Arme genommen und lange gedrückt.

Es waren auch Briefe von Martins Eltern und meinen Eltern, von Martins Geschwistern und auch von anderen dabei. Immer wieder lasen wir sie uns gegenseitig laut vor. Einigen Briefen waren Fotos beigefügt. Stolz zeigten wir sie herum.

Und schließlich enthielt die Tasche auch noch eine Ersatzbrille für Martin. Vermutlich hatte Francis oder Chito unseren Kollegen von der New Tribes Mission Martins Situation erklärt. Und hier war eine neue Brille von demselben Optiker aus einem riesigen Einkaufszentrum in Manila.

»Jetzt weiß ich auch, wie diese Leute aussehen!«, rief Martin mit strahlendem Gesicht. Fast zwei Monate lang hatte er seine Umwelt nur schemenhaft wahrgenommen.

Diese liebe Frau hatte auch noch eine große Tüte mit Weißbrot mitgebracht. Die Abu Sayyaf sahen sie sich an, waren aber skeptisch in Bezug auf die Inhaltsstoffe. So konnten Joel, Martin und ich eine ganze Tüte Brot alleine essen. Wir machten uns sofort an die Arbeit.

Natürlich ging ich auch zu Sakakis Frau hinüber und umarmte sie. »Vielen Dank, dass Sie gekommen sind«, sagte ich. »Sakaki ist ein guter Leibwächter.«

Sie nickte, und wir unterhielten uns kurz. Sie erzählte mir, sie sei Grundschullehrerin.

Kurze Zeit später rief uns Fatima, der sich als einer der religiösen Führer der Abu Sayyaf betrachtete, zu sich.

»Martin, zeigen Sie mir Ihre neue Brille.«

»Warum?«, fragte Martin.

»Ich möchte sie nur sehen.«

Martin brachte sie ihm. Der Mann nahm sie in die Hand und betrachtete sie eingehend. Dann verkündete er ohne Vorwarnung: »Wir werden sie behalten. Sie könnte Ihnen bei der Flucht helfen.«

›Nein!‹, wollte ich schreien. Am liebsten wäre ich aufgesprungen und hätte meine Fingernägel in Fatimas Fleisch gebohrt. Nach all dieser Zeit konnte Martin endlich wieder deutlich sehen. Wir starrten den Mann ungläubig an, und Martin sank vor Enttäuschung in sich zusammen.

Schließlich sagte er: »Nun, dann können Sie auch das Etui haben. Ich möchte nicht, dass sie kaputtgeht, für den Fall, ich bekomme sie jemals zurück.«

Fatima nahm das Etui mit den Worten: »Ja, eines Tages vielleicht.« Dann reichte er Haija die Brille, der sie in seinen Rucksack steckte.

Wir sahen diese Brille nie wieder. Martin hatte sie weniger als zwei Stunden getragen.

∿

Sakaki war natürlich hocherfreut, seine Frau zu sehen. Er fragte, ob er einen Tag Urlaub mit ihr haben könnte. Er würde morgens zurückkommen, versprach er. Die Erlaubnis wurde ihm erteilt.

Nachdem er gegangen war, bemerkten die anderen, dass Sakaki sein Gewehr mitgenommen hatte. Alle waren aufgebracht, vor allem Zacarias. Denn wozu brauchte er für einen Besuch zu Hause seine Waffe – wenn man bedachte, dass einige der anderen Abu Sayyaf überhaupt kein Gewehr hatten?

Die Dorfbewohner boten an, eine Kuh zu schlachten und ein Fest für uns zu organisieren. Das Fleisch wurde in Töpfen über einem offenen Feuer gekocht, und köstliche Düfte lagen in der Luft. Mir lief das Wasser im Mund zusammen, als ich mir vorstellte, wie dieses frische Rindfleisch schmecken würde. Wir hatten kein Rindfleisch mehr gegessen seit ...

»*Sundalo!* Bei der Schule! Alle Mann zusammenpacken!« Es sollte also doch kein Fest geben.

Allerdings gelang es uns, einige der Töpfe mit dem halb gekochten Fleisch in den Wald mitzunehmen. Martin trug stolz die neue grüne Tasche mit all unseren Besitztümern.

Seltsamerweise sahen wir Sakaki, nachdem wir dieses Dorf verlassen hatten, nie wieder. Bald stellte sich heraus, dass er seinen Urlaub genutzt hatte, um sich dauerhaft von den Abu Sayyaf abzusetzen, und so blieben Martin und ich ohne offiziellen Leibwächter zurück. Diese Aufgabe wurde schließlich Hurayra übertragen. Das war gut für uns, denn Hurayra war ein netter Mensch.

Etwas später an diesem Tag kam Sabaya zu Martin und mir. Er erklärte uns: »Sie wollen ein ›Lebenszeichen‹.«

»Wer ist ›sie‹?«

»Das wissen wir nicht genau.«

Doch Solaiman schien mehr zu wissen. »Es ist dieser Typ, der im Fernsehen immer eine Zigarre raucht«, berichtete er, und er meinte damit die typische Pose des ehemaligen philippinischen Präsidenten Fidel Ramos.

Deshalb wurden Martin und ich schon bald vor eine Kamera gestellt. Sabaya hatte sein geliebtes Outfit des harten Typen angelegt und stand neben uns: dunkle Sonnenbrille, Kappe und Gewehr in der Hand. Bro war für die Aufzeichnung verantwortlich. Dann wurde der Film aus der Kamera genommen, und Sabaya trug ihm auf, ihn in die Stadt zu bringen.

Anschließend wurden wir noch gebeten, etwas auf Kassette zu sprechen. Martin musste natürlich sagen: »Bitte, bringt diese Angelegenheit zu einem schnellen Ende. Schaltet bitte einen Vermittler ein.«

Als Nächstes sollte ich eine Nachricht an Präsidentin Arroyo richten – sozusagen von »Mutter zu Mutter«, wie sie es ausdrückten. Ich setzte also eine kleine Rede auf, flehte sie als Frau an, eine Vereinbarung mit dieser Gruppe zu treffen, weil ich meine Kinder wirklich gern wiedersehen wollte. »Bitte tun Sie, was immer Ihnen möglich ist, und haben Sie Erbarmen mit uns«, schloss ich meine Rede.

Diese Kassette wurde dem Film beigelegt.

Während wir davongingen, fand ich mich allmählich mit dem Gedanken ab, dass diese Gefangenschaft doch recht lange dauern könnte. Andere waren nach Lösegeldzahlungen freigelassen worden – Reggie und Rizza, Francis und Tess, Letty, Kim und Lalaine, sogar Chito –, aber diese Hoffnung hatten wir nicht. Die Tage zogen sich dahin, und es gab immer einen weiteren Pfad zurückzulegen, einen neuen Berg zu ersteigen … dies würde noch eine ganze Weile dauern. Meine Niedergeschlagenheit wuchs.

In den folgenden Tagen geriet ich in eine ziemlich heftige Depression. Ich dachte an das, was Jeff, Mindy und Zach durchleiden mussten – jetzt, da ihr Vater und ich Geiseln waren. Eine dunkle Decke legte sich über mich, und ich saß nur herum und weinte. Das war neu, denn noch nie war ich der weinerliche Typ gewesen. Die Entführer sahen mich nicht gern weinen, deshalb versuchte ich, mich zu beruhigen. Außerdem wollte ich Martin schonen. Er kannte mich schon so viele Jahre und wusste eigentlich, dass ich nicht lange traurig oder zornig war, doch er machte sich trotzdem große Sorgen und bemühte sich nach Kräften, mich aufzuheitern. Aber ich konnte mich einfach nicht aus dieser Stimmung befreien.

Während unseres Aufenthaltes auf dem Berg sah ich Reina nicht ein einziges Mal. Das arme Mädchen hatte wegen ihrer Wunde im Gesicht schrecklich gelitten. Sie bat Joel, den Schrapnellsplitter herauszuholen, und er versuchte es auch, aber ohne Betäubungsmittel war der Schmerz einfach zu groß. Schließlich holte sie die Pinzette aus der Arzttasche, nahm sich einen Spiegel, biss die Zähne aufeinander und machte es selbst.

Eines Tages kam Sabaya zu Martin und sagte: »Sie haben uns gesagt, Sie hätten nie beim Militär gedient. Haben Sie uns belogen?«

»Nein, das habe ich nicht«, erwiderte er. »Unmittelbar nach dem College bin ich in die Missionsarbeit gegangen.«

»Und warum nennt Fidel Ramos Sie einen ›Bruder‹?«

»Das weiß ich nicht«, erwiderte Martin verwirrt.

»Sie müssen mit ihm in der Armee gewesen sein!«

Martin dachte einen Augenblick nach und sagte dann: »Erstens bin ich viel jünger als Fidel Ramos. Wenn er jemanden ›Bruder‹ nennen würde, dann doch wohl eher jemanden, der im Alter meines Vaters ist. Er war Fallschirmjäger bei der Armee.«

Die Befragung ging weiter. »Sagen Sie uns, warum er diesen Ausdruck für Sie verwendet!«, beharrten sie weiter.

»Soweit ich weiß, ist Fidel Ramos Protestant«, erklärte Martin. »Vielleicht meint er, dass wir ›Brüder im Glauben‹ sind.«

»Oh, das muss es sein«, fanden sie. Und wir entspannten uns.

Die Abu Sayyaf fühlten sich durch diese Neuigkeit ermutigt und dachten, die Verhandlungen hätten nun mehr Aussicht auf Erfolg.

Kurz nach diesem Gespräch verkündeten sie: »Wir werden euch jetzt zu der anderen Geiselgruppe zurückbringen.«

Und so begann erneut ein mehrtägiger Marsch. Wie immer wurde Martin mit einem Seil an einen der Entführer gebunden. Und wie zuvor wurden wir beide nachts mit Handschellen an einen Baum gefesselt.

Eines Morgens schichteten wir gerade Feuerholz auf, um uns zu wärmen, als Solaiman uns zu sich rief und uns mitteilte: »Ihre Kinder werden gleich im Radio sprechen.«

Schnell hockten wir uns um das batteriebetriebene Radio herum, das wie üblich auf Radyo Agong eingestellt war.

Und tatsächlich, wir hörten ihre Stimmen!

»Hallo, hier spricht Jeff Burnham, der älteste Sohn von Martin und Gracia Burnham. Ich möchte die Abu Sayyaf bitten, meinen Eltern nichts zu tun. Sie haben wirklich nichts Verkehrtes getan, als sie an ihrem Hochzeitstag in diese Freizeitanlage gefahren sind. Es gibt keinen Grund, ihnen Schaden zuzufügen. Mom und Dad, mir geht es gut. Ich liebe euch.«

Dann kam Mindy. Sie stellte sich vor und richtete eine ähnliche Botschaft direkt an die Abu Sayyaf.

Sogar der kleine Zach machte seine Sache sehr gut. Ich merkte, dass er eigentlich nicht reden wollte, in dieser Beziehung war er genau wie seine Mutter, doch er brachte seine Botschaft um unsertwillen zu Ende.

Wir waren überglücklich. Ihre Stimmen zu hören, war ein ganz besonderes Vergnügen und vertrieb die Kälte aus unserem Herzen.

Solaiman blickte Martin und mich erstaunt an. »Die Kinder haben ja zu uns gesprochen!«

»Ja, das stimmt. Sie möchten nicht, dass ihr uns etwas antut.«

In diesem Augenblick spürte ich einen Anflug von Schwäche bei ihm. Filipinos lieben ihre Familien über alles. Ich denke, er war gerührt.

Schließlich erreichten wir unser Ziel, das sich als das altbekannte Haus 125 herausstellte. Ich war enttäuscht, als ich es entdeckte, denn das bedeutete, dass wir einfach im Kreis gelaufen waren und uns sinnlos angestrengt hatten. Die Truppe, die uns mehrere Wochen zuvor verlassen hatte, wartete dort auf uns. Diese Truppe hatte während dieser Zeit neue Geiseln genommen: 13 Jungen, einige kaum älter als 13 Jahre, aus einer Kokosnussplantage, die als »Golden Harvest Plantation« bezeichnet wurde. Zwei andere hatten versucht davonzulaufen und waren dabei erschossen worden, berichteten sie. Alle anderen hatten sich anscheinend zum Islam bekehrt.

Dies war der erste Hinweis auf das, was uns erwartete.

Das Haus war während unserer Abwesenheit schrecklich verwüstet worden. Überall lag Müll herum, und es war sehr schmutzig. Ich fand einen alten Lappen in der Ecke und kehrte damit den Müll aus dem Raum, in dem wir schlafen würden.

Doch wie sich herausstellte, würden wir dort nicht bleiben. Am Ende des Tages waren wir wieder unterwegs, wie immer mit unbekanntem Ziel. Die Abu Sayyaf achteten besonders darauf, dass wir keine Fußspuren hinterließen. Selbst als wir an einem Stapel Zuckerrohr vorbeikamen, den einige der Männer gern geholt hätten, waren sie darauf bedacht, jegliche Spuren zu vermeiden. Wir marschierten die ganze Nacht durch und gegen Morgen erreichten wir ein Lager.

Um zu diesem Lager, das an einem idyllischen Fluss gelegen war, zu gelangen, mussten wir jedoch eine steile Klippe hinuntersteigen. Das war das schwierigste Gelände, durch das wir jemals gekommen waren. An einer Stelle verlor ich beinahe den Halt und rutschte auf den Abgrund zu. Doch in letzter Sekunde konnte ich mich noch an einem Baum festhalten.

Ich hing über der Tiefe und schaffte es nur mit Mühe, den gefahrvollen Abstieg fortzusetzen. Zentimeterweise schoben wir uns weiter nach unten. Am Ufer arbeiteten wir uns eine Zeit lang im Wasser von einem Stein zum anderen vor; dann ging es einen Hügel hinauf, und schließlich erreichten wir das Lager der MILF[33]. Von den Leuten dieser Gruppe erfuhren wir, dass ihr Dialog mit der Regierung besser lief als derjenige von den Abu Sayyaf, denn erst vor Kurzem war eine Amnestie für begangene Verbrechen erlassen worden.

Mittlerweile waren wir alle vollkommen erschöpft. Meine kleinen Zehen waren absolut wund gerieben, sodass ich fast außerstande war, auch nur zu humpeln. In der Dunkelheit wurden wir zu einem knapp drei Meter breiten und etwa ebenso langen Haus mit strohgedecktem Dach und großzügiger Veranda geführt. Innen warteten Angie, Fe, Ediborah und Sheila auf uns! Das war ein Wiedersehen! Wir umarmten einander, schnatterten alle auf einmal los und dankten Gott, dass wir endlich wieder vereint waren.

»Warum haben sie die beiden Gruppen wohl wieder zusammengelegt?«, fragte ich.

»Nun, in Malaysia verhandelt offensichtlich jemand über eine Freilassung«, erklärte eines der Mädchen. »Sie wollen uns alle zusammen freilassen.«

Das klang natürlich großartig in unseren Ohren. Wir erzählten den Mädchen von unseren Abenteuern, von dem Kampf auf dem Feld, von unseren langen Märschen und davon, dass wir oft hatten hungern

---

33 Islamische Befreiungsfront der Moros.

müssen. Dann erzählten sie uns von ihren Erlebnissen – sie waren an einen wirklich angenehmen Ort gebracht worden und waren drei oder vier Wochen dort geblieben, mit ausreichend Essen und ohne Soldaten in der Nähe. Das war wirklich ein Gegensatz.

»Und Reina, wo ist Reina?«, wollten sie wissen.

»Nun, sie ist bei Janjalani«, berichtete ich.

»Oh. Dann stimmt es also – sie ist als *sabaya* genommen worden. Wir hätten nicht gedacht, dass das passieren würde.«

Reina, die mit Janjalani ein Haus teilte, traute sich mehrere Tage lang nicht herüberzukommen, um mit den anderen zu reden. Sie schämte sich zu sehr.

Nachdem wir noch eine Weile von unseren Erlebnissen erzählt hatten, wandte ich mich an Fe und Angie, um zu tun, was getan werden musste.

»Es wird schwer für euch sein«, begann ich, »aber ich denke, ihr müsst darüber Bescheid wissen. Ich weiß nicht, was man euch erzählt hat, aber uns hat man gesagt, dass Guillermo tot ist.«

»Nein, nein, das hat uns niemand gesagt!«, rief Fe. Ihre Augen füllten sich mit Tränen.

»Nun, eigentlich haben sie es doch gesagt«, gestand Angie, »aber ich dachte, ich sollte lieber nichts erzählen.«

Fe hielt einen Augenblick inne, dann sagte sie voller Zärtlichkeit: »Er ist nicht richtig tot. Er lebt in meinem Herzen. Ich werde ihn nie vergessen.«

Natürlich wollte sie Einzelheiten über seinen Tod erfahren, aber ich habe es nicht übers Herz gebracht und geschwiegen.

Kaum einen Tag später jedoch teilte Haija ihr mit, er sei der Henker gewesen. Er nahm keinerlei Rücksicht auf ihre Gefühle.

»Es wäre schwieriger für mich gewesen, einen Hund zu töten als Guillermo«, verkündete er mit einer gewissen Befriedigung. »Er war ein schlechter Mensch.«

Fe war natürlich aufgebracht. »Welches Recht hat er, über Guillermo zu richten?«, wütete sie.

Keiner von uns wusste, was wir sagen sollten. Wir versuchten nur, sie so gut wie möglich zu trösten.

Wir wurden darüber informiert, dass Sheila und Ediborah sich während der Zeit unserer Trennung zum Islam bekehrt hatten. Offensichtlich hatte man ihnen versprochen, sie würden freigelassen, wenn sie sich bekehrten. Also hatten sie alle Gebete gesprochen, die notwendig waren, um Muslim zu werden.

Zu ihrer großen Enttäuschung waren sie dann doch nicht freigelassen worden, aber sie erfuhren wenigstens eine bessere Behandlung. Ihre Essensportionen waren größer, und sie wurden auch ständig mit Deodorant, Shampoo und anderen Annehmlichkeiten versorgt. Außerdem hatte Omar, der Führer ihrer Gruppe, ein persönliches Interesse an Sheila, weshalb er sehr auf ihr Wohlergehen bedacht war.

All dies wurde von Angie, die an ihrem katholischen Glauben festhielt, natürlich nicht besonders gut aufgenommen. Das galt auch für Fe, die zu den Mormonen gehörte.

»Wir sind zu sechst hier, aber nur vier von uns sind Geiseln«, beschwerte sich Angie eines Tages bei mir. Sie meinte uns sechs Geiseln[34] im Haus und nicht die 13 Jungen von der Plantage.

»Nun, Sheila und Ediborah sind immer noch Geiseln«, erwiderte ich. »Offensichtlich können sie nicht einfach nach Hause gehen. Angie, wir müssen alle zusammenhalten; wir können es uns nicht leisten, uns zu streiten. Wir müssen in dieser winzigen Hütte miteinander auskommen.«

»Wir liegen wirklich miteinander im Streit«, gestand Angie. »Fe und ich finden, du und Martin, ihr solltet in der Mitte schlafen. Dann können zwei von uns auf der einen und die anderen beiden auf der anderen Seite schlafen. So brauchen wir wenigstens nicht in ihrer Nähe zu liegen.«

Doch schon bald wurde dieser Plan verworfen, weil die Abu Sayyaf nicht zulassen wollten, dass ein Mann neben einer Frau schlief, die nicht seine Ehefrau war. Martin musste sich also fest gegen eine Wand legen, dann kam ich, danach folgten Angie, Fe sowie Ediborah, und

---

34 A. d. H.: Damit sind wohl alle gemeint, die in Dos Palmas und Lamitan als Geiseln genommen wurden (mit Ausnahme von Joel, der offensichtlich weiter seine Hängematte benutzte).

Sheila drängte sich an die andere Wand. Und wieder musste ich die ganze Nacht über schieben und stoßen, um mir Platz zu schaffen. Der Schlafmangel laugte mich aus, und meine emotionale Verfassung ließ sehr zu wünschen übrig. Es war unsere zehnte Woche in Gefangenschaft – die Zeit, die ich mir damals auf dem Schnellboot gedanklich bis zu unserer Freilassung gegeben hatte. ›Schlimmstenfalls werden wir den Sommer mit diesen Männern verbringen und freikommen, wenn die Kinder wieder zur Schule gehen‹, hatte ich mir gesagt. Jetzt brach bald der August an und es gab keine Hoffnung auf eine Veränderung. Meine Verzweiflung war überwältigend.

Oft saß ich auf einem Felsen am Fluss und starrte auf die Blätter, die sich zwischen den Steinen im Fluss fingen. Wann immer sich ein Blatt befreien konnte und es wieder auf dem Wasser trieb, freute ich mich für dieses Blatt. Ich saß dann einfach da und beobachtete es, indem ich mir wünschte, ich könnte mit dem Fluss schwimmen und frei sein.

Das Rauschen des Wassers erschien mir, als wäre es das Lachen Satans, der sich über mich lustig machte und sagte: »Du vertraust Gott – aber du bist noch immer hier.« Ich fing an, Satans Lügen zu glauben.

Manchmal setzte sich Martin zu mir an den Fluss und sagte dann: »Es gefällt mir nicht zu sehen, wie du deinen Glauben aufgibst.«

»Oh, ich gebe meinen Glauben nicht auf«, widersprach ich ihm. »Ich glaube noch immer, dass Gott die Welt geschaffen hat, dass er seinen Sohn Jesus gesandt hat und dass Jesus für mich gestorben ist. Ich habe meinen Glauben nicht aufgegeben – ich glaube nur nicht mehr, dass Gott mich liebt. Weil Gott nicht mehr zu mir durchdringt.«

»Ich bin der Meinung, dass man entweder alles glaubt oder gar nichts«, erwiderte Martin sanft.

Musik hatte in meinem Leben stets eine wichtige Rolle gespielt, und ich sang immerzu leise vor mich hin. Jetzt stellte ich fest, dass ich Lieder wie »Ich sing von Gottes Schöpfermacht, / die Berge ließ erstehn« und andere großartige geistliche Lieder immer noch singen konnte, aber ich weigerte mich »O abgrundtiefe Liebeshand, / dir geb ich mein zerbroch'nes Herz« zu singen. Ich hegte einen tiefen Groll gegen Gott.

Nachdem mich diese Gedanken etwa drei Tage lang gequält hatten, ging es mir sehr schlecht. Wenn ich nicht weinend am Fluss saß, hockte ich weinend im Haus. Schließlich lernte Martin, nichts mehr zu sagen, weil er wusste, dass ich diese Sache allein durchstehen musste. Eines Tages saß ich am Fluss und dachte über die Dinge nach, die Martin gesagt hatte. Dabei wurde mir klar, dass meine Depression und mein Groll gegen Gott in keiner Beziehung dazu beitrugen, unsere Situation erträglicher zu machen. Sie verschlimmerten sie vielmehr noch zusätzlich, sowohl für mich als auch für alle anderen in meiner Nähe. Ich wusste, dass ich die Wahl hatte. Ich konnte mich meinem Groll hingeben und zulassen, dass ich in ein immer tieferes psychisches und emotionales Loch fiel, oder ich konnte beschließen zu glauben, was im Wort Gottes stand, ob ich die entsprechende geistliche Realität nun spürte oder nicht.

Dies war der Wendepunkt für mich. Es war, als würde Gott zu mir sagen: »Wenn du glaubst, dass ich am Kreuz alles für dich getan habe, warum glaubst du nicht, dass ich dich liebe? Warum nimmst du meine Liebe nicht voll und ganz an?«

Und das tat ich dann. Ich gab einfach auf und lieferte meinen Schmerz sowie meinen Groll dort, wo ich war, an Gott aus. Ich hatte keine Bibel und niemanden außer Martin, der mir Mut machte. Aber von diesem Tag an zeigte mir Gott irgendwie, dass er trotzdem treu ist.

Einen Tag später entschuldigte ich mich in der Hütte für mein Verhalten und erklärte, Gott und ich wären miteinander ins Reine gekommen: Er liebte mich, und ich hatte beschlossen, das zu glauben.

Nach und nach konnte ich wieder mehr von ganzem Herzen singen. Da Fe einige der Lieder kannte, die ich sang, sangen wir von da an viel gemeinsam. »Du großer Gott« wurde unser Lieblingslied. Ich bin sicher, der Autor dieses Liedes hat nicht an die Insel Basilan gedacht, als er den Text niederschrieb, aber da wir im Dschungel unter freiem Himmel lebten, konnten wir uns ganz sicher damit identifizieren. Weil Angie das Lied nicht kannte, sie aber auch gern mitsingen wollte,

liehen wir uns Papier und einen Stift aus und schrieben den Text für
sie auf:

Du großer Gott, wenn ich die Welt betrachte,
die Du geschaffen durch Dein Allmachtswort,
wenn ich auf alle jene Wesen achte,
die Du regierst und nährest fort und fort,
dann jauchzt mein Herz Dir, großer Herrscher, zu:
Wie groß bist Du! Wie groß bist Du!

Zwei weitere Strophen dieses Liedes passten noch besser zu unserer
Situation:

Blick ich empor zu jenen lichten Welten
und seh der Sterne unzählbare Schar,
wie Sonn und Mond im lichten Äther zelten
gleich goldnen Schiffen, hehr und wunderbar.

Und seh ich Jesus auf der Erde wandeln
in Knechtsgestalt, voll Lieb und großer Huld,
wenn ich im Geiste seh Sein göttlich Handeln,
am Kreuz bezahlen vieler Sünder Schuld,
dann jauchzt mein Herz Dir, großer Herrscher, zu:
Wie groß bist Du! Wie groß bist Du![35]

Innerhalb eines Tages kannte Angie den Text auswendig. Ich konnte
eine zweite Stimme dazu singen, und das klang recht gut. Jeden Tag
sangen wir dieses Lied, manchmal sogar mehrmals am Tag.

Zum Glück duldeten die Abu Sayyaf unser Singen, denn es klang
gut, und sie mochten Musik. Und mehr als einmal sagte Martin zu
mir: »Vielleicht sind wir hier, um Gott gerade an diesem dunklen Ort
zu preisen.«

Ganz langsam ging meine Glaubenskrise vorüber. Mir wurde klar,
dass es keinen Zweck hatte, Groll gegen Gott zu hegen. Er hatte weder
die Abu Sayyaf inspiriert, uns zu entführen, noch würde er sie gegen

---

35 Schwedischer Originaltext: Carl Gustaf Boberg, deutsche Nachdichtung: Manfred von Glehn.

ihren Willen zwingen, uns freizulassen. Vielmehr würde er Tag für Tag, Nacht für Nacht, Kilometer um Kilometer bei uns sein und uns Kraft geben, solange es dauern würde.

Martin half mir manchmal beim Einschlafen, indem er sein Lieblingslied sang: »Friede, Friede, herrlicher Friede«. Dann hielt er meine Hand und sang leise:

Fern in den Tiefen der Seele erklang
heut, als ich schlief, mir ein Lied wundersam.
Ach, wie durch heilenden Himmelsgesang
endloser Frieden ins Herze mir kam!

Friede, Friede, herrlicher Friede,
kommst von dem liebenden Vater zu mir.
Lass doch, ich bitte Dich, Herze und Sinn
gänzlich umhüllt sein einzig von Dir![36]

Und in diesem göttlichen Frieden konnte ich mich dann ausruhen.

---

36 Originaltext: Warren D. Cornell, deutsche Nachdichtung: Hermann Grabe.

Gerechtigkeit oder Erbarmen?

(August – Anfang September 2001)

Während unserer Gefangenschaft verliefen unsere Tage in zwei Extremen, wie es schien. Entweder wir marschierten bis zur Erschöpfung und liefen um unser Leben, oder wir saßen herum, hatten nichts zu tun und waren absolut gelangweilt. Die Wochen in dem MILF-Lager am Fluss gehörten definitiv zu Letzterem.

Aus irgendeinem Grund wurde unsere kleine Hütte zu dem Ort, an dem unsere Entführer herumsaßen und ihre Zeit totschlugen. Bis lange in die Nacht hinein hockten die Abu Sayyaf auf der Veranda und unterhielten sich und lachten miteinander. Und wenn wir morgens aufwachten, lagen die Männer dort und schliefen.

Mittlerweile hatten wir unsere Entführer recht gut kennengelernt, und es machte mir nichts mehr aus, sie in meiner Nähe zu haben, außer wenn sie ihren Koran hervorholten und anfingen, laut daraus zu lesen. Sie sprachen in einem nasalen Singsang, und manchmal hörten wir 25 verschieden gemurmelte Melodien gleichzeitig, wobei jeder einen anderen Abschnitt las.

Das mit anzuhören, war so unangenehm, dass ich stets zu Martin sagte: »Ich kann diese ›Chorstunde‹ nicht aushalten.«

Deshalb nahm ich dann meist meinen Wasserkrug und ein *bolo*-Messer und tat so, als würde ich zur Toilette gehen, ob ich nun musste oder nicht.

In den Zeiten zwischen den Gebeten überlegten wir Geiseln uns, wie wir uns ablenken konnten. So kamen wir auf Wettbewerbe wie: Wer fängt die meisten Fliegen mit der Hand? Dabei gewann Martin in der Regel.

Manchmal saßen wir auch einfach nur da und beobachteten die unermüdlichen Ameisen. Immer hatten sie etwas zu tun. Es machte uns Spaß zu sehen, wie sie mit ihren schweren Lasten hin und her liefen.

Mitunter waren wir auch richtig faul. So fragte ich zum Beispiel Martin manchmal: »Möchtest du dir jetzt die Zähne putzen?«

Und er erwiderte dann: »Nein, ich will einfach nur hier herumsitzen.«

Wirklich traurig, dass der aufregendste Teil unseres Tages in der Entscheidung bestand, ob wir uns nun die Zähne putzen sollten oder nicht.

Schwieriger als das tägliche Zähneputzen gestaltete sich die Pflege unserer Finger- und Zehennägel ohne eine Nagelschere oder einen Knipser. Um ehrlich zu sein, ich kaute die Fingernägel gern ab, aber natürlich waren meine Hände fast immer schmutzig, und Martin riet mir eindringlich, die Nägel nicht abzukauen. Die einzige andere Methode war, sie bis zu einer gewissen Länge wachsen zu lassen, sie dann im Wasser aufzuweichen und *vorsichtig* abzureißen. Zehennägel sind hingegen schwieriger abzureißen als Fingernägel. Einmal kurz abgerutscht, und man reißt sich ins Fleisch. *Autsch!* In den folgenden Tagen tut einem dann jeder Schritt weh.

Wann immer Martins Bart so lang war, dass er bei den Muslimen Anstoß erregte, liehen wir uns von den Männern eine Schere aus. Mit dem Haareschneiden war es bei Martin kein so ein großes Problem, da er schon ziemlich kahl war, aber die Haare im Nacken mussten trotzdem regelmäßig rasiert werden. Deshalb bestellten wir mehrmals Rasiermesser, damit ich das für ihn erledigen konnte. Bereits während unseres Missionsdienstes hatte ich ihm die Haare geschnitten, nachdem ich mir diese Fähigkeit im »Boot Camp« der New Tribes Mission angeeignet hatte, um Geld zu sparen. Was die Zeit im Dschungel betrifft, so muss ich sagen, ich habe wirklich gut dafür gesorgt, dass er stets ansehnlich aussah.

Doch die Warenbestellung bei den Männern, die zur Besorgung von Vorräten in die Stadt geschickt wurden, war eine unsichere Sache. Wir wussten nie, ob sie verstanden hatten, was wir wollten, oder ob sie es mitbringen würden. Ich lachte bei dem Gedanken, dass diese Männer in ein Geschäft gingen und Damenbinden kauften, aber das war schließlich ihr Problem, nicht meines. Warum hielten sie auch Frauen als Geiseln gefangen?

Der vorrangige Zweck ihrer Ausflüge in die Stadt jedoch war, Lebensmittel zu besorgen. Der Ausdruck, den sie für Lebensmittel verwendeten, war »Budget« (im Sinne von Quote oder Zuteilung). Und wenn die Mahlzeiten fertig gekocht waren – Reis und vielleicht noch etwas dazu –, riefen sie meist: »Budget, Budget!«, und wir rannten alle mit unserem Bananenblatt, einem Teller oder einem anderen Gefäß zum Feuer. Bei anderen Gelegenheiten kamen die Männer herüber, um uns das Essen zu bringen.

Mittlerweile konnte ich Reis nicht mehr sehen. Ich mag eigentlich Reis, aber ich hatte ihn bis dahin noch nie morgens, mittags und abends gegessen – sieben Tage in der Woche. Und oft hatten wir keinerlei Beilagen, nicht einmal Salz.

Eines Tages bekam ich einen Anfall, und ich beschwerte mich bei den anderen Geiseln: »Ich kann keinen Reis mehr ertragen! Wann immer er fertig ist, bin ich so hungrig, dass ich weiß, ich muss davon essen – aber ich habe ihn so über.«

Am folgenden Morgen sagte ich dann zu Martin: »Ich werde meine Mahlzeit überspringen. Ich bin am Fluss.« Dort blieb ich besonders lang, damit ich den Reis auch gar nicht erst zu riechen brauchte.

Als ich dann irgendwann zur Hütte zurückkam, sagte Martin kein Wort, aber auf meinem Teller wartete ein großer runder *apam* – die muslimische Version eines Pfannkuchens aus Mehl, Wasser und Zucker! Wir hatten zwar schon einmal welche bekommen, aber ansonsten konnte ich mich nicht erinnern, irgendetwas aus Mehl gegessen zu haben. Ich war tief beschämt und zugleich traurig, weil ich mich beschwert hatte. Ich betete: ›Danke, Herr. Du wusstest, dass ich wirklich keinen Reis mehr essen konnte, und hast mir einen Pfannkuchen geschenkt!‹

Fe und Angie dagegen hatten einen eigenen Weg gefunden, Abwechslung in ihre Ernährung zu bringen, indem sie bei unseren Entführern einige Dinge stibitzten. Ich sagte ihnen, sie hätten »klebrige Finger« – ein englischer Ausdruck, den sie lustig fanden. Eines Abends verschwanden sie und kehrten erst nach einer Weile wieder zurück. Als sie schließlich auftauchten, lachten sie sich ins Fäustchen.

»Wir sind drüben an Musabs Feuer gewesen, und in der Dunkelheit haben wir diese Sardinen gestohlen!« Stolz zeigten sie uns vier Dosen.

»Ihr seid mir welche!«, rief ich. »Ihr werdet große Schwierigkeiten bekommen!«

»Nein, nein, es wird ständig Essen gestohlen. Wir haben uns nur unseren Anteil genommen.«

Angie und Fe hatten aber noch ein anderes Talent, mit dem ich nicht gesegnet war. Wir nannten es »langawingen«, abgeleitet von dem Tagalog-Wort für Stubenfliege. Wenn einer zum Beispiel etwas zu essen hat und andere angeschwärmt kommen und sagen: »Kann ich etwas davon bekommen?«, ist der Betreffende verpflichtet, die *langaw* zu füttern. Eine Weigerung ist kulturell nicht akzeptabel.

Diese beiden jungen Frauen waren richtig gut beim Langawingen, doch Martin und ich konnten uns nicht überwinden zu betteln. Gelegentlich schluckte ich dennoch meinen Stolz hinunter und versuchte es, aber oft lehnte der Betreffende ab! Denn schließlich war ich a) keine Filipina und b) eine Frau. Deshalb empfanden sie also nicht den kulturellen Druck, mit mir zu teilen.

Manchmal hatte ich es satt, als inkompetent und dumm betrachtet und damit als niedrigeres Lebewesen angesehen zu werden, nur weil ich nicht beim Essen bettelte, oder weil es mir nicht gefiel, die Freiluft-Toilette zu benutzen.

Ich vergaß zu erwähnen, dass die Männer, wenn sie einkaufen gingen, auch Munition mitbrachten. Man fragt sich vielleicht, wieso eine Gruppe wie die Abu Sayyaf so gut mit Waffen ausgerüstet ist. Schickten ihnen ihre Freunde von El Kaida vielleicht mitten in der Nacht Boote mit Nachschub?

Nun, von solchen Klischees mussten wir uns schnell verabschieden. Irgendwann erzählte uns jemand von den Entführern, ihre Quelle sei niemand anders als die philippinische Armee. Mehr als einmal hörte ich, wie Solaiman über das Satellitentelefon in Zamboanga anrief und mit einer Dame namens Ma'am Blanco sprach, um ihr die Gewehre und die Munition zu nennen, die er brauchte.

»Bei wem bestellen Sie eigentlich?«, fragten wir ihn eines Tages.

»Oh, bei der Armee«, erwiderte er.»Natürlich zahlen wir viel mehr, als es kostet. Aber wir bekommen, was wir brauchen.«

Ich war verblüfft. Die Tatsache, dass durch diese Gewehre die Kameraden der Soldaten ums Leben kamen, schien nicht zu zählen.

༄

Solaiman war genauso gelangweilt wie wir, und somit hatten wir alle viel Zeit für theologische Diskussionen. Und es war ihm ein großes Anliegen, dass wir den Islam als eine Religion der Gerechtigkeit kennenlernen sollten.

»Wir versuchen, Gerechtigkeit zu erlangen angesichts all des Bösen, das uns jemals zugestoßen ist«, erklärte er. Und dann zählte er alle Verbrechen auf, die – angefangen bei den Kreuzzügen – über die Jahrhunderte hinweg an Muslimen verübt worden waren, und erklärte, dass es nun um Vergeltung gehe.

Er sprach davon, wie schlimm sich die philippinische Armee den Muslimen gegenüber verhalten habe. Vor Jahren, so behauptete er, hätte die Regierung die südlichen Philippinen nicht unter Kontrolle bekommen können, weil die Muslime extrem harte Kämpfer seien. Also hätten die philippinischen Behörden Christen (sein Ausdruck) geschickt, um dieses Gebiet zu kolonialisieren. Schließlich wären sie den Muslimen zahlenmäßig überlegen gewesen und hätten ihnen ihr Land weggenommen, sagte er.

Er beschrieb die Gräueltaten der AFP gegenüber dem Islam. Er behauptete, dass sich auf einem hohen Berg auf der Halbinsel Zamboanga eine Radarstation befände, die nur mit dem Hubschrauber erreichbar sei, und an diesem Ort würden die Offiziere der AFP muslimische Frauen zu ihrem persönlichen Vergnügen gefangen halten. (Als er das sagte, musste ich mich unwillkürlich fragen, ob das – falls es tatsächlich stimmte – etwas anderes war als das, was Reina gerade mit Janjalani erlebte.)

All dies, erklärte Solaiman, sei die Rechtfertigung für den Dschihad.

Martin erwiderte: »Nun, ich schätze, der christliche Glaube sieht das etwas anders. Jesus hat uns aufgetragen, nicht nur unseren Nächsten zu lieben, sondern auch unsere Feinde. ›Segnet die, die euch fluchen; betet für die, die euch beleidigen‹ (Lk 6,28).«

Solaiman schnaubte. »Wo liegt hier die Gerechtigkeit?«

Muslime akzeptieren die Tatsache der Sünde und glauben, dass jeder gerichtet werden wird. In Bezug auf diesen grundlegenden Sachverhalt herrschte Einvernehmen zwischen uns. Daher sagte ich: »Ich zum Beispiel möchte keine Gerechtigkeit, weil ich ein Sünder bin. Ich glaube, dass Jesus Gott ist und auf die Erde gekommen ist, um für meine Sünden zu sterben. Ich brauche nicht für meine Sünde zu bezahlen, weil sie bereits bezahlt worden ist.«

Er sah mich an und erwiderte: »Ich will nicht, dass *ein anderer* für meine Sünde bezahlt. Ich bezahle selbst.«

Später dachte Martin über diese Bemerkung nach und sagte zu mir: »Weißt du, das ist genau das, was Solaiman tun wird. Eines Tages, wenn er vor Gott steht, wird er für seine Sünde bezahlen, und das wird nicht angenehm sein.«

Wir hatten bereits seit Beginn unserer Geiselnahme jeden Tag für unsere Entführer gebetet, aber jetzt empfanden wir einen noch stärkeren Drang, für ihre Erlösung zu beten – darum zu bitten, dass Gottes Gnade irgendwie durchbrechen möge.

Im Zusammenhang mit unserer Diskussion über den Begriff der Sünde war es interessant zu hören, wie die Namen Allahs wiedergegeben werden (z. B. »Allbarmherziger« bzw. »Allgnädiger«). Allah sei gnädiger, als es Tropfen im Meer gebe, hatte Solaiman erklärt. Doch von den Muslimen wird nicht erwartet, diese Eigenschaft anzunehmen. Für sie ist ein gnädiger Mensch ein schwacher Mensch. Allah konnte gnädig sein, wenn er wollte, aber seine Jünger mussten harte Krieger sein, während sie nach Gerechtigkeit suchten.

Einmal sagte Martin in einem dieser Gespräche: »Weißt du, Solaiman, ich hoffe, meine Kinder werden einmal nicht dieselbe Haltung einnehmen wie du. Ich hoffe, meine Kinder in den Staaten bekommen nie ein Gewehr in die Hand und erschießen nie einen Muslim für das, was du uns angetan hast.«

Geschockt blickte Solaiman uns an. »Wir euch angetan? Was habe ich euch angetan? Ich habe euch nie etwas getan!«

Martin warf mir einen ungläubigen Blick zu, als wollte er fragen: ›Erkennt er das wirklich nicht? Er hat uns mit Gewalt von unseren Familien getrennt, uns durch den Dschungel getrieben, uns hungern lassen, uns Feuergefechten ausgesetzt – und er denkt, er hätte nichts getan?‹

Nachdem wir generell über den Islam gesprochen hatten, sprachen wir mit Solaiman ganz konkret auch über den Koran. Nur zwei der Entführer hatten ihn ganz durchgelesen, obwohl er nur mehrere Hundert Seiten beinhaltet und damit vom Umfang her ungefähr mit dem Neuen Testament vergleichbar ist.

»Wenn mein ewiges Schicksal von den Lehren des Korans abhängen würde, dann würde ich wissen wollen, was darin steht«, erklärte ich.

»Ewiges Schicksal? Also gut, ich werde dir erklären, wie der Gerichtstag aussehen wird.« Daraufhin erklärte uns Solaiman, alle würden mit dem Gesicht in eine Richtung gewandt stehen, wie die Muslime es tun, wenn sie ihre Gebete beginnen. Jeder, der jemals in diesem Universum geboren wurde, wird stehen, *vollkommen nackt, 40 000 Jahre lang,* und darauf warten, dass Allah sein Urteil verkündet und ihnen sagt, ob sie ins Paradies oder in die Hölle kommen.

Verständlicherweise werden die Leute bei dieser langen Wartezeit ungeduldig werden. Sie werden anfangen, zu den verschiedenen Propheten[37] zu gehen. Zu Adam werden sie sagen: »Bitte geh zu Allah und sage ihm, er soll uns richten. Wir können es nicht mehr aushalten.«

Aber Adam wird erwidern: »Ich bin nicht würdig.«

Dann werden sie zu Abraham gehen, und auch er wird antworten, er sei nicht würdig.

Sie werden sich an David, Salomo und sogar an Jesus wenden. »Bitte Allah doch, sich zu beeilen und uns jetzt zu richten; wir können es nicht mehr aushalten.«

---

37 A.d.H.: Wenn hier Adam als Prophet gesehen wird, dann entspricht dies dem muslimischen Verständnis. Im Übrigen wird das gesamte Endgericht hier aus islamischer Sicht dargestellt.

Und Jesus wird wie die anderen Propheten antworten: »Ich bin nicht würdig.«

Schließlich werden sie zu Mohammed gehen, dem letzten Propheten.

Und endlich werden sie Erfolg haben! Mohammed wird sich bei Allah für sie verwenden, und er wird endlich die Menschheit richten. Die Menschen, die gute Taten aufzuweisen haben, werden ins Paradies und die anderen in die Hölle geschickt – es sei denn, dass sie *Mudschaheddin* gewesen sind, Männer, die im Heiligen Krieg gefallen sind und ihren Lohn bereits bekommen haben.

Bei dieser Denkweise war die Chance, ins Paradies zu kommen, gleich null. Die Abu Sayyaf nahmen kein Blatt vor den Mund, wenn sie von denen sprachen, die sich als »unzureichend« erwiesen – diejenigen, die nicht hinter den Abu Sayyaf standen und somit »keine wahren Muslime« waren. Dazu gehörten auch bekannte Männer wie Muammar Gaddafi aus Libyen sowie die saudische Königsfamilie. Saudi-Arabien wurde von ihnen sogar besonders verachtet, weil dort die muslimischen Prinzipien nach ihrem Verständnis zu weich gehandhabt wurden, wie die Tatsache zeigte, dass die Truppen der Vereinigten Staaten und anderer westlicher Völker, die als Untreue betrachtet wurden, die Erlaubnis hatten, saudische Militärbasen zu benutzen.

Gegen eine solche Logik konnte man kaum Argumente bringen.

Ein weiteres Thema in unseren Diskussionen über unseren jeweiligen Glauben war die Versuchung. So war es interessant zu erfahren, dass die Abu Sayyaf nicht im Traum daran denken würden, sich von einer Versuchung fernzuhalten. Man brauchte ihr, so meinten sie, nicht mit persönlicher Disziplin zu widerstehen. Vielmehr sollte jede Art der Versuchung durch Regeln aus der Welt verbannt werden, weshalb sie einen islamistischen Staat gründen wollten. In einem solchen Staat würde es keine schlechten Filme, keine Prostituierten, keinen Diebstahl oder Betrug geben, weil die Regeln so streng wären, dass die Menschen Angst haben würden, irgendetwas Böses zu tun. Alle Frauen würden so gekleidet sein, dass die Männer gar nicht erst in Versuchung gerieten, und so würde auch niemand sündigen, und die Gesellschaft wäre vollkommen. Fatima hatte diese Anschauung mit folgenden Worten auf den Punkt gebracht: »Wenn man die Versuchung beseitigt, wird es keine Sünde mehr geben.«

Martin versuchte, diese Sichtweise zu widerlegen, indem er sagte: »In der Bibel wird uns gesagt, dass jeder versucht wird. Aber man kann entscheiden, wie man auf diese Versuchung reagiert. Gott wirkt im Herzen eines Menschen. Es sind nicht die Versuchungen von außen, die uns sündigen lassen; es ist unser sündiges Herz, und Gott möchte dieses Herz verändern.

Im christlichen Glauben gibt es keine lange Liste mit Regeln. Wir haben kein Handbuch für das Fasten oder Almosengeben«, erklärte er ihnen. »Diese Dinge sollen vielmehr aus dem Herzen kommen. Das ist es, worum es bei der Erlösung geht: eine Veränderung des Herzens und nicht eine Veränderung der Umgebung.«

Sie ließen sich nicht überzeugen.

Der Monat August und die ersten zehn Tage im September wurden uns sehr lang. Wir harrten beständig in unserem Versteck aus, warteten und wurden hin und wieder von Fremden bemerkt. Dann mussten wir den Fluss hinaufziehen. Sobald die Luft rein war, ging es den Fluss wieder hinunter, und kurze Zeit später, wenn auch dieser Ort nicht mehr sicher war, brachen wir wieder woandershin auf. Tage wurden zu Wochen, und die Hoffnungen auf eine baldige Freilassung schwanden zusehends – auch die Hoffnungen, die wir auf die Bemühungen der freigelassenen Geiseln gesetzt hatten. (Sie hatten versprochen, sich für unsere Befreiung einzusetzen.) Wir waren in unserem Schicksal gefangen; nichts schien zu geschehen; die tägliche Tretmühle wurde zu einem nie endenden Kreislauf, und jedes Mal wurden Martin bei Einbruch der Nacht erneut Fesseln angelegt.

Eines Tages wurde Martin plötzlich sehr krank. Er hatte hohes Fieber, litt unter Übelkeit, und seine Glieder schmerzten unerträglich.

›Hat er vielleicht Malaria?‹, fragte ich mich besorgt, doch wir konnten es nicht mit Bestimmtheit sagen.

In der Arzttasche befand sich ein Antibiotikum namens Augmentin – ein Medikament, das keiner von uns kannte. Aber Ediborah, die Krankenschwester war, sagte, es sei in Ordnung und könnte ihm vielleicht helfen. Auch wenn ihre medizinischen Kenntnisse nicht mit denen der Krankenschwestern im Westen zu vergleichen waren, vertrauten wir ihrem Rat, und Martin nahm fünf Tage lang dieses Augmentin. Und ein Wunder geschah, Martin fühlte sich tatsächlich besser.

Wann immer der Befehl zum Zusammenpacken kam, senkte sich eine tödliche Stille über das Lager. Mein Herz begann zu pochen, und alle Gespräche verstummten, während wir unsere Sachen in unsere Taschen stopften. Häufig begann ich, unkontrollierbar zu zittern – so sehr, dass ich mich kaum bewegen konnte.

Wenn wir fertig waren und die Führer sich noch nicht auf den sichersten Weg geeinigt hatten, saßen wir wartend herum und hatten Angst, jeden Augenblick könnten uns Kugeln um die Ohren fliegen.

Die Abu Sayyaf hatten, wie es schien, niemals einen richtigen »Plan«, denn ihre Entscheidungen trafen sie vollkommen willkürlich. Manchmal wurde uns morgens, wenn wir aufstanden, befohlen zu packen, dann liefen wir eine halbe Stunde in eine Richtung, nur um dann wieder drei oder vier Stunden herumzusitzen, während sie überlegten, was sie als Nächstes tun sollten.

Eines Nachts, nachdem wir wieder einmal stundenlang ohne erkennbares Ziel marschiert waren, ließen wir uns kurz vor Tagesanbruch in einem Hain mit Bananenbäumen nieder. Weil es regnete, bekamen Martin und ich eine Plane auf den Boden gelegt, auf der wir uns niederließen. Ich zog nicht einmal meine Stiefel aus; ich war einfach zu müde, und meine Füße waren ohnehin ganz schlammig und wund.

In meiner Erschöpfung sah ich Martin an und fragte ihn: »Was ist nur aus uns geworden?« Dabei liefen mir heiße Tränen über das Gesicht.

Martins Antwort erstaunte mich. Vollkommen gefasst erwiderte er: »Wir werden hier herauskommen, und wir werden wieder nach Hause fahren.«

Bei mehr als einer Gelegenheit hörte ich diesen Satz aus seinem Mund. Und immer fühlte ich mich dadurch beruhigt. In dieser Nacht nahm Martin meine Hand, und wir beteten miteinander. Wir beteten um die Kraft, die wir brauchten, um mit der Gruppe mitzuhalten. Wir baten den Herrn, er möge Erbarmen mit uns haben und das Herz irgendeines Menschen anrühren, der das Lösegeld für uns zahlt. Dann schliefen wir ein.

In der folgenden Nacht kamen wir während unseres Marsches an einen Fluss. Uns blieb nichts anderes übrig, als ihn zu durchqueren. An einer Stelle war das Wasser mehr als brusthoch. Als wir schließlich die andere Seite erreicht hatten, waren wir total durchnässt und froren erbärmlich. Ich spürte, wie ich immer weiter zurückfiel. Zu guter Letzt trat ich auf einen Stein und stürzte. Ich landete so unsanft auf Händen und Knien, dass meine Zähne hart aufeinanderschlugen. Etwa eine Minute lang blieb ich erschöpft dort liegen, während die Gruppe darauf wartete, dass ich wieder aufstand.

›Oh Gott, betete ich, während mir Tränen über die Wangen liefen, wie lange soll das noch dauern? Gibt es eine bestimmte Linie, die überquert werden muss, einen Punkt, an dem du sagst, ich hätte nun genug gelitten? Wo ist er? Ist diese Linie schon überschritten, oder wird das immer so weitergehen?‹

Ich hörte keine Antwort, aber irgendwie schaffte ich es, mich wieder aufzurappeln und weiterzulaufen. Nach einer Weile merkte ich, dass ich bei diesem Sturz auch noch meinen *malong* verloren hatte, und so weinte ich umso mehr.

Als wir mehrere Tage später wieder an den Fluss kamen, sah ich einen der Männer mit meinem *malong*. Anscheinend hatten sie ihn nach meinem Sturz aufgehoben. Natürlich bekam ich ihn nicht zurück. Und so musste ich wochenlang ohne *malong* auskommen, bis Joel irgendwo einen neuen fand und mir seinen alten schenkte.

Ich wusch gerade unsere Wäsche im Fluss, als Hurayra auf mich zukam.

»Eine neue Einsatztruppe ist zusammengestellt worden, und man hat mich zu ihrem Führer ernannt«, erzählte er mir. »Ich werde morgen aufbrechen und komme vielleicht nie zurück. Ich habe mich gefragt, ob du mir wohl als Abschiedsgeschenk ein Lied vorsingen würdest.«

Er war zu Martin und mir (in Anbetracht unserer Lage) recht nett gewesen, weshalb ich ihm gern diesen Gefallen getan hätte, aber ich wusste, ich konnte nicht. »Nein, nein, ich kann nicht für dich singen, Hurayra«, erwiderte ich. »Ich würde nur weinen.«

Doch er ließ nicht locker, und so überschlugen sich meine Gedanken. ›Was soll ich singen? Ein geistliches Lied oder etwas anderes?‹ Ich fragte ihn, ob er ein Lieblingslied hätte.

»Nein, das ist eigentlich egal. Nimm einfach, was du willst.«

Und so fing ich an, das wohl bekannteste Lied von John Denver zu singen:

Almost heaven, West Virginia,
Blue Ridge Mountains, Shenandoah River …
Country roads, take me home
to the place I belong …

Dann plötzlich ging mir auf, was ich da eigentlich sang, und das war es dann. Ich schaffte gerade noch den Refrain und hörte dann einfach auf. Ich weinte in meinem Herzen.

»Weiter, weiter!«, forderte Hurayra.

»Es tut mir leid, Hurayra, ich kann einfach nicht.«

Daraufhin zog er los, und ich sah ihn mehrere Wochen lang nicht wieder.

᠂ᡋᠥ᠂

Kurze Zeit nach dieser Begebenheit kam eines Abends ein noch recht junger Mann, der als Bewacher eingesetzt wurde, ziemlich spät zu

Martin und mir und sagte: »Solaiman und Sabaya wollen mit euch sprechen.«

Wir folgten ihm auf einem steilen, glitschigen Pfad und erreichten schließlich ein kleines Haus; dort eröffnete Solaiman das Gespräch.

»Ihr sollt auf eine Kassette eine Nachricht für die Muammar-Gaddafi-Stiftung sprechen.« Dies war die Organisation, die im Jahr zuvor 25 Millionen Dollar für die Sipadan-Geiseln aufgebracht (oder zumindest weitergeleitet) hatte. Auf diese Weise konnte sie sich vor der Welt großherzig und mitfühlend zeigen und gleichzeitig den Dschihad ihrer muslimischen Brüder finanzieren.

»Verschiedene Sätze sollen darin enthalten sein«, fuhr er fort. »Ihr sollt sagen, dass die philippinische und die amerikanische Regierung nichts für euch tun. Zwar hasst die Stiftung die Vereinigten Staaten, doch vielleicht sind sie trotzdem bereit, euch als Einzelpersonen zu helfen. Auf jeden Fall muss der Satz: ›Wir werden euch ewig dankbar sein‹, darin vorkommen.«

Wir hatten gehofft und dafür gebetet, dass von irgendwoher Lösegeld für uns gezahlt werden würde, aber dabei hatten wir nicht gerade den starken Mann in Libyen vor Augen gehabt. Wenn es tatsächlich dazu kommen sollte, stellte dies ganz bestimmt ein interessantes moralisches Dilemma dar.

Andererseits hatten wir keine Wahl. Dies war ein Befehl: »Macht die Aufnahme!«

Martin sprach als Erster. Ich merkte, dass er es bewusst unterließ zu sagen, die philippinische und die amerikanische Regierung würden nichts für uns tun. Als er fertig war, sagte Solaiman, dass es in seinen Augen in Ordnung gewesen wäre.

Und dann kam ich an die Reihe: Solaiman erinnerte mich daran, dass ich mich zur Haltung der beiden Regierungen äußern sollte. Wie auch immer, ganz unrecht hatte er ja nicht: Ich konnte (aus meiner begrenzten Perspektive als Geisel der Abu Sayyaf) nicht erkennen, dass irgendwelche Maßnahmen zu unseren Gunsten ergriffen worden waren. So begann ich meinen kurzen Beitrag mit folgenden Worten: »Ich weiß, dass unsere Länder in vielen Fragen miteinander nicht übereinstimmen, aber vielleicht sind Sie trotzdem bereit, uns persönlich zu helfen.« Ich betonte, wie sehr unsere Kinder uns brauchten. Dann sagte ich, wir würden ihnen ewig dankbar sein, wenn sie uns helfen würden.

Auf dem Weg zurück zu unserem Quartier liefen wir Hand in Hand durch die Dunkelheit.

»Denkst du, es war falsch, Libyen um ein Lösegeld für uns zu bitten?«, fragte ich Martin.

»Wir haben getan, was uns befohlen wurde«, argumentierte er. »Mir wurde beigebracht, dass man nicht verantwortlich gemacht werden kann für Dinge, die man unter Zwang sagt. Darum denke ich, dass das in Ordnung war.«

Als wir zurückkamen, wollten natürlich alle wissen, wie es gelaufen war, und wir erzählten es ihnen.

Ediborah meinte: »Ihr habt nichts von den philippinischen Geiseln gesagt, oder?«

Nein, das hatten wir nicht. Man hatte uns aufgetragen, nur von uns zu sprechen.

»Na ja, ihr wisst ja, was passieren wird, nicht?«, fuhr sie fort. »Für euch wird Lösegeld bezahlt werden, und wir werden hier zurückbleiben. Alle werden uns vergessen, weil Filipinos nicht zählen. Ihr seid diejenigen, um die die Welt sich Sorgen macht.«

»Nein, nein, Ediborah!«, protestierten wir. »Es war nicht unsere Absicht, euch außen vor zu lassen. Wir haben nur die Anweisungen der Entführer befolgt!«

Martin und ich fühlten uns schrecklich.

Zwei Tage später wurden wir erneut zu einer Besprechung gerufen. Dieses Mal mussten wir ungefähr dieselbe Botschaft niederschreiben, die wir bereits auf die Kassette gesprochen hatten. Martin schrieb:

15. August 2001

An die Muammar-Gaddafi-Stiftung:

Ich bin Bürger der Vereinigten Staaten von Amerika. In den vergangenen 15 Jahren habe ich als Missionar der New Tribes Mission auf den Philippinen gearbeitet.

Am 27. Mai 2001 wurden meine Frau Gracia und ich von Palawan entführt, wo wir unseren Hochzeitstag feiern wollten. Während der vergangenen zweieinhalb Monate wurden wir von der Al-Harakatul Islamiya auf der Insel Basilan gefangen gehalten. Uns geht es gut, aber wir möchten gern nach Hause zurückkehren. Wir wissen, dass die Stiftung vor etwa einem Jahr maßgeblich an der Befreiung der europäischen Geiseln, die von Sipadan entführt wurden, beteiligt gewesen ist. Wir bitten Sie, in Erwägung zu ziehen, auch uns zu helfen. Ich weiß, dass unsere beiden Länder in der Vergangenheit einander nicht besonders freundschaftlich verbunden waren, aber ich hoffe, das wird Sie nicht daran hindern, uns als Einzelpersonen zu helfen. Als Eltern würden wir wirklich gern zu unserer Familie zurückkehren. Unsere Familie und wir würden Ihnen für Ihre Hilfe ewig dankbar sein.

Danke, dass Sie unsere Bitte wohlwollend in Erwägung ziehen werden.

Die Entführer steckten den Brief in einen Umschlag und teilten uns mit, sie würden ihn dem nächsten Boten mitgeben. Vielleicht war dies ja der Schlüssel für die Tür zu unserer Freiheit.

Der 11. September

Mohammed hatte im Koran ganz klar herausgestellt, dass Sklavenbesitzer ihre Sklaven respektvoll behandeln und sie gut ernähren sollten. Dies gehörte zum muslimischen Ehrenkodex. Deshalb verkündeten die Abu Sayyaf:»Ihr esst, was wir essen.«

»Mohammed hat sogar gesagt, wenn wir Maiskolben essen (eine weniger beliebte Speise), sollten unsere Sklaven Reis (eine bevorzugte Speise) bekommen.«

Das klang gut. Aber als die Zeit verging und die Vorräte knapp wurden, hörten wir immer häufiger einen neuen Ausdruck –»mein Eigentum«. Wann immer die Männer einen besonderen Leckerbissen hatten und sie danach gefragt wurden, sagten sie:»Oh, das ist ›mein Eigentum‹.«

Janjalanis und Reinas Hängematte hing ganz in unserer Nähe, und ich bemerkte, dass sie immer genug zu haben schienen – egal, wie die Vorratslage im Lager war. Ich beobachtete, wie sie ihre Mahlzeiten genossen, und Neidgefühle stiegen in mir auf. Kein Wunder, denn mittlerweile war der Hunger unser ständiger Begleiter.

Einmal machten wir unterwegs Pause, und Solaiman sowie Martin führten eines ihrer theologischen Gespräche. Wir hatten unsere Taschen ein kleines Stück von uns entfernt im hohen Gras stehen gelassen. Als ich das nächste Mal nach ihnen sah, bemerkte ich, dass einige der jungen Abu-Sayyaf-Kämpfer unsere Sachen durchwühlt und sich eine Tüte mit Mini-Schokoriegeln genommen hatten, die wir ein paar Tage zuvor geschenkt bekommen hatten! Ich war außer mir vor Zorn.

Martin und ich waren so diszipliniert gewesen, diese Leckerbissen zu rationieren, obwohl wir sie am liebsten alle auf einmal hinuntergeschlungen hätten. Wir hatten uns einen frühmorgens geteilt – nur einen kleinen Bissen – und gemeinsam einen am Abend gegessen. Und jetzt waren alle fort!

Als ich Reina das nächste Mal sah, machte ich ihr gegenüber meinem Ärger Luft: »Diese Männer! Ich dachte, die Abu Sayyaf würden nicht stehlen! Hat Mohammed nicht gesagt, wenn man stiehlt, wird einem die Hand abgehackt? Wenn das stimmen würde, hätten diese Jungs keine Hände mehr!«

Anscheinend hat sie Janjalani von dieser Begebenheit erzählt, denn kurze Zeit später wurden diese Jungen einer anderen Gruppe zugeteilt.

Ab und zu brachte Joel uns Kaffee oder etwas anderes, was er in seiner Gruppe entbehren konnte. Ich sagte dann immer: »Oh Joel, bring uns nicht diese Dinge! Wir fühlen uns so schuldig, weil wir nie irgendetwas haben, was wir dir geben könnten.«

»Ich möchte es aber«, erwiderte er. »Meine Gruppe sagt mir immer: ›Du kannst das den anderen Geiseln bringen, wenn du willst.‹«

Offensichtlich war doch noch nicht alle Freundlichkeit aus dem Lager verschwunden.

Ich denke, es war der Hunger, der mich erkennen ließ, wie ich wirklich war. Anstatt mich zu freuen, dass andere zu essen hatten, war ich neidisch und missgünstig. Oder, um ein anderes Beispiel zu nennen: Haija, der zu uns stets besonders grausam gewesen ist und der auch Guillermo enthauptet hatte, hatte bei einem Kampf seine Hängematte verloren und musste nun wie wir auf dem Boden schlafen. Ich merkte, dass ihm seine Knochen schmerzten, und irgendwie freute ich mich, dass nun auch er Not erlebte.

Mir wurde Folgendes klar: Wenn einem alles genommen wird und man nichts mehr besitzt, erkennt man, wer man tief in seinem Innern tatsächlich ist. Und was ich da sah, gefiel mir gar nicht.

Einen noch größeren Konflikt in Bezug auf das Essen durchlebte ich, als frischer Nachschub ins Lager kam. Die Männer, die ihn gebracht hatten, waren sichtlich aufgebracht. Jemand fragte sie, was denn los sei.

»Zivilisten – wir haben Zivilisten getötet«, antworteten sie.

»Wie viele waren es?«

»Oh, acht oder neun.«

Aus Zeitgründen wurde nicht weiter darüber gesprochen, und eilig machten wir uns wieder auf den Weg. Als wir spät in der Nacht endlich Rast machten, klärte Joel uns über die Einzelheiten auf. Er hatte die Gabe, das Gras wachsen zu hören, und wusste immer über alles Bescheid.

Ihr ursprünglicher Plan, so berichtete er, hätte vorgesehen, den nächstbesten Jeepney anzuhalten und alle Vorräte zu stehlen. Nun, der nächste Jeepney, der vorbeikam, war mit Reissäcken für die AFP beladen, aber es saßen auch etliche Zivilisten darin. Oben auf dem Dach hockte ein CAFGU. CAFGUs sind Zivilisten, die den philippinischen Truppen als Helfer zugeteilt werden und von der Regierung nur einen kärglichen Lohn dafür bekommen, dass sie in einem bestimmten Gebiet für Frieden und Ordnung sorgen.

Dieser CAFGU nun hatte ein Gewehr, und als die Abu Sayyaf aus dem Dschungel stürmten, um den Jeepney anzuhalten, legte er seine Waffe an. Darum eröffneten die Männer mit ihren M16-Gewehren das Feuer. Leider nahmen sie dabei den ganzen Jeepney – samt den darin sitzenden Leuten – ins Visier. Es wurde ein richtiges Massaker – Männer, Frauen, Kinder, alle wurden getötet.

Und als sie dem toten CAFGU schließlich die Waffe abnahmen, stellten sie fest, dass sie nicht einmal geladen war.

Sie erbeuteten an die zwölf Säcke Reis – die Säcke, die nicht mit Blut beschmutzt waren. Außerdem nahmen sie die Taschen und Geldbeutel der Insassen an sich. In einer dieser Taschen fanden sie fünf große Milchtüten; aus einer anderen, die beinahe wie eine Windeltasche aussah, zogen sie Kleidungsstücke für ein kleines Mädchen, Windeln, einen Waschlappen und ein kleines Handtuch. All dies brachten sie mit ins Lager.

Martin und ich waren geschockt und starrten vor uns hin, als einer der Entführer uns heiße Milch mit Zucker brachte. Wir waren so hungrig, dass wir das Gefühl hatten, die Milch trinken zu müssen, aber unser Herz tat uns weh. Deshalb betete Martin: »Herr, wir wissen nicht, zu welchem Preis dieses Essen zu uns gekommen ist. Wir beten, du mögest Erbarmen haben und den Familien der Leute, die gestorben sind, Kraft geben.«

Ich sah in den Becher hinab und fragte mich, ob das kleine Mädchen wohl überlebt hatte – das Mädchen, dessen Milch wir in unseren Händen hielten.

Ein paar Tage später erfuhren wir, dass die Kleine nicht überlebt hatte. Und was die Sache noch schlimmer machte, war die Tatsache, dass sie die Nichte eines der Abu-Sayyaf-Räuber gewesen war. Er war an der Ermordung seiner eigenen Schwägerin und seiner Nichte beteiligt gewesen.

Als ich das erfuhr, war ich fassungslos über diese Rücksichtslosigkeit, und ich fragte Solaiman: »Was denkt dieser Mann über seine Tat? War er nicht am Boden zerstört, als er erfuhr, wen er da getötet hat?«

»Nein, das war eben ihr Schicksal«, erwiderte er ruhig. Das war die Standarderklärung für jedes Todesopfer. Keine große Sache. Es musste akzeptiert werden.

Aber falls ein Andersgläubiger einem Muslim etwas tat, dann wurde es nicht als Schicksal des Betreffenden abgetan; vielmehr war es eine Gräueltat, für die Muslime wütend Vergeltung forderten. Ich fragte mich selbst: ›Ist das nicht eine Doppelmoral?‹ Doch mittlerweile hatte ich gelernt, den Mund zu halten, und ich ließ mich nicht mehr auf eine Debatte ein.

Während dieser Zeit gab es auch weiterhin Feuergefechte mit den Truppen, manche waren kurz, andere länger. Und nach wie vor wurden ziellos Artilleriegeschütze auf uns abgefeuert, was uns besonders große Angst bereitete. Am Ende eines extrem schlimmen Tages war ich während des Abendgebets unserer Entführer mit meinen Nerven komplett am Ende. Martin und ich saßen an einem felsigen Weg, und ich sagte etwas, was vielleicht seltsam klingen mochte: »Martin, ich möchte mich hiermit offiziell von dir verabschieden. Denn zum Zeitpunkt meines Todes möchte ich mich gern von dir in Ruhe verabschiedet haben. Und falls du getötet wirst, hätte ich als Überlebende immer Gewissensbisse.«

Verständlicherweise blickte er mich erstaunt an. Was um alles in der Welt sagte ich da?

»Ich meine es ernst, Liebling. Wir hatten ein wundervolles Leben miteinander. Ich bin gern mit dir verheiratet gewesen. Wir sind so gut miteinander ausgekommen, denn unsere Ziele sind immer dieselben gewesen. Wir beide lieben Gott von ganzem Herzen. Nie habe ich auch nur eine Sekunde bereut, dich geheiratet zu haben.«

Weiter sagte ich ihm, dass er stets einen so wunderbaren Sinn für Humor hätte erkennen lassen. Ich fügte hinzu, dass Gott mich zwar nicht ausdrücklich zur Missionarin berufen hätte, aber er hätte mich zu Martins Frau berufen, und das würde mich glücklich machen.

Schließlich erwiderte er: »Schatz, das ist verrückt. Ich weiß nicht, ob es gut ist, wenn du so etwas sagst.«

»Aber ich fühle mich jetzt besser«, erwiderte ich. »Ich hoffe, wir werden das hier lebend überstehen, aber wenn das nicht der Fall sein sollte, dann wollte ich die Gelegenheit nicht verpasst haben, mich von dir zu verabschieden und dir zu sagen, wie viel du mir bedeutest.«

Wir sehnten uns nach einer Umarmung, einer Liebkosung, einem zärtlichen Augenblick zwischen Mann und Frau. Aber da die Abu Sayyaf nur drei Meter entfernt waren, musste es reichen, dass wir uns tief in die Augen sahen. Und damit kehrten wir zur Normalität zurück und richteten uns auf eine weitere Nacht unter dem Sternenhimmel ein.

∽

Irgendwann während dieser Zeit kam die Nachricht, für Angie und Fe sei Lösegeld gezahlt worden.

»Aber wir werden euch noch nicht freilassen«, teilte Sabaya ihnen mit. ›Warum nicht?‹, dachten wohl alle in der Gruppe. Seine Reaktion war völlig unverständlich.

Sobald er fort war, ließen die beiden jungen Frauen verständlicherweise ihrem Ärger freien Lauf. Immerhin hatten sie seit ihrer Entführung beständig auf diesen Tag hingelebt. Und nun, da das Geld gezahlt worden war, hielten die Abu Sayyaf ihren Teil des Abkommens nicht ein.

Schließlich sagte ich zu ihnen: »Tut so, als hätte er es euch nicht gesagt. Zum einen lügt er immerzu und fordert auch uns zum Lügen auf, und zum anderen könnte es einfach ein kleiner Scherz seinerseits gewesen sein. Ihr seid besser dran, wenn ihr euch keine Gedanken darum macht.«

Etwa zur selben Zeit erfuhren wir, dass Reina schließlich Janjalanis Druck nachgegeben und sich bereit erklärt hatte, ihn zu heiraten, sodass sie nicht mehr als seine »Geliebte« angesehen werden würde. Er hatte ihr erklärt:»Wenn wir heiraten, bist du nicht mehr Eigentum der Abu Sayyaf, sondern meines. Ich kann dich dann freilassen, wann immer ich dazu bereit bin.«

Eine kleine Zeremonie wurde veranstaltet, bei der Musab oder Fatima die beiden traute. Martin und ich wurden jedoch nicht eingeladen. Zu ihrer Trauung mit Janjalani gehörte natürlich auch, dass sie zum muslimischen Glauben konvertierte. Dabei verzichtete sie jedoch darauf, ihrem katholischen Glauben öffentlich abzusagen. Was die Abu Sayyaf jedoch wenig beeindruckte, denn für sie war dies in ihrem Religionswechsel mit inbegriffen. Jetzt würde sie im Blick darauf unterwiesen werden, wie man in angemessener Weise betete und den Koran richtig studierte.

An Martins und meiner Situation änderte sich jedoch leider nichts, denn die Gaddafi-Stiftung ließ auf unsere Anfrage hin nichts von sich hören. Doch ein kleiner Hoffnungsschimmer zeigte sich am Horizont, denn etwa um dieselbe Zeit hörten wir von einer wohlhabenden Ärztin aus Manila, einer Frau mit Namen Doctora Rose. Sie hatte zwei Jahre zuvor maßgeblich an der Freilassung einer Gruppe von Lehrern und Schulkindern mitgewirkt, die von den Abu Sayyaf als Geiseln genommen worden waren. Und jetzt wurde erzählt, dass sie sich auch um unsere Freilassung bemühte. Sie wollte drei Millionen Dollar für alle Geiseln zahlen, nicht nur für die Amerikaner.

Natürlich wurden Martin und ich ganz aufgeregt. Endlich schien sich etwas zu tun.

Doctora Rose wollte Solaiman anrufen, oder dieser würde sich mit ihr in Verbindung setzen, um zu erfahren, wie die Sache stand. Sie hatte gesagt, dass sie zwei Wochen brauchen würde, um das Geld zusammenzubringen, und dann würden wir freigelassen werden. Sie müsse nur zu einer Bank in Hongkong fliegen und das Geld holen. In einer Woche würde sie zurück sein.

Nach sieben Tagen rief Solaiman sie also wieder an, doch sie war noch nicht zurückgekehrt. Wir nahmen deshalb an, dass sie wohl sieben *Arbeits*tage brauchte, um das Geld zu beschaffen. Samstag und Sonntag zählten nicht. Solaiman blieb deshalb guter Hoffnung, dass das Geld kommen würde.

Ein paar Tage später berichtete Doctora Rose dann: »Ja, ich habe das Geld. Deshalb solltet ihr euch auf den Weg zur Küste machen, denn ich werde dieses Geld in Zamboanga übergeben. Besorgt euch also ein Schnellboot. Den Treffpunkt werden wir euch später nennen.«

Daraufhin versuchte Solaiman, ein Schnellboot aufzutreiben, aber die Abu Sayyaf besaßen nicht genügend Bargeld. Irgendwie schaffte er es dann doch, indem er einem seiner alten Schulkameraden einen Schuldschein gab, und so tauchte dann auch im Lager tatsächlich der Bootsführer auf, den wir seit unserer Landung auf Basilan nicht mehr gesehen hatten. Daraufhin setzten wir uns langsam Richtung Küste in Bewegung. Unsere Hoffnungen auf eine baldige Freilassung wurden beflügelt. Vielleicht würden wir doch noch zu Schulbeginn wieder bei unseren Kindern sein.

$\sim$

Und dann saß Solaiman am Mittwochmorgen, dem 12. September (nach philippinischer Zeit), in seiner Hängematte und hörte wie so oft in seinem kleinen Radio Nachrichten des Senders Voice of America (VOA). (Gelegentlich hatte er auch BBC eingeschaltet.)

Aufgeregt rief er Martin zu sich hinüber, und beide saßen eine ganze Weile vollkommen reglos da. Ich beobachtete sie von Weitem und fragte mich, was wohl so interessant sein konnte. Schließlich siegte meine Neugier, und ich ging vorsichtig zu Solaimans Hängematte hinüber, bei der mittlerweile auch Zacarias aufgetaucht war.

Martin winkte mich neben sich. »Etwas Schreckliches ist in den Vereinigten Staaten geschehen«, erklärte er mir leise. Dann beschrieb er, wie zwei Flugzeuge in New York ins World Trade Center geflogen waren. Ein weiteres war auf das Pentagon gestürzt. Tausende Menschen waren tot. Die Welt war von einer Sekunde auf die andere in eine Krise gestürzt.

›Oh nein, wie schrecklich!‹ Wir waren entsetzt.

Natürlich verbreitete sich die Nachricht in Windeseile im ganzen Lager. Die Männer kauerten in kleinen Gruppen zusammen, redeten, lachten und gratulierten sich gegenseitig. Alle freuten sich diebisch, dass die Muslime den Vereinigten Staaten etwas so Schreckliches angetan hatten.

Martin und ich zogen uns unter unseren kleinen Baum zurück. Wir hatten so viele Fragen und so wenig Antworten. Was würde jetzt geschehen? Wie würde unser Land reagieren? War die Zahl der Todesopfer übertrieben? Vielleicht war alles gar nicht so schrecklich, wie es sich anhörte. An diesem Abend beteten wir, als wir uns zum Schlafen auf den Boden legten, für die Opfer in der Ferne.

Am folgenden Morgen hörte sich Martin natürlich wieder die Nachrichten an. Am Ende der Nachrichtensendung wurde von VOA unsere Nationalhymne gespielt. Die Männer baten Martin, ihnen den Text aufzusagen, weil sie das Lied verstehen wollten.

Gegen seine Gefühle ankämpfend, begann er: »Oh sagt, könnt ihr sehn in des Morgenrots Strahl, / was so stolz wir im scheidenden Abendrot grüßten? …« Alle hörten aufmerksam zu. Als er an die Stelle kam: »Oh sagt, ob das Banner, mit Sternen besät, / über'm Lande der Freien und Tapf'ren noch weht?«, schnaubte Solaiman, als wollte er sagen: ›Ach, ihr haltet euch für so tapfer? Amerika hat noch viel zu lernen.‹ Er machte eine schneidende Bemerkung, die ungefähr so lautete: »Wir werden sehen, wie tapfer ihr wirklich seid.«

Natürlich konnte uns nicht das volle Ausmaß des Entsetzens erreichen, da wir im Dschungel waren und deshalb keine Zeitungen lesen und auch kein CNN sehen konnten. Was der Welt 24 Stunden pro Tag in lebendigen Farben vorgespielt wurde, konnten wir nur undeutlich wie durch ein Schlüsselloch erkennen. Trotzdem wussten wir, dass dieses Ereignis einen ernsten Wendepunkt darstellte.

Bis dahin war unsere Situation örtlich begrenzt gewesen, keine globale Angelegenheit. Alle hatten uns als ein amerikanisches Ehepaar auf den Philippinen gesehen (und natürlich gab es viele davon), das zufällig zur falschen Zeit am falschen Ort gewesen war. Jetzt wurden die geopolitischen Auswirkungen deutlicher. Ein weltweiter Showdown braute sich zusammen, und Martin und ich standen in den Augen der Entführer ganz eindeutig auf der Seite der Feinde des Islam.

Ein paar Tage später, nachdem der Schock im Lager abgeklungen war, gingen wir zu Solaiman. »Angesichts all dessen, was die Menschen in anderen Teilen der Welt im Augenblick durchmachen«, begannen wir, »mag dir diese Frage sehr selbstsüchtig erscheinen, aber wir möchten gern wissen: Hat dieser Angriff unsere Situation irgendwie verändert?«

»Ganz und gar nicht«, erwiderte er ruhig. »Wir haben bereits eine Abmachung mit Doctora Rose getroffen, die Geiseln gegen drei Millionen Dollar auszutauschen. Unser Wort steht. Wir werden das nicht zurücknehmen.«

Und wieder warteten wir voller Hoffnung.

❧

An dem folgenden Mittwoch würde Martin seinen 42. Geburtstag feiern. Deshalb bat ich Gott, mir etwas zu geben, was ich ihm schenken konnte – vielleicht einen Schokoriegel, einfach irgendetwas.

Ein paar Tage vor seinem Geburtstag zogen wieder einmal einige Männer los, um Nachschub zu besorgen, und wurden dabei von Soldaten entdeckt und gleich unter Beschuss genommen. Es dauerte dann auch nicht lange, bis schwere Artillerie aufgefahren wurde. So blieb uns nichts anderes übrig, als zum Fluss hinunterzurennen und uns hinter einer Uferböschung zu verstecken, während uns die Kugeln um die Ohren flogen.

Schließlich marschierten wir in einer Feuerpause zu einem Ort in den Bergen, an dem wir schon einmal gewesen waren. Nachdem wir dort angekommen waren, breiteten wir gleich unsere leeren Reissäcke aus und legten uns schlafen. Als ich am Morgen von Martins Geburtstag aufwachte, kroch unter unserem Reissack eine kleine braune Schlange hervor und verschwand schnell im Wald!

›Oh wie schön, wir haben ihr einen warmen Schlafplatz verschafft‹, sagte ich sarkastisch zu mir selbst. ›Es hat aber keinen Zweck, sich jetzt noch Sorgen wegen dieser Schlange zu machen. Denn wenn ich jetzt meinen Gedanken freien Lauf lasse, dann sind sie nicht mehr zu kontrollieren!‹ Deshalb tat ich so, als hätte diese Begebenheit keinerlei Bedeutung. Allerdings weckte ich Martin, um ihm mitzuteilen, dass wir unseren Schlafplatz in dieser Nacht mit einer Schlange geteilt hatten.

An diesem Morgen gab es nichts zu essen. Uns blieb also nichts anderes übrig, als mit leerem Magen unsere Sachen zu packen und uns wieder auf den Weg zu machen. Als wir noch nicht lange unterwegs waren, kamen einige Abu Sayyaf auf uns zu und gratulierten Martin zum Geburtstag, obwohl Muslime ihren Geburtstag nicht feiern und sogar ziemlich stolz darauf sind.

»Woher wisst ihr, dass ich Geburtstag habe?«, fragte er verwirrt.

»Leute haben bei Radyo Agong angerufen, um Ihnen zu gratulieren«, erklärten sie ihm und nannten sogar die Namen von Bob und Val Petro, unseren Freunden aus Aritao.

Gegen Mittag bekamen wir statt einer Mahlzeit nur etwas Salz aus einer Flasche, die herumgereicht wurde. Ohne eine weitere Mahlzeit marschierten wir den ganzen Tag über weiter. Als schließlich der Abend näher rückte, machten wir endlich Halt, doch aus irgendeinem Grund wollten unsere Entführer uns nicht in ihrer Gruppe haben. Deshalb schoben sie uns einer anderen Gruppe zu, die zum Glück eine Art Suppe bekam und diese mit uns teilte. So bekam Martin an seinem Geburtstag wenigstens etwas zu essen.

Aber ich war enttäuscht, weil ich meinem Mann nichts hatte schenken können. Ich sagte ihm, wie leid mir das täte. Doch er lächelte besänftigend und sagte: »Du kannst das nachholen, wenn wir wieder zu Hause sind!«

An diesem Abend hatte er mit einem Entführer namens Ustedz Khayr ein interessantes Gespräch. Dieser Mann gehörte zu den erbittertsten Kämpfern für die Sache der Abu Sayyaf, und sein leidenschaftlicher Wunsch war es, die muslimische Heimat zurückzuerobern. Er erklärte Martin, dass die Abu Sayyaf Dinge wie das Massaker an den Zivilisten in dem Jeepney nicht wollten, dass aber die christliche Welt sie so weit getrieben habe und sie es langsam satt hätten. Wenn Menschen unterdrückt würden, könne man sie nicht zurückhalten. Und es würde so weitergehen, bis sie bekämen, was sie wollten.

Martin blieb wie immer ruhig und fragte ihn vorsichtig nach Einzelheiten. Außerdem wollte er wissen, was genau zu ihrem Heimatland gehörte.

»Tawi-Tawi, Sulu, Jolo, Basilan, Süd-Mindanao …«, zählte Ustedz Khayr die umstrittenen Inseln auf.

»Und wenn ihr sie bekommen würdet – falls die Regierung beschließen würde, sie euch um des Friedens willen zu überlassen –, wäre dann euer Kampf zu Ende?«

»Oh nein, nein«, lautete seine Antwort. »Das wäre dann nur der Anfang. Dann würden wir uns verpflichtet fühlen, ganz Mindanao einzunehmen, denn immerhin ist das eine reiche Insel. Und wenn wir erst Mindanao hätten, würden wir die ganzen Visayas[38] erobern. Und wenn wir die Visayas hätten, würden wir uns Luzon zuwenden. Und wenn die ganzen Philippinen uns gehörten, würden wir nach Thailand und in andere Länder weiterziehen, in denen Unterdrückung herrscht. Siehst du, der Islam ist für die ganze Welt bestimmt.«

Auf die Anweisung von Doctora Rose hin marschierten wir zur Küste. Mehrere Tage lang waren wir Tag und Nacht unterwegs, bis meine Füße vollkommen wund gelaufen waren. Wann immer wir einen Fluss durchquerten, drang nämlich Sand durch die Löcher in meinen blauen Stiefeln, weshalb es nicht lange dauerte, bis es sich anfühlte, als würde Sandpapier die Haut an meinen Füßen abscheuern. Bei jeder Pause spülte ich meine Stiefel zwar aus und schüttelte den Sand aus meinen Socken, doch trotzdem sahen meine Füße schrecklich aus.

---

38 Er meinte den gesamten mittleren Teil der Philippinen, wie z. B. die Inseln Cebu, Samar, Leyte, Negros und Panay. A. d. H.: Diese geografische Dreigliederung der Philippinen – im Süden Mindanao und die übrigen Inseln, in der Mitte die Visayas und im Norden Luzon – ist allgemein üblich.

Etwa um diese Zeit verkündete Reina, dass sie schwanger sei. Und sie forderte von Janjalani:»Wenn du willst, dass dieses Baby gesund zur Welt kommt, dann muss ich besseres Essen bekommen.« Das reichte bereits, um sie auch ohne Lösegeldzahlung freizulassen.

Auf unserem Weg kamen wir durch mehrere verlassene muslimische Dörfer, von denen einige recht hübsch waren und gepflasterte Straßen hatten. Aber sie waren menschenleer, da ihre Bewohner vor dem Blutvergießen geflohen waren, mit dem überall dort zu rechnen war, wo die Abu Sayyaf durchkamen. Ja, dieses Verhalten war so weit verbreitet, dass das Militär es sogar als Hinweis dafür nahm, dass die Abu Sayyaf in der Nähe waren.

Und wieder kamen wir in einen Ort, in dem die Abu Sayyaf bereits kampiert hatten. Davon zeugte der überall verstreute Müll – alte, von der Sonne ausgeblichene Verpackungen, Feuergruben und sonstiger Abfall. Solaiman telefonierte wie üblich und verschickte auch einige SMS, was auf den Philippinen groß in Mode ist.

»Hey, das will ich euch vorlesen«, sagte er zu uns.»Mal sehen, ob ihr erraten könnt, von wem die SMS kommt.« Dann las er laut vor:»Könnte ich vielleicht kommen und eine Weile bei euch bleiben? Alle sind im Augenblick ziemlich wütend auf mich, und ich könnte wirklich einen Freund gebrauchen.«

Ich blickte Martin an, und wir beide hatten keine Ahnung.

»Wir wissen nicht, wer das geschrieben haben soll«, meinte Martin.»Also, von wem ist das?«

Solaiman las die Nachricht erneut vor und verriet uns dann den Namen des Absenders:»Das ist von Osama bin Laden.«

Später erfuhr ich, dass diese SMS ein Scherz war. Sie war nach dem 11. September an Millionen Handybenutzer geschickt worden. Aber damals fielen wir natürlich darauf herein.

An diesem Tag erfuhren wir außerdem, dass Janjalani, Solaiman, Fatima, Bro – eigentlich fast alle Anführer – wegen»wichtiger Geschäfte« das Lager verlassen würden.

Ich war in Tränen aufgelöst und warf Solaiman vor: »Ihr lasst uns einfach hier zurück, ohne Führung und ohne Kommunikationsmittel!«

»Nein, nein, nein – das ist eine gute Sache«, widersprach er mir. »Ich werde die letzten Vereinbarungen mit Doctora Rose treffen. Dann wird euch das Schnellboot abholen, und ihr werdet bald freikommen.«

»Nun«, erwiderte ich, »es fällt mir wirklich schwer, in diesem Lager voller Feinde zurückzubleiben. Du bist zwar ein Feind, aber wenigstens konnten wir mit dir reden. Du hast uns immer über die Vorgänge draußen informiert. Und jetzt gehst du, und wir haben niemanden mehr.«

Sein Gesichtsausdruck spiegelte zwar sein echtes Erstaunen darüber, dass ich ihn einen Feind nannte, denn seiner Meinung nach war er ein guter Mann, doch schon bald zogen sie los, um ihre »wichtigen Geschäfte« zu erledigen. Dabei handelte es sich vermutlich um nichts weiter, als um einen Lebensmittelladen ausfindig zu machen. Sie nahmen zwei der drei Satellitentelefone und außerdem Janjalanis Bargeld mit, mit dem sonst immer die Lebensmittel für uns gekauft worden waren. Nun waren wir der Gnade von Musab, Omar und Sabaya ausgeliefert.

Es gab jedoch einen Silberstreif am Horizont. Janjalani überließ uns in der Zeit seiner Abwesenheit seine Hängematte. So konnten wir nach dreieinhalb Monaten auf dem Boden endlich nachts ein wenig bequemer liegen.

Wir blieben ein paar Tage an diesem Ort auf dem Hügel, und wenn wir von dort aus über das Tal hinwegblickten, konnten wir einen Meeresarm sehen, in den einer der Flüsse von Basilan mündete. Auf der anderen Seite des Flusses bemerkten wir wieder einmal AFP-Truppen, die ihr Lager aufschlugen. Von Doctora Rose war jedoch nichts zu hören.

Deshalb kam uns ein schrecklicher Verdacht: Konnte es sein, dass das Militär diese Ärztin nur vorgeschoben hatte, um uns zur Küste zu locken, wo es die Abu Sayyaf überwältigen wollte?

Und tatsächlich schien es genau so gewesen zu sein. Ich persönlich glaube nicht, dass es jemals drei Millionen Dollar gegeben hat oder dass Doctora Rose je die Absicht hatte, Lösegeld für uns zu zahlen.

Das Ganze war ein Komplott, um uns an einen Ort zu locken, an dem die Armee auf unsere Gruppe warten konnte.

Zeit der »Zwangsehen«

(Oktober – Mitte November 2001)

Etwa in dieser Zeit stellte mein aufmerksamer und technisch begabter Ehemann fest, dass seine Handschellen nicht mehr richtig schlossen. Irgendetwas an ihnen war durchgerostet. Natürlich behielten wir das für uns und ließen die Männer in dem Glauben, sie würden ihn jede Nacht fesseln, doch Martin fühlte sich frei.

»Was werden die Leute denken«, sorgte er sich, »wenn sie später erfahren, dass ich jederzeit von hier hätte fliehen können und es nicht getan habe? Werden sie mich für einen Feigling halten?«

Ich lächelte und beruhigte ihn: »Sie werden wissen, dass du bei deiner Frau geblieben bist, bis sich uns beiden eine Fluchtmöglichkeit geboten hat. Und sie werden dich dafür respektieren.«

Im Nachhinein kann ich sagen, es hat eine Nacht gegeben, in der wir beide vielleicht hätten entfliehen können, wenn wir die Gelegenheit genutzt hätten. Sie hatten uns in einem Unterstand am Rande des Lagers untergebracht, neben dem sich wiederum ein großer Berg befand, der bis zum Meer abfiel.

Hätten wir uns mitten in der Nacht aus dem Lager und den Berg hinabschleichen können, und wären wir imstande gewesen, uns irgendwie in eine Stadt oder ein Armeelager zu flüchten? Es ist schwer zu sagen. Auf jeden Fall waren wir an diesem Abend vollkommen erschöpft und legten uns wie üblich schlafen. Als wir dann am folgenden Morgen aufwachten, hatten wir keinen Gedanken an eine Flucht vergeudet.

Außerdem hatten wir im Gebet mit Gott besprochen, dass wir nur eine Flucht wagen wollten, wenn er uns beiden gleichzeitig klargemacht hatte, dass sich uns eine Gelegenheit bot. Doch eine solche Gewissheit ist nie da gewesen, und wir hatten nie beide gleichzeitig das Gefühl, einen Fluchtversuch wagen zu sollen.

Allerdings erinnere ich mich an ein Gespräch über die Tatsache, dass ich nicht annähernd so gut bewacht wurde wie Martin.

»Vielleicht sollte ich einfach einen Spaziergang machen und nicht zurückkommen«, überlegte ich laut. »Du könntest mir dann folgen, wann immer du die Gelegenheit dazu bekommst.« Ich meinte das natürlich nicht ernst, aber man konnte ja mal darüber nachdenken.

Kurz darauf verschwand ich im Wald, um zur Toilette zu gehen, und blieb länger als gewöhnlich fort, weil mich eine plötzliche Trauer überkommen hatte und ich weinen musste. Es dauerte bestimmt eine halbe Stunde, bis ich zurückkam.

Martins Gesicht war weiß wie ein Bettlaken. »Ich dachte, du hättest dich aus dem Staub gemacht!«, rief er leise. Und dann gestand er: »Um ehrlich zu sein, ich habe es fest angenommen und habe deinen Reis mitgegessen!«

Unwillkürlich mussten wir lachen, doch gleichzeitig erkannte ich, wie viel Angst er um mich gehabt hatte und wie vorsichtig wir beide sein mussten, um keine Dummheiten zu machen.

Auch wenn es sich nicht so anhört, waren wir doch weiterhin täglich in Gefahr. Die AFP waren uns ganz eindeutig auf der Spur, und eines Tages erreichten die Feuergefechte eine ganz neue Ebene – es wurden nicht mehr nur Automatikgewehre und Artillerie verwendet, auch Kampfhubschrauber mit großen Maschinengewehren flogen über uns hinweg. Was für ein unheimliches Geräusch sie machten, wenn sie auf uns herabstießen! Jeder Überflug schien unseren letzten Atemzug zu bedeuten.

Und als wäre das nicht genug gewesen, donnerte auch noch eine Gruppe von Bodenangriffsflugzeugen (A-10 Warthog) über uns hinweg und warf richtige Bomben ab. Wie es kam, dass wir nicht getroffen wurden, ist mir bis heute völlig rätselhaft. Bei dieser militärischen Auseinandersetzung gab es bei den Abu Sayyaf keine Todesfälle und nur einen Verletzten.

In der Nacht, die auf diesen schrecklichen Kampf folgte, regnete es in Strömen, und wir konnten nirgendwo Unterschlupf finden; so erwachten wir am folgenden Morgen vollkommen durchnässt unter unseren provisorischen Planen.

Den größten Teil des anschließenden Tages marschierten wir in verschiedene Richtungen, nur um am Abend wieder zu demselben

Platz zum Schlafen zurückzukehren. Am folgenden Morgen machten wir uns dann auf den Weg zu einem Fluss, als ganz plötzlich von vorn Schreie ertönten, gefolgt von neuen Schüssen. Wir alle warfen uns sofort zu Boden, doch die Abu Sayyaf ließen sich dadurch nicht einschüchtern, stattdessen stürmten sie vor, um zu sehen, was los war. Und schon bald hörten wir einen Schrei. Später erfuhren wir, dass sie am Fluss auf drei Männer, Angehörige der CAFGUs, gestoßen waren, von denen sie einen enthauptet hatten. Die anderen waren davongelaufen. Nur ein ganz normaler Tag des Dschihad, wie es schien.

Nachdem diese Episode in einem nie enden wollenden Kreislauf von Kampf und Waffenruhe abgeschlossen war, marschierten wir weiter und kamen zu einer Farm, wo gerade ein Junge bei der Feldarbeit war. Er schien mir etwa im Alter unseres Sohnes Jeff zu sein. Völlig ausgehungert stürzten wir uns sofort auf die reifen Bananen auf dem Boden – alle außer Martin, der an einen Bewacher gefesselt war.

Zunächst banden die Abu Sayyaf den Jungen an einen Baum, und ich sah, dass er vor Angst wie erstarrt war, doch etwas später befahl einer der netteren Männer, ihn loszubinden. Weil er aber jetzt wusste, wer wir waren, konnten sie ihn nicht laufen lassen, und so hatten wir eine neue Geisel. Er tat mir unendlich leid.

∾

Wir marschierten die ganze Nacht hindurch und den folgenden Tag. Als wir einmal Rast machten, kam Sheila und setzte sich neben mich. Das war ungewöhnlich, denn normalerweise saß sie neben Ediborah. Beide waren jetzt Musliminnen.

»Ich habe ein richtig großes Problem«, begann sie.

»Was ist los?«

»Omar nimmt mich als *sabaya*.« Sie machte ein langes Gesicht.

»Sheila, du bist doch bereits verheiratet!«, rief ich. »Wie können sie das jemandem antun, der bereits verheiratet ist?« Mein Herz wurde schwer, denn wenn dies tatsächlich der Realität entsprach, dann bedeutete das, dass alle Regeln außer Kraft gesetzt waren.

»Ich weiß es nicht. Aber ich muss heute Nacht zu ihm ziehen. Ich weiß einfach nicht, was ich dagegen unternehmen kann.«

»Sheila, es tut mir so leid«, erwiderte ich. »Vermutlich musst du tun, was dir gesagt wird, aber wenn ich dir helfen kann, dann will ich das gern tun.«

～

Ein paar Nächte später, als wir in absoluter Dunkelheit weitermarschierten, durften Martin und ich ausnahmsweise einmal ohne Bewacher gehen. Ich klammerte mich an sein Hemd, um nicht verloren zu gehen. Währenddessen kam die Artillerie immer näher, und ich betete laut: »Oh Gott, rette uns. Oh Gott, bewahre uns. Bitte bewahre uns. Lass nicht zu, dass die Bomben uns treffen. Herr, bewahre uns. Oh Gott, hilf uns.«

Immer und immer wieder sagte ich dieselben Sätze. Ich weiß, Jesus hat davon gesprochen, wir sollten nicht plappern wie die Heiden und uns im Gebet nicht ständig wiederholen, aber ich konnte einfach nicht anders, denn ich hatte viel zu große Angst.

In einer anderen Nacht marschierten wir bis halb vier morgens. Vollkommen erschöpft waren wir auf den Boden eines Feldes gesunken, da gab es auf einmal einen lauten Schlag, als wäre ein Artilleriegeschütz ganz in unserer Nähe eingeschlagen. Kurz darauf wurde der Himmel taghell erleuchtet, und es öffnete sich ein Fallschirm, an dem ein Licht zur Ortung feindlicher Ziele zu Boden glitt. Dadurch war unsere gesamte Gruppe deutlich zu erkennen.

»Oh nein, sie haben uns gefunden!«, stöhnte Martin und beugte sich zu mir. »Sie wollen nur die Bestätigung, dass wir hier sind.«

Aber wir waren so müde, dass wir einfach liegen blieben. Früh am folgenden Morgen hörten wir dann das Rumpeln von sogenannten »6x6« – von großen Lastwagen, deren Ladeflächen voller Soldaten waren. Also standen wir auf, verließen, so schnell es ging, den geschützten Bereich und liefen zu einem großen Feld in einem Tal. Kurz darauf hörten wir jemanden schreien: »Sie sind hier! Es sind die Abu Sayyaf!« Und sofort wurde geschossen.

›Das war's dann wohl‹, dachte ich, als wir losrannten, uns fallen ließen, losrannten und uns wieder fallen ließen. Assad, der uns zugewiesene Bewacher, war mit Handschellen an Martin gefesselt. Beide rannten nun auf einen Baum zu – und ich sah wie in Zeitlupe, was unweigerlich passieren musste: Assad strebte die eine Seite des Baumes an, Martin die andere.

»Stehen bleiben!«, brüllte ich. In diesem Augenblick wurde der Baum getroffen, und beide wurden zu Boden geschleudert.

Assads Handschelle (die verrostete) löste sich natürlich, hinterließ jedoch eine tiefe Wunde an seinem Handgelenk, und Martin verrenkte sich die Schulter. Beide hatten solche Schmerzen, dass sie erst einmal ganz still dalagen.

Sabaya kam angerannt und rief: »Was! Was! Wolltest du fliehen?« Mitten im größten Feuergefecht redete er wild auf Martin ein.

»Sabaya, beruhige dich«, erwiderte Martin. »Wir sind ja hier. Wir versuchen nicht wegzulaufen. Wir hatten nur einen Unfall. Wir sind bei dir. Wir sind hier. Mach dir keine Gedanken um uns.«

Schnell legten sie die Handschellen wieder an, und noch immer bemerkten sie nicht, dass sie verrostet waren. Martin warf mir einen bedeutungsvollen Blick zu, und ich sprach schnell ein Dankgebet. Schon bald rannten wir weiter, denn die Kugeln flogen uns auch weiterhin um die Ohren. Schließlich erreichten wir einen schützenden Wald.

Und auch dieses Mal wurden wir von den AFP nicht richtig verfolgt. So konnten wir zunächst eine knappe Stunde marschieren und dann ungestört unser Lager aufbauen. Mittlerweile waren meine Erschöpfung und Angst so groß, dass ich sie kaum noch ertragen konnte. So saß ich einfach nur da, den Blick auf den Pfad gerichtet, die Beine angezogen, die Arme um die Knie gelegt, und schluchzte.

Angie kam auf mich zu und fragte mich munter: »Gracia, was ist denn los?«

›Wie kann sie nach einer so schrecklichen Nacht so etwas fragen?‹, dachte ich. In diesem Augenblick ging mein Temperament mit mir durch, und ich fuhr sie an: »Nichts ist los, Angie. Alles ist prima. Es ist nur ein so wundervoller Tag. Es gibt keinen Grund, sich Sorgen zu machen, keinen Grund zu weinen.« Angie blickte mich erstaunt an und setzte sich dann still neben mich.

Am folgenden Tag wurde Martin aufgefordert, einen Brief an einen Hauptmann der AFP zu schreiben, der über Radyo Agong verlesen werden sollte. Darin stand im Wesentlichen: »Bitte setzen Sie sich für uns ein, denn selbst wenn Sie einige von diesen Abu-Sayyaf-Kämpfern in der Schlacht töten, werden Sie niemals alle erwischen. Gott ist mein Zeuge, seit unserer Entführung im vergangenen Mai bis jetzt im Oktober sind nur neun von ihnen gestorben. Es sind nicht die großen Zahlen, die Sie veröffentlicht haben.«

Im Radio hatten wir gehört, dass die AFP behaupteten, 23 Abu Sayyaf getötet zu haben, als sie uns mit ihren Flugzeugen bombardierten. Das konnte nicht stimmen, da erst gar nicht so viele Geiselnehmer anwesend gewesen waren. Sie mussten wohl ihre eigenen Todesopfer mit eingerechnet haben, die makabrerweise auf ihr eigenes Konto gingen, um auf diese 23 zu kommen.

»Selbst wenn Sie alle Abu Sayyaf hier töten«, schloss Martin seinen Brief, »wird es immer wieder andere geben, die uns bewachen werden. Darum müssen Sie sich endlich auf Verhandlungen einlassen, um dieses Problem zu lösen.«

～

Und als wären diese heftigen Kämpfe nicht schon genug gewesen, mussten schon bald darauf die drei verbleibenden philippinischen Frauen in unserer Geiselgruppe ihre eigene Krise bewältigen. Es wurde verkündet, alle drei würden von muslimischen Männern als *sabaya* genommen werden.

Musab hatte sich Ediborah erwählt.

Moghira, der Anführer der »Blockiergruppe«, die uns den Rücken freihielt, wenn wir weiterzogen, hatte sich für Fe entschieden.

Und Sabaya wollte Angie.

Alle drei Männer waren natürlich bereits verheiratet. Musab hatte zwei Frauen und Sabaya drei (obwohl eine seiner Ehen kürzlich geschieden worden war), aber das schien den Appetit der Männer auf Gesellschaft nicht im Mindesten zu beeinträchtigen.

Die Mädchen waren schrecklich aufgebracht, denn schließlich war Angies und Fes Lösegeld bereits gezahlt worden. Und Ediborah war genau wie Sheila verheiratet. Sie befanden sich in einer entsetzlichen Situation und konnten sich nicht wehren. Wir hatten gebetet und Gott angefleht, dies nicht geschehen zu lassen, doch nun war es so weit. In diesem Punkt konnte ich Gott einfach nicht verstehen, und ich fühlte mich schrecklich elend.

Als sie zu ihren neuen Männern umziehen sollten, klammerte sich Fe an mich und sagte: »Ich gehe einfach nicht. Ich werde hier bei dir bleiben.«

»Ja, Fe, versuche es wenigstens«, machte ich ihr Mut.

Aber schon bald kam einer der Männer und trug ihr auf, zu Moghira zu gehen.

»Nein, ich werde nicht gehen«, antwortete Fe bestimmt.

Der Mann überbrachte diese Nachricht und kehrte mit folgender Antwort zurück: »Er möchte mit dir reden.«

Also ging sie mit ihm mit und flehte Moghira an, sie noch diese Nacht bei uns schlafen zu lassen. Ganz aufgeregt kam sie zurück und meinte: »Er hat gesagt, ich könnte bei euch bleiben! Ich muss nicht mit ihm gehen.«

Doch kurz darauf kam der Bote erneut zurück und sagte: »Er möchte noch einmal mit dir reden.«

An diesem Abend kam Fe nicht mehr zurück.

Wenn man als Geisel gefangen gehalten wird, tut man einfach, was einem aufgetragen wird. Man verdrängt alles und gestattet sich nicht, über seine Gefühle oder sein Wohlbefinden nachzudenken. Denn sonst würde man verrückt werden.

Seit ich wieder in Amerika bin, haben die Leute mich oft gefragt: »Was haben Sie bei dieser oder jener Gelegenheit empfunden?« Um ganz ehrlich zu sein, ich kann mich nicht erinnern. Mein innerer Verteidigungsmechanismus hat damals meine Gefühle blockiert. Ich zwang mich dazu, meine Gefühle *nicht* in Worte zu fassen. Meine Aufgabe war vielmehr, einen Fuß vor den anderen zu setzen und einen weiteren Tag am Leben zu bleiben. Wir machten einfach weiter und beteten darum, zu unseren Kindern zurückkommen zu dürfen. Das war alles.

∽

Mittlerweile hatten alle mit der Kälte zu kämpfen. Musab und Ediborah besaßen eine zusätzliche Plastikplane, mit der sie sich einen Windschutz bauen konnten. Ich besuchte Fe jeden Tag, um mich davon zu überzeugen, dass es ihr gut ging. Zum Glück hatte sie auch immer etwas zu essen für mich, eine Banane vielleicht oder den sogenannten *bianbons* – d. h. grüne Bananen, die zu Brei zerdrückt und zweimal auf eine bestimmte Weise gebraten werden. Sie freute sich immer, mich kommen zu sehen, und wir unterhielten uns gern miteinander.

Eines Abends brachte sie uns eine große Plastiktasse mit heißer Suppe aus süßer Kokosmilch mit kleinen Mehlbällchen darin. Außerdem bekamen wir Mais, eine Art getrocknete Bohnen und, soweit ich mich erinnere, auch einige Bananen. Es schmeckte sehr, sehr gut – was für ein wundervolles Geschenk! Und bevor sie ging, beteten wir noch miteinander.

Am folgenden Tag kam sie wieder, um mir etwas zu sagen. Allerdings merkte ich, dass ihr das sehr schwerfiel. Schließlich rückte sie mit der Sprache heraus.

»Du erinnerst dich doch noch an die Suppe, die ich dir gestern Abend gebracht habe, nicht?«

Ich nickte.

»Die war von meiner Hochzeitsfeier. Moghira hat mir keine Ruhe gelassen, er wollte mich heiraten. Ich wollte nicht, aber … er sagt, wenn ich seine Frau bin, hat er darüber zu bestimmen, was ich tue. Er kann mich freilassen, und das muss dann keine Gemeinschaftsentscheidung sein.«

»Danke, dass du es mir erzählt hast«, erwiderte ich. »Wenn du der Meinung bist, es hätte keinen anderen Weg gegeben, stehen wir natürlich hinter dir. Halte durch.«

Wie bereits bei ihren vorangegangenen Besuchen beteten wir miteinander, doch dies war das letzte Mal, denn wir wollten nicht, dass Fe sich in Gefahr brachte. In Bezug auf die Religion hat Fe mir immer gesagt: »Ich bin nach wie vor Christ.[39] Auch wenn ich ihre Gebete spreche, habe ich mich in meinem Herzen nicht zum Islam bekehrt.«

Auch Angie wurde zur Heirat gezwungen, und sie stieg anschließend sehr schnell zu Sabayas Sekretärin auf. Sie schrieb für ihn Briefe, die sie dann uns brachte, damit wir das Englisch überprüften. Einige von ihnen handelten von den jungen Arbeitern der Golden Harvest Plantation, die vor einiger Zeit als Geiseln zu uns dazugekommen und zum Islam konvertiert waren. Örtliche muslimische Organisationen wurden aufgefordert, diese Jungen auf einen Hadsch[40] und auch aufs College zu schicken.

Gelegentlich versuchte einer der Männer sogar, Martins Interesse für den Islam zu wecken. »Sind Sie bereit zu konvertieren?«, wurde Martin dann ganz offen gefragt.

Wann immer ich das hörte, formulierte ich in Gedanken eine absolut unmissverständliche Antwort, die ungefähr so lautete: ›Christus ist mein einziger Herr und Erlöser, und ich werde ihn niemals verleugnen – egal, was ihr mir antut!‹

Martin reagierte listiger. Die Abu Sayyaf wussten bereits, wem seine Loyalität galt, und er beschloss, sich nicht auf eine Auseinandersetzung einzulassen. Deshalb antwortete er immer so, dass sie seine Motivation aufgrund ihrer eigenen Tradition verstehen konnten: »Hmm, wissen Sie, mein Vater ist Christ. Sein Vater vor ihm war Christ. Wenn man zurücksieht, ist eigentlich jeder in meiner Familie Christ gewesen ...«

An dieser Stelle gaben sie meistens auf und sagten: »Ja, man kann verstehen, dass Sie ein langes Erbe haben.« Und das Thema wurde fallen gelassen.

---

39 A. d. H.: Dies entspricht dem Selbstverständnis der Mormonen, denn dieser Religionsgemeinschaft gehörte sie an (vgl. S. 160). Es stimmt an entscheidenden Punkten nicht mit der biblischen Sichtweise überein.
40 Pilgerreise nach Mekka.

Sheila heiratete Omar nicht. Ich bin nicht sicher, ob er sie überhaupt gefragt hat; vielmehr glaube ich, dass er Angst hatte, seine andere Frau könnte wütend sein. Musab dagegen drängte Ediborah, seine Frau zu werden. Aber sie blieb eine Weile standhaft.

∾

Weitere Feuergefechte, weitere Märsche im Regen, weitere ausgefallene Mahlzeiten, noch mehr Verzweiflung. In dieser Zeit bemerkte ich, wie viel Gewicht Martin verloren hatte. Vor allem an seinen Schultern war es zu sehen, denn seine Schulterblätter standen hervor. Er war nie besonders füllig gewesen – bei unserer Entführung hatte er 72 Kilogramm gewogen –, doch jetzt sah er erschreckend hager aus.

Eines Abends machten wir Rast, damit die Muslime ihre Gebete sprechen konnten, anschließend marschierten wir weiter, wobei es bald dunkel wurde. Als wir an eine Straße kamen, gingen wir sie entlang. Mich machte das immer nervös, weil wir dann ohne Deckung waren. Doch zu dieser Stunde waren wir alle so betäubt, dass wir einfach nur noch einen Fuß vor den anderen setzten.

Und wie aus heiterem Himmel wurden wir von Soldaten beschossen. Wir gingen sofort in Deckung, und in dem anschließenden Chaos konnte Joel entfliehen, wodurch sich die Zahl der Hauptgeiseln auf sechs reduzierte.[41] Auch einige der Arbeiter von der Golden Harvest Plantation konnten fliehen, nur leider hatte einer von ihnen die Arzttasche dabei. Natürlich freuten wir uns für sie, aber wir waren auch traurig, noch immer gefangen zu sein. Und der Verlust der Arzttasche bedeutete, dass wir jetzt weder Medikamente noch Schere hatten – ein gravierender Verlust für uns alle. Zu allem Überfluss gab auch noch ein paar Tage später das einzige noch funktionierende Satellitentelefon seinen Geist auf. Sabayas recht lahme Erklärung dafür war, der Donner hätte es getroffen. (Der Donner?) Was immer auch der Grund

---

41 A.d.H.: Zu den Hauptgeiseln und denen, die als Arbeiter der Golden Harvest Plantation entführt worden waren, kam mindestens eine weitere Geisel hinzu – jener Junge, der erst Anfang Oktober 2001 bei der Feldarbeit gefangen genommen worden war (vgl. S. 196).

war, wir verloren langsam, aber sicher immer mehr den Kontakt zur Außenwelt.

Mein größtes körperliches Problem zu dieser Zeit waren meine Füße, die zu eitern begonnen hatten. Wann immer wir rasteten, schützte ich sie vor der Sonne, und ich überlegte ständig, wie ich die Heilung fördern könnte.

In meinem Rucksack hatte ich etwas Sonnenmilch dabei. Ich war versucht gewesen, sie wegzuwerfen, weil wir wirklich keinen Schutz vor der Sonne brauchten, bei all der Kleidung, die wir tragen mussten. Aber dann las ich die Inhaltsstoffe auf der Flasche und fand Aloe und Vitamin E darunter.

»Also gut, das wird meinen Füßen helfen«, sagte ich entschlossen zu Martin. »Es wird zwar fürchterlich brennen, aber ich werde es trotzdem probieren.« Ich verzog das Gesicht, als ich die Sonnenmilch auftrug, aber sie schien wirklich zu helfen.

Eine andere Sache, die ich nun begann, war, mir selbst Bibelverse aufzusagen, die ich vor langer Zeit auswendig gelernt hatte. Das half mir, den Verstand nicht zu verlieren und die Fassung zu bewahren. Für eine richtige Bibel hätte ich alles gegeben, aber das konnte ich mir natürlich aus dem Kopf schlagen.

Eines Sonntags fand ich ein Stück Papier und schrieb darauf alle Zusagen Gottes, an die ich mich erinnern konnte. Der Wortlaut war nicht in jedem Fall korrekt, aber ich brachte doch eine ansehnliche Menge zusammen:

Ich werde dich nie verlassen. / Er sorgt für dich. / Er wird dir geben, was du brauchst. / Ich bereite eine Wohnung für dich. / Ich werde wiederkommen. / Ehre deine Eltern, damit du lange lebst. / Wenn wir unsere Sünden bekennen, wird er reinigen und vergeben. / Bitte, und dir wird gegeben. / Wer an mich glaubt, wird leben, auch wenn er gestorben ist. / Glaube an ihn, dann wird er dich führen. / Wenn mir jemand die Tür öffnet, werde ich hereinkommen und mit ihm essen. / Ich habe dich mit ewiger Liebe geliebt. / Wenn er erscheint, werden wir sein wie er. / Er wird das gute Werk in euch vollenden. / Ich werde dich nicht ohne Trost lassen, ich werde zu dir kommen. / Und siehe,

ich bin bei dir alle Tage. / Wer an mich glaubt, soll nicht sterben, son-
dern hat das ewige Leben. / Habe deine Lust am Herrn, und er wird
dir geben, was dein Herz begehrt.

Was für ein Trost war es, sich diese ewig gültigen Zusagen vor Augen
zu halten! Angesichts der schlimmsten Umstände waren dies die
Worte des Einen, auf den ich mich verlassen konnte.

Ein paar Tage später, als ich wieder einmal ziemlich niedergedrückt
war, dachte ich an etwas anderes, was Gott vorausgesagt hatte und was
ich meiner Liste hinzufügen konnte!

Die Rache gehört Gott. Er wird vergelten.

Früh am Montagmorgen des 15. Oktobers kam Sabaya zu uns und
forderte Martin auf, sich für ein Live-Interview im Radio fertig zu
machen. Obwohl das Satellitentelefon nicht mehr funktionierte, besaßen wir noch immer ein Handy, mit dem man telefonieren konnte,
sobald wir uns in der Nähe eines Funkmastes befanden. Martin sollte
nicht nur eine vorbereitete Rede halten, sondern auch auf Fragen antworten. Natürlich gab Sabaya ihm fünf Beschwerden gegen den Westen
mit, die er genannt haben wollte. Martin schrieb sie pflichtschuldigst
auf ein Bananenblatt, da an diesem Tag kein Papier zu finden war:

1. die sich gegen die Palästinenser richtende amerikanische Unterstützung Israels;
2. die Unterdrückung der Muslime auf der ganzen Welt;
3. die weltweit durchgesetzten Sanktionen gegen den Irak und
   Libyen;
4. die fortgesetzte Anwesenheit der westlichen Truppen in Saudi-
   Arabien;
5. die Unterstützung für die Ziele der philippinischen Regierung
   in den muslimisch geprägten Regionen von Mindanao.

Schon bald war die Telefonverbindung hergestellt, und die Diskussion
begann. Als er nach seinem Ergehen gefragt wurde, antwortete Mar-

tin: »Nun, ich bin sehr müde und schwach, und außerdem habe ich Angst. Meine Frau ist sehr erschöpft und schwach. Wir haben auf den zahlreichen Märschen sehr viel Gewicht verloren.«

Nach wenigen Minuten fragte der Interviewer, welche Botschaft die Abu Sayyaf für die Regierungen der Philippinen und der Vereinigten Staaten hätten, da diese Sendung von vielen gehört würde. Gemäß den Anweisungen unserer Kidnapper verlas Martin die Liste.

Doch vor dem Ende des Interviews konnte er noch einige persönliche Dinge einfügen: »Wir möchten unserer Tochter Mindy zum Geburtstag gratulieren. In zwei Tagen, am 17. Oktober, ist ihr Geburtstag. Dies ist im Grunde unsere erste Gelegenheit, unseren Kindern Nachricht zu geben, dass wir am Leben sind.«

Auch konnte er etwas zu den unprofessionellen Rettungsversuchen der AFP sagen: »Bitte hören Sie damit auf … Unser Leben ist oft in Gefahr. Im Gegensatz zu den einheimischen Geiseln ist es für mich unmöglich zu entfliehen … Ich bin ständig gefesselt und befinde mich immer in der Mitte der Gruppe – nicht wie die Einheimischen, die häufig zum Wasserholen oder auf kleine Botengänge geschickt werden. Die wiederholten Rettungsversuche und vor allem das Artilleriefeuer sowie die Luftangriffe machen uns große Angst und sind absolut überflüssig. Sie können mich nicht durch Artilleriefeuer und auch nicht durch einen Luftangriff retten. Wir werden dabei nur ums Leben kommen, und unsere Kinder werden als Waisen zurückbleiben.«

Am Ende fasste er noch einmal zusammen: »Die Abu Sayyaf werden diese Operation überleben, aber die Geiseln nicht. Irgendwann werden die Geiseln krank werden, und einige der Geiseln werden irgendwann getötet werden.« Damit machte er deutlich, dass Verhandeln die einzige vernünftige Reaktion war.

Sabaya sprach anschließend als »tapferer Krieger«. Er bemerkte, Präsidentin Arroyo würde im kommenden Monat zu einem Staatsbesuch nach Washington reisen, und meinte: »Es wäre doch sehr peinlich, wenn sie mit den Leichen von Martin und Gracia in die USA kommen würde.«

Als Reaktion auf das Interview erlebten wir in den kommenden Tagen, soweit wir es beurteilen konnten, noch mehr Verfolgung durch die AFP, noch mehr Beschuss und noch mehr Überfälle. Die Lage war durchaus nicht gut. Alle sehnten ein Ende herbei, sogar die Abu Sayyaf, denn die ganze Sache hatte sich bereits länger hingezogen, als alle es erwartet hatten. Und so war es kein Wunder, dass mit zunehmender Häufigkeit die Männer der Abu Sayyaf desertierten. Sie gingen vermeintlich in die Stadt, um Lebensmittel zu besorgen, und kamen nie zurück. Kein Wunder, dass mit der Zeit der Mangel an Führungsqualitäten immer deutlicher wurde.

Ein Beispiel für die Dummheit derer, die jetzt die Befehle gaben, war die Rückkehr in das Gebiet, in dem das Massaker an den Insassen des Jeepneys stattgefunden hatte. Offensichtlich dachten die Abu Sayyaf, dass die Einwohner dieser Gegend, die alle loyale Muslime waren, uns zu essen geben und sich um uns kümmern würden. Sie nahmen doch tatsächlich an, dass diese Menschen vergessen hätten, dass fast jeder in dem Ort einen Sohn, eine Tochter oder einen anderen Verwandten bei dem Gemetzel verloren hatte. Doch verständlicherweise waren diese Leute so zornig auf die Abu Sayyaf, dass sie sich nicht nur weigerten, uns zu helfen, sondern sich geradewegs ans Militär wandten und um Schutz baten.

Das Verrückte an der Situation jedoch war, dass die AFP ihnen nicht glaubten, weil ihnen keine Berichte darüber vorlagen, dass die Abu Sayyaf in diesem Gebiet gesehen worden waren. Deshalb griffen einige der Dorfbewohner aus lauter Verzweiflung zu ihren Gewehren und zogen eines Nachts schießend um ihr Dorf. Anschließend eilten sie zu den in der Nähe eingesetzten Militärangehörigen und beklagten sich, die Abu Sayyaf hätten sie angegriffen. Natürlich blieben wir nicht sehr lange in dieser Gegend.

༄

Wir hörten Gerüchte, die Entführer wollten einige der Geiseln freilassen – den Rest der jungen Leute von der Golden Harvest Plantation, den Bauernjungen, den sie erst vor Kurzem gefangen genommen hatten, und die philippinischen Frauen. Immerhin war Angies und Fes Lösegeld bereits gezahlt worden, und von den Familien der Krankenschwestern aus Lamitan konnten die Abu Sayyaf einfach kein Geld erwarten.

Und tatsächlich bewahrheiteten sich diese Gerüchte. Mit Beginn des Ramadan, des Fastenmonats der Muslime, wurden am 15. November einige von uns freigelassen.

Es war wirklich ein sehr emotionsgeladener Abschied. Ich bat Fe, meine Eltern anzurufen und ihnen zu sagen, dass wir sie liebten. Außerdem nahm ich meinen Ehering aus der Tasche und drückte ihn ihr in die Hand.

Ich trug ihr auf: »Wenn du nach Manila kommst, gib ihn bitte im Büro der New Tribes Mission ab. Sag ihnen, sie sollen ihn meiner Tochter Mindy schicken, für den Fall, dass ich dies hier nicht lebend überstehe. Wenn du ihn verlierst, dann ist es auch nicht schlimm. Mach dir keine Sorgen. Nur sieh zu, dass die Abu Sayyaf ihn nicht doch noch in die Finger kriegen!«

Sie versprach es mir.

Und natürlich fügten Martin und ich hinzu: »Sag denen dort draußen, dass jemand unbedingt etwas für uns tun muss. Irgendjemand muss dringend unser Lösegeld zahlen.«

Mittlerweile hatten wir die Frage, ob es richtig war, darum zu bitten, für uns geregelt. Martin hatte argumentiert: »Es liegt nicht in unserer Verantwortung, uns darum zu kümmern, wie eine Lösegeldzahlung zustande kommt. Wenn wir Gott vertrauen können, dass er uns eine Million Dollar gibt (was vollkommen außerhalb unserer Möglichkeiten liegt), dann können wir Gott auch vertrauen, dass mithilfe dieses Geldes keine Waffen gekauft und Menschen erschossen werden. Vielleicht schicken diese Männer das Geld ja auch nur an ihre Frauen, damit sie im Luxus leben können.«

In letzter Minute beschloss Musab, Ediborah doch nicht gehen zu lassen. Er war ein sehr eigensinniger Mann und außerdem sehr stolz. Ich denke, der einzige Grund für diese Entscheidung war, dass er der Gruppe zeigen wollte, dass er der Emir – der Boss – war und dass das geschah, was er bestimmte.

Nach vielen Umarmungen und Tränen machte sich die Gruppe der Freigelassenen auf den Weg bergabwärts. Doch eine Stunde später waren sie bereits wieder da, denn sie hatten am Fuß des Berges Soldaten entdeckt. Also marschierten wir zu einem anderen Ort, wo sich Zivilisten fanden, die bereit waren, die Gruppe in die Stadt zu bringen. Und so verabschiedeten wir uns erneut. Ich weinte schrecklich, als sie gingen. Natürlich freute ich mich für sie, aber ich verlor die Gesellschaft von den jungen Frauen, die ich mittlerweile lieben gelernt hatte. Und dann standen sie plötzlich drei Stunden später wieder da! Denn die Zivilisten hatten versäumt, sich zu erkundigen, wann der Jeepney in die Stadt losfuhr. Früh am folgenden Morgen wollten sie es erneut versuchen.

Auf diese Weise verbrachten wir noch eine letzte Nacht miteinander. Unsere Hängematte mussten wir inmitten der Gruppe und unmittelbar über einem großen Haufen von Schalen aufhängen, die von Bananen, Kokosnüssen und Früchten der Morangbaumes stammten. Die Fliegen, die uns von diesem Abfallhaufen aus umschwirrten, ließen uns nur schwer schlafen, was noch mehr zu meiner traurigen Stimmung beitrug.

Früh am folgenden Morgen, als die Frauen erneut aufbrachen, konnte ich nur noch weinen, ihnen aber nichts mehr sagen oder sie umarmen. Ich winkte ihnen einfach nur zu, als sie an uns vorbeikamen. Ich dachte an Hiob, von dem in der Bibel geschrieben steht: »Er saß mitten in der Asche« (Hi 2,8), nachdem sein ganzes Leben um ihn herum zusammengebrochen war. Und genau das tat auch ich.

Alle waren für den Rest des Tages sehr schweigsam, und die allgemeine Aufregung verwandelte sich in große Traurigkeit. Es war sogar zu merken, dass Omar Sheila richtig vermisste. Und mittlerweile setzte sich bei mir der Gedanke fest, dass ein solcher Befreiungstag für uns womöglich niemals kommen würde. Die Zeit verging, und unsere Hoffnung schwand immer mehr. Was hatte Solaiman noch damals, an jenem ersten Nachmittag auf dem Schnellboot, gesagt? »Wir werden Forderungen stellen, und ihr werdet als Letzte an die Reihe kommen.«

Wir waren jetzt tatsächlich die Letzten, zusammen mit Ediborah. Das Rascheln des Windes in den Dschungelbäumen verstärkte noch die Einsamkeit in meinem Herzen.

Das Päckchen

Ediborah und ich hatten bisher nicht besonders viel Zeit miteinander verbracht. Mein »gesellschaftliches Leben« hatte sich irgendwie nur um die Bedürfnisse von Fe und Angie gedreht. All dies war jetzt anders. Ediborah und ich waren die einzigen beiden Frauen im Lager, umgeben von etwa 40 Entführern.

Ediborah war eine talentierte Frau etwa in meinem Alter, Mutter von vier Kindern und Oberschwester im Krankenhaus von Lamitan. Ihr Mann hatte sie kurz nach der Geburt ihres letzten Kindes vor sechs Jahren verlassen. Besonders viel sprach sie von ihrem ältesten Sohn Jonathan (24 Jahre alt) und davon, wie verlässlich er sei. Er arbeitete für ein Fischereiunternehmen in Zamboanga und schickte ihr Geld, wann immer er konnte. Ich merkte, dass sie sehr stolz auf ihn war.

Ediborah und ich mussten uns von der Tatsache ablenken, dass wir (zusammen mit Martin) die letzten Geiseln waren, darum meldeten wir uns freiwillig für die anfallenden Arbeiten. Die Männer hatten eine Kuh samt Kalb gestohlen und begonnen, sie zu schlachten – eine Fähigkeit, die sie irgendwie von Natur aus besaßen, wie das Zubinden der Schuhe. Ich hatte so etwas noch nie gemacht, Ediborah schon. Wir erklärten uns also bereit, das Fleisch zu zerlegen.

Das war leichter gesagt als getan, denn *bolos* gab es nur wenige, vor allem scharfe. An diesem Tag arbeiteten wir zusammen. Ich hielt das Fleisch, während sie es zerschnitt, damit wir es salzen und über dem Feuer räuchern konnten, um es haltbar zu machen. Es mag seltsam klingen, aber wir amüsierten uns sogar recht gut.

Ich fragte mich: ›Und wie passt der Diebstahl dieses Rindfleischs nun in den Ehrenkodex der Mudschaheddin? Ich dachte, so etwas würden sie nicht tun.‹

Musab kam irgendwann vorbei, und ich beschloss ihn zu fragen.

Ediborah übersetzte meine Frage in seinen Dialekt, damit er mich auch richtig verstand.

Seine Antwort war einfach: »Der Zivilist ist unbedeutend; der normale Mensch ist nichts. Der Mudschahed muss mit seinen Bemühungen fortfahren.« Mit anderen Worten, der Kämpfer im Heiligen Krieg musste haben, was er brauchte, ungeachtet der Konsequenzen.

Ich fragte noch weiter nach. »Aber was ist, wenn ihr tatsächlich einen muslimischen Staat schafft? Wenn die Menschen nun in einem solchen Staat eine Kuh stehlen, dann würde ihnen doch die Hand abgehackt, ob sie nun Mudschaheddin sind oder nicht, richtig?«

Seine Antwort darauf war typisch. »Wenn wir eine Kuh brauchen, dann ist das kein richtiger Diebstahl.«

Ich dachte zurück an den Juni, an unseren Aufenthalt im Krankenhaus von Lamitan, wo die Geiseln die Patientenzimmer geplündert hatten. Die Logik war dieselbe gewesen. Der Mensch scheint immer einen Weg zu finden, sein Unrecht zu rechtfertigen und weiterzumachen mit dem, was seinen Interessen dient. Schließlich denkt er sich eine Erklärung aus, die dem Ganzen einen schönen Anstrich gibt.

Als Ediborah und ich mit dem Fleisch fertig waren, waren unsere Hände blutverschmiert, und wir schwitzten.

»Lass uns zum Fluss gehen«, schlug sie vor.

»Manchmal erlauben sie uns das nicht«, war meine ängstliche Antwort. Denn die Männer hatten oft keine Lust, ihre Beschäftigung zu unterbrechen und am Fluss Wache zu stehen.

»Sie werden uns schon lassen«, erwiderte sie ungerührt. »Komm einfach mit und frag gar nicht erst.«

Damit ging sie los, und einige der Männer rappelten sich hoch, um uns zu folgen.

∿

Mittlerweile hatte der Monat Ramadan begonnen, der Fastenmonat, in dem die Muslime nur vor Sonnenaufgang und nach Sonnenuntergang essen dürfen. Das traf natürlich nicht auf Martin und mich zu, und so war es ihnen egal, wann wir aßen. Sie riefen uns vor Sonnenaufgang zum Feuer, damit wir unser Essen holten, und wir hoben es uns für später auf. Wir aßen die Hälfte davon zum Frühstück und die andere Hälfte zum Mittagessen. Das Abendessen nahmen wir dann nach Sonnenuntergang mit den anderen gemeinsam ein.

Der Ramadan war zwar ein Fastenmonat, doch eigenartigerweise aßen diese Muslime in dieser Zeit *viel mehr* als sonst. Die Essensvorbereitung begann meist bereits am frühen Nachmittag, denn alles sollte bei Sonnenuntergang bereit sein, damit sie sich gleich darüber hermachen konnten. Immer wieder sahen sie auf ihre Uhren und diskutierten darüber, ob die Uhren wohl auch genau gingen. Doch alle warteten eigentlich nur auf das Zeichen des Anführers, dass es dunkel genug war und sie mit dem Essen beginnen konnten.

Wir bemerkten, dass sie, wenn sie das Essen aufteilten, für sich selbst Extraportionen zurechtlegten, z. B. mit Zucker vermengte Bananen. Wir hingegen bekamen nur unsere normale Portion Reis.

»Wir können euch diese Speise nicht auch geben«, entschuldigten sie sich bei uns. »Das ist für uns, weil wir fasten – darum brauchen wir mehr.«

Die Logik dieses Satzes entzog sich mir.

Doch dann die Überraschung – etwa einen Tag später kam ein Päckchen für Martin und mich an! Ich stand neben Ediborah am Feuer, als sie sagte: »Der Emir hat eine Brille für Martin.«

»Was hast du gesagt?!« Ich dachte, ich hätte sie missverstanden.

»Gestern Abend ist ein Päckchen für euch gekommen. Der Emir hat eure Brille.«

Ich rannte davon, um dieses Päckchen zu suchen, denn ich wusste, wenn ich es nicht sofort einforderte, würde es von den Abu Sayyaf gestohlen. Denn falls etwas zu essen darin war, konnte ich mich zu diesem Zeitpunkt nicht mehr darauf verlassen, dass sie sich zuerst die Inhaltsstoffe ansahen, bevor sie sich bedienten. Mittlerweile waren sie viel zu hungrig, als dass sie darauf achteten. Ich musste dieses Päckchen also sofort finden.

Sabaya hatte es.

»Ist dieses Päckchen für uns?«, fragte ich eifrig, obwohl ich den

Namenszug der New Tribes Mission auf der Außenseite genau erkennen konnte.

»Ja. Aber ich muss es erst durchsehen, denn es könnte ja ein Mikrochip oder ein Peilsender darin versteckt sein, um uns aufzuspüren.«

»Sabaya, vertrau mir – unsere Missionsgesellschaft würde so etwas nie tun!«

»Ich muss es trotzdem überprüfen.« Damit wandte er sich ab, und eine Gruppe von Männern sammelte sich um ihn.

Enttäuscht ging ich zu Martin zurück, der nach der Nacht gerade vom Baum losgebunden wurde.

»Martin, gestern Abend ist ein Päckchen für uns angekommen. Sie sehen sich gerade den Inhalt an. Vielleicht gehst du besser hinüber und forderst es ein, sonst ist nichts mehr übrig!«, bat ich ihn.

Sofort machte er sich auf den Weg. Als er näher kam, sagte Sabaya: »Oh, komm nicht hierher; wir werden dir die Schachtel bringen.«

»Ich möchte nur sichergehen, dass wir sie auch wirklich bekommen«, erwiderte Martin und blieb hartnäckig stehen. Natürlich konnte er beobachten, wie die Sachen aus der Schachtel genommen wurden. Einer der Männer hielt sogar bereits ein Päckchen Snickers in der Hand.

Ich ging in der Zwischenzeit zu Musab, der die Brille an sich genommen hatte. Und – o Wunder – er gab sie mir! Eine neue Brille von demselben Optiker wie die erste. Als Martin sie aufsetzte, strahlte er über das ganze Gesicht; endlich konnte er wieder klar sehen! Wir waren beide unbeschreiblich dankbar.

Und eine Weile später brachte Sabaya uns endlich die Schachtel.

»Ich musste die Cheez Whiz[42] herausnehmen, weil ich das Zeug liebe«, sagte er grinsend. »Aber alles andere ist noch da.«

Wir setzten uns in unsere Hängematte und begannen, unsere Schätze auszupacken – alles, von Keksen und Crackern, über Erdnussbutter, Bouillonwürfel und Suppenmischungen bis hin zu Briefen und Fotos. Auch eine Ausgabe von *Newsweek* war dabei mit einem Leitartikel über den amerikanischen Truppenaufmarsch in Afghanistan.

---

42 A. d. H.: Bezeichnung für eine Käsesoße, die meist in Dosen erhältlich ist.

Darin fanden sich auch Fotos von der dort eingesetzten Bewaffnung – wie z. B. von Nachtsichtgeräten und verschiedenen Geschützen. Wir wussten, dass die Abu Sayyaf daran interessiert wären, sich die Fotos anzuschauen, auch wenn sie die Artikel dieses Nachrichtenmagazins nicht lesen konnten.

Wir sortierten all die wundervollen Dinge, doch wir mussten dabei ständig an die Snickers denken. Irgendwie war der Überfluss nicht genug. Und dann sahen wir uns an und sagten: »Wie aus dem Nichts hat uns dieses Päckchen erreicht – und wir beschweren uns über das, was die Abu Sayyaf uns weggenommen haben? Wir sollten uns lieber über die Güte Gottes freuen.«

Diese Kostbarkeiten, in denen die Güte Gottes zum Ausdruck kam, wollten wir mit den anderen teilen, deshalb ging Martin von Gruppe zu Gruppe und verschenkte Gewürze, Suppenmischungen und Kekse. Ich gab Ediborah eines der beiden Deodorants, außerdem einige Erdnüsse. So hatten alle an unserer Freude teil.

Und ganz plötzlich sahen Martin und ich uns erneut an. Uns wurde etwas Unglaubliches klar: Es war Donnerstag, der 22. November – Thanksgiving! Zu Beginn des Monats noch hatten wir Gott gebeten, uns an Thanksgiving eine Freude zu machen, und er hatte es tatsächlich getan!

Natürlich hatte ich auch vorher schon um bestimmte Dinge gebetet – wie um das Geschenk für Martin an seinem Geburtstag (aber wie diese Sache ausgegangen ist, habe ich ja oben beschrieben). Darum hatte ich nicht richtig damit gerechnet, dass Gott dieses Mal etwas tun würde. Doch da war nun eine ganze Schachtel mit Essen angekommen; es war so überwältigend. Gott zeigte uns, dass er uns segnen konnte, auch wenn wir nicht daran glaubten. Wie sehr freuten wir uns über dieses Päckchen!

Wir machten uns Gedanken darüber, dass es aufgrund der *Newsweek* Probleme geben könnte, wenn unsere Geiselnehmer anfingen zu erkennen, wie gut die amerikanischen Truppen für den Kampf vorbereitet waren. Aber das Ganze hatte den gegenteiligen Effekt. Eifrig reichten die Männer die Zeitschrift von einem zum anderen; sie betrachteten die Fotos und rissen sich einige sogar heraus, um sie aufzuheben. Sie waren fasziniert. Martin und ich hatten Mühe, das Heft überhaupt wieder zurückzubekommen.

Mittlerweile hatte Präsidentin Arroyo natürlich ihre USA-Reise hinter sich, doch wir waren noch immer am Leben und befanden uns nicht in Leichensäcken im Laderaum ihres Flugzeugs, wie Sabaya gedroht hatte. Ursprünglich hatte sie im Radio verkündet, sie würde uns als Geschenk an die amerikanische Regierung nach Hause zurück-bringen. Das klang zwar gut für die philippinischen Zuhörer, war aber offensichtlich nicht geschehen.

Einen oder zwei Tage nach Thanksgiving berichtete sie im Radio, ihre Zeit in Washington sei sehr produktiv gewesen. Sie hätte unsere Eltern angerufen und ihnen mitgeteilt, wir würden Weihnachten zu Hause sein. Wir lachten nur, als wir das hörten, denn wir wussten genau, dass es nicht so sein würde.

～

Früh am darauf folgenden Sonntag rief Sabaya uns zu sich. »Eine Fernsehreporterin kommt zu uns. Ihr könnt ein Interview geben.«

Das war interessant, doch wir wussten nicht, ob wir froh oder lie-ber vorsichtig sein sollten.

»Dies ist eure Chance, der Welt zu zeigen, in welchem schlimmen Zustand ihr seid«, fuhr er fort, »und dass bald ein Lösegeld für euch gezahlt werden muss. Gracia, wenn du ein wenig weinst und zeigst, wie mitgenommen du bist, hilft das bestimmt.«

Außerdem nannte Sabaya Martin zwei Vermittler, die er vor-schlagen sollte: Sairin Karno, einen malaysischen Ex-Senator, und einen Geschäftsmann mit Namen Yusuf Hamdan.

Kurz darauf wurden wir den Berg hinuntergebracht. Unterwegs dachte ich: ›Das ist gut. Vielleicht können wir Zachary zum Geburts-tag gratulieren!‹ Am 13. Dezember wurde er elf Jahre alt.

Unten angekommen, wartete eine junge Frau in Khakihose und Adidas-Sweatshirt auf uns. Natürlich hatte sie ihren Kopf angemessen bedeckt. In ihrer Begleitung befand sich kein Kamerateam, stattdessen hatte sie nur eine kleine Videokamera mitgebracht.

Sie stellte sich uns vor. »Hallo, ich bin Arlyn de la Cruz von Net 25.« Ich umarmte sie und sagte: »Danke, dass Sie gekommen sind.«

Im gleichen Augenblick kam mir der Gedanke, wie verblüffend es war, dass jemand wie sie uns tatsächlich hatte finden können, wo die AFP es sechs Monate lang nicht geschafft hatten. Allerdings wusste ich damals noch nicht, dass diese junge Frau eine persönliche Freundin von Janjalani war. Sie genoss die öffentliche Anerkennung als Reporterin, die es wagte, an gefährliche Orte zu reisen und bewegende Interviews zu führen, die dann irgendwelche Preise gewannen.

In ihrer Begleitung befand sich ein Mann mit Namen Alvin Siglos, ein Freund von Sabaya, der sich abseits hielt und alles mit einer Videokamera filmte.

Die Abu Sayyaf umzingelten uns wie ein Chor, dabei hielten sie die schweren Waffen im Anschlag – für das Fernsehpublikum gut sichtbar. Sabaya hatte die Arme über seinem schwarzen T-Shirt verschränkt und wartete darauf, die passenden Bemerkungen einzuwerfen.

In seinem braun karierten Pullover und den braunen *pantos* wirkte Martin extrem dürr. Mit deutlichen Worten wies er auf unseren verzweifelten Zustand hin, und er strich noch einmal heraus, dass wir dringend Hilfe brauchten.

»Ich möchte meine Regierung bitten«, erklärte er, »zu verhandeln oder mit diesen Leuten zu reden.«

Während des Interviews war seine Stimme kontrolliert, beinahe ausdruckslos. Er wollte dem Zuschauer klarmachen: Wir erleben hier wirklich einen Seiltanz. ›Ich erzähle euch nicht mal einen Bruchteil dessen, was wir durchmachen, aber ihr könnt selbst zwischen den Zeilen lesen, okay?‹

Ich dagegen tat, was Sabaya von mir verlangt hatte und was ich im Innern fühlte: Ich ließ meinen Emotionen freien Lauf. Meine Stimme zitterte zeitweise, als ich sagte: »Wir haben ständig Hunger; es ist nie genug zu essen da. Das ist kein Leben. Wir können nicht für uns selbst sorgen … Wir sind vergessen worden. Wir brauchen jemanden, der Erbarmen mit uns hat. Gibt es denn niemanden in dem ganzen großen Land, der uns helfen kann?«

Nach dem Interview setzte sich Arlyn mit Sabaya in seine Hängematte und unterhielt sich mit ihm. Martin und ich kehrten zu unserem Quartier zurück.

»Ich würde wirklich gern noch ein wenig mit ihr reden«, sagte ich zu Martin. »Da ist so vieles, was ich ihr gern sagen würde, aber nicht vor laufender Kamera.«

»Dann geh doch hinüber. Sag Sabaya, du wolltest mit ihr reden, von Frau zu Frau. Er wird das verstehen.«

Ich tat es, und wir konnten uns tatsächlich unterhalten. Arlyn versprach mir, dass sie mir nach meiner Freilassung einen eintägigen Aufenthalt in einer Wellness-Einrichtung ermöglichen würde. Ich sagte ihr, ich hätte nie die Gelegenheit zu einem solchen Aufenthalt gehabt und würde mich darauf freuen.

Dann erklärte sie uns, dass der 11. September unsere Chancen auf eine Lösegeldzahlung drastisch verringert hätte, weil durch die Attentate in den Vereinigten Staaten die Wut auf islamistische Terroristen sehr groß sei. Sie würden niemals ein Lösegeld zahlen. Was andere Geldquellen betraf, waren die Risiken für ein Lösegeld zu groß. Und außerdem würden die philippinischen Generäle und Regierungsbeamten einen Erfolg brauchen. Das waren keine sehr Mut machenden Neuigkeiten.

Sie war hungrig, und es tat gut, Cracker und Erdnussbutter mit ihr zu teilen. Ganz eindeutig hatte sie Mitleid mit uns in unserer schrecklichen Situation, denn sie schenkte mir ihren roten Pullover. Zum Glück durften wir ihr Briefe an unsere Familien überreichen, die wir bereits vor einiger Zeit geschrieben hatten für den Fall, dass wir die Gelegenheit bekämen, sie irgendjemandem mitzugeben.

Durch unser Gespräch erfuhr ich auch, dass ein neuer Plan ausgeheckt worden war, um an Geld heranzukommen. Sabaya hatte ihr vorgeschlagen, das Interview an CNN oder irgendeinen anderen Sender für mindestens eine Million Dollar (oder vielleicht für zwei Millionen) zu verkaufen. Dann sollte sie den Abu Sayyaf das Geld schicken, damit sie uns freilassen konnten. Sie würde dadurch berühmt werden, und sie, die Mudschaheddin, würden endlich ihr Geld bekommen. Damit wären alle zufrieden.

Das klang gut! Aber natürlich wusste in diesem Augenblick keiner von uns, dass der Marktwert für das Interview nicht annähernd so hoch war. CBS zahlte schließlich 50 000 Dollar.

Nur zu bald war die Reporterin wieder gegangen, und wir verließen unser Versteck für den Fall, dass das Militär von dem Interview Wind bekommen hatte. Würde dieses Interview Aufmerksamkeit erregen? So viele andere Versuche waren bisher fehlgeschlagen. Wir erwarteten keine Wunder, das war sicher.

⁓

Einige Zeit, nachdem die Reporterin uns besucht hatte und unsere Situation noch schlimmer geworden war – wir hatten nun fast gar nichts mehr zu essen –, fand ich ein Stück Papier und begann zum ersten Mal, täglich Notizen zu machen, wie in einem Tagebuch. Es waren vorwiegend Berichte darüber, wie lange wir marschierten, ob es regnete oder nicht, was wir an Essen auftreiben konnten und wie wir schliefen. Am Donnerstag, dem 13. Dezember (dem Geburtstag unseres Sohnes Zach), schrieb ich: »Ich fühle mich wie ein schmutziges Tier – dreckig, nass und stinkend. Ich habe Gott um ein hübsches Plätzchen zum Baden gebeten.«

Ein bis zwei Tage zuvor war eine Abordnung losgeschickt worden, um Vorräte zu besorgen. Dabei waren die Männer jedoch auf die AFP gestoßen, weshalb einer von ihnen getötet wurde, während ein paar andere für eine Weile von uns getrennt wurden. Der Rest kam mit leeren Händen zurück. Jetzt hatten wir gar nichts mehr.

An diesem Donnerstagmorgen sagte ich zu Martin: »Zu Hause in den Staaten ist jetzt Mittwochabend, und in einigen Gemeinden findet gerade ein Gottesdienst statt. Die Menschen beten in diesem Moment für uns.«

»Ja, das stimmt«, erwiderte er.

In diesem Augenblick kam eine andere Gruppe der Abu Sayyaf in unser Lager und brachte Reste vom Vorabend mit. Da immer noch Ramadan war, durften sie tagsüber nichts essen, also verschenkten sie diese an uns! Ich glaube, Gott hat an diesem Tag das Gebet erhört und dafür gesorgt, dass wir etwas zu essen hatten.

Schließlich brach der letzte Tag des Ramadan an, an dem immer ein großes Fest veranstaltet wird. Wir waren drei Tage lang marschiert, von frühmorgens bis spätabends, um eine bestimmte Farm zu erreichen, auf der Obst und Gemüse im Überfluss auf uns warten würden, so hatten sie es uns jedenfalls erklärt. Schließlich erreichten wir die Spitze eines Berges, und da war sie tatsächlich.

Auf dieser Farm existierte sogar ein Brunnen, sodass wir seit vier Wochen zum ersten Mal wieder baden konnten. Ediborah gab uns etwas von ihrer Seife ab, und alle waren viel besserer Stimmung. Gut gelaunt machten wir uns an die Festvorbereitungen. Einer der Männer brachte mir einen großen hellgrünen Kürbis und ein *bolo*-Messer.

»Schälen und klein schneiden«, befahl er mir.

Ich betrachtete das große Messer und fragte mich, wie das wohl funktionieren sollte. Natürlich hatte ich kein Schneidebrett, und ich sah schon vor mir, wie ich mir mit der riesigen Klinge den Finger abschnitt. Zum Glück hatte uns jemand vor einiger Zeit einen Löffel mit einer ziemlich scharfen Kante geschenkt. Den holte ich nun aus meinem Rucksack und schälte damit den Kürbis.

Und sobald die Sonne an diesem Freitag untergegangen war, machten wir uns über ein wundervolles Essen her. Das einzig Dumme daran war, dass es an diesem Abend wolkig und damit der Mond verdeckt war, sodass der Ramadan offiziell noch nicht beendet war. Also mussten wir das Fest am Samstag wiederholen.

Auch nach dem Ramadan hatten Martin und ich weiter mit den Tücken des Alltags innerhalb einer Geiselhaft zu kämpfen. So teilten wir uns immer noch eine Zahnbürste, was natürlich keine besonders gute Zahnhygiene war. Denn wenn einer von uns eine Entzündung im Mund hatte, bekam sie kurz darauf auch der andere, und meine Zunge schien eigentlich ständig wund zu sein. Ich weiß nicht, was die Ursache dafür war – ob Stress, Nährstoffmangel oder meine dumme Angewohnheit, den heißen Kaffee sofort hinunterzustürzen (anstatt ihn erst abkühlen zu lassen), sodass ich mir immer wieder die Zunge verbrannte.

Schließlich einigten wir uns darauf, dass der eine sich die Zähne eben nicht putzte, wenn er befürchtete, den anderen mit irgendetwas anzustecken.

Auch die Wasserreinheit wurde in unserem Lager nicht gerade großgeschrieben, denn mehr als einmal schmeckte unser Reis nach Seife, weil einer der Köche das Wasser von derselben Stelle des Flusses geholt hatte, an der wir gerade gebadet hatten. Wir machten uns dann einen Spaß daraus und errieten die jeweilige Seife aufgrund des Geschmacks unserer Mahlzeit. So sagten wir nicht selten: »Hmm – das ist sehr guter Reis, mit einem Hauch von Sunsilk!«, oder: »Diese Soße ist wirklich gut mit einem Spritzer Palmolive.«

Mit seinem Humor schaffte Martin es mehr als einmal, meine innere Spannung zu lösen. So hörte ich Martin summen, als wir eines Tages am Fluss entlangliefen.

Bei der nächsten Rast fragte ich ihn: »Was hast du denn eben vor dich hin gesummt?«

Natürlich erwartete ich, den Titel eines der bekannten Glaubenslieder zu hören. Doch er erwiderte: »Den Titelsong von *The Beverly Hillbillies*!«

Wie gut tat es doch, einmal wieder so richtig zu lachen!

Bei einer anderen Gelegenheit lenkte Martin mich ab, indem er mir von einem Film erzählte, den er auf seinem letzten Transpazifikflug gesehen hatte. Doch nachdem er groß und breit die Geschichte vor mir ausgebreitet hatte, wollte er mir nicht den Schluss verraten.

Ich war zu neugierig und wollte unbedingt das Ende erfahren, aber er blieb hart und spannte mich weiter auf die Folter.

Doch was ich damals noch nicht wusste, Martin würde die Geschichte nie zu Ende erzählen.

Stille Nächte

Weihnachten stand vor der Tür, aber wir hatten keinen äußeren Grund, uns darauf zu freuen. Unsere Kinder zu Hause waren zweifellos mit Schulkonzerten, Partys und Einkaufen beschäftigt – wir konnten es uns nur vorstellen. Für uns persönlich rechneten wir lediglich damit, dass der *Christmas Day*[43] ein ganz normaler Tag sein würde, an dem wir wie üblich durch den feuchten Dschungel marschieren würden.

Ediborah und ich hatten einige Male sehr eindringlich miteinander über ihre Situation gesprochen, denn Musab drängte sie zu einer Hochzeit.

Sie fragte mich immer wieder: »Ist es Sünde, wenn ich ihn heirate? Ich habe doch bereits einen Mann, wenn er mich auch verlassen hat. Ich kann doch nicht noch einmal heiraten. Natürlich wird er mich früher oder später sowieso dazu zwingen.«

Wie zuvor bei den anderen Frauen auch konnte ich ihr keine Antwort darauf geben.

Und dann brachte uns eines Abends jemand heißen Kaffee und einen *apam*, einen der kleinen muslimischen Pfannkuchen. ›Wie nett – ein Mitternachtsimbiss‹, hatte ich gedacht.

Doch einen oder zwei Tage später sagte Ediborah, als wir gerade miteinander das Abendessen zubereiteten: »Erinnerst du dich noch an den Abend, als man euch den Imbiss gebracht hat?«

»Ja.«

»Das war unser Hochzeitsessen«, erklärte sie mit stiller Resignation. »Wir sind jetzt verheiratet. Musab wünscht sich einen Sohn.«

»Nun, Ediborah, du hast getan, was in deinen Augen nötig war.«

---

43   A. d. H.: D. h. der 25. Dezember, an dem in den USA im Unterschied zu Deutschland die Bescherung erfolgt.

Die Abu Sayyaf hatten ihr gesagt, dass ihre erste Ehe nun null und nichtig sei, weil ihr erster Mann ein »Christ« gewesen sei – ihre Bezeichnung für jeden Filipino, der kein Muslim war.

Es war schwer zu sagen, wie ernst Ediborah ihre Hinwendung zum Islam nahm. Einerseits sagte sie mir, sie hätte es nicht ehrlich gemeint, und dann wieder äußerte sie Sätze wie: »Ich glaube sehr wohl an die Heiligkeit des Dschihad.«

Ich blickte sie dann nur mit großen Augen an und hielt besser den Mund.

⁓

Sabaya kündigte an, er würde uns für ein paar Tage verlassen, um die Verhandlungen »in trockene Tücher zu bringen«. Er schien sehr traurig darüber zu sein, dass so viele andere ihn im Stich gelassen hatten: Solaiman, Doctora Rose und sogar Arlyn de la Cruz, von der wir nichts mehr gehört hatten. Jetzt würde er sich ein Boot besorgen und sich selbst um die Sache kümmern.

So sehr wir auch versuchten, nicht daran zu denken, Sabayas Reise fachte unsere Hoffnung natürlich erneut an. Vielleicht würde sich Präsidentin Arroyos Versprechen, wir wären Weihnachten zu Hause, doch noch erfüllen.

Mehrmals schickte er Boten ins Lager mit Anweisungen für Martin, einen Beschwerdebrief über Arlyn zu schreiben.

Martin setzte wie befohlen diesen Brief auf, auch wenn wir die ganze Angelegenheit nicht verstanden und auch nicht sehen konnten, inwiefern er helfen sollte. Wir hatten schon so viele Briefe geschrieben, die nichts bewirkt hatten, und so war es auch bei diesem.

⁓

Jeder neue Lagerplatz, an dem wir ankamen, musste immer zuerst vom Gebüsch gesäubert werden, damit wir unsere Hängematten aufhängen konnten und Platz zum Kochen hatten. Den Abu Sayyaf machte es wenig aus; vielmehr hatten sie Spaß daran, alle möglichen Bäume zu fällen, ob es nun nötig war oder nicht.

In einem unserer Lager wuchs ein kleiner Bambusbaum unmittelbar neben der Stelle, an der wir unsere Hängematte aufgehängt hatten. Martin wollte ihn fällen, um mehr Platz zu haben, aber ich hielt ihn davon ab, da er gut als unser Weihnachtsbaum dienen konnte. Nicht, dass wir ihn mit irgendetwas hätten schmücken können, aber er konnte trotzdem ein hübsches Symbol für diese Jahreszeit sein. Doch leider mussten wir dann doch vor Weihnachten weiterziehen.

Am 23. Dezember wurden wieder zwei Mitglieder der Gruppe für Besorgungen losgeschickt und kehrten mit einem Packen Briefe von der Mission für uns zurück! Bob Meisel und Jody Crain von dem Büro der NTM in Manila hatten ein hübsches Päckchen für uns gepackt. Beigelegt war eine Inventarliste, auf der alles aufgeführt war von Erdnussbutter über Schokoladenkekse bis hin zu Käse, Tütensuppen und Zeitschriften. Aber keines der Dinge erreichte uns; offensichtlich hatte sich Sabayas Gruppe daran gütlich getan, während sie die »Verhandlungen« für uns führte.

Wir lasen Ediborah die Liste vor und sagten, wie anders Weihnachten verlaufen wäre, wenn wir das Päckchen wirklich bekommen hätten. Aber wir trauerten nicht um die Dinge, vielmehr wandten wir unsere Aufmerksamkeit den Briefen zu, die unsere Stimmung erheblich aufhellen konnten. Oreta Burnham hatte sich übers Telefon von unseren Kindern Briefe diktieren lassen, sodass wir von jedem der drei eine ganze Seite bekamen. So erfuhren wir, dass die Kinder über Thanksgiving meine Eltern in Arkansas besucht hatten.

Mary, meine kleine Schwester, die in Ohio wohnt und der größte Hitzkopf in der Familie ist, berichtete von ihren Bemühungen, die Regierungsbeamten zum Handeln zu bewegen.

Sie schrieb auch, dass sie unsere Kinder in Kansas gesehen hätte: »Heute Morgen bin ich bei Mindys Basketballspiel gewesen. Sie singt außerdem im Schulchor mit und hat sogar ein Solo gesungen, weil sie eine so schöne Stimme hat. Sie hat einen guten Geschmack und kleidet sich wirklich hübsch. Zach ist eine Nummer! Wir haben beschlossen, Zach und mich bei den Abu Sayyaf gegen Dich und Martin auszutauschen. Wir würden alle verrückt machen und bestimmt bald freigelassen!«

Außerdem hatte sie eine ganz besondere Aufgabe für Martin und mich: Wir sollten uns einen schönen Jungen- und Mädchennamen ausdenken, da sie und ihr Mann Lance eine Familie gründen wollten.

Martins Bruder Brian und seine Frau Arlita schrieben: »Wir fühlen uns schuldig, weil wir so viel haben und Ihr so arm und hungrig seid ... Wir wünschten, wir könnten Euch einen Lastwagen voller Schokolade schicken.«

Unser Ältester Jeff beschrieb seine Footballsaison und wurde dann nachdenklich: »Ich habe das Interview mit dieser Reporterin gesehen. Ich habe mich gefreut, Eure Gesichter zu sehen, war aber SEHR traurig, Euch in diesem Zustand zu sehen. (Warum legen sie Dir Handschellen an, Dad?) ... Ich möchte Euch sagen, wie stolz ich auf Euch bin. Ihr seid die besten Eltern der Welt. Ich freue mich darauf, Euch wiederzusehen. (Der Bart steht Dir übrigens gut, Dad.)«

Meine Nichte Sarah Tunis schickte uns einen zweieinhalbseitigen Brief. Darin fanden sich auch lange Zitate aus Epheser 1, Jakobus 4, Kolosser 1 sowie Philipper 1 und andere Bibelstellen. Dieser Brief wurde unsere »Bibel«, die wir jeden Tag lasen.

Der Heiligabend brach an, und ich saß Weihnachtslieder singend in meiner Hängematte, während Martin Feuerholz suchte. Normalerweise war dies meine Aufgabe, weil er um diese Zeit bereits gefesselt war. Aber an diesem Abend meldete er sich freiwillig für diese Arbeit.

Am Nachmittag hatte es sehr stark geregnet, sodass wir das von der *tolda* tropfende Regenwasser in einem Gefäß auffingen. Am Abend gab es *sindol*, heiße Kokosmilch, die mit den unterschiedlichsten Dingen gemischt werden kann: mit geschnittenen Bananen, geschnittenen Süßkartoffeln, Kokosnussstücken. Dazu gab es außerdem ein paar Früchte des Morangbaumes, eine Banane und den üblichen Reis mit Soße.

Im Dunkeln zu essen, war natürlich schwierig, aber wir konnten das Feuer erst nach Sonnenuntergang anzünden, weil dann die Soldaten ihre Suche nach uns eingestellt hatten und in ihre Zelte zurückgekehrt waren.

Diese Nacht war ziemlich kalt, und als ich in unserer Hängematte lag, hörte ich ein Flugzeug über uns hinwegfliegen, was mein Heimweh nur noch mehr anfachte und mich sehr traurig stimmte. Außerdem wird auf den Philippinen am Heiligabend um Mitternacht traditionell ein kleines Fest veranstaltet, und ich nahm an, dass ich auch darauf würde verzichten müssen, doch raten Sie, was passierte: Genau um Mitternacht brachte Ediborah uns Cracker und Käse! Wo sie das Ganze wohl herhatte? Ich habe keine Ahnung. Aber wir waren ihr für ihre Großzügigkeit sehr dankbar.

In den vorhergehenden Jahren hatte ich immer schon lange vor Weihnachten überlegt, was ich Martin schenken konnte. Wann immer ich ihn von einem Autor sprechen hörte, dessen Werke er schätzte, schrieb ich mir dessen Namen auf, damit ich ihn nicht vergaß. Außerdem mochte er alles, was mit dem Wilden Westen zu tun hat. Deshalb hatte ich ihm vor unserer Entführung ein kleines Wandregal mit einer geschnitzten Szene aus der Kinderbuchreihe *Unsere kleine Farm* anfertigen lassen, worüber sich Martin damals sehr gefreut hat. Doch in diesem Jahr im Dschungel musste ich mich der Tatsache stellen, dass ich für meinen Mann kein Geschenk haben würde.

Als wir am *Christmas Day* aufwachten, gab es zum Frühstück einfachen Reis ohne Soße – nicht einmal Salz. Nach unserem kärglichen Mahl begann ich, die Weihnachtsgeschichte aus der Bibel aufzusagen, wie ich sie als Kind auswendig gelernt hatte. Und so zitierte ich für Martin an diesem Morgen Teile aus dem Lukasevangelium: »Und sie gebar ihren erstgeborenen Sohn und wickelte ihn in Windeln und legte ihn in eine Krippe, weil in der Herberge kein Raum für sie war …«

Wir lasen uns die Briefe von unseren Angehörigen nochmals vor und sprachen über das, was sie wohl an diesem besonderen Tag tun würden. Über Radyo Agong hörten unsere Entführer Grüße von Doug und Brian Burnham, die sie an uns weitergaben und uns damit unserem Zuhause ein Stück näher sein ließen.

Um uns die Zeit zu vertreiben, nahmen wir ein Stück Papier und zeichneten ein Schachbrett darauf. Aus kleinen Zweigen und Blättern machten wir uns Figuren und spielten dann einige Partien Schach. Außerdem sangen wir viel, beteten miteinander und unterhielten uns über unsere Lieben.

Zum Mittagessen gab es dann ein wenig Fischsuppe, heißen Tee, Reis und gebratene Bananen. Leider fühlte Martin sich nach dem

Essen nicht besonders wohl und legte sich schlafen. Auch an diesem Tag hörten wir wieder Schüsse, aber sie waren zum Glück nicht besonders nah.

In Amerika fragt man nach dem Feiertag bei der Arbeit, in der Schule und in der Gemeinde: »Hattest du ein schönes Weihnachtsfest?«

Ja, Martin und ich hatten ein schönes Weihnachtsfest. Warum? Erstens hatten wir etwas zu essen, und zweitens brauchten wir nicht zu packen und zu marschieren. Beides erhellte unseren Tag.

∽

Etwa am 30. Dezember erreichte uns die Nachricht, dass wir an einen bestimmten Ort kommen sollten, um uns dort mit Sabaya und seinen Kumpanen zu treffen.

Jeder Umzug bedeutete natürlich auch immer, einen neuen Platz für unsere Hängematte zu finden. Dieses Mal machte Martin mich verrückt, weil er ihre Position ständig veränderte. Nachdem er sie zwischen zwei Bäumen aufgehängt hatte, ließ er sie mich ausprobieren.

Ich setzte mich also und meinte: »Prima, alles in Ordnung so.«

Er aber war noch nicht zufrieden und meinte: »Also, ich habe den Eindruck, als wäre dieses Ende etwas höher als das andere. Steh doch bitte auf, dann binde ich sie noch einmal neu fest.«

Nachdem dieser Prozess beendet war, beurteilte ich sie erneut als perfekt – und er sagte: »Vielleicht habe ich das andere Ende doch ein wenig zu niedrig gebunden. Könntest du noch einmal aufstehen? Ich binde sie noch einmal fest.«

Das ging mehrere Male so weiter, bis ich schließlich sagte: »Genug jetzt! Die Hängematte hängt gut und damit Schluss. Du bist genau wie mein Schwager Bill!«

Ein paar Jahre zuvor war ich nämlich einmal zusammen mit Bill Äpfel kaufen gegangen. Im ersten Lebensmittelgeschäft waren wir direkt in die Obstabteilung marschiert, und er hat bestimmt jeden Apfel in die Hand genommen, um ihn zu untersuchen, kaufte dann aber schließlich nur vier oder fünf Äpfel. Anschließend waren wir zu einigen Obstplantagen gegangen, wo er genauso kritisch ausgewählt hatte. Er betastete alle Äpfel, und manchmal kaufte er ein paar, manchmal aber auch überhaupt keine. Es war wirklich sehr lustig.

Und jetzt im Dschungel neckte ich Martin:»Ich hoffe, du gehst nie mit Bill Äpfel einkaufen. Ihr beide würdet Wochen brauchen und vermutlich nichts mit nach Hause bringen!«

Wann immer ich mich danach über seinen Perfektionismus ärgerte, sagte ich nur:»Eines Tages wirst du mit Bill Äpfel einkaufen gehen!«, und dann lachten wir.

Bei Sabayas Rückkehr erfuhren wir, dass er nicht wie beabsichtigt in die Stadt hatte fahren können, da sich dort zu viele Soldaten aufhielten. Aber die Verhandlungen liefen trotzdem, behauptete er, und alles würde dennoch gut werden.

Kaum war Sabaya wieder bei uns, verabschiedeten wir auch schon die Nächsten. Moghira und ein anderer Führer, Umbran, hatten mit ihrer Gruppe einen Sonderauftrag in einem Einsatzkommando bekommen. Und so blieben nur noch vierzehn von uns zurück: Ediborah, Martin, ich und elf Entführer.

Als wir an diesem Tag unter einem Baum einige Früchte des Morangbaumes aufsammelten, entdeckten wir ein ungewöhnliches Flugzeug über uns. Es war keins von denen, die uns normalerweise am Himmel über Basilan verfolgten; deshalb blickten alle Martin fragend an.

»Kann dieses Flugzeug Bomben auf uns werfen?«, wollten sie wissen.

»Oh nein. Das ist ein zweimotoriges Flugzeug, wie es häufig eingesetzt wird, um einen Würdenträger oder eine wichtige Persönlichkeit zu transportieren.«

Sabaya blickte uns an und sagte:»Im Radio habe ich gehört, dass euer Kongressabgeordneter aus Kansas hier ist.«

Erneut blickten wir zum Himmel, dieses Mal voller Sehnsucht. Konnte es sein, dass der Abgeordnete Todd Tiahrt, unser Kongressabgeordneter für Wichita, tatsächlich so nahe war? Eine ungewohnte Wärme machte sich in uns breit. Vielleicht konnte er ja einen Durchbruch erzielen, wo so viele andere versagt hatten.

In dieser Nacht kam Ediborah mit besonderen Leckerbissen zu uns, um das neue Jahr willkommen zu heißen: kleine Stückchen Käse und einige Cracker. Am folgenden Tag gelangte wieder einmal eine Zeitung ins Lager – zusammen mit einem neuen Brief von »ihnen«. Und wieder wussten wir nicht, wer damit gemeint war. In diesem Brief wurde ein neues »Lebenszeichen« gefordert. Also zog Sabaya eine Kamera hervor, wo immer er sie auch herhatte, und wir setzten uns zu einem Foto nebeneinander mit der aktuellen Zeitung zwischen uns.

～

Mit dem Beginn des Jahres 2002 hatten wir keinen Kalender mehr. Unsere einzige Orientierungshilfe war der kleine Taschenkalender von 2001 gewesen, den ich auf dem Schnellboot gerettet hatte, doch jetzt mussten wir das Datum im Kopf behalten. Mehr als einmal herrschte Unstimmigkeit im Lager in Bezug auf das Datum, aber Martin mit seinem organisierten Verstand hatte immer recht.

Leider hatte mit Beginn des neuen Jahres auch die ruhigere Zeit ein Ende, denn der Druck vonseiten des Militärs nahm zu, und wir zogen uns ins Innere der Insel zurück, in die bergigeren Regionen. Eines Abends bei Sonnenuntergang, wir trafen gerade unsere gewohnten Vorbereitungen zum Schlafengehen, hörten wir plötzlich, wie ganz in unserer Nähe Holz gefällt wurde.

»Sundalo!«, kam die Nachricht. »Unmittelbar auf der anderen Seite des Berges!«

So leise wie möglich packten wir unsere Sachen und verschwanden in die andere Richtung, an einem Fluss entlang einem Pfad folgend. Doch in einem stillen Augenblick hörten wir auch hier einen Soldaten in sein Funkgerät sprechen! Offensichtlich gab es ebenfalls in dieser Richtung Soldaten. Wir marschierten aber trotzdem weiter.

In dieser Nacht hatten wir nur Zeit für eine kurze Rast, denn wir wollten so schnell wie möglich in die Berge. Wie sich herausstellen sollte, war dies eine gute Entscheidung, denn in den folgenden vier oder fünf Wochen erlebten wir relativ viel Ruhe und Frieden. Es war so ruhig, dass Martin und ich diesem Lager einen Namen gaben: »Camp Zufriedenheit«.

»Weißt du«, sagte Martin eines Tages zu mir, »hier in den Bergen habe ich Hass erlebt; ich habe Bitterkeit erlebt; ich habe Neid erlebt; ich habe Begierde erlebt; ich habe erlebt, wie Böses verübt wurde.« Ich nickte zustimmend und dachte an die vielen negativen Ereignisse, die auch ich miterlebt hatte.

Doch dann erstaunte er mich, denn er hatte nicht, wie ich angenommen hatte, von den Abu Sayyaf gesprochen.

»Ich habe alle diese Dinge in mir selbst gefunden. Gott hat mir in den vergangenen Monaten gezeigt, wie unglaublich sündig ich bin.« Dann ging er die Liste noch einmal im Detail durch.

»Hass? Manchmal habe ich diese Männer so abgrundtief gehasst. Als wir um unser Essen betrogen wurden, saß ich da und dachte: ›Ich wünschte, ich bekäme eine größere Portion Reis, und *sie* wären an einen Baum gekettet. Ich würde mich vor sie hinsetzen und alles vor ihren Augen aufessen.‹

Bei anderen Gelegenheiten, wenn einer von ihnen einen ›persönlichen‹ Imbiss hervorholte und ihn verzehrte, war ich neidisch, anstatt mich für den Betreffenden zu freuen.«

Und er ging die Liste weiter durch. Wir sprachen darüber, wie böse unsere Herzen waren. Wir hatten uns damit entschuldigt, dass uns Unrecht getan worden sei und unsere Gefühle nur »natürlich« seien. Auch darüber redeten wir.

»Aber Jesus hat uns aufgetragen, unsere Feinde zu lieben ... denen Gutes zu tun, die uns hassen ... für die zu beten, die uns beleidigen«, fuhr Martin fort. »Er sagte, wir sollten ihrer aller Diener sein, und er hat keine Ausnahmeregelung geschaffen, wie zum Beispiel ›mit Ausnahme von Terroristen, die ihr rechtmäßig hassen dürft‹.«

Wir entschlossen uns dazu, Gott zu bitten, uns Zufriedenheit zu schenken und uns zu lehren, was wir nach seinem Willen lernen sollten. Und wir befahlen unsere Situation Gott an. Ich kann nicht sagen, dass wir danach Vorbilder eines heiligen Lebenswandels geworden wären, aber wir kamen an den Punkt, wo wir am Feuer stehen und eine geringere Portion Essen klaglos akzeptieren konnten.

Und ich sah Martins Dienstgesinnung, die zum Ausdruck kam in seiner Haltung gegenüber einem der Männer, die wir »57« nannten, da es ihre Aufgabe war, die M-57-Mörsergranaten zu tragen. Er schien ständig schlechter Laune zu sein, doch irgendwann erfuhren wir, dass er unter chronischen Kopfschmerzen litt. Also ging Martin eines Tages zu ihm hinüber, während er wieder einmal vor Schmerzen stöhnte. Wir hatten einige Ibuprofen in einem Päckchen bekommen, und Martin gab ihm eine der Tabletten mit der Bemerkung, dass er auch noch für ihn beten wolle.

Kurz darauf wurde »57« auf irgendeine Mission geschickt, und als er zurückkehrte, verhielt er sich uns gegenüber vollkommen anders. Auch wenn er im Umgang mit anderen immer noch ruppig reagierte – zu uns war er stets freundlich. Martin versorgte ihn weiterhin mit Schmerzmitteln, wann immer dies notwendig schien.

Unser Entschluss, zufrieden zu sein, wurde mit der Zeit jedoch zunehmend auf die Probe gestellt. Mitte Januar wurde im Radio berichtet, amerikanische Soldaten seien auf den Philippinen eingetroffen, um bei der Ausbildung der AFP mitzuhelfen. Daraufhin wurde Musab sehr zornig. Er ließ seinen Zorn an Martin aus, indem er schlichtweg »vergaß«, morgens jemanden zu schicken, der ihn von seinem Baum befreite. Erst wenn Martin darum bat, im Wald zur Toilette gehen zu können, nahmen sie ihm die Handschellen ab und fesselten ihn anschließend nicht mehr. Dieses Verhalten ihm gegenüber eskalierte so weit, dass Martin, wenn er sich nicht meldete, 24 Stunden am Tag gefesselt war.

Ich sehnte mich inzwischen zunehmend nach Privatsphäre – vor allem, wenn ich zur Toilette musste. Schließlich sammelte ich alle Äste zusammen, die die Männer abgeschlagen hatten, um ihre Hängematten anzubinden, und baute damit eine Art Sichtschutz am Hügel, sodass Ediborah und ich nicht beobachtet werden konnten. Das einzige Problem war, dass dieser Holzstapel die Schlangen anzog, denn eines Tages zeigte Ediborah mir eine Schlangenhaut, die sie dort gefunden hatte.

Mit einem Anflug von Fatalismus antwortete ich auf ihre Entdeckung: »Na toll! Wenn ich gebissen werde, dann bin ich tot und komme wenigstens endlich hier heraus!«

An diesem Punkt erschien mir der Tod eine recht gute Alternative zu der Aussicht zu sein, den Rest meines Lebens als Geisel zu verbringen.

Dass unsere Lebensumstände wirklich verheerend waren, zeigte sich auch daran, dass wir Frauen aufgrund unserer mangelhaften Ernährung mittlerweile unsere monatliche Periode nicht mehr bekamen. In früheren Monaten war genügend Geld vorhanden gewesen, um die Frauen mit dem zu versorgen, was sie brauchten, und wenn eine freigekauft worden war, verschenkte sie ihre Vorräte an die Zurückbleibenden. Jetzt waren die Abu Sayyaf knapp bei Kasse – aber das war in dieser Hinsicht nicht mehr wichtig.

Ediborah machte sich jedoch Sorgen, sie könnte schwanger geworden sein, was wiederum Musab sich sehr wünschte. Ich sagte ihr nur, dass sie sich darum keine Gedanken machen sollte, da auch meine Periode ausgesetzt hatte. Den Grund dafür sah ich in unserer mangelhaften Ernährung. Und ich hatte recht, denn mehrere Monate später, als das Essen wieder besser wurde, setzte unsere Periode wieder ein. Nur mussten wir dann mehrmals zu Lumpen greifen.

∼

Während Martin im »Camp Zufriedenheit« Tag für Tag auf denselben Baum starrte, begann er, für die Zeit nach unserer Gefangenschaft Pläne zu schmieden – sollten wir jemals nach Kansas oder Arkansas zurückkehren.

»Vielleicht könnte ich eine Fliegerschule aufbauen oder Wochenendseminare für den Pilotenschein geben.« Er überlegte, wie viel er damit verdienen könnte und welche Kosten man für ein solches Unternehmen würde aufwenden müssen.

Außerdem träumten wir von einem Donut-Laden und suchten schon in Gedanken nach einer geeigneten Stelle in Rose Hill. Ja, es waren auch manch andere, ziemlich verrückte Vorhaben dabei.

Schließlich endeten unsere Gespräche mit einem wirklich realistischen Plan, nämlich mit Martins Idee, nach seiner Rückkehr Pastor zu werden. Wir sprachen eingehend über diesen Gedanken und konnten es uns gut vorstellen.

Am 17. Januar, einem Donnerstag, war mein Geburtstag. Nie hätte ich damit gerechnet, diesen Tag im Dschungel zu verbringen. Die Abu Sayyaf wussten von diesem Tag, und zwei Tage zuvor hatten sie einen Kuchen von etwa 25 Zentimetern Breite ins Lager gebracht, der in einer speziellen Pfanne gebacken worden war. Wir vermuteten, dass die Zutaten denen entsprachen, die man beim Pfannkuchen benötigte, nur hatte diesmal der Koch Orangenlimonade als Flüssigkeit verwendet.

An meinem Geburtstag brachten wir es fertig, eine kleine, aus Brasilien importierte 170-Gramm-Dose Corned Beef zu zwei Mahlzeiten für die gesamte Gruppe zu strecken, indem wir das Fleisch mit Reis und Maggi-Nudeln mischten. Es war unglaublich, wie schmackhaft das war. Als es dann an der Zeit war, den Kuchen anzuschneiden, bekamen wir unseren Anteil – zwei kleine Rechtecke, etwa zwei Bissen jedes Stück.

An diesem Abend luden wir Ediborah zu uns ein. Wir unterhielten uns über unsere unterschiedlichen Geburtstagstraditionen und teilten zur Feier des Tages miteinander einen kleinen Schokoriegel, den wir extra aufbewahrt hatten.

Nachdem sie gegangen war, beteten Martin und ich miteinander und legten uns dann schlafen. Das war zweifellos ein höchst ungewöhnlicher Geburtstag, wie ich noch keinen in meinem Leben gefeiert hatte. Keine Luftballons, keine Karten, keine Geschenke, keine Schlafzimmertür, die für ein romantisches Ende hinter uns geschlossen wurde. Aber auf seine bescheidene Art war es doch ein netter Tag gewesen.

So nahe

Eines Morgens, noch während unseres Aufenthalts im »Camp Zufriedenheit«, fragte mich Sabaya: »Kennen Sie jemanden mit Namen Mary Jones?«

Mein Herz machte einen Sprung. »Ja! Das ist meine kleine Schwester!«

»Nun, sie hält sich in Zamboanga auf und wird über Radyo Agong eine Erklärung abgeben. Ich bringe mein Radio herüber, damit du es hören kannst.«

Was um alles in der Welt hatte das zu bedeuten? Meine kleine Schwester hielt sich ganz in unserer Nähe in Zamboanga City auf? Nie in meinem Leben hatte ich mir mehr gewünscht, wie Superman fliegen zu können.

Unter unserer *tolda* kauerten wir uns um das Kurzwellenradio. Schon bald kündigte der Moderator an: »Heute haben wir Mary Jones zu Gast, die Schwester von Gracia Burnham. Sie möchte eine Erklärung abgeben.«

Und dann ertönte die Stimme, die ich so gut kannte. Mit einem strahlenden Lächeln auf dem Gesicht lauschte ich ihren Worten. Sie sprach vier oder fünf Minuten lang sehr eindringlich über ihre Sorge um uns. Unsere Kinder hätten Angst, nachdem sie gesehen hätten, in welch einem schlechten gesundheitlichen Zustand wir wären, sagte sie. Sie appellierte an die philippinische Regierung, doch etwas zu unternehmen. Auch appellierte sie an die Abu Sayyaf: »Bitte tut ihnen nichts. Das wird euch nichts bringen. Sie sind friedliebende Menschen.«

Und am Schluss nannte sie Telefonnummern, bei denen unsere Entführer anrufen konnten.

»Wow!«, rief ich. »Ja, das ist meine Schwester!« Ich wandte mich an Martin und sagte: »Sie hat sehr nette Dinge über uns gesagt, nicht?«

Wir konnten kaum glauben, dass sie diese weite und beschwerliche Reise für uns auf sich genommen hatte.

Am folgenden Morgen kam Sabaya stirnrunzelnd zu uns. »Ein Teil ihrer Erklärung wird erneut gesendet – der Teil mit den Telefonnummern. Warum tut sie das?«

»Ich weiß es nicht«, erwiderte ich. »Vielleicht möchte sie nur wissen, wo wir sind. Möglicherweise hat sie Geld dabei.« Ich dachte, das würde seine Aufmerksamkeit erregen.

Seine Reaktion blieb jedoch gelassen. »Wir haben kein Satellitentelefon mehr, wir können gar nicht telefonieren, selbst wenn wir es wollten. Schreibt einen Brief und fragt sie nach den eigentlichen Gründen für ihr Kommen. Fragt sie, warum sie diese Telefonnummern durchgegeben hat. Teilt ihr mit, dass wir über keine Kommunikationsmittel mehr verfügen. In der Zwischenzeit können Janjalani und Solaiman für uns sprechen; sie kann ihnen vertrauen. Niemand außer Mary wird diesen Brief zu sehen bekommen«, fügte er noch hinzu. »Wir werden ihn Alvin Siglos geben. Er wird nach Manila fahren und ihn persönlich überbringen.«

Ich bekam also Papier und begann zu schreiben, was von mir erwartet wurde:

Hallo Mary,
gestern haben wir Dich im Radio gehört. Abu Sabaya kam heute Morgen zu uns. Er ist verwirrt in Bezug auf den eigentlichen Zweck Deines Aufenthalts hier auf den Philippinen. Berichten zufolge wirst Du vom FBI begleitet. Du hast Telefonnummern genannt, die angerufen werden sollen. Bedeutet das, dass die unter diesen Nummern erreichbaren Personen bereit sind, mit der Gruppe über unsere Freilassung zu verhandeln?
Die Gruppe möchte Dir mitteilen, dass wir ohne Konzessionen niemals freigelassen werden. Ihre Verluste sind groß gewesen, und niemals werden sie uns einfach so aufgeben. Sie fordern die Rückgabe ihrer Heimat, aber da dies im Augenblick unmöglich erscheint, sind sie bereit, ein Lösegeld zu akzeptieren, weil sie für ihren Kampf Waffen kaufen müssen.

Ein paar Absätze später schrieb ich etwas persönlicher von den Dingen, die mir auf dem Herzen lagen:

Könntest Du Alvin bitte ein Päckchen mitgeben? ... Schicke ein paar Tausend Pesos (40 Dollar) für uns persönlich, damit wir Medizin usw. kaufen können. Ich brauche Stiefel. Martin wird immer dünner. Das ist schwer mit anzusehen!
Diese ganze Situation ist so schwierig. Alle sind so eigensinnig ... Wir sind mittendrin gefangen ... ohne Lösegeld werden die Abu Sayyaf uns nicht freilassen ... Die Regierungen sagen: »Kein Lösegeld!« Das ist ein endloser Kreislauf, und um ehrlich zu sein, wollen wir nicht befreit werden, denn die Soldaten schießen auch auf uns. Wenn nicht jemand etwas Geld auftreibt, werden wir sterben.
Danke, dass Du hergekommen bist, um die Welt daran zu erinnern, dass wir Menschen sind ... wir werden als politisches Faustpfand behandelt, und das ist sehr traurig. Sag Mom und Dad, dass ich sie liebe ... Das gilt auch für meine Kinder. Ich liebe sie so sehr, dass es wehtut.

Als ich fertig war, sagte Martin: »Ich glaube, ich schreibe auch etwas.«
»Du wirst uns noch in Schwierigkeiten bringen!«, warnte ich ihn.
»Sabaya hat gesagt, ich solle mich kurz fassen.«
»Auf keinen Fall. Ich werde diese Gelegenheit nicht ungenutzt verstreichen lassen.« Und so fügte auch er noch etliche Abschnitte hinzu. Unter anderem schrieb er:

Es scheint, als müsste bald etwas passieren ... aber wir sagen das schon so lange. Nach wie vor werden wir im Herrn ermutigt. Viele von Euch haben in den letzten Briefen Bibelverse zitiert – sie sind zu unserer Bibel geworden, und wir lesen sie täglich.
Jeff, Mindy und Zach ... ich weiß nicht, was ich Euch sagen soll – außer, ich liebe Euch so sehr, und ich bete, dass ich bald zu Euch nach Hause kommen kann. Jeff, ich wollte mir mit Dir die

World Series[44] ansehen, dann den Super Bowl[45] (und all die anderen Spiele), aber ich weiß nicht einmal, wer gespielt hat! Herzlichen Glückwunsch zu Deinem Geburtstag!

Nachdem wir den Brief fertig hatten, brachten wir ihn Sabaya. Doch später mussten wir erfahren, dass er nicht direkt an Alvin Siglos gegangen war. Stattdessen landete er bei Radyo Agong und wurde dort verlesen, bevor er auch nur in Marys Hände gelangte! Wenn ich gewusst hätte, dass das passieren würde, hätte ich nicht halb so offen geschrieben.

Unnötig zu erwähnen, dass die Abu Sayyaf die Telefonnummern natürlich nie angerufen haben. Sabaya war sehr misstrauisch, weil Mary von einem FBI-Agenten begleitet wurde. Wir hätten ihm wohl erklären sollen, dass dies das übliche Verfahren in Entführungsfällen von Amerikanern war; das FBI wurde von Anfang an eingeschaltet. Doch ich bin mir sicher, dass nicht einmal das ihm seine Ängste genommen hätte.

Kurz darauf tauchte die Frau von einem der Entführer im Lager auf. Sie erzählte, sie hätte Mary im Haus eines Kongressabgeordneten in Isabela, der Provinzhauptstadt von Basilan, getroffen. Außerdem berichtete sie, dass Mary geweint und »Schachteln voller Geld« hätte, mit denen sie meine Freilassung erreichen wollte. Das klang gut, aber die Wahrheit erfuhr ich später von Mary. Sie war nie in Isabela gewesen. Weiter als Zamboanga City war sie nie gekommen.

Unsere Versorgungslage war zu dieser Zeit eigentlich recht gut, und zwar aus einem ungewöhnlichen Grund: Die Regierungstruppen versorgten uns! Eine Gruppe von ihnen traf sich mit unseren Männern und gab ihnen Reis, getrockneten Fisch, Kaffee und Zucker. Dies geschah im Laufe einiger Wochen mehrfach.

---

44 A. d. H.: Finale der US-amerikanischen Baseball-Profiligen.
45 A. d. H.: Finale der US-amerikanischen Football League (NFL).

Warum um alles in der Welt versorgten die Truppen von Präsidentin Arroyo die Abu Sayyaf mit ihren Nahrungsmitteln? Uns wurde gesagt, der Grund dafür sei, dass Sabaya mit dem General der AFP für dieses Gebiet darüber verhandelte, wie das Lösegeld – sollte es jemals gezahlt werden – aufgeteilt werden solle. Arlyn de la Cruz hatte uns während ihres Besuches bei uns vor so etwas gewarnt. »Wissen Sie, das ist eine richtig große Sache«, hatte sie gesagt, »und alle rechnen mit ihrem Anteil.«

Sabaya war bereit, dem General 20 Prozent der Lösegeldsumme abzugeben, aber der Unterhändler kam mit der Nachricht zurück, dass dies nicht genug sei und der General 50 Prozent forderte. Das erstaunte uns nicht besonders, denn im Laufe der Jahre hatten wir in den Zeitungen Berichte darüber gelesen, dass die Frauen der Generäle eine Unmenge an Geld für Luxusgüter ausgaben und dass ihre Kinder die besten Schulen im Ausland besuchten. So etwas kann man mit dem Gehalt eines philippinischen Generals nicht bestreiten.

Über das Radio erfuhren wir kurz darauf, dass die Verhandlungen abgebrochen worden seien. Radyo Agong übermittelte häufig verschlüsselte Nachrichten in öffentlichen Verlautbarungen. So nannte der Moderator eines Tages einen Spitznamen Sabayas und sagte dann: »Die Bank hat Ihr Angebot für das Haus, das Sie verkaufen wollten, abgelehnt. Sie wird das Haus jetzt mit Gewalt übernehmen. Mein Rat an Sie wäre, das Haus zu verlassen, um größeren Schwierigkeiten zu entgehen.«

Man brauchte kein Detektiv zu sein, um zu wissen, was das bedeutete. Die Verhandlungen mit dem General waren gescheitert, und wir mussten weiterziehen.

Und noch ein weiterer Zwischenfall war der Grund für einen erneuten Umzug. Assad kam mit dem Schlüssel für Martins Handschellen den Berg hinaufgerannt und nahm sie ihm ab. Er war aufgeregt und redete unentwegt auf uns ein, obwohl wir nur einen Bruchteil davon verstanden. Soweit wir uns die Sache zusammenreimen konnten, hatten unsere Entführer einen Mann gefangen, der behauptete, auf der »Suche nach einer Axt« zu sein, die er mehrere Jahre zuvor verloren hätte.

Dieser Mann hatte die Abu Sayyaf schon einmal aufgestöbert, und Omar hatte ihn damals gewarnt: »Mach dich nicht noch einmal auf die Suche nach uns, sonst werden wir dich töten.«

Und jetzt saßen sie da und befragten ihn eingehend. Schließlich kamen sie zu dem Schluss, dass er ein Informant für die Armee war. Nachdem sie uns nun in das entgegengesetzte Ende des Lagers verlegt hatten, brachten sie den Gefangenen auf den Berg und enthaupteten ihn. Wir sahen und hörten nicht, wie es geschah, doch wir sahen Bashir den Berg hinabkommen und sich derweil das Blut von seinem Hemd wischen.

Etwas später erzählte Sabaya Martin, was sich zugetragen hatte. »Ich bin sicher, das ist ein schwerer Schlag für dich«, fügte er hinzu.

»Nun, du kennst meine Ansichten dazu«, erwiderte Martin. »Du weißt, dass ich das für falsch halte, selbst wenn du es einen ›heiligen Krieg‹ nennst.«

Und wieder kam die Standarderklärung: »Es war das Schicksal dieses Mannes. Er hätte sich eben nicht auf die Suche nach uns machen sollen. Aber er hat es getan, und jetzt müssen wir uns einen neuen Lagerplatz suchen.« Das war, was Sabaya am meisten ärgerte – die Unbequemlichkeit des Weiterziehens.

In diesem Zusammenhang erinnerten wir uns an ein Gespräch, das wir mit Sabaya über ein Interview mit Muhammad Ali geführt hatten. Es war in der Dezemberausgabe von *Reader's Digest*[46] erschienen, die wir mit dem vorweihnachtlichen Päckchen erhalten hatten. Der Reporter hatte den berühmten amerikanischen Boxer ausgerechnet am 11. September in seinem Haus in Michigan besucht. Sie hatten das Interview wie geplant durchgeführt, aber natürlich hatte der Journalist Ali als Erstes nach seiner Reaktion auf die Angriffe gefragt.

»Ein derartiges Töten lässt sich nie rechtfertigen«, hatte er gesagt. »Es ist unglaublich. Nie könnte ich ein Vorgehen unterstützen, bei dem unschuldige Männer, Frauen und Kinder verletzt werden. Der Islam ist eine Religion des Friedens. Er befürwortet nicht den Terrorismus oder das Töten von Menschen.«

---

46 Howard Bingham, »Face to Face with Muhammad Ali«, *Reader's Digest*, Dezember 2001, S. 92-93.

Daraufhin hatte der Journalist gefragt, was Ali bei der Behauptung empfinde, die bereits in den Nachrichten weitergegeben würde, die Muslime seien verantwortlich für die Katastrophen im World Trade Center und im Pentagon.

»Ich bin sehr aufgebracht darüber, dass die Welt eine bestimmte Gruppe von Islam-Anhängern, die diese Zerstörung angerichtet hat, stellvertretend für alle Muslime sieht. Aber das sind keine richtigen Muslime. Es sind rassistische Fanatiker, die sich Muslime nennen und zugelassen haben, dass Tausende von Menschen ermordet worden sind.«

Wir zeigten Sabaya den Artikel und fragten ihn nach seiner Meinung dazu.

»Natürlich wird Muhammad Ali das verurteilen; er führt in Amerika ein gutes Leben! Solange er genug Geld hat, wird er öffentlich nicht mit uns übereinstimmen, denn das würde seine Akzeptanz mindern. Aber ich kann Ihnen versichern, dass er, wenn er wirklich ein Muslim ist, über den Dschihad Bescheid weiß und den Dschihad versteht – und den Dschihad billigt.«

∾

Stundenlang marschierten wir den Fluss entlang, wo wir wieder einmal viel vorsichtiger sein mussten als auf den normalen Wegen. Deshalb wählten wir auch stets den schwierigsten Weg, in der Regel durch dichtes Buschwerk. Irgendwann deuteten die Abu Sayyaf von einem Berggipfel auf ein Dorf in der Ferne und meinten: »Das ist unser Ziel. Wenn wir die Straße nehmen könnten, würde es nur ein paar Stunden dauern, es zu erreichen.« Aber wir brauchten schließlich zwei Tage dazu – bergauf und bergab, bergauf und bergab.

Unserer Schätzung nach trug Martin auf dieser »Wanderung« etwa 25 Kilogramm mit sich herum – seine verschiedenen Kleidungsstücke, unsere Hängematte, die Kette, mit der er jede Nacht angekettet wurde, Nahrungsmittel und dazu noch ein oder zwei Mörsergranaten (»M-90« gemäß der Bezeichnung der Abu Sayyaf).

Ich trug etwa 12,5 Kilogramm an Gepäck mit mir herum, darunter ein paar »M-60«-Mörsergranaten, die pro Stück zwei oder zweieinhalb Kilogramm wogen und etwa die Größe einer Kartoffelchips-Dose hatten. Meine Arm- und Oberschenkelmuskeln wurden von dieser Anstrengung sehr stark, während mein Körper immer schwächer wurde.

Und das Verrückte war, diese schweren Mörsergranaten wurden nie benutzt! Wir schleppten sie Woche für Woche im Dschungel mit uns herum, aber in einem Feuergefecht war nie Zeit, die entsprechende Technik aufzubauen und abzufeuern; die Männer griffen stattdessen stets nur zu ihren Gewehren und begannen, um sich zu schießen.

Angesichts unseres Gepäcks führten Martin und ich mehr als einmal eine Diskussion darüber, welche persönlichen Gegenstände wirklich notwendig waren. Damals im Juni hatten die freundlichen Lehrerinnen mir eine Jeans geschenkt. Aber Martin bat mich, sie nicht zu tragen, weil sie bei Muslimen zu der »unzüchtigen Kleidung« zählt. Vielmehr sollte ich möglichst weite Kleidungsstücke tragen.

So zog ich die *pantos* an und schleppte die Jeans mit mir herum. Nach einigen Monaten stellten wir fest, dass Martin so viel Gewicht verloren hatte, dass *er* nun diese Jeans tragen konnte. Er beschloss, sie für den Tag seiner Freilassung aufzuheben, wann immer er kommen mochte. Außerdem besaß er ein schönes, warmes Hemd mit Kragen, das man ihm in dem Krankenhaus geschenkt hatte. Zusammen war das eine gute Kombination.

Wir schleppten diese Sachen monatelang mit uns herum. Eines Tages sagte ich: »Martin, diese Gefangenschaft wird nicht schnell zu Ende sein. Wir schleppen dieses zusätzliche Gewicht durch den Dschungel. Was meinst du?«

»Oh, ich hasse es, die Jeans zurückzulassen. Ich denke immer noch, wir werden bald befreit werden. Ich würde wirklich gern einigermaßen anständig aussehen, wenn ich hier herauskomme.«

Ein paar Tage später jedoch gaben wir auf und versteckten die Jeans hinter einigen Steinen. Er war sehr traurig darüber und ich auch. Das Hemd jedoch behielten wir als warmes Kleidungsstück für die Nacht.

Irgendwann im Februar wurde die Versorgungslage zunehmend schwieriger. Wenn ich morgens aufwachte, spürte ich mein Blut laut durch meinen Kopf pulsieren. Das ging wochenlang so, bis wir wieder besseres Essen bekamen. Wenn ich in solchen Situationen dann sehr niedergeschlagen war und mich selbst bemitleidete, überlegte ich, ob ich in meinem Leben etwas anders hätte machen sollen.

Wünschte ich, unsere Familie wäre niemals auf die Philippinen gekommen? Nein, vor der Entführung hatten wir wundervolle 15 Jahre dort verbracht.

Wünschte ich, ich hätte Martin nicht geheiratet? Ganz bestimmt nicht.

Wünschte ich, ich hätte mich als kleines Mädchen nicht bekehrt? Nein.

Vielleicht wünschte ich mir, ich wäre nie geboren worden. Das klang wie bei Hiob, als er in seinem Leid klagte: »Es verschwinde der Tag, an dem ich geboren wurde ... Jener Tag sei Finsternis! Nicht frage Gott nach ihm droben, und nicht erglänze über ihm das Licht« (Hi 3,3-4).

Emotional war ich schon lange nicht mehr stabil. Mehrmals sagte ich zu Martin: »Ich wäre lieber tot, als weiter in dieser Situation zu leben.«

»Gracia, du kannst überleben. Was meinst du, würden die Kinder sagen, wenn du jetzt am Telefon mit ihnen sprechen könntest?«

»Sie würden sagen: ›Mach weiter, Mom, dann wirst du vielleicht eines Tages nach Hause kommen‹«, musste ich zugeben.

»Genau. Und das musst du tun. Du darfst nicht zu weit in die Zukunft denken. Lauf einfach weiter bis zur nächsten Pause. Wenn wir erst wieder frei sind, wird uns diese Gefangenschaft hier kurz erscheinen.«

Armer Martin – er war so lieb und ging immer auf meine Emotionen ein. Wenn wir in einem Feuergefecht steckten und ich die Nerven verlor, sagte er stets: »Gracia, jetzt ist nicht der richtige Zeitpunkt zum Weinen. Du vergeudest nur deine Energie. Du musst dich beherrschen – später kannst du weinen, in Ordnung?«

Aber er schimpfte mich nie aus, wenn ich mich nicht beherrschen konnte. Diese Situationen erinnerten mich an meinen Unterricht bei meinen Kindern. Manchmal trieb ich Jeffrey so sehr zu größeren Leistungen an, dass er in Tränen ausbrach. Mehr als einmal hatte ich dann gesagt:»Ich möchte dich nicht weinen sehen, denn du versuchst ja nur, deinen Willen durchzusetzen.« Ich war sehr ungeduldig und ungerecht zu ihm.

Jetzt im Dschungel dachte ich: ›Wie würdest du empfinden, wenn jemand neben dir herlaufen und dir sagen würde: *Ich möchte dich nicht weinen sehen, denn du versuchst ja nur, deinen Willen durchzusetzen*[47]?‹

Ich nahm mir vor, mich bei Jeff zu entschuldigen, wenn ich nach Hause zurückkam, weil ich ihn so sehr angetrieben hatte. Er war ein wirklich guter Schüler, genau wie die anderen Kinder; nur meine Erwartungen an sie waren zu groß. Sie waren Kinder, keine kleinen Erwachsenen, und sie mussten erst noch lernen, sich in der Welt zurechtzufinden.

∼

Ich lernte nicht nur Neues über meine Beziehung zu meinen Kindern, ich lernte auch, mit einem der Entführer, einem Jungen namens Akmad, besser umzugehen. Er war genau wie unser Jeff etwa 15 Jahre alt, nur stämmiger, und manchmal konnte er recht unbekümmert sein. Leider war er aber auch gelegentlich ziemlich launisch – wie Teenager eben so sind.

Immer wieder fand er Wege, von unseren Portionen etwas für sich abzuzweigen, indem er behauptete, das Essen der Gruppe sei »Eigentum«. Eines Tages bekamen Akmad und ein paar andere den Auftrag, unser Bad und das Waschen unserer Kleidung im Fluss zu überwachen. Wir wussten, dass sie das nicht gern taten, darum beeilten wir uns, so gut es ging, und taten genau, was sie uns sagten.

Doch es schien ihnen noch nicht schnell genug zu gehen, und Akmad brüllte:»Schneller, schneller!« Dazu fing er schon bald an, Steine nach mir zu werfen, um mich anzutreiben.

Ärgerlich wirbelte ich herum:»Also gut, jetzt beeile ich mich *gerade nicht*! Na los, werft doch eure Steine!« Er verstand mich natürlich nicht, und die Steine flogen weiter.

---

47 A. d. H.: Die Kursivsetzung steht hier als Äquivalent für die wörtliche Rede innerhalb der einfachen Anführungszeichen.

Als er nicht das gewünschte Ergebnis erzielte, legte er sein Gewehr auf mich an.

»Na prima – mach schon und erschieß mich«, rief ich. »Das ist mir egal.«

Zum Glück nahm er mich nicht beim Wort, aber er warf weiterhin mit Steinen nach mir, bis Martin endlich sagte: »Jetzt ist Schluss! Lass das sein!« Erst da hörte er auf.

Ein paar Tage später sah Akmad zufällig ein Foto unserer Tochter Mindy, die erst zwölf war. Natürlich sind philippinische Mädchen sehr zierlich, und so musste ihm Mindy bereits sehr reif erscheinen. Er sagte, er würde sie gern heiraten.

»Auf keinen Fall«, erwiderte ich, »so, wie du mich behandelt hast!« Ediborah übersetzte, was ich zu Akmad gesagt hatte. Doch er grinste mich nur an und sagte an Ediborah gewandt: »Wie kann ich ihr auf Englisch sagen, dass ich ein ›guter Junge‹ bin?«

Sie sagte ihm den englischen Satz. Aber er konnte ihn nicht richtig anwenden. Zum Beispiel sagte er zu mir, wenn ich an ihm vorbeiging: »Du bist ein ›guter Junge‹?«

Ich lächelte dann und sagte: »Ja, Akmad, du bist ein ›guter Junge‹.«

Daraufhin probierte er sein Glück weiter und sagte einen anderen englischen Ausdruck, den er von Ediborah gelernt hatte: »Schwiegermutter?« Dabei brachen alle in Gelächter aus.

Ich zuckte dann die Schultern und erwiderte: »Vielleicht – wenn du ein ›guter Junge‹ bist!«

Mehrmals erwischte ich ihn, wie er getrockneten Fisch stahl, und ich schimpfte ihn dann aus: »Akmad! Du bist ein ›böser Junge‹!«

Doch er lächelte mich nur an und beteuerte: »Ich bin ein ›guter Junge‹!«

Mehr als einmal habe ich gedacht: ›Dieses Kind sollte die Schule besuchen und dann nach Hause gehen können und Kekse sowie warme Milch bekommen, statt mit einem M16 durch den Dschungel zu rennen.‹

Akmad wurde später bei einem Feuergefecht von einer Kugel in den Oberschenkel getroffen. Doch er konnte sich nicht einfach hinlegen und die Wunde heilen lassen, vielmehr musste er mit uns anderen eine ganze Strecke laufen und dabei auch durch einen hüft-hohen Sumpf waten. Natürlich entzündete sich die Wunde danach.

Bei der ersten Pause bemerkte ich, wie einige Männer Blätter vom Boden aufhoben und in den Mund steckten. Ich wusste nicht, was das sollte, bis sie diese zerkauten Blätter auf Akmads Wunde leg-ten. Ungläubig sahen Martin und ich zu, beschlossen aber, lieber den Mund zu halten. Dann wurde die Wunde verbunden, um die Blutung zu stoppen.

Martin opferte seinen langen *malong*, damit eine Bahre dar-aus gemacht werden konnte, und Akmad wurde von da an nur noch getragen.

Es dauerte jedoch nicht lange, bis die Infektion bei ihm ein hohes Fieber auslöste und er nur noch wirres Zeug sprach. Einmal hörten wir ihn spät in der Nacht in seiner Sprache reden. Das Einzige, was wir verstehen konnten, waren immer wieder die Worte »*Allahu akbar! Allahu akbar! Allahu akbar!*« Anschließend begann er leise zu brum-men: »Eigentum! ... Eigentum! ... Eigentum!« Dieser junge Mann tat mir so leid.

Die Tage schleppten sich dahin, und da es in diesem Gebiet von Soldaten wimmelte, konnte Akmad nicht in ein Krankenhaus gebracht werden. Immer häufiger redete er im Fieberwahn, während sich sein Zustand zusehends verschlechterte. Natürlich brauchte er Hilfe, wenn er auf die Toilette musste, und die anderen waren nicht immer in der Nähe, um ihm zu helfen.

Eines Tages hatte er seinen *malong* und seine Schlafmatte be-schmutzt, und ich merkte, dass er sehr aufgebracht war.

»*Hugasi bani?*«, fragte ich in meinem gebrochenen Cebuano, was bedeutet: »Darf ich das für dich auswaschen?«

Er nickte.

Ich nahm die beiden Sachen zum Fluss und wusch sie aus. Als ich sie dann zum Trocknen aufhängte, kam mir der Gedanke: ›Wenn das Jeff wäre, würde ich auch wollen, dass irgendeine Frau freundlich zu ihm ist.‹

Jeffs Geburtstag am 11. Februar ging vorüber, ebenso der Valentins-tag. Wir versuchten, einander Karten zu basteln. In mein Tagebuch schrieb ich: »Wenn wir jemals hier herauskommen, möchte Martin Valentins-Kekse mit Zuckerguss und Muffins mit Zuckerguss ... Wie sehr wünschte ich, ich könnte ihm welche backen. Ich liebe ihn so sehr – und wir haben Hunger.«

Für den Augenblick jedoch mussten wir uns mit den einheimi-schen Snacks zufriedengeben, so sie denn vorrätig waren. Die drei »offiziellen Leckerbissen« der Abu Sayyaf waren:

- Zauberflocken – drei Cracker übereinander mit einer Füllung dazwischen;
- Cloud 9, ein Schokoriegel ähnlich dem Milky Way, aber ohne gehärtetes Fett;
- Bingo-Kekse, den Oreo-Keksen ähnlich.

Martin bewahrte stets die leeren Verpackungen auf, damit er daran riechen konnte, wenn es nichts zu essen gab. Der Duft dämpfte seinen Hunger ein wenig.

In der Zwischenzeit lernten wir eine andere Delikatesse zu schät-zen, die eine willkommene Abwechslung zu dem üblichen getrockne-ten Fisch war: Aal. Im Fluss gab es jede Menge Aale, und die Männer bauten aus Rankengewächsen und anderem Material hervorragende Fallen, um sie zu fangen. Aal ist sehr gut zu essen; er hat eine dicke Fettschicht, und das Fleisch schmeckt ausgezeichnet. Wir dankten Gott, wann immer jemand uns ein Stück Aal zum Abendessen brachte.

Als ich die ersten Male getrockneten Fisch vorgesetzt bekam – voll-ständig mit Kopf und Flossen –, riss ich noch den Kopf ab und zer-legte sorgfältig den Rest, indem ich alle Gräten aus dem Fleisch ent-fernte. Dann verteilte ich das Fleisch über unserem Reis, um ihm Geschmack zu geben. Doch im Laufe der Zeit und im Zuge der Ver-schlechterung unserer Ernährungslage kamen wir zu dem Schluss, dass die Fischköpfe vermutlich sehr proteinhaltig sind. Alle anderen aßen sie, darum gewöhnten wir es uns auch an, ohne die Gräten zu entfernen – wir schluckten einfach alles hinunter.

Eines Tages, etwa um die Zeit, als ich für Akmad gewaschen hatte, war ich wieder einmal an dem kleinen Fluss. In einem von Steinen gebildeten kleinen Pool entdeckte ich einen winzigen, knapp vier Zentimeter langen Fisch.

Ich rechnete nicht damit, ihn fangen zu können, aber ich griff trotzdem ins Wasser – und erwischte ihn am Schwanz. Ich hielt ihn Martin hin.

»Sieh nur! Ich habe diesen Fisch gefangen«, rief ich aufgeregt. Ich war sehr stolz auf mich. »Möchtest du ihn?«

»Nein, danke.«

Und so stopfte ich ihn in den Mund und aß ihn roh. Denn wenn ich ihn bis zum Anzünden des nächsten Feuers mit mir herumgetragen hätte, wäre er vielleicht verdorben gewesen. Ich hatte gelernt, dass es besser war, die Nährstoffe sofort zu sich zu nehmen, und er schmeckte sogar sehr gut. Ja, Gott versorgt uns, wenn auch manchmal auf eigenartige Weise.

Mittlerweile war mein Haar so lang gewachsen, dass ich es zu einem Pferdeschwanz hätte zusammenbinden müssen, damit es mir nicht immer in die Augen fiel. Und mein *terong* reichte auch nicht mehr aus, um es »züchtig« zu bedecken. Aber ich hatte kein Band oder keinen Gummi zur Verfügung. Was sollte ich also tun?

›Herr, kannst du mir irgendetwas schenken, mit dem ich mir die Haare zusammenbinden kann?‹, betete ich. Einigen mag eine solche Bitte vielleicht töricht erscheinen, aber wenn man absolut nichts besitzt, fängt man an, um so gewöhnliche Dinge wie ein Gummiband zu beten.

Kurz darauf entdeckte ich dann tatsächlich ein Stück schwarzes Gummi wie von einem Fahrradschlauch auf dem Boden. Ich hob es auf, knotete die Enden zusammen und band mir strahlend die Haare zurück. Dies wurde für lange, lange Zeit mein Haarband.

Endlich Lösegeld!

(Ende März – April 2002)

Sollten Sie je in Versuchung geraten, in einem Mangrovensumpf Camping zu machen – tun Sie es nicht. Mangroven sind ziemlich kleine tropische Bäume, und ein großer Teil ihres Wurzelsystems liegt *über* der Erde und bildet ein pittoreskes Gewirr, das schließlich zu einem Baumstamm zusammenläuft und etwa einen Meter in die Luft ragt. Damit sie gut gedeihen können, brauchen sie jedoch ausreichend Wasser.

Ein Mangrovensumpf ist ein gutes Versteck – aber nur, wenn man nichts gegen den Gestank von verfaulenden Blättern und die extrem hohe Feuchtigkeit einzuwenden hat. Wir verbrachten gezwungenermaßen kurz vor Ostern zwei Nächte in einem dieser Wälder und wurden fast verrückt. Denn immer, wenn wir aus unserer Hängematte stiegen, sanken unsere Füße etwa fünf Zentimeter tief im Schlamm ein.

Natürlich muss ich zugeben, dass dieser Unterschlupf gegenüber dem Versteck in der vorhergehenden Woche eine kleine Verbesserung war. Da lebten wir nämlich in Erdlöchern, die die Abu Sayyaf in einen steilen Bergabhang gegraben hatten. In diesen Löchern, die nur etwa 1,50 Meter tief waren, kauerten wir in absoluter Dunkelheit zusammen. Da die Gefahr bestand, entdeckt zu werden, durften wir diese Erdlöcher nicht verlassen. So mussten Martin und ich uns eines mit Musab und Ediborah teilen, was bedeutete, dass ich nicht einmal mehr frei mit meinem Mann reden konnte. Ganz im Gegensatz zu seinem fröhlichen Naturell schien Martin in dieser fürchterlich engen Behausung deprimierter zu sein als je zuvor.

Doch nun waren wir in diesem Mangrovensumpf, in dem wir wenigstens die Sonne durch die Bäume sehen konnten. Wir hielten uns ganz in der Nähe des Meeres auf, was bedeutete, dass nicht weit von uns Fischfang betrieben wurde, der der Zivilbevölkerung eine gewisse Erwerbsquelle sicherte. Auf den Philippinen bedient man sich häufig der Dynamitfischerei (allerdings ist diese Art des Fischfangs verboten): Nachdem man eine Stange Dynamit ins Wasser geworfen hat und es zur Explosion gekommen ist, treiben die toten Fische auf der Wasseroberfläche, und die Fischer brauchen sie dann nur noch einzusammeln und zum Markt zu bringen. Diese Art des Fischfangs ist nicht gerade umweltfreundlich, aber sie funktioniert.

Für uns bedeutete diese Methode, dass wir uns, wann immer wir ein lautes *Wabum!* hörten, aus Angst vor dem Geschützfeuer der AFP innerlich verkrampften. Die Abu Sayyaf lauschten angestrengt auf jede Explosion und erklärten dann erleichtert: »Fischbombe.« Mit anderen Worten, kein Problem.

Eines Abends kamen die Männer, die losgezogen waren, um Vorräte zu besorgen, mit Neuigkeiten zurück. Ihre Erregung war nicht zu übersehen, auch wenn wir ihren Dialekt nicht verstehen konnten. Schnell packten alle ihre Habseligkeiten zusammen, um weiterzuziehen, und mein erster Gedanke war, dass die Soldaten uns schon wieder gefunden hatten. Also begannen auch wir zu packen.

Dann sah Martin mich an und meinte: »Weißt du, ich glaube nicht, dass es um Soldaten geht. Die Stimmung dieser Leute ist zu gut.«

Wir verließen den Sumpf und kamen an eine Stelle, wo Sabaya und Musab zusammensaßen und miteinander berieten.

Sie ließen uns Platz nehmen und erklärten uns: »Jemand hat ein Lösegeld für euch bezahlt – 15 Millionen Pesos (etwa 330 000 Dollar). Das ist wirklich toll.«

Endlich! Unsere Hoffnungen hatten sich schließlich doch erfüllt. Wir würden nach Hause fahren! Doch wir beide hielten den Atem an und warteten auf den nächsten Satz.

»Aber – wir werden 30 Millionen Pesos mehr fordern.« Sie hatten immer gesagt, sie wollten eine Million Dollar für Martin, und sie hielten an dieser Zahl fest.

Ein oder zwei Tage zuvor hatte ich gehört, wie Sabaya am Telefon zu jemandem in der Stadt gesagt hatte: »Nimm alles, was sie anbieten, denn wir wollen das endlich hinter uns bringen.« Aber als ich jetzt ihre Gesichter betrachtete, sah ich, wie sich eine unbarmherzige Härte darin breitmachte.

»Bitte, bitte tun Sie das nicht«, flehte ich Sabaya an. »Nehmen Sie das Geld und lassen Sie es gut sein!«

»Nein, nein – die Person, die dieses Lösegeld gezahlt hat, sagte, wenn wir mehr fordern würden, würde man auch das aufbringen. Das wäre kein Problem.«

Ich dachte: ›Nun gut, wenn das stimmt, dann nur los, und fordere den Rest.‹

In der Zwischenzeit feierten alle Abu Sayyaf und riefen: »Das Geld wurde bezahlt, das Geld wurde bezahlt! Wir werden hier herauskommen! *Allahu akbar!*«

Nachdem sie genug gejubelt hatten, erklärte Sabaya: »So, wir werden diese Insel jetzt verlassen.« Wir machten uns auf den einstündigen Weg zum Sandstrand, wo wir auf ein Boot warteten, während die Entführer mehrere Telefonate führten.

Irgendwann verkündete jemand: »Das Boot ist da. Geht näher an die Küste heran.«

Während wir auf das Boot warteten, kreiste ein Aufklärungsflugzeug über uns, doch wir hatten gelernt, derartige Flugzeuge zu ignorieren, weil wir schon seit Monaten umkreist wurden und nie irgendetwas passiert war.

Schließlich gab jemand mit einer Taschenlampe ein Signal von der Küste, und ein kleines Boot, eine *banca* von etwa sechs oder sieben Metern Länge, kam heran. Wir wateten ins brusthohe Wasser, kletterten reichlich ungeschickt an Bord und setzten uns. Anschließend begannen die Abu Sayyaf, ihre Gewehre und Panzerfäuste einzuladen, dann stiegen auch sie ins Boot. Schon bald war das Boot voll, aber es kamen immer noch mehr Leute.

Ich wandte mich an Musab und sagte: »Es sind zu viele Leute in dem Boot; es wird sinken. Du musst einige wieder aussteigen lassen.«

Er sah mich an, als hätte ich den Verstand verloren.

Doch tatsächlich schwappte ziemlich bald Wasser ins Boot, sodass die Insassen versuchten, es mit den Händen wieder herauszuschöpfen. Sogar Akmad schöpfte von seiner *malong*-Bahre aus und sagte immer wieder: »Keine Panik! Keine Panik!«

Als sie endlich erkannten, dass das Boot tatsächlich sinken würde, stieg eine Reihe von Männern wieder aus.

Und das Flugzeug kreiste weiterhin über uns. ›Wenn sie uns jetzt nicht sehen, dann sind sie wirklich überflüssig‹, dachte ich.

Schließlich blieben nur noch 15 Personen an Bord, und das Boot fuhr auf die hellen Lichter von Zamboanga zu. Zehn Monate lang hatten wir diese kleine, abgelegene Insel Basilan durchstreift. Jetzt waren wir endlich auf dem Weg in die Freiheit. Ich war so dankbar. Die Meeresluft war befreiend für mich, nachdem wir uns so lange im dichten Dschungel hatten verstecken müssen.

Mehrere Wochen zuvor war ich an den Punkt gekommen, wo ich keine Lust mehr hatte, für unsere Freilassung zu beten. Ich war zu frustriert. Egal, wie intensiv ich betete, es geschah einfach nichts.

Deshalb hatte ich ein wenig kindisch gesagt: »Also gut, ich werde jetzt für etwas anderes beten: einen Hamburger!«

Ich hatte Martin sogar erzählt, was ich tun wollte. »Einen Hamburger bekommen wir nur, wenn wir hier wegkommen, richtig? Vielleicht erhört Gott ja dieses Gebet!«

Als wir jetzt im Boot saßen, blickte Musab mich an und sagte mit einem strahlenden Lächeln: »Jetzt ist eure Freilassung nahe!«

»Heute Abend? Werden wir heute Abend freigelassen?«

»Oh nein, nein. Vielleicht in einer Woche. Vielleicht in zwei Wochen. Vielleicht auch in wenigen Tagen.«

Ich war zutiefst enttäuscht. Dies war also noch immer nicht der große Augenblick. ›Und da sind wir wieder‹, dachte ich. ›Warum gebe ich mich immer wieder meinen Hoffnungen hin?‹ Wie es schien, waren wir wieder einmal hinters Licht geführt worden.

Wir fuhren die ganze Nacht hindurch über das Meer, wobei die Abu Sayyaf natürlich nicht vorhatten, sich mit uns direkt nach Zamboanga City zu wagen. Dort befanden sich das Hauptquartier des Southern Command der AFP und einige andere Sicherheitskräfte, die verdeckt arbeiteten und mit Vermittlern im Kontakt standen.

Gegen Morgen landeten wir auf der sogenannten Insel 11, auf der wegen eines Wasserweges zwischen zwei Eingeborenenstämmen Krieg herrschte. Weil sich die AFP aus solchen Konflikten in der Regel heraushielten, gingen die Abu Sayyaf davon aus, dass wir dort sicher sein würden. Außerdem waren wegen der Kämpfe die meisten Einwohner geflohen, und so konnten wir ihre verlassenen Häuser zu unserem Quartier machen. Es hätte alles so viel besser sein können, wenn nicht das vorhandene Wasser sehr schwefelhaltig gewesen wäre und Martin und ich dadurch sofort krank geworden wären. Wir bekamen Durchfall und mussten uns übergeben. Dennoch durften wir unsere Hütte nicht verlassen, so die Anweisung von Sabaya.

Angesichts des unerträglichen Zustands verlegten die Abu Sayyaf uns in ein anderes Haus mit einem größeren Raum. Dort bauten sie einen Raumteiler aus Ölplanen, um uns vor möglichen Besuchern zu verbergen, und Martin grub ein Stück des Bodens auf, damit wir dort unsere Exkremente loswerden konnten. Es war wirklich ekelerregend.

Zum Glück fanden wir in diesem Haus eine große Kiste mit Kleidungsstücken des abwesenden Hausbesitzers, und ich muss leider zugeben, dass wir die Kleider gestohlen und in Lappen gerissen haben, um sie als Toilettenpapier zu verwenden.

In der Zwischenzeit wurde natürlich das Geld mit vollen Händen ausgegeben – unser Lösegeld. Jede Nacht kam ein Boot vom Festland beladen mit Vorräten, denn jeder der Entführer hatte 10 000 Pesos bekommen (200 Dollar), die er nach Belieben ausgeben konnte. Der etwa 18 Jahre alte Ayub verbrauchte etwa ein Zehntel davon für Kekse! Er ließ sich große Tüten von Bingo-Keksen mitbringen und veranstaltete damit ein Festessen. Und Lukman, der ebenfalls zu den Jüngeren zählte, gab den größten Teil seines Geldes für Kleidung aus, vor allem für ein paar moderne Motorradhemden. Er war wirklich ein gut aussehender Bursche mit seinem langen glatten Haar.

Eines Abends, nachdem das Schiff mit den Vorräten gekommen war und wieder abgelegt hatte, füllte sich der Raum mit dem wundervollsten Duft, den wir je wahrgenommen hatten. Wir spähten an der Seite der Plane vorbei, und da saß Assad mit einem riesigen gebratenen Hähnchen! Er grinste uns an und warf uns einen Schenkel zu, als würde er einem Hund etwas zuwerfen!

»Oh, danke, Assad!«, riefen wir.

»Ich gebe mein Geld aus!«, strahlte er.

Schon bald mussten die Abu Sayyaf feststellen, dass diese Insel nicht so sicher war, wie sie angenommen hatten. Zwar waren die AFP nicht anwesend, aber der Stammeskrieg war nicht minder gefährlich. Und sobald sich die Nachricht verbreitet hatte, die Abu Sayyaf seien eingetroffen, kam es zu nächtlichen Scharmützeln.

Das erste Mal mussten wir all unsere Sachen zurücklassen und das Haus für eine Weile verlassen. Durch die Dunkelheit rannten wir zu dem einzigen Betongebäude auf der Insel, wo Martin und ich in der hintersten Ecke auf dem Boden schliefen. Keine Decke, kein *malong*, nichts, was als Kissen hätte genommen werden können. Es war eine lange Nacht, und erst kurz vor Tagesanbruch brachten sie uns in unser Haus zurück.

Als es das nächste Mal zu Auseinandersetzungen kam, fingen wir sofort zu packen an. Und es dauerte dann auch nicht lange, bis wir wieder in einer *banca* saßen.

Wir waren erstaunt, bei unserer Ankunft an dem Boot bereits eine Frau darin sitzen zu sehen. Noch erstaunter waren wir, als wir erfuhren, dass dies Musabs erste Frau war. Wo war sie hergekommen? Ich hatte keine Ahnung. Ich konnte sie mir nicht genau ansehen, weil es dunkel war. (Außerdem war sie in einen schwarzen Schleier gehüllt, der nur das Gesicht freigab.) Allerdings konnte ich sehr gut erkennen, dass sie ein kleines Mädchen bei sich hatte.

So fuhren wir mitten in der Nacht zu einem kleinen muslimischen Fischerdorf in der Nähe von Zamboanga. Sie führten uns unter die auf Pfählen erbauten Häuser, dann zogen sie uns auf einen Steg, bei dem mehrere Planken fehlten. Wir mussten sehr vorsichtig laufen. Schließlich erreichten wir ein Haus, und Ediborah wurde mit uns in einem Zimmer untergebracht, während Musab mit seiner ersten Frau ein anderes Zimmer belegte.

Bei Sonnenaufgang wurde jemand losgeschickt, um für alle Frühstück zu besorgen. Es war kaum zu fassen, wir bekamen *Banana Que*

– reife Bananenstücke in braunem Zucker gerollt und in Öl gebraten –, außerdem Donuts und reife Mangos. Was für ein Fest! Wir waren froh, dass die Abu Sayyaf wieder im Geld schwammen. Das Geld hatte uns zwar nicht unsere Freiheit zurückbringen können, aber wenigstens bekamen wir jetzt wieder besseres Essen.

Trotzdem konnte sich Musab nicht überwinden, die zwölf Donuts gerecht aufzuteilen. Martin und ich bekamen je einen, den Rest behielt er.

Wenn wir früher eine Zeit lang nicht genug zu essen bekommen hatten und dann auf einmal reichlich vorhanden war, hatten wir oft das Essen hinuntergeschlungen. Dabei blieb es uns dann in der Speiseröhre stecken, und wir mussten würgen. Wir hatten beinahe vergessen, wie man schluckt. Dieses Mal aßen wir sehr langsam und kauten jeden Bissen gut durch. Ich versuchte, jedes Stück, das ich in den Mund steckte, mindestens vierzigmal zu kauen, damit es sich leichter schlucken ließ.

Und das Fest hörte mit dem Frühstück nicht auf, denn zum Mittagessen bekamen wir gebratenes Hähnchen mit Reis! Es gab sogar Soße für den Reis und dazu noch Obstsalat. Außerdem bekamen wir den ganzen Tag über immer wieder warmen Tee gebracht. Wir konnten uns also von der Mangelernährung ein wenig erholen.

Gegen Abend fragte uns Sabaya: »Gibt es etwas, was ihr gern haben würdet?«

»Nun, Gracia betet um einen Hamburger«, erklärte Martin.

»Hey, kein Problem, ich schicke einen meiner Männer zu Jollibee[48]«, antwortete er.

Und tatsächlich wurden uns gegen 21 Uhr Hamburger mit Pommes frites und Cola gebracht. Wir gaben Ediborah einen ab, doch das brachte ihr Ärger mit Musab ein, denn diese Hamburger konnten Schweinefleisch enthalten.

»Euch ist klar, dass wir jetzt wieder weiterziehen müssen«, verkündete Musab, »denn leider hat euch ein Zivilist gesehen.« Omars Frau hatte unvorsichtigerweise eine Freundin mit in unsere Hütte

---

48 Philippinisches Fastfood-Unternehmen, mit McDonald's vergleichbar.

gebracht, als sie von uns eine Einkaufsliste hatte abholen wollen. Also begannen alle, wieder zu packen, und es wurden einheimische Führer gerufen, um bei der Flucht zu helfen.

Kurz bevor wir loszogen, geschah etwas, was mir wirklich das Herz gebrochen hat. Unsere Gruppe hatte noch immer den verletzten Akmad dabei, der jetzt meistens schrie und stöhnte. Wir merkten, dass er langsam den Verstand verlor.

Ediborah, die ja Krankenschwester war, hatte Musab gedrängt, sich zu überlegen, wie er dem Jungen helfen könnte. Immerhin war Akmad sein Neffe. Und auch wir bestürmten ihn um das Wohl dieses Jungen, denn wir konnten einfach nicht verstehen, warum er so leiden musste.

»Das ist der Wille Allahs«, lautete die einfache Antwort. »Er hat seine Sünden bekannt: Er hat Essen von der Gruppe gestohlen, seine Gebete nicht gesagt, nicht im Koran gelesen. Darum ist dies Allahs Strafe für ihn.«

Ich wollte ihn anschreien, dieses Leiden hätte nichts mit Allah zu tun; es sei allein die Schuld der Anführer, die unbarmherzig über Akmads Leben bestimmten.

Als wir jetzt dieses Haus am Meer verließen, spähte ich noch einmal in den Nebenraum und erhaschte einen Blick auf den Jungen. Eine Baseballkappe war ihm über die Augen gezogen worden, und mittlerweile war er so dünn geworden, dass ich die Knochen seiner Ellbogen durch seine Haut erkennen konnte. Seine Arme und Füße waren am Boden und an der Wand festgebunden. Außerdem hatten sie ihm eine Socke als Knebel in den Mund gesteckt. Er wehrte sich schrecklich gegen seine Fesseln.

Mein Herz eilte ihm entgegen. Der Zwischenfall mit den Steinen, die er nach mir geworfen hatte, war lange vergessen. Ich fühlte nichts als Mitleid mit dem kranken Jungen.

Später wurde mir erzählt, die AFP hätten dieses Haus überfallen, ihn gefangen genommen und versucht, ihn zu befragen. Wo mag Akmad heute sein? Irgendwo in einer Irrenanstalt? Oder ist er gestorben? Ich bezweifle, dass ich das je erfahren werde.

Und wieder mussten wir eine lange Nacht auf See über uns ergehen lassen. Martin und mir wurde klar, dass wir ein ernstes Problem hatten: unseren Durchfall. Doch ist es zu glauben, dass wir die ganze Nacht übers Wasser gefahren sind und keiner von uns zur Toilette musste?! Bei Sonnenaufgang erreichten wir schließlich die Küste der Halbinsel und sobald wir unseren Fuß auf den Strand gesetzt und einen Baumstamm gefunden hatten, hinter den wir uns hocken konnten, wurde es ganz dringend. Ich glaube, das war wirklich die Güte des Herrn – ein kleiner Schutz vor nutzloser Demütigung.

Doch auch die Nacht hatte ihre Schrecken gehabt, weil wir uns in der Dunkelheit auf dem offenen Meer befunden hatten. Denn wann immer uns ein anderes Boot nahe kam, mussten wir uns unter einer Plane verbergen. Einmal wurde sogar ein entsprechend ausgerüstetes Patrouillenboot der Regierung gesichtet, woraufhin mein Herz laut zu klopfen begann, denn ich dachte: ›Das war es jetzt. Das ist unser Ende. In nur wenigen Minuten wird auf uns geschossen werden, und wir werden ertrinken.‹

Ich bat Gott inständig, unser Leben zu verschonen. Immer wieder wiederholte ich den Satz: »Oh Gott, rette uns! Oh Gott, rette uns! Oh Gott, rette uns!«

Unser Kapitän schaltete ein kleines Licht am Heck des Bootes ein, das tief ins Wasser leuchtete, um vorzugeben, dass wir fischen wollten. Dieses Täuschungsmanöver funktionierte tatsächlich, und das Patrouillenboot fuhr vorbei, ohne uns zu kontrollieren.

Nach unserer Landung bauten wir wieder unser Lager im Dschungel auf. Doch wir waren noch nicht lange dort, als eine Gruppe Zivilisten unangemeldet erschien, um mit Musab zu reden. Was leider sehr problematisch war, denn sie entdeckten natürlich sofort die weißen Gesichter von Martin und mir. Und wer wusste, was sie mit dieser Information anfangen würden? Also machten wir uns wieder auf den Weg, doch das Muster blieb dasselbe: Entdeckung durch Zivilisten, ein weiterer Gewaltmarsch zu einem anderen Versteck. Das Gerede von Verhandlungen und Freilassung verstummte. Demnach steckten wir wieder in derselben Tretmühle wie auf Basilan, nur war jetzt ziemlich offensichtlich, dass die Abu Sayyaf nicht wussten, wohin sie gingen.

Und nachdem wir das Gebiet, das Mirsab, unser neuer Führer, gut kannte, hinter uns gelassen hatten, liefen wir nur noch ziellos durch den Dschungel.

Dieses Mal bekam Martin leider noch stärkeren Durchfall als je zuvor, sodass er fast unablässig im Wald verschwinden musste. Außerdem hatte er ständig Angst, dass er nachts nicht schnell genug losgebunden würde. ›Oh, was würde ich geben für ein paar Imodium-Kapseln, um ihm zu helfen‹, dachte ich damals, aber wir hatten nichts. Doch zum Glück hatten wir eine andere Stelle, an die wir uns um Hilfe wenden konnten, und so flehten wir Gott, den großen Arzt, um Hilfe an. Und das Wunder geschah, dass innerhalb von wenigen Tagen das Schlimmste überstanden war.

Mittlerweile war Martins Gewichtsverlust für alle sichtbar, nicht nur für mich als seine Frau. Da die Abu Sayyaf ihn aber aus offensichtlichen Gründen am Leben erhalten mussten, wurde nun seine Nahrungsmittelration verbessert, und er legte ein wenig Gewicht zu. Wenigstens stachen jetzt seine Knochen nicht mehr so hervor, dass sie durch sein T-Shirt zu sehen waren. Seufzend sahen wir einander an, und wir erinnerten uns an die ersten Jahre unserer Ehe, in denen wir oft zueinander gesagt hatten: »Wäre es nicht schön, miteinander alt zu werden?« Nun, genau das passierte im Dschungel. Nur waren wir noch nicht 70 oder 80, wir sahen nur so aus.

Aber nicht nur unser schlechter Gesundheitszustand machte uns ganz fertig, auch die mangelnde Hygiene und das Verbot, uns im Fluss zu baden, ließen uns regelrecht verzweifeln. Schließlich ging ich eines Tages zu Sabaya und sagte: »Das geht so nicht mehr. Ich muss zumindest unsere Sachen waschen. Wenn ihr euer Verhalten uns gegenüber nicht ändert, könnt ihr mich geradeso gut auch erschießen.«

Martin versuchte natürlich, mich zu beruhigen. Angesichts der Situation reagierte er weniger heftig, als er zu Sabaya sagte: »Weißt du, wenn du uns wieder baden lässt, dann werden wir nicht so niedergeschlagen sein. Unsere Niedergeschlagenheit kommt daher, dass wir so schmutzig sind.«

Das half schließlich, und wir durften wieder fast täglich ins Wasser, jedoch nur in der Abenddämmerung oder nach Einbruch der Dunkelheit, wenn nach Meinung der Abu Sayyaf das Risiko, von Zivilisten entdeckt zu werden, geringer war.

Eines Tages versuchte ich Sabaya, mithilfe seiner eigenen Glaubens-überzeugungen zu unserer Freilassung zu bewegen, indem ich sagte: »Erinnerst du dich noch an das Buch über das Almosengeben, das Musab mir vor einer Weile geliehen hat? Ich habe darin etwas Interes-santes gelesen – ich habe mir sogar die Seitenzahl gemerkt. Auf Seite 65 steht, einige Leute hätten Mohammed eines Tages gefragt: ›Wie kann ein Mensch dem Paradies besonders nah und der Hölle besonders fern sein?‹ Mohammed erwiderte: ›Befreit einen Sklaven oder lasst einen Gefangenen gehen.‹ Was ist damit? So hat der Prophet, möge sein Name für immer gesegnet sein, die Frage beantwortet.«

Ich fand mich wirklich clever, weil ich ihre Redeweise benutzte.

Doch Sabaya zeigte sich weder beeindruckt, noch ließ er sich über-zeugen. »Oh, er sprach von Muslimen, die andere Muslime gefangen genommen haben. Dieser Abschnitt bezieht sich nur auf die Muslime; mit euch hat das nichts zu tun.«

So viel zu meinen Bemühungen, ihn mit seinem eigenen Glauben zu überlisten.

~

Die Zeit zog nur langsam dahin, und wir hörten täglich, wie Sabaya über das Satellitentelefon Drohungen ausstieß, er würde die Sache selbst in die Hand nehmen, falls der Vermittler nicht bald irgend-welche Ergebnisse vorweisen könne. »Wo bleiben die restlichen 30 Millionen Pesos?«, fragte er.

Was weder er noch wir wissen konnten, war, dass sich bei den ame-rikanischen Ratgebern die Stimmung gegen die Zahlung weiterer Gel-der gewandt hatte. Sie hatten den Eindruck bekommen, dass die Zah-lung des ersten Geldes die Gier der Abu Sayyaf nur angestachelt hatte. Die Schlussfolgerung war, jede weitere Zahlung würde bedeuten, gutes Geld schlichtweg zu verschwenden.

Schließlich beschloss Musab, in die Stadt zu fahren und nach dem Rechten zu sehen. Zudem würde dies ihm die Gelegenheit geben, seine Familie wiederzusehen, was sehr wichtig für ihn war. Wieder einmal wurden unsere Hoffnungen geweckt; denn schließlich war Musab der stellvertretende Anführer der gesamten Organisation. Er hatte gesagt, er würde nur wenige Tage fortbleiben. Doch die Zeit verging, und Musab kehrte nicht zurück.

Wir warteten weiter. Er kam nie mehr zurück.

Sabaya war außer sich. »Musab war immer unser Prediger«, beklagte er sich. »Er war derjenige, der uns freitags zusammenrief und uns Mut machte, wir müssten stark sein und in unserem Kampf für Allah Schwierigkeiten auf uns nehmen. Und jetzt hat er uns im Stich gelassen.«

Dann und wann rief Musab über das Satellitentelefon an, um mit Ediborah zu sprechen. Einmal versprach er ihr sogar: »Ich werde dich am kommenden Freitag abholen lassen.«

Daraufhin machte sie sich abmarschbereit und teilte ihre Sachen unter den anderen auf. Ich bekam ihr Deo, ihr Parfüm und ihre Seife. Ich schlug ihr jedoch vor, ihre Sachen zunächst noch zu behalten.

Doch sie bestand darauf: »Nein, nein – er hat mir versprochen, am Freitag wird ein Boot kommen.«

Der Freitag kam und verging, und das Boot tauchte nicht auf. Also gab ich ihr ihre Sachen wieder zurück. Leider waren nicht alle so fair, und so verlor sie unter anderem ein langärmeliges T-Shirt.

Ganz offensichtlich würde Musab für keinen von uns die Rolle des Befreiers übernehmen.

Martin und ich führten in dieser Zeit regelmäßig Tagebuch. Die Abu Sayyaf besorgten uns sogar Stifte und Papier, nachdem sie sahen, dass wir so oft schrieben. Martins Tagebucheintragungen spiegeln seine jeweilige Stimmung sehr gut wider:

Donnerstag, 25. April
Es ist schwer zu glauben, dass tatsächlich etwas geschehen wird, auch wenn sie sagen, es würde so sein. Man hat uns das auch früher schon versprochen. Manchmal ist es, als würden wir einfach nur mitgeschleift. Wir können nichts anderes tun, als weiterzumachen … Der Herr ist treu, und er ist unsere Stärke.

Freitag, 26. April
Das Boot ist in der vergangenen Nacht nicht gekommen, also auch keine neuen Lieferungen. Es war ein normales Freitagstreffen der Abu Sayyaf, das überraschend verlief, denn einer der Mitglieder wurde in Haft genommen, weil er eine kritische Äußerung gemacht hatte. Ich weiß nicht genau, wie sein Schicksal aussehen wird … Einer der Männer kam mit einem Gewehr und einem Seil auf mich zugerannt. Ich dachte, dass vielleicht jetzt alles mit mir vorbei sei, aber sie wollten [nur] meine Handschellen für den neuen Gefangenen, der für gefährlicher erklärt worden war als ich. »Seit undenklichen Zeiten« durfte ich zum ersten Mal ohne Handschellen sein. Ist irgendwie seltsam. Es ist, als hätte ich vergessen, mich anzuziehen oder meine Uhr umzubinden. Wir warten noch immer auf Nachrichten. Keine Ahnung, was geschehen wird.

Samstag, 27. April
Wer hätte gedacht, dass wir nach 11 Monaten noch immer hier sein würden? Es geht einfach immer weiter. Auch gestern Nacht ist das Boot nicht gekommen – wieder Maschinenschaden. Ich wurde nicht gefesselt, weil sie ihr Gruppenmitglied in Handschellen gelegt hatten. Das war gut, da ich wieder ziemlichen Durchfall hatte. Viele Ausflüge den Berg hoch. Ich habe nicht viel Schlaf bekommen, da ich mir selbst nicht traute.

Sonntag, 28. April
Gestern Nacht ist das Boot endlich gekommen. Es brachte Reis und Verstärkung mit, allerdings sind zwei Männer mitgefahren. Mein »persönliches« Geschenk waren neue Handschellen. Genau das, was ich mir gewünscht hatte! …
Sabaya hat im Radio ein Interview gegeben. Er leugnet, dass unser Lösegeld gezahlt worden sei. Wir werden sehen, wie die Geschichte lauten wird, wenn wir endlich hier herauskommen. Ich glaube immer noch, dass das irgendwann geschehen wird. Vielleicht nächste Woche.

In einem Brief an die Kinder, der allerdings nie abgeschickt wurde, schrieb Martin etwa um dieselbe Zeit:

Jeff, kannst Du etwa schon Auto fahren? Ich habe mir diese Frage gestellt. Wenn wir Familienurlaub machen, können wir uns dann mit dem Fahren abwechseln. Das wird komisch sein. Eine Zeit lang haben wir versucht, uns das Leben draußen vorzustellen. Wir tragen die ganze Zeit dieselben Kleider. Sie sind wie Schlafanzüge … Jemand hat mir ein Hemd mit Knöpfen geschenkt, das war sehr nett.

… Dieses verlorene Jahr werden wir nie aufholen können, aber wir hoffen, wir werden umso stärker daraus hervorgehen. Deine Mutter nimmt das Ganze sehr schwer – mehr als ich, denke ich. Sie wünscht sich eine Freundin. Ich muss einfach durchhalten, und wir alle müssen sie unterstützen. Manchmal denkt sie noch immer, alles sei ihre Schuld, weil sie Dos Palmas für uns gebucht hat. Gott muss uns viel über Vergebung beibringen, aber zuerst müssen wir die Fakten sehen: Dies ist die Schuld der Abu Sayyaf. Niemand sonst ist dafür verantwortlich.

Gott hat einen Plan. Ich werde nie verstehen, warum alles so lange dauern muss. Vermutlich brauchen wir auch weiterhin viel Geduld. Ich kann sagen, dass mein Glaube gestärkt worden ist. Ich denke, auch der Deiner Mutter. Allerdings erleben wir auch viele innere Kämpfe.

In Liebe, Dad

Ein regnerischer Nachmittag

(Mai – Anfang Juni 2002)

Mit jedem Umzug schienen wir weiter ins Landesinnere einzudringen, in die höher gelegenen und weiter abgelegenen Regionen der Halbinsel Zamboanga. Wir wussten, das war nicht gut, weil dies darauf schließen ließ, dass wir uns auch weiterhin verstecken mussten. Die Verhandlungen kamen anscheinend nicht voran. Die Abu Sayyaf besorgten sich von dem Lösegeld neue Handys, sodass wir Vorräte bestellen konnten. Eines Tages, als Alvin Siglos fragte, was wir brauchten, sagte ich: »Wie wäre es mit neuen Stiefeln für mich?«

Daraufhin versuchte er wirklich, mir neue Stiefel zu besorgen, aber jedes Mal, wenn ein Paar im Lager eintraf, wurde es von anderen genommen, die auch Stiefel wollten. Beim sechsten Versuch schließlich bekam ich meine Stiefel!

Eines Nachts, als die Männer zur Küste liefen, um auf die *banca* zu warten, die unsere Vorräte bringen sollte, wurde ein Boot an Land gezogen. Als seine Insassen es zu entladen begannen, gingen unsere Männer ihnen entgegen und grüßten sie mit dem üblichen »Salam alaikum!« (»Friede sei mit dir!«). Doch als sie näher kamen, mussten sie zu ihrem Entsetzen feststellen, dass es sich um Angehörige der AFP handelte! Wochenlang waren wir nicht mehr auf bewaffnete Truppen gestoßen – zumindest nicht, seit wir Basilan verlassen hatten. Doch jetzt waren sie uns wieder auf den Fersen.

Sofort rannten die Männer von Panik erfüllt davon und konnten auch tatsächlich entkommen. Aber die Soldaten waren natürlich auf sie aufmerksam geworden und folgten jetzt ihren Fußspuren. Wir fragten uns, ob sie uns wohl finden würden, und waren in den kommenden Tagen sehr wachsam.

In diesem Gebiet gab es eine Menge *kalaws* – wunderschöne große Vögel mit hellroten Schnäbeln. Da jetzt in der Stadt kein Nachschub mehr geholt werden konnte, schossen die Abu Sayyaf mehrere dieser Tiere, die wir dann verzehrten.

An einem wunderschönen sonnigen Sonntagmorgen schichteten einige Männer gerade einige Holzstapel auf, damit wir die *kalaws* braten konnten, als auf einmal jemand seine Hand hob und alle still wurden. Einer der Männer hatte unten am Berg ein Geräusch gehört. Schnell packten wir unsere Sachen zusammen, denn unser Führer Mirsab hatte Soldaten entdeckt, die den Berg hochkletterten. Mein Herz begann wieder einmal laut zu pochen, denn nie habe ich mich an diese Konfrontationen gewöhnen können.

Ganz plötzlich wurden Schüsse von einer Seite des Kammes abgefeuert, woraufhin Ediborah die andere Seite hinunterrannte.

Ich dachte an ein Gespräch zurück, das wir ein paar Tage zuvor miteinander geführt hatten. Sie hatte gefragt: »Und wenn durch diese Verhandlungen nichts erreicht wird? Und wenn wir hier für lange, lange Zeit festsitzen? Können wir so weitermachen?«

»Wir müssen«, hatte ich erwidert. »Uns bleibt keine andere Wahl. Denkst du vielleicht, wir sollten versuchen zu fliehen?«

»Nein, ich frage nur, ob wir geistig und körperlich stark genug sind, um weiterzumachen.« Nun, da sie allein ohne Musab war, schien sie viel verletzlicher zu sein.

Ich sah, wie Ediborah davonrannte, und beschloss, ihr zu folgen.

»Stopp!«, rief Martin hinter uns her. »Ihr müsst hier bleiben! Wir werden Ärger bekommen.«

Aber wir rannten unbeirrt weiter.

Unterwegs rutschte ich im Schlamm aus, kratzte mir den Arm auf und verrenkte mir den Rücken. Martin blieb die ganze Zeit dicht hinter Ediborah und mir. Schließlich erreichten wir den Fluss, wo wir uns hinter einem Felsvorsprung versteckten. Ich rechnete damit, dass die Abu Sayyaf sich ebenfalls dorthin zurückzogen und dass wir alle flussaufwärts marschieren würden, doch ich hatte mich geirrt.

»Hey, Martin!«, ertönte ein Ruf von dem Bergrücken. »Kommt wieder hierher! Wo sind Gracia und Ediborah?«

»Wir sind alle hier«, rief er. »Schießt nicht auf uns!«

So mussten wir den Berg wieder hochklettern, und als wir drei den

Gipfel erreichten, waren wir vollkommen erschöpft. Trotzdem ging es gleich zusammen mit den anderen den Kamm entlang weiter. Es wurde ein sehr anstrengender Marsch.

Als wir endlich eine Pause machten, wurde Martin von Sabaya zur Rede gestellt. »Warum seid ihr davongelaufen?«

»Ich bin gelaufen, weil die Frauen losgelaufen sind.« Ich dachte, dass ich auch besser etwas sagte. »Ich bin gelaufen, weil Ediborah gelaufen ist.«

»Wolltet ihr versuchen zu fliehen?«

»Nicht ernsthaft«, erwiderte Martin. »Ich habe mir nur um die Frauen Sorgen gemacht.«

Sabayas Augen verengten sich, als er sagte: »Solltet ihr jemals wieder davonlaufen, werde ich euch erschießen.« Und an seine Gefährten gewandt, fügte er hinzu: »Falls er je wieder davonläuft, erschießt ihn.«

Alle wurden sehr schweigsam, und von diesem Augenblick an wurden die Sicherheitsvorkehrungen wieder ernster genommen. Nach fast einem Jahr im Dschungel hatten Martins Mut und sein Optimismus einen Knacks bekommen.

Er schrieb:

Montag, 6. Mai

Habe auf dem Boden geschlafen. Ich bin so entmutigt. Normalerweise bin ich das nicht, aber heute ist das so. PTL[49] für Gracia. Sie spricht mir alle »meine« Ermutigungssprüche zu, und ich denke alle »ihre« Gedanken aus der Vergangenheit [sind ebenfalls dabei]. Der einzige Unterschied ist (schätze ich), dass ich zu niedergeschlagen bin, um damit aufzuhören. Ich habe wirklich das Gefühl, dass ich hier sterben werde. Ich denke, die Frauen werden herauskommen, weil es »richtig« ist, aber ich nicht ... Wir werden immer weiter marschieren. Gott, bitte gib uns Kraft für den Marsch.

Falls ich tatsächlich eine Ermutigung für Martin war, dann eher durch die Lieder, die ich gesungen habe, als durch irgendetwas, was

---

49 Abkürzung für »Praise the Lord«.

ich ihm vielleicht gesagt habe. Ich ging das Alphabet durch und überlegte mir ein Lied, das mit einem jeden der Buchstaben begann. Eines Morgens, als die Sonne gerade aufging, stieg ich aus der Hängematte, damit Martin mehr Platz hatte, setzte mich auf einen Sack Reis und sang einige Lieder, die gerade zu passen schienen: »Beim frühen Morgenlicht / erwacht mein Herz und spricht«, »Nimm mich bei der Hand, Vater«, »Sprich doch mit Jesus« und »Weiß ich den Weg auch nicht«.

Zu den wohl ermutigendsten Liedern gehörte für uns: »His Strength Is Perfect« von Steven Curtis Chapman, dessen Refrain mit den Worten beginnt: »Seine Kraft ist vollkommen, wenn unsere Kraft erschöpft ist.«

Ich änderte den Text für einen zweiten und dritten Refrain entsprechend unserer Situation ab: »Sein Wille ist vollkommen«, und: »Sein Weg ist vollkommen«.

Aus zwei Gründen musste ich jedoch sehr leise singen: Die Abu Sayyaf hielten Singen jetzt für unangemessen – obwohl sie es in der Vergangenheit immer toleriert hatten –, und keiner von uns wollte von den AFP entdeckt werden. Also sang ich nur leise und mit recht zittriger Stimme.

Seit dem Tag, an dem wir vor den Soldaten davongelaufen waren, marschierten wir etwa eine Woche lang fast ununterbrochen durch den Dschungel. Doch dabei wurde klar, dass die Männer gar nicht genau wussten, wo sich das Dorf befand, das sie unbedingt erreichen wollten, um uns dort dem Polizeichef zu übergeben (was natürlich nicht ihre wirkliche Absicht war). Leider war auch die Versorgung mit Nahrungsmitteln wieder erschwert, denn es wurde auf dieser Halbinsel kaum etwas angebaut. Vielmehr spielte hier die Holzgewinnung eine größere Rolle.

Während unseres endlosen Marsches kursierten wieder einmal neue Gerüchte, die besagten, dass Malaysia angeblich noch immer bereit war, ein Lösegeld für uns zu bezahlen. Am 20. Mai brachte Martin endlich den Mut auf, sich Sabayas Kurzwellenradio auszuleihen, um mehr Gewissheit zu bekommen. Bei der Suche nach den Nachrichten des Senders Voice of America stellte er jedoch »zufällig«

KNLS, einen christlichen Sender aus Alaska, ein und hörte, wie Pastor Andy Baker aus Römer 8 vorlas:

Wenn Gott für uns ist, wer gegen uns? Er, der doch seinen eigenen Sohn nicht verschont, sondern ihn für uns alle hingegeben hat: wie wird er uns mit ihm nicht auch alles schenken? Wer wird gegen Gottes Auserwählte Anklage erheben? Gott ist es, der rechtfertigt; wer ist es, der verdamme? Christus ist es, der gestorben, ja noch mehr, der auch auferweckt worden, der auch zur Rechten Gottes ist, der sich auch für uns verwendet (V. 31-34).

Was für eine erstaunliche Auswahl – die ersten gesprochenen Bibelverse, die wir seit fast einem Jahr gehört hatten.

»Wenn Sie sich in einer schwierigen Situation befinden«, sagte Pastor Baker, »und wenn Sie hören könnten, wie Christus im angrenzenden Raum betet, hätten Sie doch keine Angst vor Tausenden Feinden. Er würde Ihren Namen rufen.«

Mit Tränen in den Augen sahen Martin und ich uns an. Daraufhin betete der Pastor – für Menschen, die unterdrückt wurden, für die Menschen im Westjordanland und in Afghanistan sowie für Menschen, die wegen ihres Glaubens an Christus misshandelt wurden. Es schien uns, als würde er direkt für uns beten. Wir waren tief gerührt.

Wie so oft hatte ich mir für unsere Freilassung ein Datum gesetzt, und zwar Samstag, den 25. Mai. Aus einem Brief, den wir vor langer Zeit erhalten hatten, wussten wir, dass meine Nichte Sally an diesem Tag in Indianapolis heiraten würde. Die erste Hochzeit von einer meiner Nichten. Die ganze Familie würde zu dieser Feier zusammenkommen, und natürlich hatten wir damals gehofft, daran teilnehmen zu können. Aber stattdessen verbrachten wir diesen Tag im Dschungel und beteten wiederholt für Sally und Tom, dass Gott ihr gemeinsames Leben segnen möge. Wir stellten uns vor, wie der Tag verlaufen würde. Dies war der letzte Termin in unserem inneren Terminkalender, denn nun wussten wir nicht mehr, was unsere Leute zu Hause taten und was sich ereignete.

Der folgende Montag, der 27. Mai, war der Jahrestag unserer Gefangennahme. Und auch dieser Tag kam – und ging vorüber. Nie hätten wir vor einem Jahr gedacht, dass wir so lange in Gefangenschaft sein würden. Aber so war es.

Mittlerweile hatten wir gehört, dass mehrere Schiffe voller Soldaten auf der Halbinsel Zamboanga gelandet waren. Ganz eindeutig zog sich die Schlinge um uns immer enger zusammen.

Eines Tages ging der Anführer unserer Gruppe ganz plötzlich in Deckung. Weil wir nicht wussten, was los war, ließen wir uns ebenfalls sofort zu Boden fallen. Dabei entdeckten wir auf dem angrenzenden Berg zwei Soldaten, die gerade ihr Mittagessen verzehrten und sich dabei lachend unterhielten. Dem Gespräch war zu entnehmen, dass ihre Kameraden bereits unterwegs waren, und so änderten wir auf der Stelle wieder einmal die Richtung.

Weil wir mit dieser Richtungsänderung jedoch vollkommen von unserer Nachschubversorgung abgeschnitten waren, mussten wir nun selbst etwas zu essen und sogar Wasser finden. Das Leben wurde sehr schwierig – schwieriger als je zuvor während unserer gesamten Gefangenschaft. Der Marsch war anstrengend, denn wir blieben möglichst in den höher gelegenen Gebieten, weil die Soldaten die Ebenen zu bevorzugen schienen. Während ich mich mit dem schweren Rucksack auf dem Rücken weiterquälte, sagte ich mir immer wieder Hebräer 12,1-2 auf:

Deshalb nun, da wir eine so große Wolke von Zeugen um uns haben, lasst auch uns, indem wir jede Bürde und die leicht umstrickende Sünde ablegen, mit Ausharren laufen den vor uns liegenden Wettlauf, hinschauend auf Jesus, den Anfänger und Vollender des Glaubens, der, die Schande nicht achtend, für die vor ihm liegende Freude das Kreuz erduldete und sich gesetzt hat zur Rechten des Thrones Gottes.

Wir hatten zwar immer noch ein wenig Reis, doch an jenem Sonntagmorgen, als wir beim Kochen des *kalaw* gestört worden waren, hatten wir leider unsere Töpfe verloren. Damit waren nun ausnahmslos alle hungrig. Doch zum Glück erinnerte Martin sich daran, dass unser Sohn Jeff vor etwa einem Jahr an einem Survivaltraining teilgenommen hatte, das von der Faith Academy in Manila organisiert worden war. Anschließend hatte er uns erzählt, wie man Reis in Bambusrohr kochen konnte. Man musste ein Loch hineinbohren, das Rohr mit Reis und Wasser füllen und den Bambus dann über dem Feuer erhitzen.

Martin gab diese Anweisung an die Männer weiter, und zum Glück kamen wir an einen Fluss, wo Bambus wuchs. Die Geiselnehmer hatten jedoch Vorbehalte, diese Methode auszuprobieren, weil es überall von Soldaten wimmelte und das Abhacken von Bambus sehr viel Lärm verursachte. Doch schließlich überwand der Hunger alle Vorsicht, und schon bald hatten wir etwas zu essen.

Manchmal stand uns jedoch kein Bambus zur Verfügung. Wenn wir dann den Hunger nicht mehr ertragen konnten, aßen wir den Reis eben roh. Er sollte der ganzen Gruppe als Nahrung dienen, doch ich muss gestehen, mehr als einmal habe ich die Regeln missachtet und mich bedient. Ich hatte mich in die Entschuldigung geflüchtet:»Wenn ich es brauche, dann ist es kein richtiger Diebstahl.«

Auch einige der Männer aßen so viel, dass Sabaya den Schwund unserer Vorräte mit Sorge verfolgte. Deshalb sammelte er alle restlichen Vorräte ein und übergab sie Martin – der einzigen Person, der er vertrauen konnte. Dadurch wurde Martins Last natürlich noch schwerer.

Nach mehreren Tagen kündigten die Anführer schließlich an, wir würden jetzt über die Holzfällerpfade laufen, was uns aufgrund unserer mittlerweile recht schwachen Kondition leichterfallen würde. Doch mich beunruhigte das, denn es bedeutete, dass die Chancen, von einem Holzfäller oder einem Zivilisten entdeckt zu werden, viel größer waren. Ich äußerte meine Bedenken, wurde jedoch überstimmt.

Also machten wir uns am anderen Morgen auf den Weg, nur dauerte unser ungestörter Marsch nicht lange, denn zwei Kundschafter kamen eilig zurückgelaufen und warnten uns vor den Soldaten. Damit drehten wir auf dem Absatz um und rannten in der entgegengesetzten Richtung davon. Da die Soldaten vermutlich Funkgeräte hatten, um sich miteinander zu verständigen, hörten wir bald in der Ferne Lastwagen den Berg hochfahren, uns entgegen. Das bedeutete, dass wir erneut den Weg verlassen und über die an dessen Rand aufgeschichteten Zweige und Äste hinwegklettern mussten. Das dauerte natürlich seine Zeit, und als wir endlich anfingen, den Berg zu erklimmen, raste mein Herz bereits von der Anstrengung und vor Angst, aber ich wagte es nicht, stehen zu bleiben.

Und noch immer suchten wir das Dorf, wo – wie es hieß – ein zweites Lösegeld gezahlt werden sollte. Dann würde alles in Ordnung kommen. Als wir an diesem Abend erneut einen Holzfällerweg erreichten, setzten wir uns zunächst in den Wald und warteten auf den Schutz der Dunkelheit. Erst dann überquerten wir ihn in kleinen Gruppen von drei Leuten. Als schließlich Martin und ich an die Reihe kamen, liefen wir zusammen mit unserem Bewacher Sarin los, doch mitten auf dem Weg angelangt, sah ich auf – und da kam ein Zivilist geradewegs auf uns zu. Ich konnte es nicht glauben.

Die Abu Sayyaf nahmen diesen Mann sofort als Geisel, denn sie konnten es sich nicht leisten, ihn weitergehen zu lassen. Mir tat er leid, vor allem, da er die Nacht über an einen Baum gekettet wurde. Als ich mich zum Schlafen hinlegte, konnte ich mir vorstellen, was ihm durch den Sinn ging: ›Warum musste ich auch gerade in diesem Augenblick daherkommen? Wie bin ich nur in diesen Mist geraten? Werde ich das lebend überstehen?‹

Wie sich jedoch herausstellte, arbeitete er für die Holzfällerfirma und kannte dieses Gebiet viel besser als Mirsab, und dies qualifizierte ihn zu unserem Führer.

༄

Neun Tage waren nun seit unserer letzten richtigen Mahlzeit vergangen, und in dieser Zeit hatten wir uns nur von Blättern ernährt. Außerdem versuchten wir, viel Wasser zu trinken, das wir aus den Flüssen holten oder in kleinen Gefäßen auffingen, während es regnete.

Als wir einen weiteren Holzfällerweg erreichten, hieß es wieder, ihn so sicher wie möglich zu überqueren. Doch seit es zu regnen begonnen hatte, hinterließen wir im Schlamm natürlich Spuren. Deshalb wandte ich mich erneut warnend an Sarin. »Kannst du nicht mit den Männern sprechen und ihnen klarmachen, wie gefährlich es ist, über diese Wege zu laufen?«

Aber er ignorierte mich, also warteten wir wieder bis zum Einbruch der Dunkelheit, bis wir diesen Weg überquerten.

Als ich die andere Seite erreicht hatte, knickte ich mit meinem rechten Fuß um und stürzte daraufhin etwa einen Meter tief in einen aufgeschichteten Stapel von Zweigen und Ästen. Ein paar anderen passierte dasselbe. Während ich mich aus diesem Stapel befreite, zerkratzte ich mir zu allem Überfluss auch noch den Rücken und verrenkte mir den Arm. Trotzdem marschierten wir weiter und durchquerten erst noch einen Fluss, bevor wir gegen zwei oder drei Uhr morgens endlich vollkommen erschöpft anhalten durften.

Es war eine mondlose und ganz besonders dunkle Nacht, weshalb wir nicht sehen konnten, was wir taten. Deshalb hängten wir, so gut es ging, unsere Hängematten auf und legten uns zum Schlafen nieder. Ich war davon ausgegangen, dass wir den Rest der Nacht dort verbringen würden, aber etwa eine Stunde später wurden wir geweckt, um weiterzuziehen, da der Mond bald aufgehen würde. Verschlafen und desorientiert tasteten wir in der Dunkelheit nach unseren Sachen.

Unterwegs sagte Ediborah zu mir: »Gestern Nacht habe ich mich so allein gefühlt. Niemand hat mir geholfen, meine Hängematte aufzuhängen. Ich konnte keine zwei Bäume finden, die dicht genug beieinanderstanden. Darum musste ich auf dem Boden schlafen.«

»Oh Ediborah, das tut mir so leid«, sagte ich zu ihr. »Du bist wirklich ganz allein, nicht?«

»Ja. Das war nicht einmal das Schlimmste. Ich geriet in einen Ameisenhügel und habe gar nicht schlafen können.«

Nachdem die Sonne aufgegangen war, stießen wir zu unserem großen Glück durch Zufall auf eine Farm! Dort fanden wir Jackfrucht- und Morang-Bäume, und Kokosnüsse waren auch vorhanden. Sofort machten wir uns in aller Eile über die unreifen Früchte her, tranken die Kokosmilch und schlugen uns den Magen voll, dann ging es weiter.

Gegen acht Uhr an diesem Morgen hielten wir an, um unsere Hängematten zu befestigen. Offensichtlich hatten unsere Entführer vor, den Tag an diesem Ort zu verbringen. Oben auf dem Berg erkannten wir den Holzfällerweg, den wir kurz zuvor überquert hatten. Auf ihm kam ein Lastwagen angefahren, der genau an der Stelle stehen blieb, an der wir in der Nacht zuvor gewesen waren. Wir konnten hören, wie die Leute aufgeregt miteinander sprachen, dann waren Rufe zu hören. »Packt zusammen! Alles zusammenpacken!«, kam sofort der eilige Befehl, und schon bald waren wir wieder unterwegs – bergauf, bergab, bergauf, bergab. Auf unserem Weg kamen wir an einigen Farmen vorbei, dann verschwanden wir in den Sümpfen.

Ich erinnere mich, an diesem Tag wohl zum 500. Mal zu Martin gesagt zu haben: »Ich glaube einfach nicht, dass ich das noch länger durchhalte. Ich kann es nicht mehr ertragen.«

Und wie so oft hatte er geantwortet: »Weißt du, Gracia, ich denke, wir werden es bald überstanden haben. Ich denke, alles wird gut werden. Wenn wir zu Hause sind, wird uns das wie ein Albtraum erscheinen. Wir wollen einfach durchhalten.«

Gegen zwölf oder halb eins zog eine Regenfront auf. Auf der Suche nach einem neuen Rastplatz erreichten wir einen Berggipfel und stiegen auf der anderen Seite wieder hinunter auf einen kleinen Fluss zu. Der Abhang war sehr steil – vielleicht 40 Grad. Von oben bis unten war er nicht länger als ein Häuserblock in einer Stadt und nur mit spärlicher Vegetation bewachsen. Erneut holten wir unsere Hängematten hervor.

Es war der 7. Juni. »Weißt du, morgen hat mein Bruder Paul Geburtstag«, sagte ich, während wir unsere Hängematten aufhängten.

»Ach ja, stimmt«, erwiderte Martin und warf mir einen langen Blick zu.

Keiner von uns sagte mehr dazu. Wir beide wussten, was der andere dachte: ›Wäre es nicht schön, dann frei zu sein und Paul anzurufen?‹ Doch im Augenblick war nicht der richtige Zeitpunkt, solche Wünsche zu äußern, deshalb ließen wir das Thema fallen.

Über unserer Hängematte bauten wir auch unsere *tolda* auf, da es so aussah, als würde es jeden Augenblick zu regnen beginnen.

Wir saßen eine Weile in der Hängematte, und Martin erzählte mir von seinen Gedanken, die ihn in diesem Moment beschäftigten:»Ich weiß wirklich nicht, warum uns das zugestoßen ist. In letzter Zeit habe ich viel über Psalm 100 nachgedacht. Darin wird gesagt, wir sollen dem Herrn mit Freuden dienen. Dies sieht vielleicht nicht so aus, als würden wir dem Herrn dienen, aber das tun wir, ist dir das klar? Vielleicht kommen wir nicht lebend aus diesem Dschungel heraus, aber wir können diese Welt verlassen, nachdem wir dem Herrn ›mit Freuden‹ gedient haben. Wir können mit Jubel vor sein Angesicht kommen« (Ps 100,2).

Im Anschluss an dieses Gespräch beteten wir miteinander, wie wir es oft getan hatten. Und es gab ohnehin nichts, was wir hätten tun können, denn wir waren von Gott vollkommen abhängig. Wir dankten ihm, dass er uns bis hierher bewahrt hatte, und natürlich baten wir ihn, uns nach Hause und zu unseren Kindern zurückzubringen. Außerdem sagten wir ihm, dass wir ihm auch weiterhin mit Freuden dienen wollten.

Als wir unser Gebet beendet hatten, legten wir uns ein wenig schlafen. Unsere *tolda* schützte uns vor dem beginnenden Regen, und wir entspannten uns, so gut es eben ging. Wir hatten gerade unsere Augen geschlossen, als plötzlich vom Berggipfel aus das Feuer auf uns eröffnet wurde. Die AFP? Bestimmt nicht! Es regnete, und die Soldaten kämpften doch nie bei Regen.

Nach bereits 16 überlebten Feuergefechten sagte mir mein Instinkt, was ich zu tun hatte: ›Sofort fallen lassen‹. Ich ließ mich aus der Hängematte gleiten, und bevor ich noch auf dem Boden aufkam, spürte ich das *Zing!* einer Kugel, die mein rechtes Bein durchschlug.

Wie betäubt rollte ich vielleicht drei Meter den steilen Abhang hinunter, und als ich aufsah, entdeckte ich Martin ebenfalls auf dem Boden liegen. So schnell ich konnte, kroch ich an seine Seite. Er lag ziemlich verdreht, die Beine unter dem Körper verkrümmt. Seine Augen waren geschlossen. Er trug ein weißes Hemd mit blauen Ärmeln. Und dann sah ich es: Aus seiner linken Brust sickerte Blut durch das Hemd.

›Oh nein!‹, dachte ich. ›Er ist auch getroffen worden.‹

Die Kugeln flogen uns auch weiterhin um die Ohren. Die Abu Sayyaf hatten sich gerade in Position gebracht, um die Schüsse zu erwidern. Martin atmete schwer, es hörte sich an wie ein leises Schnarchen. Ganz still lag er auf dem Rücken und teilweise auf der Seite. Er war so still, dass ich mich nicht, wie ich es normalerweise getan hätte, über die Wunde an meinem Bein beklagte.

»Mart!«, hörte ich plötzlich Ediborah rufen, nur einmal. Dann nichts mehr. Es war das letzte Wort, das sie sprach.

Ich dachte: ›Wenn die Abu Sayyaf sehen, dass ich verletzt, aber noch am Leben bin, werden sie mich den Berg hinunterzerren, und ich muss trotz meiner Verletzung laufen.‹ Deshalb blieb ich bewusst reglos liegen und tat so, als sei ich tot. Martin hatte mir beigebracht, mich während eines Feuergefechts darauf zu konzentrieren, meine Emotionen zu kontrollieren, und mir war klar, dass ich genau das jetzt tun musste.

Ab und zu stöhnte er leise. Ich sprach jedoch kein Wort zu ihm, sondern konzentrierte mich darauf, still liegen zu bleiben. Das Feuergefecht ging weiter. Granaten explodierten. Jeder Augenblick konnte mein letzter sein, da war ich sicher. ›Herr, wenn es jetzt so weit ist, dann lass es schnell gehen‹, betete ich. Das Gefecht tobte. Doch der Schmerz in meinem Bein war nicht so schlimm wie das Entsetzen in meinem Herzen. Weiterhin zwang ich mich, still liegen zu bleiben.

Mehrere Minuten vergingen. Und dann spürte ich auf einmal, wie Martins Körper schwer wurde und beinahe gegen mich sackte.

›Ist er tot?‹, fragte ich mich. Ich hatte keine Erfahrung, nach der ich das hätte beurteilen können. ›Vielleicht ist er nur ohnmächtig geworden‹, beruhigte ich mich.

Die Schüsse wurden seltener und hörten plötzlich ganz auf. Oben auf dem Bergkamm hörte ich Rufe in Tagalog, der Sprache der AFP. Von unten her drangen jedoch keine Geräusche zu mir hinauf, was mir sagte, dass die Abu Sayyaf den Fluss entlang geflohen waren.

Ich wollte niemanden erschrecken, deshalb hob ich nur langsam eine Hand als Zeichen, dass ich noch am Leben war. Ein AFP-Soldat entdeckte mich, und sofort kamen er und sein Partner angerannt und wollten mich hochheben, einer an den Schultern, der andere an den Knöcheln. Ich schrie auf vor Schmerz. Also ließen sie mich gleich wieder herunter, und beide nahmen mich an den Schultern und zogen mich zu unserer Hängematte und zu unserer *tolda*. Während dies geschah, sah ich zu Martin hinüber. Er lag noch immer reglos da. Der rote Fleck auf seinem Hemd war jetzt größer, und sein Gesicht war wachsbleich. Da wusste ich – der Mann, den ich mehr als irgendjemanden auf der Welt liebte, war tot.

∽

In diesem Augenblick hätte ich am liebsten die Welt angehalten, über meinen schrecklichen Verlust nachgedacht, den sinnlosen Tod meines wunderbaren Mannes betrauert. Doch leider forderten die Umstände etwas anderes. Ich musste dafür sorgen, dass ich von diesem Berg lebend fortkam.

Ich sah zu unserer *tolda* hinauf, die von Kugeln durchlöchert worden war. Wie wir schon so lange befürchtet hatten, waren die AFP ohne Rücksicht auf Verluste einfach über uns hergefallen.

»Habt ihr Sabaya gefasst?«, fragte ich.

»Ja, wir denken schon. Der Mann mit den langen Haaren?«

»Nein – das ist Lukman. Sabaya lag unter der grünen *tolda* dort drüben. Seht dort nach.«

Eine Suche ergab, dass er leider entkommen war.

Die Soldaten riefen nach Verstärkung, um mich mit vereinten Kräften den Berg hinaufzuschaffen. Irgendwie erreichten wir den Gipfel. Dort fiel mir unser grüner Rucksack ein. Er lag noch immer neben unserer Hängematte und enthielt alle Notizen, die wir gemacht hatten, die Briefe an die Kinder und das Tagebuch. »Holen Sie den grünen Rucksack«, bat ich. »Ich muss ihn haben.«

Die Soldaten sahen mich an, als hätte ich den Verstand verloren.

»Holen Sie den grünen Rucksack!«, beharrte ich. »Darin sind Briefe von Martin an unsere Kinder. Das ist das Einzige, was von ihrem Vater übrig geblieben ist. Sie müssen ihn holen!«

Einer der Soldaten sagte zu mir: »Oh, Martin geht es gut.«

Ich starrte ihn verständnislos an. »Martin ist *tot*. Das Einzige, was den Kindern noch bleibt, ist das, was er an sie geschrieben hat. Und das liegt in dem grünen Rucksack. *Bitte* holen Sie ihn!« Daraufhin verschwand einer von ihnen über den Kamm. Kurze Zeit später kam er mit dem kostbaren Rucksack zurück. Ich streckte die Hand danach aus, aber sie wollten ihn mir nicht überlassen. »Wir brauchen ihn erst noch für unsere Untersuchung«, erklärte jemand. Ich fand das absolut lächerlich.

Leider wollten sie mir auch unsere Notizen nicht überlassen. Daraufhin starrte ich einen Soldaten, dessen Englisch recht gut war, an und sagte: »Schwören Sie mir, dass ich diese Briefe bekomme?«

»Ja, Madam, das schwöre ich.«

Mittlerweile fing der Sanitäter an, meine nassen *pantos* aufzuschneiden. Ich legte mich zurück und schloss die Augen. Auf einmal war ich so erschöpft, dass ich mir nichts weiter wünschte, als zu schlafen.

»Oh nein, schlafen Sie nicht ein«, hörte ich jemanden sagen. »Bleiben Sie wach.«

Der Sanitäter strahlte mich an und verkündete auf Englisch mit sehr ausgeprägtem Akzent: »Ich bin der Sanitäter, und Sie sind mein erster Patient!« Seine Hände zitterten, während er einen Lappen um meine Wunden wickelte, dann verkündete er fröhlich: »Also gut, Sie sind in Ordnung! Brauchen Sie sonst noch etwas?«

Ich sah ihn ungläubig an. »Haben Sie eine Schmerztablette?«, fragte ich ihn.

»Sicher, ich werde mal nachschauen.« Er selbst hatte keine Medikamente dabei und begann, deshalb herumzufragen. Jemand hatte wenigstens ein Mittel zur Infektionsbekämpfung, das ich schluckte.

Ein anderer brachte mir trockene Sachen und sagte mir: »Ein Hubschrauber wird Sie gleich abholen.«

Doch ich sah zum noch immer wolkenverhangenen Himmel hoch und antwortete: »Ein Helikopter kann im Augenblick gar nicht landen, denn die Gipfel sind verhangen, und außerdem regnet es.«

Sie starrten mich an, als wollten sie sagen: ›Was wissen Sie denn schon?‹ Ihnen war nicht klar, dass ich die Frau eines Piloten war und bei Hunderten von Flügen das Wetter überwacht hatte. Unter diesen Bedingungen konnte ein Hubschrauber nicht sicher landen, das war mir klar.

»Nein, nein, der Hubschrauber wird Sie abholen«, widersprach ein anderer.

»Nein! Bitte fordern Sie ihn nicht an«, flehte ich. »Der Pilot kann nicht sehen, was er tut, und ich möchte nicht, dass heute noch jemand sein Leben verliert. Wir werden warten.«

Der Hubschrauber war jedoch schon unterwegs.

Nachdem den Soldaten klar geworden war, dass sie bei ihrem Rettungsversuch alle drei Geiseln angeschossen oder getötet hatten, gerieten sie aus der Fassung. Mehrere von ihnen rauchten eine Zigarette nach der anderen, um ihre Nerven zu beruhigen.

›Ich darf nicht einschlafen, und ich werde es überleben‹, sagte ich mir währenddessen. Ich habe es schon bis hierher geschafft. Ich versuchte, mich an Martins Worte zu erinnern, die er mir so oft gesagt hatte: »Du schaffst das, Gracia. Du wirst unversehrt nach Hause kommen.«

Schließlich kam der kommandierende Leutnant zu mir.

»Mrs. Burnham, ich weiß, dass Sie vermutlich sehr zornig auf uns sind«, sagte er. »Aber wir tun nur unsere Arbeit.«

»Ich weiß«, erwiderte ich. »Wir haben nie vergessen, wer die Bösen und wer die Guten waren. Ich sehe Sie nicht als die Bösen.« Dann fuhr ich fort: »Wie haben Sie uns eigentlich gefunden?«

»Wir haben Sie schon den ganzen Tag verfolgt. Wir sahen Ihre Spuren an der Stelle, wo Sie gestern Nacht den Holzfällerweg überquert haben.«

Ich wusste es! Wir waren nicht vorsichtig genug gewesen.

Ich erzählte ihm, wie hungrig wir nach so vielen Tagen ohne Essen gewesen waren.

»Ja, wir haben gesehen, wie Sie heute Morgen auf der Farm gefrühstückt haben. Wir sind Ihnen einfach weiter gefolgt.«

Kurz darauf hörten wir das Surren von Rotorblättern. Die Wolken über den Bergen waren aufgerissen, und ein kleines Stück blauer Himmel war zu sehen. »Jetzt schließen Sie die Augen, weil es sehr windig werden wird«, forderte mich jemand auf. »Wir möchten nicht, dass Sie etwas in die Augen bekommen.«

Kurz darauf wurde ich in einem *malong* zum Hubschrauber gebracht. Erst im Hubschrauber öffnete ich meine Augen wieder. Es war eine Black Hawk mit einem philippinischen Piloten. Mehrere der bei dem Gefecht verwundeten Soldaten saßen bereits auf den Sitzen. Zuletzt schnallten sie mich an und schlossen die Tür.

Als die Tür geschlossen war, fragte ich mich plötzlich, was wohl mit Martins Leichnam werden würde. Wurde ich einfach hier weggeschafft, und mein Mann blieb auf diesem nassen Berghang liegen? *Das konnte nicht sein!* Doch alles, was ich in diesem Moment tun konnte, war, mich zurückzulehnen und mir traurig bewusst werden zu lassen, dass ich in meinem körperlichen Zustand keine andere Wahl hatte. Wir hoben ab und ließen meinen besten Freund im Regen liegen.

In der Botschaft

Eine knappe halbe Stunde später landete die Black Hawk auf einem Flugplatz in Zamboanga City, und von einem Augenblick zum anderen trat ich in eine andere Welt ein. Kein dichter Dschungel mehr, sondern asphaltierte Landebahnen, moderne Flughafengebäude, Elektrizität, fließendes Wasser und Toiletten, auf denen man allein sein konnte – mir wurde beinahe schwindelig. Die Hubschraubertür glitt zurück, und ich entdeckte amerikanische Soldaten. Ein Krankenwagen wartete mit einer richtigen Bahre, und kurze Zeit später war ich auf einer holprigen Straße unterwegs zum Camp Navarro General Hospital, das mehrere Monate zuvor für die Angehörigen der amerikanischen Armee erbaut worden war.

Als wir beim Krankenhaus eintrafen und die Tür des Krankenwagens erneut geöffnet wurde, war ich plötzlich umgeben von Menschen, und alle schienen auf einmal zu reden. Etwas weiter hinten entdeckte ich eine hübsche amerikanische Soldatin, die einen Kampfanzug trug und mir zulächelte. Die Sanitäter brachten mich ins Gebäude, und dabei kamen wir an einer ganzen Reihe von amerikanischen Soldaten mit Automatikgewehren vorbei, die Wache standen. Mir wurde klar, dass diese Sicherheitsmaßnahmen allein für mich getroffen worden waren.

Ich wurde in einen Untersuchungsraum gebracht, und einige Ärzte kamen herein. Hektische Aktivität brach um mich herum los, doch die Soldatin blieb stets bei mir.

Als es für einen Augenblick ruhiger wurde, ergab sich endlich die Gelegenheit, dass sie sich mir vorstellte: »Ich bin Frau Major Reika Stroh. Ich werde bei Ihnen bleiben, bis Sie mich nicht mehr brauchen.« Mit diesen Worten begann sie, meinen Arm zu streicheln, und ich legte mich zurück und überließ mich dem angenehmen Gefühl.

›Wer hat wohl diesen besonderen Dienst vorausgeplant?‹, fragte ich mich.

Kurz darauf wurde ich zum Röntgen gebracht. Und wieder standen die Soldaten Wache. Diese Fürsorge war beinahe überwältigend. Die Röntgenaufnahmen ergaben, dass kein Knochen gesplittert oder gebrochen war. Auch hatte die Kugel keine Arterie verletzt; sie war durch das Fleisch von der Rückseite meines Oberschenkels eingedrungen und vorn wieder ausgetreten. Die dabei entstandenen Wunden mussten zwar operativ verschlossen werden, aber das war eine einfache Prozedur und konnte sofort in diesem Krankenhaus erledigt werden.

Als ich nach der OP aus der Narkose erwachte, war es dunkel. Frau Major Stroh erklärte mir, alles sei gut verlaufen, und nur einige Schrapnellsplitter hätten noch entfernt werden müssen. Deshalb war mein Bein von der Hüfte bis zum Knie dick verbunden.

Da es mir recht gut ging, wurde ich für transportfähig erklärt und konnte sofort nach Manila gebracht werden. »Die Aufgabe dieses Flugzeugs und der Crewmitglieder war, auf dem Rollfeld bereitzustehen und auf Sie sowie Martin zu warten«, erklärte mir Reika. »Jetzt können sie endlich ihre Aufgabe zu Ende bringen.«

Nachdem wir auf dem Flugplatz angekommen waren und meine Bahre sicher im Flugzeug verstaut war, meinte Frau Major Stroh: »General [Donald] Wurster ist hier und möchte Sie gern kennenlernen.«

Ich hatte im Dschungel ein Foto dieses Brigadegenerals der amerikanischen Luftwaffe in einer Ausgabe von *Newsweek* gesehen und wusste also, wer er war. Ich war nicht wach genug, um mir alles zu merken, was er sagte, aber er teilte mir mit, wie froh er sei, dass ich endlich befreit worden wäre und dass alles wieder in Ordnung kommen würde. Dann fügte er hinzu: »Ich möchte Ihnen etwas schenken.«

Mit diesen Worten drückte er mir den Stern seiner Generalsmütze in die Hand.

»Oh, vielen herzlichen Dank«, sagte ich, überwältigt von seiner großherzigen Reaktion.

Nachdem er gegangen war, gab ich den Stern an Frau Major Stroh weiter und bat sie, ihn sicher aufzubewahren. Dann fragte sie mich, ob ich hungrig sei.

»Ja, natürlich!«, sagte ich. Doch sobald ich einen Bissen genommen hatte, wurde mir übel. Mein Magen war einfach noch nicht für so gutes Essen bereit.

Der Flug nach Manila dauerte etwa eine knappe Stunde. Dort angekommen, holte mich der amerikanische Botschafter am Flughafen ab – Francis Ricciardone, ein eleganter Herr im Anzug. Er ließ mich erneut in einen Krankenwagen verfrachten, mit dem ich durch die mitternächtlichen Straßen der Hauptstadt gefahren wurde.

Als wir durch die Sicherheitstore vor der US-Botschaft auf dem Roxas Boulevard fuhren, blickte ich hinaus auf die Palmen und die ordentlich gemähten Rasenflächen und erinnerte mich, Jahre zuvor schon einmal wegen Passangelegenheiten hier gewesen zu sein. Doch dieses Mal sah ich Räume, die ich noch nie betreten hatte. Man brachte mich in eine gemütliche und geschmackvoll eingerichtete Suite. Der Kühlschrank war mit Leckerbissen gefüllt, und im Schrank fand ich einige meiner eigenen Kleidungsstücke, Dinge, die die Leute von der New Tribes Mission Monate zuvor von Aritao hergeschickt hatten in der Hoffnung, dass ich sie eines Tages würde wieder tragen können.

Obwohl der Abend bereits weit fortgeschritten war, wartete Ted Allegra von der Botschaft auf mich, der mich über das weitere Prozedere aufklärte. Auch ein Besuch von Präsidentin Arroyo stand auf dem Terminplan. Dann fragte er mich nach meinen Wünschen.

»Ich möchte so schnell wie möglich hier weggebracht werden. Und wenn ich nicht sofort nach Hause fliegen kann, dann soll meine Familie herkommen.«

»Ihre Schwester Mary ist bereits unterwegs, um Sie nach Hause zu begleiten. Wie wäre es, wenn Sie am Montagmorgen fliegen würden?«

Ich war erleichtert.

Daraufhin teilte Ted mir mit, er hätte meine und Martins Eltern verständigt. Außerdem hätten die AFP Martins Leichnam geborgen. »Wir werden ihn ins große Militärkrankenhaus nach Okinawa fliegen, wo eine Autopsie vorgenommen werden wird«, erklärte er sanft.

Ich war erleichtert zu hören, dass er endlich in heimatlicher Hand war.

»Gibt es sonst noch etwas, was ich Ihnen Gutes tun kann?«, fragte er.

Ich wollte wissen, ob ich irgendwie mit Ediborahs Kindern in Kontakt treten könnte. »Ich weiß, sie leben nicht hier in Manila, aber ich bin die Einzige, die ihnen erzählen kann, wie ihre Mutter gelebt hat und gestorben ist«, erklärte ich ihm. »Und ich würde gern mit meinen Kollegen von der New Tribes Mission sprechen.«

Ted blickte mich ein wenig seltsam an und sagte: »Nun, Sie sollen wissen, dass Sie hier in der Botschaft keine Gefangene sind ... aber Sie können das Gebäude nicht verlassen.«

Ich hielt seinem Blick stand und erklärte bestimmt: »Also gut, dann bedeutet das, dass sie hierher eingeladen werden müssen.«

Ted schwieg eine Weile und erklärte dann, er würde versuchen, alles zu organisieren.

Als er schließlich gegangen war, griff ich sofort zum Telefonhörer, um Martins Eltern anzurufen. In Kansas musste es nun Freitagmorgen sein.

»Hallo ... hier spricht Gracia, aus Manila. Ich wollte euch nur sagen, dass es mir gut geht.«

»Hallo, Gracia.« Ich hörte die Stimme meiner Schwiegermutter am anderen Ende der Leitung. »Doug ist auch hier bei uns.« Wir unterhielten uns eine Weile, dann konnte ich es nicht mehr abwarten.

»Kann ich mit den Kindern sprechen?«

»Sie sind nicht hier – sie sind für ein paar Tage bei deinen Eltern in Arkansas. Im Augenblick sind ja Ferien. Dein Bruder hat sie an den See mitgenommen, aber wir haben bereits mit ihnen gesprochen. Sie kommen noch heute nach Kansas zurück.«

Ich würde wohl noch eine Weile länger warten müssen, um ihre Stimmen zu hören. Ich war so schrecklich enttäuscht.

Bevor wir das Gespräch beendeten, musste ich noch das schmerzliche Thema von Martins Tod ansprechen.

»Es tut mir so leid, dass Martin es nicht geschafft hat«, sagte ich zu Oreta.

»Uns tut es auch leid, aber wir sind froh, dass es dir gut geht«, erwiderte sie.

Daraufhin berichtete ich ihr in allen Einzelheiten von unserem letzten Gespräch und unseren letzten Erlebnissen. Sie sollte es von mir hören und nicht durch die Presse. Natürlich waren meine Schwiegereltern und Doug schrecklich traurig. Vorsichtig setzten wir einen Beerdigungstermin fest.

Auf einmal war ich schrecklich müde. Und als ich auf die Uhr sah, war es bereits halb vier morgens! Ich versprach, sie am Morgen noch einmal anzurufen. Jetzt brauchte ich erst einmal Schlaf.

Eine philippinische Krankenschwester wusch mich, und das Gefühl von warmem, sauberem Wasser auf meiner Haut war ein solcher Luxus. Außerdem half sie mir, einen Schlafanzug anzuziehen, und brachte mich in das bereitstehende Bett mit seinen makellosen Laken und der bequemen Matratze. Ich dachte: ›Heute Nacht keine Hängematte! Und niemand wird Martin je wieder fesseln.‹

Schließlich sank ich in dieses wundervolle Bett und knipste das Licht aus, doch ich konnte nicht schlafen, sondern sah noch einmal die Szene von Martins Tod vor Augen. Gedanklich erlebte ich diese schrecklichen Augenblicke, als wir beide verwundet auf dem Bergabhang lagen, immer wieder neu. ›Und wenn ich mit ihm gesprochen und versucht hätte, ihn aufzuwecken? Und wenn ich ihn herumgerollt hätte, damit das Blut nicht so schnell in seine Lungen gelaufen wäre? Wäre er dann noch am Leben?‹

Ich fing an, mir Vorwürfe zu machen, weil ich nicht irgendetwas unternommen hatte. Doch tief in meinem Inneren wusste ich, dass der Ausgang der gleiche gewesen wäre – egal, was ich getan hätte. Martin hatte sehr viel Blut verloren und hatte nur mühsam atmen können. Jetzt war er direkt in die Gegenwart Gottes getreten. Ich dagegen lag hier in diesem schönen Bett in Manila – aber allein. Dies würde die erste von vielen endlosen traurigen Nächten sein.

Gemeinsam hatten wir uns so oft vorgestellt, wie es sein würde, befreit und nach Manila geflogen zu werden. Wir hatten davon gesprochen, gemeinsam einkaufen zu gehen, unsere Freunde zu besuchen, zum Essen auszugehen und zu feiern. Auf jeden Fall hatten wir uns geweigert, uns das Szenario, wie ich es jetzt erlebte, vorzustellen.

Kurz nachdem ich eingeschlafen war, war mir, als würden Schüsse durch die Botschaft hallen. Ich fuhr im Bett hoch und begann zu schreien. Mein Herz raste, aber mit dem verletzten Bein konnte ich nicht aus dem Bett steigen. Sofort war die Schwester wieder da.

»Wer hat da geschossen?«, fragte ich.

»Niemand hat geschossen«, versicherte sie mir. »Sie sind in Sicherheit. Glauben Sie mir, da war nichts.«

Sie setzte sich zu mir, bis ich mich wieder einigermaßen gefasst hatte und mir klar geworden war, dass ich mir das alles nur eingebildet hatte. Ich legte mich erneut hin und schlief zum Glück wieder ein.

Als ich mich nach dem Aufwachen in meinem Zimmer umsah, entdeckte ich eine Gideonbibel und nahm sie zur Hand. Was für ein Vorrecht, dieses Buch wieder in Händen zu halten! Ich knipste die Lampe an, schlug die Psalmen auf und begann zu lesen:

Befreie mich von meinen Feinden, mein Gott! Setze mich in Sicherheit vor denen, die sich gegen mich erheben! Befreie mich von denen, die Frevel tun, und rette mich von den Blutmenschen! Denn siehe, sie lauern auf meine Seele; Starke rotten sich gegen mich zusammen ohne meine Übertretung und ohne meine Sünde, HERR! ... Ich aber will singen von deiner Stärke und am Morgen jubelnd preisen deine Güte; denn du bist mir eine hohe Festung gewesen und eine Zuflucht am Tag meiner Bedrängnis. Dir, meine Stärke, will ich Psalmen singen; denn Gott ist meine hohe Festung, der Gott meiner Güte (Ps 59,2-4.17-18).

Bald darauf erschien die Krankenschwester in der Tür und ermahnte mich: »Was machen Sie denn da? Es ist doch erst 6 Uhr morgens!«

»Ich habe diese Bibel hier gefunden und lese darin.«

»Denken Sie nicht, Sie sollten lieber noch etwas schlafen? Sie sind erst sehr spät eingeschlafen.«

Um sie zufriedenzustellen, schaltete ich das Licht aus und legte mich wieder hin. Doch ich konnte nicht einschlafen, darum knipste

ich das Licht wieder an und las weiter, dieses Mal meine Lieblings-
stelle:

*Darum, da wir diesen Dienst haben, wie wir begnadigt worden
sind, ermatten wir nicht ... Denn der Gott, der sprach: Aus Finsternis leuchte Licht, ist es, der in unsere Herzen geleuchtet hat zum
Lichtglanz der Erkenntnis der Herrlichkeit Gottes im Angesicht Jesu
Christi.*
*Wir haben aber diesen Schatz in irdenen Gefäßen, damit die Überfülle
der Kraft sei Gottes und nicht aus uns. In allem bedrängt, aber nicht
eingeengt; keinen Ausweg sehend, aber nicht ohne Ausweg; verfolgt,
aber nicht verlassen; niedergeworfen, aber nicht umkommend ...*
*Deshalb ermatten wir nicht, sondern wenn auch unser äußerer
Mensch verfällt, so wird doch unser innerer Tag für Tag erneuert.*
*Denn das schnell vorübergehende Leichte unserer Trübsal bewirkt
uns ein über jedes Maß hinausgehendes, ewiges Gewicht von Herrlichkeit (2Kor 4,1.6-9.16-17).*

Ich begann zu beten: ›Oh Herr, danke, dass ich freigekommen
bin ... und dass mein Bein wieder in Ordnung kommen wird. Danke
für die Freude, dein Wort wieder in den Händen halten zu können.
Bitte gehe mit mir durch die nächsten schwierigen Tage und lass mein
Leben zu einem Segen werden.‹

Nach dem Frühstück wollte ich unbedingt mit meinen Kindern telefonieren, aber Ted Allegra sagte mir, es sei noch zu früh – sie wären
vermutlich noch nicht aus Arkansas eingetroffen. In der Zwischenzeit wartete eine ganze Reihe von Leuten auf mich: Der Botschafter,
der Arzt und Präsidentin Arroyo würden gegen neun Uhr eintreffen.
Die Angestellten bereiteten schon alles für ihre Ankunft vor. Doch im
Laufe des Vormittags erfuhren wir, Präsidentin Arroyos Besuch würde
sich verzögern, sie würde vermutlich erst gegen Abend erscheinen.
　　»Dann möchte ich jetzt versuchen, meine Kinder anzurufen«,

erklärte ich. Also bekam ich ein Telefon gebracht, und ich wählte die Nummer meiner Schwiegereltern in Kansas, wo es jetzt 21 Uhr war.

»Hallo alle zusammen – hier spricht Gracia!«

Der Raum war voller Leute: Paul und Oreta sowie meine Eltern, Martins Bruder Doug mit seiner Familie, seine jüngste Schwester Felicia und ihr Mann – und Jeff, Mindy und Zach.

»Mom, ich bin so froh, dass du gerettet bist!«, rief Jeff.

»Ja, ich freue mich auch, und ich kann es kaum erwarten, bei euch zu sein«, erwiderte ich. »Hey, wer ist noch bei dir?« Andere meldeten sich zu Wort.

»Wie geht es dir?«, fragte jemand.

»Ich befinde mich im Augenblick in der amerikanischen Botschaft in Manila, und mir geht es ganz gut.«

»Wann kommst du nach Hause?«

»Wie klingt Montagmorgen? Ist das bald genug?« Ich redete weiter und informierte sie über die Reisepläne, die ich mit Ted Allegra gemacht hatte.

Nur ungern dämpfte ich die fröhliche Atmosphäre, aber ich wusste, ich musste mit den Kindern über ihren Vater reden. Irgendwo hatte ich gelesen, dass eine Person, die einen nahen Angehörigen verloren hat, gern Einzelheiten über das Geschehene hören möchte, auch wenn es schwer ist. Wie Martins Eltern sollten auch meine Kinder alles von mir selbst hören, nicht von einem anderen. Ich fragte, ob sie bereit wären zu hören, wie ihr Vater gestorben sei.

»Ja, Mom, erzähl es uns.« Und so erzählte ich die Geschichte. Natürlich konnte ich die Grausamkeit all dessen kaum abmildern. Ich hörte ein Schniefen am anderen Ende der Leitung und wusste, sie weinten – das war für keinen von uns leicht. Als ich mit der Geschichte fertig war, verließen Felicia und einige andere am Boden zerstört den Raum.

»Mom, bekommst du jetzt einen Nervenzusammenbruch?«, fragte Mindy. »Alle rechnen damit.«

»Oh Liebes«, erwiderte ich, »ich hatte meine Zusammenbrüche im Dschungel. Um ehrlich zu sein, ich war nicht besonders stark dort. Aber dein Dad war es. In diesem vergangenen Jahr habe ich viel von ihm gelernt.«

Dann fragte sie: »Werden wir von hier wegziehen müssen?«

Bis zu diesem Punkt hatte ich nie richtig über unseren nächsten Schritt nachgedacht. Aber Mindys Tonfall entnahm ich, dass ein Umzug nicht gut ankommen würde. Wenn meine Kinder in Kansas bleiben wollten, dann gab es dagegen nichts einzuwenden.

»Nein, wir werden in Rose Hill wohnen«, erwiderte ich. »Ich werde euch nicht wieder von dort wegzerren. Wir haben alle schwere Zeiten erlebt, und jetzt werden wir wieder eine Familie sein. Von jetzt an werden wir unsere Entscheidungen gemeinsam treffen.«

Nachdem ich mit den Kindern gesprochen hatte, konnte ich auch noch mit den anderen im Raum reden. Meine Mom meinte auf ihre unnachahmliche Art: »Wir freuen uns so, von dir zu hören, Gracia. Wir sind froh und gleichzeitig auch traurig, aber es ist schön, deine Stimme zu hören.«

Mein Dad, der immer auf unser aller Wohl bedacht war, unterbrach sie und sagte: »Gracia, du bist doch vermutlich sehr müde und musst jetzt Schluss machen.«

Doch ich widersprach ihm. Im Gegenteil, ich würde am liebsten immer nur weiterreden.

Die Kinder schienen dasselbe zu empfinden. Als Zach mir aufgeregt berichtete, wie er Tante Beth am Tag zuvor auf dem See vom Jetski geworfen habe, unterbrachen ihn die anderen und erzählten, was für ein wilder Fahrer er sei!

Gleichzeitig hörte ich meine Eltern immer wieder sagen: »Es tut so gut, deine Stimme zu hören.«

Rückblickend denke ich, dass das Telefongespräch vor allem für Martins Eltern und Geschwister sehr schwierig war. Natürlich freuten sie sich, dass ich am Leben war, gleichzeitig betrauerten sie den Verlust ihres Sohnes und Bruders. Es muss extrem schwierig für sie gewesen sein. Meine Kinder, denke ich, waren einfach froh zu hören, dass es mir gut ging.

›Das lief ja ganz gut‹, dachte ich, als wir aufgelegt hatten. Die Kinder hatten den Verlust verhältnismäßig gut aufgenommen, das machte mir Mut. Vielleicht konnte das, was ich über uns als Familie gesagt hatte, doch in Erfüllung gehen.

Im Laufe des Tages zog ein steter Strom von Besuchern durch mein Zimmer. Ein Gespräch ging ins nächste über. Außerdem bekam ich mehrere Anrufe wegen Martins Leichnam. Die Autopsie war durchgeführt worden, und man wollte wissen, ob man seinen Bart stehen lassen oder ob er abrasiert werden sollte. Ich hatte keine Ahnung. Nach telefonischer Rücksprache mit seinen Eltern in den Vereinigten Staaten beschlossen wir, ihm seinen Bart zu lassen. Bei seinem Tod war er so dünn gewesen, und ich wollte den Kindern keine Angst machen. Ich nahm an, dass seine eingefallenen Wangen noch stärker auffallen würden, wenn sein Bart abgenommen werden würde. Ich weiß noch immer nicht, ob ich in diesem Punkt die richtige Entscheidung getroffen habe, denn die Kinder hatten ihn noch nie mit einem so langen Bart gesehen.

Den Rest des Tages verbrachte ich in Gesellschaft von verschiedenen Menschen; ich beantwortete Fragen und traf Entscheidungen. Einmal kam Frau Major Stroh und setzte sich auf mein Bett, um die erste von vielen Befragungen durchzuführen, deren Ergebnisse für nachrichtendienstliche Zwecke genutzt werden würden. Ich erzählte von unserem Leben im vergangenen Jahr. Außerdem berichtete ich, wie die Abu Sayyaf uns behandelt hatten, von den vielen emotionalen Höhen und Tiefen, die wir durchgemacht hatten. Sorgfältig machte sie sich Notizen auf einem Block, doch als wir an die Stelle kamen, wo Martin entdeckte, dass seine Handschellen nicht mehr richtig schlossen, verlor ich plötzlich die Fassung.

»Nein!«, schrie ich. »Das können Sie nicht aufschreiben! Das wirft ein schlechtes Licht auf ihn. Er hatte solche Angst, die Leute würden ihn für einen Feigling halten, weil er keinen Fluchtversuch unternommen hat! Erzählen Sie niemandem, was ich gerade gesagt habe!« Ich war außer mir und begann zu schluchzen.

Daraufhin legte sie den Stift aus der Hand und setzte sich ruhig auf. Tränen traten auch in ihre Augen, und sie nahm mich tröstend in den Arm. Wir weinten zusammen, bis ich mich schließlich beruhigte und die Fassung wiedergewann. Ich entschuldigte mich für mein Verhalten, und wir machten weiter.

Im weiteren Verlauf des Nachmittags traf ein Therapeut vom State

Department ein. Gary Percival war spezialisiert auf Geiselnahmen. Er war ein sehr netter und gläubiger Mann. »Sie werden viel mit der Presse zu tun bekommen, und zahlreiche Leute werden Dinge von Ihnen verlangen, die Sie nicht tun wollen«, erklärte er mir. »Sie werden auch mit Menschen zu tun bekommen, die Sie lieben und die ein Jahr lang nichts für Sie haben tun können, obwohl sie es gern getan hätten. Jetzt haben sie die Gelegenheit dazu – ob Sie das nun mitmachen wollen, was sie sich ausgedacht haben, oder nicht. Sie werden nicht bewusst versuchen, Ihr Leben zu bestimmen, aber darauf wird es unweigerlich hinauslaufen. Sie werden entscheiden müssen, wie viel Sie zulassen, was Sie mitmachen wollen, was Sie anderen überlassen wollen und wie Sie auf freundliche Art bestimmte Angebote ablehnen.«

Über solche Dinge hatte ich überhaupt noch nicht nachgedacht, darum war ich für diesen Rat sehr dankbar. Wir unterhielten uns noch eine ganze Weile, und wenn ich beim Erzählen von Teilen meiner Geschichte Tränen in die Augen bekam, blieb er still sitzen – im Gegensatz zu allen anderen, die immer losrannten, um mir ein Taschentuch zu holen. Schließlich bemerkte Gary: »Ist Ihnen aufgefallen, dass ich nicht aufstehe, um Ihnen etwas zu holen?«

»Nun, eigentlich nicht.«

»Ich werde darauf warten, dass Sie mich um das bitten, was Sie brauchen. Wenn Sie ein Taschentuch brauchen, können Sie mich darum bitten«, erklärte er. »Seit mehr als einem Jahr haben Sie keine Entscheidungen mehr treffen müssen, und jetzt haben Sie das vielleicht verlernt. Ich werde Ihnen helfen, wenn Sie Hilfe brauchen, aber Sie müssen sagen, wenn Sie das wünschen.«

In den kommenden Tagen und Wochen dachte ich mehr als einmal an seinen Rat zurück.

Und Gary sagte mir noch etwas anderes. »Nun, da Sie wieder frei sind, ist es nicht Ihre Aufgabe, alle anderen glücklich zu machen. Die kurze Zeit, die ich mit Ihnen gesprochen habe, hat mir gezeigt, dass Sie nur ungern jemanden enttäuschen wollen. Alles soll möglichst glattlaufen, alle sollen zufrieden sein.« Dieser Mann verstand mich ganz offensichtlich sehr gut! »Ihre Aufgabe ist jetzt nicht, dafür zu sorgen, dass alle zufrieden mit Ihnen sind. Ihre Aufgabe ist jetzt, das zu tun, was das Beste für Sie ist, und Ihr Leben fortzusetzen. Den Medien zum Beispiel sind Sie überhaupt nichts schuldig. Fühlen Sie sich frei, mit den Reportern zu reden – vermutlich ist es sogar gut, wenn Sie das tun. Aber fühlen Sie sich ihnen nicht verpflichtet. Sie können einfach eine gute Erklärung aufschreiben, wenn Sie von hier abfliegen, und noch eine für Ihre Ankunft in Amerika, das reicht.«

Nachdem Gary mich verlassen hatte, kamen bald drei der Leiter unserer Missionsgesellschaft: Bob Meisel, Jody Crain und Macon Hare. Es tat so gut, sie zu sehen und miteinander zu reden.

Kurz vor der Ankunft von Präsidentin Arroyo wurde mir klar, dass ich noch nicht für ihren Besuch gebetet hatte. Im Dschungel hatten Martin und ich wegen jeder Kleinigkeit gebetet. Wir hatten Gott für jeden Schluck Wasser gedankt, und da lag ich nun schon seit 24 Stunden in einem schönen Bett, wurde medizinisch versorgt und bekam genügend zu essen, und schon merkte ich, wie sich meine ganze Einstellung und mein Denkprozess veränderten.

Martins Schwester Cheryl, die ebenfalls auf den Philippinen lebte, war gekommen, um mir Gesellschaft zu leisten. Ich fragte sie, ob sie mit mir für den Besuch von Präsidentin Arroyo beten würde. Daraufhin nahm sie meine Hand, und wir beteten zusammen. Ich kann Ihnen gar nicht sagen, wie gut das tat.

Präsidentin Arroyo traf schließlich abends gegen 21 Uhr ein, und in ihrem Gefolge war ein Kamerateam.

Sie war elegant gekleidet. Ich wusste, sie hatte einen langen, schweren Tag hinter sich, und ich fühlte mich geehrt, dass sie trotzdem noch zu einem Besuch gekommen war. Mit einem Korb Orchideen und anderen hübschen Blumen sowie einem Korb voller Obst wollte sie mir eine Freude machen. Sie nahm auf der Couch neben meinem Sessel Platz, und ein verlegenes Schweigen entstand, während die Kameraleute versuchten, ihre Kameras richtig einzustellen. Genau wie ich wusste sie nicht so recht, was sie sagen sollte.

»Wie geht es Ihnen?«, begann sie schließlich.

»Gut – ehrlich, es geht mir gut«, erwiderte ich. »Mein Bein wird wieder in Ordnung kommen, sagt man mir.«

›Und was sage ich jetzt?‹, fragte ich mich.

Ohne nachzudenken, platzte ich mit dem heraus, was mir gerade in den Sinn kam. »Wissen Sie, vielleicht interessiert es Sie zu erfahren, dass die Abu Sayyaf nicht gern eine Frau an der Spitze des Landes sehen, denn sie halten nicht viel von Frauen. Ich persönlich habe den Eindruck, dass mit Ihnen erstmals jemand an der Spitze des Landes steht, der ihnen je etwas abgeschlagen hat. Vielleicht sind sie darum so aufgebracht darüber, dass auf den Philippinen eine Frau die Regierung führt.«

»Nein, das war mir nicht klar«, erwiderte sie gefasst.

Ich blickte zu Ted Allegra hinüber, der so aussah, als würde er jeden Augenblick einen Herzanfall bekommen.

›Huch! Das war kein guter Anfang, was?‹

Ich atmete tief durch und fragte dann, ob ich ihr von den letzten gemeinsamen Stunden mit meinem Mann erzählen solle. Daran war sie sehr interessiert. Und so erzählte ich, wie wir die ganze Nacht marschiert waren, den Berg erreichten, unsere Hängematten aufhängten und dann die Schüsse vom Berggipfel hörten. Ich ließ nichts aus. Sie hörte ehrlich interessiert zu. Am Ende der Geschichte sahen wir uns an und sprachen wie zwei Freundinnen miteinander.

Ich erklärte ihr, ich sei auf niemanden wütend, und ich würde niemandem die Schuld geben – außer den Abu Sayyaf. Ich versicherte ihr, wir hätten nie vergessen, wer die Verbrecher gewesen seien.

Manchmal nachts, wenn ich im Dschungel nicht schlafen konnte, lag ich in der Hängematte und überlegte mir, was ich Präsidentin Arroyo eines Tages an den Kopf werfen würde – in Bezug darauf, wie korrupt ihr Militär war, und die Tatsache, dass ihre Soldaten zu stolz waren, um Platz zu machen und den Amerikanern bei dem Rettungsversuch die Führung zu überlassen. Ich hatte sogar eine kleine Rede entworfen, die nicht besonders freundlich war. Mein natürliches Ich wollte jemandem die Schuld geben.

Doch bei diesem Gespräch kam mein Gift nicht einmal an die Oberfläche. Ich hatte nicht das Gefühl, ihr Vorwürfe machen zu müssen, denn ich wusste, der Armee tat leid, was geschehen war. Ich brauchte nicht erst dafür zu sorgen, dass sich andere schlecht fühlten.

Am Sonntag erfüllte ich mir meinen Wunsch und rief meinen Bruder Paul an, um ihm nachträglich zum Geburtstag zu gratulieren. Es war ein wundervolles Gespräch. Später erzählte er mir: »Als ich hörte, dass Martin erschossen worden ist, wurde ich sehr zornig und verbittert. Doch als du mir sagtest, du würdest klarkommen, heilte etwas in mir.«

Im weiteren Verlauf des Tages bekam ich die Gelegenheit, Ediborahs vier Kinder, ihre Mutter und ihren Bruder kennenzulernen. Präsidentin Arroyo hatte sie alle extra nach Manila fliegen lassen. Wir saßen etwa eine Stunde zusammen, und ich erzählte ihnen von dem Jahr und davon, wie tapfer Ediborah gewesen war. Sie sei eine gute Köchin gewesen und hätte sogar Feuer gemacht, wenn die Männer zu faul dazu gewesen waren. Sie hatte immer gut ausgesehen und stets auf guten Körpergeruch Wert gelegt. Ihr Englisch sei ausgezeichnet gewesen, erklärte ich, was uns sehr geholfen hätte, informiert zu bleiben.

Und natürlich wollte ich die Philippinen nicht verlassen, ohne meine Freundinnen Angie und Fe zu besuchen. Die jungen Frauen warteten Stunden darauf, dass sie an die Reihe kamen. Endlich kamen sie zur Tür herein, vorsichtig zuerst, doch dann fielen wir uns in die Arme und umarmten uns lange.

Sie sahen so gut aus! Ein hübscher Haarschnitt, Make-up, gut sitzende Kleider – wir lachten darüber. Keine weiten Kleidungsstücke mehr, um unsere Figur zu verstecken!

Buddy und Divine (Angies Schwager und ihre Schwester) waren auch gekommen. Sie erzählten mir von den Verletzungen, die sie davongetragen hatten, als wir aus dem Krankenhaus in Lamitan geflohen waren. Angie und Fe hockten sich vor meinen Sessel, und wir redeten immer weiter. Wie schön war es zu sehen, dass diese Frauen, die zu lieben ich gelernt hatte, jetzt wieder lächeln konnten und ihr Leben neu aufbauten. Sie hatten so viel durchgemacht! Wir waren Überlebende, und wir feierten, bis Ted verkündete, ihre Zeit sei um. Er hatte Angst, ich würde mich überanstrengen. Doch mittlerweile wollte ich nicht mehr beschützt werden – ich wollte mich weiter mit meinen Freundinnen unterhalten.

Später am Abend trafen meine Schwester Mary und ihr Mann Lance ein. Was für eine Freude! Mary kam einfach hereinspaziert und übernahm die Regie, wie es so ihre Art ist. Sie drückte mich auf mein Bett und holte dann meinen Ehering hervor! Sie hatte ihn bekommen, ihn aber nicht an Mindy weitergegeben in der Hoffnung, ich würde eines Tages freikommen. Mary hatte ihn für mich aufbewahrt, und ich steckte ihn wieder an meinen Finger ... meinen kostbarsten irdischen Besitz!

Mary und ich gingen meine Sachen im Schrank durch und überlegten, was ich brauchen würde. Die Krankenschwestern waren bereits zum Markt gegangen, um mir eine weite Hose zu kaufen, die über den dicken Verband passen würde.

∽

Früh an jenem Montagmorgen wartete der Botschafter am Flughafen auf mich, und ich wusste, dass ich mich nun bald den Reportern würde stellen müssen. Also nahm ich meine Notizen heraus, wie Ted und Gary es mir geraten hatten, und gab meine Erklärung ab.

Guten Morgen!
Martin und ich hatten viele liebe Freunde hier auf den Philippinen. Sie wissen, wer gemeint ist. Unsere Freunde in Malaybalay, in Brookes Point[50], in Aritao, in Manila – wir lieben euch sehr und danken euch für die wertvollen Erinnerungen, die ihr uns während unserer 15 Jahre in diesem Land geschenkt habt. Martin liebte dieses Land von ganzem Herzen.

Ich möchte jedem von euch danken für jedes Mal, da ihr in euren Gebeten an uns gedacht habt. Wir brauchten jedes einzelne Gebet, das ihr während unserer Gefangenschaft im Dschungel für uns gesprochen habt.

---

50 A. d. H.: Damit ist offenbar jener Ort auf Palawan gemeint, in dem das befreundete Missionsehepaar Rice arbeitete (vgl. S. 86).

Zahllose Menschen, die uns nicht einmal kennen, haben ebenfalls für uns gebetet und uns ihre Hilfe angeboten, und wir möchten auch ihnen danken. Ein besonderer Dank geht an die Soldaten, die Filipinos und Amerikaner, die ihr Leben riskiert haben, um uns zu befreien. Möge Gott diese Männer in ihren andauernden Bemühungen segnen. Ja, und unvergessen sind diejenigen, die ihr Leben sogar dafür gegeben haben.

Während unserer Gefangenschaft wurden wir wiederholt von den Abu Sayyaf belogen. Sie sind keine Ehrenmänner und sollten als gemeine Verbrecher behandelt werden. Wir unterstützen alle Bemühungen der Regierung, diese Männer ihrer gerechten Strafe zuzuführen.

Heute Morgen kehre ich in die Vereinigten Staaten zurück, um meine Kinder wiederzusehen und mein Leben wieder in den Griff zu bekommen. Ein Teil meines Herzens wird immer hier bei dem philippinischen Volk bleiben.

Danke.

Und damit wurde ich zur Gangway geschoben, um zunächst nach Tokio zu fliegen. Von dort würde ich einen Anschlussflug nach Minneapolis nehmen und dann weiter nach Kansas City reisen. Als ich durch das Fenster einen letzten Blick auf die Philippinen warf, sah ich mehrere Dutzend AFP-Soldaten, die mir vom Flugfeld aus heftig zuwinkten. In diesem Augenblick schloss sich die Tür zu einer 16-jährigen Periode meines Lebens. Ein neues Kapitel hatte begonnen.

Nach Hause

(10. Juni – 17. Juni 2002)

Auf dem vierstündigen Flug von Manila nach Tokio waren viele Passagiere an Bord, die wussten, wer ich war. Deshalb bekam ich viele gute Wünsche mit auf den Weg, als ich den Gang entlanggeschoben wurde. Einige Menschen lächelten mich an, andere hatten Tränen in den Augen, und immer wieder hörte ich den Satz: »Es tut mir so leid.« Nach weiteren zwölf Stunden in der Luft begannen wir schließlich mit dem Landeanflug auf Kansas City. Während ich zum Fenster hinaussah, dachte ich an etwas, was Martin in Erwartung dieses Augenblicks Monate zuvor im Dschungel aufgeschrieben hatte:

Oberste Priorität bei unserer Heimkehr hat die Verbindung zu unseren Kindern. Aber wir müssen auch die Rolle, die andere in ihrem Leben gespielt haben, anerkennen und respektieren und dürfen nicht versuchen, sie ihnen wegzunehmen. Ebenso müssen wir unseren Eltern Zeit widmen. Es werden sicher viele Ansprüche an uns gestellt werden, und das Erkennen von Prioritäten wird nicht einfach sein. Manchmal werden wir die falschen Prioritäten setzen. Aber dennoch gilt: immer weitermachen.

Welche klugen Worte!

Eine Mischung aus Freude und Beunruhigung überkam mich. Wie sehr freute ich mich darauf, Jeff, Mindy und Zach wiederzusehen! Doch in meiner Freude war ich auch ziemlich nervös, denn zweifellos würde ein wenig Unsicherheit entstehen, wenn wir alle wieder zusammen wären. Ich war jetzt eine alleinerziehende Mutter. Und bis zu diesem Zeitpunkt hatte ich nicht einmal darüber nachgedacht, was das bedeutete. Ganz bestimmt würde ich einiges falsch machen, aber ich konnte ja Gott um Hilfe bitten, und auf keinen Fall durfte ich zu hart mit mir selbst sein.

Sobald ich die Gangway verließ, erblickte ich als Erstes unseren jüngsten Sohn Zach, der aufgeregt hin und her lief. Als auch er mich entdeckt hatte, schrie er ungeachtet der Anwesenheit vieler anderer vor Freude laut auf, und ich streckte ihm meine Arme entgegen.

»Ich liebe dich, Mom«, rief er und drückte mich fest an sich.

Dann nahm ich Jeff und Mindy in den Arm und rief: »Oh Dank sei Gott! Wir sind wieder zusammen!«

Als ich beide so betrachtete, wurde mir auf einmal bewusst, wie erwachsen vor allen Dingen Mindy innerhalb des vergangenen Jahres geworden war.

Meine und Martins Eltern waren ebenfalls mitgekommen. Es war so schön, sie alle wiederzusehen. Damit wir zumindest ein wenig Ruhe miteinander hatten, bevor die Medien auf uns einstürmen würden, wurden wir schnell für ein paar Minuten in einen extra Raum gebracht. Leider war diese Zeit viel zu schnell vorbei, und ich musste mich der Reportermeute stellen. Und wieder nahm ich meine Notizen zu Hilfe, um das Richtige zu sagen und kein Wort zu viel weiterzugeben:

Guten Tag!

Es ist schön, wieder zu Hause zu sein. Ich möchte Ihnen sagen, dass es mir gut geht.

Vor wenigen Minuten habe ich meine Kinder und meine Familie wiedersehen können, und ich denke, das ist der glücklichste Augenblick in meinem Leben.

Ich möchte Ihnen allen für Ihre Gebete danken, denn mein Mann und ich brauchten jedes einzelne Gebet während unserer Gefangenschaft im Dschungel. Viele von Ihnen kannten uns nicht einmal und haben trotzdem für uns gebetet und uns auf andere Weise ihre Unterstützung geschenkt. Ich danke Ihnen dafür.

Mein besonderer Dank aber gilt dem Abgeordneten Todd Tiahrt und Senator Sam Brownback für die Hilfe und Unterstützung in dieser schwierigen Zeit.

Während unserer Gefangenschaft wurden wir wiederholt von den Abu Sayyaf belogen. Sie sind keine Ehrenmänner und sollten wie gemeine Kriminelle behandelt werden. Deshalb unterstütze ich alle Bemühungen der amerikanischen Regierung, die Philippinen vom Terrorismus zu befreien.

Unsere Entführung war eine wirklich schlimme Sache, aber Sie sollen wissen, dass Gott gut ist und jeden Tag unserer Gefangenschaft bei uns war und uns geholfen hat. Martin hat den anderen Geiseln immer wieder Mut machen können. Er war ein großartiger Mensch, und er ist auch als solcher gestorben.

Es ist wirklich schön, wieder zu Hause zu sein. Beten Sie bitte weiter für mich und meine Kinder. Wir werden jetzt unser Leben wieder neu aufbauen.

Und vielen Dank.

Ich war froh, diese Erklärung vorher aufgeschrieben zu haben. Doch obwohl ich diese Vorsichtsmaßnahme getroffen hatte, wurden viele falsche Angaben bei der Berichterstattung über unsere Geschichte gemacht. *Associated Press* stellte eine Behauptung auf, die mich ganz besonders ärgerte und leider vom *Time Magazine* aufgegriffen wurde. Dort wurde eine Äußerung von mir zu Martins Tod zitiert, die ich so nie gesagt hätte, da sie eher nach einer Äußerung klingt, die von den Abu Sayyaf hätte stammen können: »Das war Gottes Wille. Vermutlich ist das sein Schicksal.«[51] Leider wurde mir auf meinen Protest hin keine Gegendarstellung gewährt.

In einem kleinen Bus wurden wir vom Flughafen zu einem separaten Bürogebäude gebracht, wo der Rest unserer Familie wartete. Der Einzige im Raum, der nicht zu unserer Familie gehörte, war der Abgeordnete Todd Tiahrt. Er war zu dieser Gelegenheit extra aus Washington angereist.

---

51 *Time*, 17. Juni 2002.

»Abgeordneter Tiahrt, es ist mir eine Freude, Sie kennenzulernen«, begrüßte ich ihn und schüttelte ihm die Hand. »Waren Sie zufällig am Silvesterabend auf Basilan?«

Verblüfft blickte er mich an und bejahte.

»Wir haben Sie gesehen!«, erwiderte ich und erzählte ihm kurz die Geschichte von dem Flugzeug, das wir beobachtet hatten. Er war sichtlich erstaunt und sagte, er freue sich, dass ich wieder zu Hause sei. Außerdem täte es ihm leid, dass er nicht mehr hätte tun können, um auch Martin wohlbehalten nach Hause zu bringen.

Dann wandte ich mich endlich meiner Familie zu, denn wir hatten so viel aufzuholen! Alle redeten natürlich schnell und aufgeregt durcheinander. Es gab Gelächter und auch Tränen – vor allem, als ich von Martins Mut und meinen Zweifeln an Gott während unserer Gefangenschaft berichtete. Nach kurzer Zeit jedoch begann die Stimmung, sich langsam zu verändern. Obwohl meine Familie einen geliebten Schwiegersohn verloren hatte, freuten sie sich in erster Linie, mich wiederzuhaben. Die Burnhams dagegen waren zwar froh, ihre Schwiegertochter zu sehen, doch sie mussten sich mit der schmerzlichen Realität abfinden, dass ihr erstgeborener Sohn tot war.

Schließlich kam Oreta auf mich zu und erklärte mir leise, was gerade passierte. Bis dahin hatte ich nichts von der Veränderung gemerkt, aber natürlich verstand ich es. Deshalb fuhr ich in meinem Rollstuhl zu Felicia hinüber, die abseits von den anderen stand und anscheinend am meisten mit ihrer Trauer zu kämpfen hatte.

Ich nahm ihre Hand und sagte: »Felicia, ich weiß nicht, was du im Augenblick empfindest. Es muss schwer für dich sein, dich mit der Tatsache abzufinden, dass Martin jetzt nicht hier ist. Weißt du, ich habe mich immer und immer wieder von Martin verabschiedet – jedes Mal, wenn die Schießereien begannen. Er ist jetzt nicht mehr unter uns, doch ich darf nicht in meiner Traurigkeit stecken bleiben. Du aber hast ihn das vergangene Jahr über nicht gehabt. Du hast dich nicht wie ich verabschieden können. Er wurde dir gewaltsam entrissen, und das ist etwas anderes.«

Daraufhin umarmte sie mich, und wir weinten ein wenig miteinander. In diesem Augenblick wurde mir klar, dass ich nicht in der

Lage war, jedem in jeder Situation zu Gefallen zu sein. Ich musste einfach mein Bestes geben und, wie Martin es geschrieben hatte, »weitermachen«.

Etwas später gingen wir alle zusammen hinaus in den nachmittäglichen Sonnenschein, wo ein großer Bus darauf wartete, uns in unsere ca. 320 Kilometer entfernte Heimatstadt Rose Hill zu bringen. Alle redeten durcheinander. Die Kinder wollten mir alles erzählen, von ihrer Footballsaison, über die Freunde, die sie in der Stadt gefunden hatten, bis hin zu dem letzten Weihnachtsmusical in der Schule. Als wir schließlich die Kansas Turnpike[52] verließen und uns unserem Zuhause näherten, ging die Sonne gerade unter, und an jeder Kreuzung standen Streifenwagen mit Blaulicht.

»Was machen denn alle diese Polizisten hier?«, fragte ich meinen Schwiegervater.

»Sie halten die Straße frei, damit der Bus durchfahren kann«, erwiderte er.

In der Stadt waren die Straßen gesäumt von Menschen, die mit Taschenlampen und Willkommensschildern winkten. Andere hielten Kerzen in den Händen. Überall hingen bunte Bänder und Luftballons. Ich konnte meinen Augen kaum trauen. Ich dachte: ›Martin würde sich so darüber freuen, dass seine Stadt ihm ein solches Willkommen bereitet.‹

Die Straßen in der Nähe von Pauls und Oretas Haus waren von Übertragungswagen verstopft, und überall standen Reporter herum, die bereits in ihre Mikrofone sprachen. Man half mir aus dem Bus in einen Rollstuhl, und ich winkte allen zu und rief: »Danke!«

›Diese jungen, schreienden Mädchen müssen Mindys Freundinnen sein‹, dachte ich lächelnd. Ich war überwältigt von der Freundlichkeit der Menschen. Aber um ehrlich zu sein, erinnere ich mich kaum noch an die erste Nacht zu Hause, denn ich war durch die Zeitverschiebung zu müde. Ich kann nicht einmal mehr sagen, wer alles da war. Ich erinnere mich nur noch, von Menschen umgeben gewesen zu sein, denen ich wichtig war.

---

52 A. d. H.: Gebührenpflichtige Autobahn im US-Bundesstaat Kansas.

In den folgenden Tagen ließ meine Familie nur eine bestimmte Auswahl an Besuchern zu mir. Sie wollten nicht, dass mir alles zu viel wurde. Meine Eltern wohnten gleich nebenan bei den Hansons, und mein Bruder Paul war aus Kansas City gekommen, um mir unter anderem bei der Regelung meiner finanziellen Angelegenheiten zu helfen. Unentwegt klingelte das Telefon, und Leute, die ich gar nicht kannte, brachten Essen vorbei. Es war einfach sehr bewegend.

Einmal bemerkte ich eine Frau in der Küche, die nicht zur Familie gehörte, wie sie schweigend aufräumte und Kaffee kochte. Ich brauchte eine Weile, bis ich sie als Marilyn German erkannte, die Frau von einem der Leiter der New Tribes Mission aus Florida. Sie war wirklich eine treue Seele, denn sie war einfach gekommen und hatte sich an die Arbeit gemacht – mindestens drei oder vier Tage lang!

∽

Die folgenden Tage verliefen sehr hektisch mit der Planung von Martins Beerdigung.

Ich wusste, wen Martin sich als Pastor gewünscht hätte: seinen Freund aus der Collegezeit, Clay Bowlin, der jetzt Pastor der Northwest Bible Church in Kansas City war und für den wir im Dschungel jeden Sonntagmorgen gebetet hatten.

Ich hatte mir eine kleine, stille Beerdigung in der Rose Hill Bible Church vorgestellt, die nicht mehr als 200 oder 250 Personen fassen konnte, doch dann sagte jemand, dass die Central Christian Church, eine der größten Kirchen in Wichita, großzügigerweise ihre Räume zur Verfügung gestellt hätte.

Mir war das nicht geheuer, und ich wandte ein: »Sie ist ein wenig groß, meinst du nicht?«

»Aber wir rechnen mit etwa viertausend Leuten«, war daraufhin die Antwort.

Ich konnte kaum glauben, dass das ernst gemeint war. Martin war ein so zurückhaltender, normaler Mensch gewesen. ›Er wäre über diese vielen Menschen geschockt!‹, dachte ich. Doch als der Freitagmorgen anbrach, stellten wir fest, dass wir tatsächlich so viel Platz brauchten. Während andere mit den Vorbereitungen beschäftigt waren, nahm ich die Aufgabe in Angriff, die ganz allein mir überlassen war. Ich musste meine Kinder vorbereiten, denn sie hatten noch nie an einer Beerdigung teilgenommen. Da wir nirgendwo anders als in unserem Auto ungestört allein sein konnten, fuhren wir los und saßen in einem kleinen Restaurant bei einem Glas Limonade zusammen, um über alles zu sprechen.

»Morgen Abend wird euer Vater noch einmal im Beerdigungsinstitut aufgebahrt werden. Dann könnt ihr Dad ein letztes Mal sehen«, erklärte ich ihnen. »Wie ihr wisst, hat Dad sehr viel Gewicht verloren, deshalb wird er euch sehr dünn erscheinen. Und er hat einen Bart. Ihr habt ja die Bilder aus unserer Gefangenschaft gesehen. Dies wird das letzte Mal sein, dass ihr ihn seht, denn bei der Beerdigung wird der Sarg geschlossen sein. In der ersten Stunde können wir als Familie allein mit ihm sein. Danach werden auch andere Menschen kommen, aber ihr braucht nicht die ganze Zeit dazubleiben, wenn ihr nicht wollt. Dies ist die Gelegenheit, mit vielen Freunden zu sprechen, die Anteil genommen und für uns gebetet haben.«

Zuletzt überlegten wir noch gemeinsam, was wir während der Beerdigung tragen wollten, wie jede Mutter dies mit ihren Kindern diskutiert, dann fuhren wir wieder nach Hause.

༄

Später fuhren wir zum Beerdigungsinstitut. Als wir dort eintrafen, wurde ich mit einer Diashow über Martin und unser gemeinsames Leben überrascht, die das Institut zusammengestellt hatte. Zu sehen waren Bilder aus Martins Kindheit und Collegezeit sowie aus unseren ersten Jahren auf den Philippinen, Schnappschüsse mit den Kindern und mit seinen Flugzeugen. Diese Bilder erzählten die Geschichte seines Lebens und welche Bedeutung es hatte. Wir konnten unsere Tränen nicht zurückhalten.

Martin sah gar nicht aus wie er selbst. Wenn ich noch einmal zu entscheiden hätte, würde ich ihn in seiner Bluejeans und seinem Lieblingsflanellhemd beerdigen lassen. Doch man hatte ihm einen Anzug angezogen, obwohl er keine Anzüge mochte. Er war nun einmal ein sehr einfacher Mensch.

Außerdem war ich schockiert, wie dünn und wie alt er aussah. Er wog nur noch 56 Kilogramm, so wurde mir gesagt. Ich saß da in meinem Rollstuhl und fühlte mich so elend, dass ihm dies alles zugestoßen war – einem Mann, der für andere nur das Beste gewollt und den »amerikanischen Traum« aufgegeben hatte, um in einem armen Land etwas zu bewirken. Es schien mir einfach nicht fair zu sein.

An seiner Stirn war eine Verletzung zu sehen, die das Make-up nicht hatte verdecken können. ›Wie hat er die bekommen?‹, fragte ich mich. War es bei seinem Sturz aus unserer Hängematte passiert? Ich wusste es nicht.

Aber am meisten vermisste ich das Lachen in seinen Augen. Das war es *wirklich*, was Martin ausgemacht hatte – das Zwinkern in den Augen, die fröhliche Haltung, die besagte: ›Kein Problem ist zu schwer, als dass es nicht überwunden werden könnte, keine Notsituation zu schlimm, als dass man nicht imstande wäre, sie zu erdulden.‹ Er hatte Vertrauen gehabt; er war ein Macher gewesen, und er hatte Freude bei seiner Arbeit gehabt.

Die Kinder stellten sich um mich herum, und wir weinten gemeinsam, auch darüber, dass er ihrem Vater gar nicht ähnlich sah.

»Ihr habt recht«, erwiderte ich. »Dad ist im Himmel bei Jesus, den er geliebt hat. Dies ist nur sein Körper, der nicht mehr funktioniert.«

Ich legte meine Hand auf seine harte Brust und dachte: ›Martin hat so viel durchgemacht. Er war so tapfer und hat mir geholfen durchzuhalten, damit ich nach Hause zurückkehren konnte. Alles, was er mir gewesen ist, wird mir unvergessen bleiben.‹

Allmählich trafen die anderen Leute ein – Cousins von Martin, die ich nur wenige Male getroffen hatte, Freunde aus der Schule, sogar eine Gruppe FBI-Agenten aus Kansas City, die monatelang mit unserem Fall beschäftigt gewesen waren. Außerdem waren viele Einwohner aus Rose Hill gekommen – sogar ganze Familien, die sich durch ihre Fürbitte mit uns verbunden fühlten.

Irgendwann während dieser Stunde des allgemeinen Abschied-nehmens sah ich mich im Raum um und stellte fest, dass das gesamte NTM-Team, das seit Jahren für den Missionsflugdienst auf den Philippinen verantwortlich war, den weiten Weg bis hierher nicht ge-scheut hatte: Brett Nordick, der die Flüge auf Luzon übernommen hatte, Perry Johnson von Palawan und Steve Roberts, unser Chefmechaniker. ›Welch ein beeindruckendes Team‹, dachte ich später, indem ich mich an all die wunderbaren Zeiten erinnerte, die wir miteinander verbracht hatten. Der Einzige im Team, der fehlte, war Martin.

Es war spät, als ich endlich ins Bett kam. Die Kinder und ich hat-ten beschlossen, eine Zeit lang alle in einem Raum zu schlafen. Mindy und ich nahmen das Bett, die Jungen schliefen auf dem Boden. Als wir so im Dunkeln lagen, fragte ich meine drei, wie es ihnen gehen würde. Und wir fanden, dass wir angesichts der Umstände ganz gut mit der Situation fertigwurden. Bald waren sie eingeschlafen, doch ich lag noch lange wach und dachte wieder einmal über Martin nach. Ich war traurig über seinen Tod, aber gleichzeitig auch froh, dass seine Not endlich vorbei war und er sich jetzt in der Gegenwart Jesu freuen konnte.

∾

»Bist du bereit, Gracia?«, fragte mein Schwiegervater mit leiser Stimme, bevor er mich am Freitagmorgen in die Kirche schob.

»Ja, ich bin bereit«, erwiderte ich.

Alles schien gut organisiert zu sein. Die Übertragungswagen vor der Central Christian Church bekamen bereits ihr Signal von den Kameras, die mit unserer Erlaubnis im Kirchenschiff aufgebaut wor-den waren. Die Würdenträger und Politiker hatten schon vorher Platz genommen, und hinter mir standen unsere beiden Familien, die mir und den Kindern in die Kirche folgen und die für uns reservierten Plätze einnehmen würden. Die riesige Kirche schien mir bereits voll zu sein.

Bei unserem Einzug erhob sich die ganze Gemeinde. Auf beiden Seiten entdeckte ich Freunde – von der Missionsgesellschaft, vom College, von den Gemeinden, die uns unterstützten, Freunde, von denen ich nie erwartet hätte, dass sie den weiten Weg auf sich nehmen und herfliegen würden. Am Ende einer Reihe entdeckte ich meine Freundinnen Joyce und Kay, die mir vor so langer Zeit für mein erstes Rendezvous mit Martin Mut gemacht hatten.

Vorn angekommen, blieb ich in meinem Rollstuhl sitzen, Zach setzte sich links neben mich, dann kamen Jeff und Mindy sowie der Rest der Familie. Es dauerte eine Weile, bis alle einen Platz gefunden hatten. Währenddessen spielte Martins Cousin Kirk Hinshaw die ganze Zeit »Das alt raue Kreuz«. Der vertraute Text hätte nicht besser auf Martin passen können: »Ich will halten mich fest an dem Kreuz, / einst erhalt ich dafür eine Kron.«

Nacheinander betraten verschiedene Redner und Sänger das Podium, und alle wiesen die Zuhörer darauf hin, welche Bedeutung Martins Tod im Licht der Ewigkeit hatte.

Der Pastor der Central Christian Church, Joe Wright, sagte, Menschen würden bei solchen Gelegenheiten häufig sagen, wie leid ihnen der Verlust tue. »Doch wir haben Martin nicht ›verloren‹«, bemerkte er. »Wir wissen, wo er ist. Und eines Tages werden wir ihn wiedersehen und erneut mit ihm zusammen sein. Das hat Gott uns versprochen, und das Opfer Jesu Christi am Kreuz hat dies möglich gemacht.«

Oretas Bruder, Reverend Galen Hinshaw, gab einen Rückblick auf Martins Leben, aber nicht nur in Bezug auf Daten und Orte, sondern auch verbunden mit persönlichen Erkenntnissen. Als er bei dieser Gelegenheit Briefe meiner beiden ältesten Kinder vorlas, konnten die Trauergäste ihre Tränen kaum zurückhalten. Der erste Brief war von Jeff:

Mein Dad war für mich ein ganz besonderer Mensch. Er nahm sich die Zeit, etwas mit mir zu unternehmen. Er flog mit mir von unserem Zuhause in Aritao nach Palawan. Wir saßen in einer Cessna 180, und der Flug dauerte an die sechs Stunden.

Auf Palawan besuchten wir alle Stämme. Er sagte, eines Tages könnte ich für diese Menschen fliegen. Er wollte mir das Fliegen beibringen, sobald ich fünfzehn wurde.

Als ich dreizehn war, kaufte er mir ein Mofa. Er brachte mir bei, damit zu fahren, und half mir, es zu reparieren, wenn es kaputt war oder wenn der Motor überholt werden musste. Ich werde unsere gemeinsame Zeit vermissen.

Mindy hatte geschrieben:

Mein Dad war der großzügigste Mensch, den ich je kennengelernt habe. Auch wenn wir nicht viel Geld hatten, bemühte er sich doch, mir zu geben, was ich brauchte oder mir wünschte. Er war ein richtiger Familienmensch. Nie hat er eine Gelegenheit ausgelassen, sich von der Arbeit freizunehmen und mit uns einen Urlaub zu machen. Er sang mir Lieder vor, änderte den Text und setzte meinen Namen ein. Er sang sie mir vor, wenn er von der Arbeit nach Hause kam, und vor dem Schlafengehen.

Reverend Oli Jacobson, der Leiter der New Tribes Mission, verglich Martin mit Epaphroditus, dem Gefährten des Apostels Paulus, der in der Arbeit für Christus mehr als einmal »dem Tod nahe gekommen« war (Phil 2,30).

»Er gehörte zu unseren besten Piloten und zu unseren erstklassigen Testpiloten«, erklärte er. »Bei der Ausbildung anderer war seine hervorstechendste Eigenschaft seine Geduld und das Vertrauen, das er in sie setzte. ›Du schaffst das schon‹, mit diesem Satz machte er anderen immer wieder Mut. Einer unserer Missionare nannte ihn ›Mr. Cool‹. Aber er war viel mehr als ein Pilot. Seinen Mitstreitern in der Mission war er ein Diener der Diener.«

Clay Bowlins Ansprache folgte ich besonders interessiert. Ich wollte kein einziges Wort davon verpassen. »Warum ist das geschehen?«, fragte er und stellte damit die Frage, die uns alle bewegte.

»Ich weiß es nicht. Gott sieht die Dinge nicht immer so, wie wir sie sehen. In Jesaja 55 wird uns gesagt, dass Gottes Wege höher sind als unsere und dass seine Gedanken unser Verständnis übersteigen. In 5. Mose 29,28 lesen wir: ›Das Verborgene ist des HERRN, unseres Gottes.‹ Dieser Satz passt genau in unsere Situation.«

In den folgenden 30 Minuten hatte Clay unsere Aufmerksamkeit. Er gab sehr redegewandt einen Rückblick auf Martins Leben und Arbeit. Er erzählte College-Geschichten, er sprach von Martin als Ehemann und Vater und schließlich brachte er uns das Evangelium von Jesus Christus nahe. Sein denkwürdigster Satz, der auch später in den Nachrichten und Zeitungen zitiert wurde, lautete: »Gracia wurde von einem Hubschrauber aus dem Dschungel gerettet; Martin wurde auf den Flügeln der Engel aus dem Dschungel erlöst.«

Der Trauergottesdienst sollte nicht traurig enden, deshalb würde es auch kein Defilee am geöffneten Sarg geben. Vielmehr setzten wir einen ganz anderen Akzent mit dem Gospel, der so gut zu einem Piloten passte: »I'll Fly Away«[53]. Mit den Füßen wurde der Takt geklopft, und ein Lächeln stahl sich auf die Gesichter der Menschen, als sie sich bereit machten, die Kirche nach fast zwei Stunden zu verlassen. Die Familie begab sich sofort zu einem kleinen Landfriedhof östlich von Rose Hill, wo eine private Beisetzung stattfinden würde.

Meinen Kindern gefiel die Polizeieskorte, die für uns den Weg freimachte und die Kreuzungen blockierte. Immer wieder überholten Polizeiwagen von ganz hinten den ganzen Konvoi, mit dem wir an einem großen Wal-Mart vorbeikamen. Dessen Angestellte standen mit Schildern draußen, auf denen zu lesen war: »Wir unterstützen die Burnhams«, und: »Gott segne euch«, und: »Willkommen daheim, Gracia«. Wieder war ich tief gerührt.

Pastor Robert Varner von der Rose Hill Bible Church hielt schließlich noch eine kurze Trauerzeremonie am Grab, und dann begaben wir uns in eine Schule, wo verschiedenste Vereine ein großes Büfett für jeden, der an der Nachfeier teilnehmen wollte, aufgebaut hatten. Irgendjemand brachte mir etwas zu essen, aber ich hatte kaum Zeit, es anzurühren, denn in den folgenden Stunden war ich viel zu sehr damit beschäftigt, all die Leute zu begrüßen, die extra gekommen waren.

∽

---

53 Auf Deutsch svw. »Ich fliege davon«.

An diesem Abend kamen die Burnhams in der Gemeinde zu einem Essen zusammen. Kurz darauf tauchte meine Familie auf, um ihrer Lieblingsbeschäftigung zu frönen: Lieder mit Gitarrenbegleitung zu singen. Ich war erstaunt, wie sehr sich Jeffs Gitarrenspiel im vergangenen Jahr verbessert hatte. Als sich der Abend dem Ende zuneigte, stellte ich erstaunt fest, dass die Beerdigung durch eine Atmosphäre geprägt gewesen war, die mich wirklich ermutigt hatte. Die Begegnung mit den vielen Menschen, die ich mochte, hatte mir gut getan. Und die Musik war ausgezeichnet gewesen. Das hätte Martin ganz besonders gefallen.

Am folgenden Morgen legten Doug und Brian, Martins Brüder, und Clint, Felicias Mann, ein Blumenbeet im Garten an für all die Topfpflanzen und Blumen, die wir bei der Beerdigung bekommen hatten.

Derweil begann meine Familie mit dem Packen; nur einige von ihnen blieben noch zum Baseballspiel von Zach. Rollstuhl hin oder her, ich beschloss, es mir auch anzusehen. Dies war es, wovon ich ein Jahr lang im Dschungel geträumt hatte – zum normalen Leben zurückzukehren und meinen Kindern wieder eine Mutter zu sein. Die Festlichkeiten vom Tag zuvor waren schön, aber die Freude, meinen Sohn auf dem Spielfeld sehen zu können, war genauso wichtig.

Mein Neffe Nathan brachte mich zusammen mit seiner Mutter Beth zum Spiel. Meine Cousine Sandy und ihre Tochter Erin waren ebenfalls dort, genau wie Val Petro, meine gute Freundin von den Philippinen – die Frau, die die Kinder für »eine Woche« aufgenommen hatte, während Martin und ich auf die Insel Palawan geflogen waren. Ihr Mann Bob war während der Zeit unserer Gefangenschaft an einem Herzanfall gestorben, und während wir so am Spielfeldrand saßen, kamen wir auf den Himmel und unsere beiden Ehemänner zu sprechen, die uns dorthin vorausgegangen waren.

»Welch ein Wiedersehen werden die beiden gefeiert haben!«, sagte ich.

Val erwiderte: »Ich sehe Bob förmlich dastehen, und Martin wird gesagt haben: ›Bob, was machst du denn schon hier?!‹«

Val und ich sprachen darüber, was wir beide nun mit uns anfangen sollten. Sie überlegte, nach Indianapolis zu ziehen, um bei der Gründung einer neuen Gemeinde mitzuarbeiten. Ich erklärte, ich würde in Rose Hill bleiben und hier meine Kinder großziehen.

Nach dem Spiel fuhren Nathan, Beth und ich zum Friedhof, um noch einmal Martins Grab zu besuchen. Während mein Blick über die vielen Blumen glitt, überkam mich eine tiefe Traurigkeit, weil ich mich jetzt endgültig von ihm verabschieden musste. Doch ich erinnerte mich daran, dass dieser Abschied, genau wie die anderen im Leben, nur ein vorübergehender war.

Ich kann es kaum erwarten, Martin wiederzusehen – und ich werde ihn wiedersehen.

ᴥ

Der folgende Tag war Sonntag – für Millionen Menschen ein ganz gewöhnlicher Sonntag, aber nicht für mich. Nach mehr als einem Jahr war dies die erste Gelegenheit, in die Gemeinde zu gehen. Ich konnte es wirklich kaum erwarten.

So viele Sonntage im Dschungel hatte ich auf dem Boden gesessen und darüber nachgedacht, welch ein großes Vorrecht es doch war, mit anderen Gläubigen zusammen Gott anbeten zu können. In einer Bank zu sitzen, wieder gemeinsam zu singen, zu beten und auf das Wort Gottes zu hören – es war einfach wunderbar.

Doug Burnham leitete an diesem Morgen die Anbetung. Wir begannen zu singen:

Mein Glaube fest sich bauen kann,
auf das, was Gott für mich getan.
Ein froh Gefühl gar bald zerstäubt,
Christus, der ewge Felsen, bleibt.

Wer diesem Felsen fest vertraut,
der hat auf keinen Sand gebaut,
der hat auf keinen Sand gebaut.

Meine Gedanken wanderten zurück zu dem Mangrovensumpf auf Basilan, wo ich bei jedem Schritt in den Schlamm eingesunken war. Ich erinnerte mich daran, wie sehr ich mich nach einem festen Untergrund gesehnt hatte. Ich hatte nur überlebt, weil ich mich auf Christus verlassen hatte, den festen Grund unseres Glaubens und unserer Hoffnung. Doug stimmte anschließend Martins Lieblingsgospel an: »Friede, Friede, herrlicher Friede«. Auch dieses Lied löste eine Flut von Erinnerungen in mir aus – wir hatten es oft am Ende eines Tages in der Dunkelheit gesungen. Wir hatten so dringend Gottes Frieden für unsere aufgewühlte Seele gebraucht. Wie schön, dieses Lied in einem Gemeindehaus voller Menschen zu singen, die alle den einen wahren Gott anbeteten!

Die Bibellese an diesem Tag stand in Jakobus 1,2-4:

Haltet es für lauter Freude, meine Brüder, wenn ihr in mancherlei Prüfungen fallt, da ihr wisst, dass die Bewährung eures Glaubens Ausharren bewirkt. Das Ausharren aber habe ein vollkommenes Werk, damit ihr vollkommen und vollendet seid und in nichts Mangel habt.

Wir lasen auch 1. Petrus 1,6-7:

Dann werdet ihr euch jubelnd freuen, die ihr jetzt eine kurze Zeit, wenn es sein muss, traurig seid in mancherlei Anfechtungen, damit die Bewährung eures Glaubens (der viel kostbarer ist als das vergängliche Gold, das doch durchs Feuer erprobt wird) Lob, Ehre und Herrlichkeit zur Folge habe bei der Offenbarung Jesu Christi (Schlachter 2000).

Ich saß da und dachte: ›Genau das habe ich erlebt. Mein Glaube wurde auf die Probe gestellt, und ich bin jetzt sicherer in dem, was ich glaube, als je zuvor. Gott hat mir inmitten unserer Anfechtungen Frieden und Freude geschenkt.‹

Es war ein wirklich schöner Morgen. Die Anbetung Gottes und die Gemeinschaft mit den Menschen bedeuteten mir so viel. Aber es gab noch ein anderes Treffen, das ich unbedingt besuchen wollte: das Gebetstreffen um 6 Uhr am Montagmorgen. Diese Menschen waren so früh aufgestanden und mehr als ein Jahr lang sechs Tage in der Woche in die Gemeinde gefahren, um für Martin und mich zu beten. Ich musste einfach dabei sein und mich bei ihnen bedanken. Ich stellte den Wecker auf 5 Uhr. Da ich mich nur mühsam auf Krücken bewegen konnte, brauchte ich für alles viel länger. Allein an meinen beiden schlafenden Söhnen vorbeizukommen, war sehr schwierig.

Kurz nach halb sechs war ich angezogen und präsentabel. Ich humpelte ins Wohnzimmer und ließ mich vorsichtig auf die Couch sinken. Als Paul auftauchte, half er mir nach draußen und in den Wagen. Mein Dad gesellte sich aus dem Nachbarhaus zu uns.

In der Gemeinde wurde ich durch die Seitentür in den Raum geschoben, wo die Männer sich bereits an den langen weißen Tisch gesetzt hatten. Ich wurde am Ende des Tisches abgestellt.

So war es also jeden Morgen gewesen. Diese lieben Freunde hatten uns im Gebet vor Gott gebracht – und ich wusste, dass in ganz Amerika und auf der ganzen Welt andere Menschen, Gebetsgruppen und Familien ebenfalls für uns gebetet hatten.

Mit Tränen in den Augen und zitterndem Kinn begann ich zu sprechen: »Danke für diesen Akt der Liebe, den ihr Martin und mir immer wieder erwiesen habt. Ihr habt mich nach Hause gebracht.«

Und dann begannen wir, zu beten und zu danken.

Reflexionen

(Sommer 2002)

Während ich mich im Kreis dieser gottesfürchtigen Männer umsah und darüber nachdachte, wie sie Morgen für Morgen ungeachtet der Dunkelheit, der Sommerhitze, des Regens oder Schnees und trotz ihrer hektischen Terminpläne bei der Arbeit oder zu Hause hierhergekommen waren, um für uns zu beten, musste ich mich unwillkürlich fragen: ›Warum wurden ihre Gebete – und die unzähligen Gebete Tausender anderer Menschen – nur teilweise erhört?‹

Wie mein Schwager ganz offen der Presse gegenüber gesagt hatte: »Das ist nicht das Wiedersehen, auf das wir gehofft hatten. Einer fehlt.«

Doch wenn Quantität beim Beten etwas bewirkt, dann hatten wir die Quantität ganz bestimmt auf unserer Seite. Etwa sechs Männer beteten an sechs Morgen in der Woche, 53 Wochen lang für uns – das sind mehr als 1900 Gebete. Dazu kommen all die Gebete der Burnhams und Jones', der Gemeinden in zehn US-Bundesstaaten, die uns unterstützten, der gesamten, etwa 3100 Missionare in 25 Ländern umfassenden Gemeinschaft der NTM-Mitarbeiter, die sich alle in die entsprechende Website[54] eingeloggt hatten, und dazu auch noch Martins und meine Gebete zu Gott bei Tag und Nacht. Die Summe ist nicht zu zählen.

Ich zweifle nicht an der Wahrheit des Verses: »Ihr habt nichts weil ihr nicht bittet.«[55] Aber in diesem Fall schien das nicht zuzutreffen; immer wieder haben wir Gott um Schutz und eine sichere Freilassung gebeten. Niemand kann sagen, unsere Bitten seien unzureichend vor Gott gebracht worden.

Im nächsten Kapitel des Jakobusbriefes heißt es: »Das Gebet eines Gerechten vermag viel, wenn es ernstlich ist« (5,16; Schlachter 2000).

---

54 URL: http://www.praythemhome.com/ (abgerufen am 13.7.2015).
55 A.d.H.: Vgl. Jakobus 4,2.

Martin erinnerte mich einmal an diesen Vers, als mich im Dschungel besondere Mutlosigkeit überfiel. Wir saßen während einer Pause nach einem langen Marsch auf dem Boden und lauschten auf die Schüsse in der Ferne. Ich stöhnte: »Wir sind ganz und gar vergessen worden. Niemand tut irgendetwas, um uns zu helfen. Niemand betet mehr für uns.«

Mein Mann erwiderte darauf: »Gracia, du irrst dich. Viele Menschen beten noch immer für uns. Und selbst wenn alle anderen damit aufgehört hätten, unsere beiden Väter beten weiter, das verspreche ich dir. Du weißt doch, was in Jakobus 5 über das Gebet des Gerechten steht? Wir haben zwei der besten.«

Er hatte natürlich recht. Die Gebete von Paul Burnham und Norvin Jones allein hätten den Anforderungen dieses Verses entsprochen. Offensichtlich hängt die Antwort nicht von der Anzahl der Gebete oder dem bestimmten Wortlaut ab. Es muss noch einen anderen Faktor geben.

Aber welchen?

Ich möchte nicht behaupten, es zu wissen. Es gibt eine Menge Bibelstellen, die mir noch immer Rätsel aufgeben. Bei einem meiner vielen Gespräche mit Gott im Dschungel habe ich versucht, mit ihm über Johannes 15,7 zu diskutieren – über den Vers, den ich als Kind auswendig gelernt hatte: »Wenn ihr in mir bleibt und meine Worte in euch bleiben, so werdet ihr bitten, um was ihr wollt, und es wird euch geschehen.«

Ich sagte: »Herr, du hättest eine Entschuldigung, wenn ein Zusatz in dem Vers enthalten wäre: ›... so werdet ihr bitten, um was ihr wollt, und wenn es mit meinem Willen übereinstimmt, wird es euch geschehen.‹ Aber das steht da nicht!«

Solche Dinge sind für uns alle schwierig. In meinem Fall war es nicht nur eine akademische Übung. Ich habe meinen Mann dabei verloren.

Vielleicht hilft es, sich klarzumachen, dass in diesem Vers im Jakobusbrief hinsichtlich des Gebetes des Gerechten steht: »... vermag viel«. Da steht nicht: »... vermag alles«. Warum?

Weil die Abu Sayyaf – und wir alle – noch immer die Freiheit zu einer eigenen Entscheidung haben – die Freiheit, sich eigensinnig dem Willen Gottes entgegenzustellen. Und diese starrsinnige Haltung will Gott nicht einfach überrollen. Natürlich hätte er »himmlische Laserstrahlen« auf Janjalanis, Musabs und Sabayas Gehirn abfeuern und sie zwingen können zu sagen: »Also gut, Martin und Gracia, das hat jetzt lange genug gedauert. Ihr seid frei und könnt gehen, wohin ihr wollt.« Aber das hätte sie zu Marionetten gemacht. Sie wären dann keine eigenständigen menschlichen Wesen mit einem freien Willen mehr gewesen, hinsichtlich dessen sie natürlich in der Ewigkeit werden Rechenschaft ablegen müssen.

Ich finde es hilfreich, über die folgende Analogie nachzudenken: Die Bitte an Gott, uns trotz der Härte der Abu Sayyaf zu befreien, war vermutlich, als würde man die US-Marines anfordern, uns zu holen, trotz eines Verbots des Kampfeinsatzes von ausländischen Truppen auf philippinischem Territorium in der philippinischen Verfassung. Dieses eisenharte Gesetz ist auf die vier Jahrhunderte des Kolonialismus zuerst unter Spanien und dann unter den Vereinigten Staaten zurückzuführen.

Haben die Philippinen ausländische Militärberater akzeptiert? Ja, obwohl auch dies auf den Straßen von Manila Proteste auslöste. Aber einen direkten Kampfeinsatz? Niemals.

Nach meiner Heimkehr erfuhr ich, wie gern die Militärangehörigen einen Spezialeinsatz für uns durchgeführt hätten! Mir wurde erzählt, sie hätten in Zamboanga City am Konferenztisch gesessen, und es hätte ihnen in den Fingern gejuckt loszuziehen. Natürlich wären sie die Sache ganz anders angegangen. Sie wären gegen zwei Uhr morgens und nicht um zwei Uhr nachmittags tätig geworden, sie hätten Nachtsichtgeräte sowie andere Technik eingesetzt und hätten uns sicher herausgeholt.

Einige Monate nach meiner Freilassung geschah genau dies im westafrikanischen Staat Elfenbeinküste, als Rebellen mehrere Städte im Norden überrannten und eine Missionsschule bedrohten. Die Regierung der Elfenbeinküste gab den französischen und amerikanischen Generälen freie Hand: »Macht nur. Evakuiert eure Bürger, und jeder Schaden, der dadurch entsteht, geschieht unserer Meinung nach für eine gute Sache.« Wenige Stunden später waren die Schüler und die Lehrer auf dem Weg in die Freiheit.

Aber bei uns war das anders. Die einheimische Regierung sagte Nein, und das Pentagon hatte das Gefühl, die nationale Souveränität eines verbündeten Landes nicht antasten zu können.

Nachdem Gott der menschlichen Rasse ein gewisses Maß an Selbstbestimmung gewährt hat, will man ihn immer wieder bedrängen, sie zu beschneiden, sobald Menschen sie missbrauchen. So war es bei den Abu Sayyaf, und so ist es auch noch bis heute, da immer wieder über ihre Bombenanschläge und andere Gewalttaten in den Medien berichtet wird.

∾

Wir leben wirklich in einer schlimmen Welt, nicht? Vor allem, wenn radikale Anhänger einer Religion, zu der sich ein Fünftel der Weltbevölkerung zählt, sich berufen fühlen, ihre Sache nicht nur durch Überzeugung, sondern auch durch Gewalt und sogar Terror voranzutreiben. Die extremistische Denkweise, wie ich sie in vollem Umfang ein Jahr lang kennengelernt habe, ist nicht leicht zu widerlegen.

Meine Erfahrungen in der Gefangenschaft ließen mich eingehend über eine angemessene Reaktion auf die Herausforderung der aggressiven Verfechter des Islam nachdenken. Auf keinen Fall würde ich mir anmaßen, irgendwelche Empfehlungen zur öffentlichen Vorgehensweise auszusprechen, aber meinen Mitchristen möchte ich doch sagen: Wir müssen Wege finden, den Zorn und den Hass, wodurch der »Heilige Krieg« angeheizt wird, zu entschärfen und einen Gott vorzustellen, der uns aufrichtig liebt.

Ich bin mir darüber im Klaren, dass Millionen von Muslimen auf der Welt nicht viel vom Dschihad halten. Sie erleben selbst schwierige Zeiten; immer wieder erfüllen sie ihre religiösen Pflichtübungen und hoffen, eines Tages vor Allah irgendwie wohlgefällig zu sein. Für jedes Haar, das unter dem *terong* einer Frau hervorsieht, so erzählte man mir, wird sie eine Reihe von Jahren in der Hölle verbringen. Die durch solche Regeln unterdrückten Menschen brauchen unsere

Gebete – nicht nur Muslime, sondern Milliarden von Menschen auf der Welt, die verzweifelt versuchen, gute Taten anzusammeln, um dadurch ihre schlechten Taten aufzuwiegen, damit Gott zufrieden mit ihnen ist. Sie müssen erfahren, was für eine Befreiung es ist, Vergebung zugesprochen zu bekommen. Wir müssen ihnen zeigen, dass sie uns am Herzen liegen.

In den ersten Jahren auf der Highschool sangen gläubige Jugendliche gern das Lied »Wir sind einig im Geiste«. Im Refrain ist davon die Rede, dass wir als Christen an der Liebe erkannt werden. Das war die Post-Woodstock-Ära – die Zeit, als die Menschen die (menschliche) Liebe als Heilmittel für alles Übel betrachteten. Ich habe gehört, wie einige Erwachsene dieses Lied als naiv und einfältig abtaten. Aber eigentlich entspricht das genau dem, was Jesus beim letzten Mahl mit seinen Jüngern gesagt hat (siehe Joh 13,35) – zumindest, wenn es um die von Gott geschenkte Liebe geht. Die Menschen in der heutigen Welt, ob nun Muslime oder nicht, werden nicht auf uns als Christen hören, weil wir unsere Theologie mit verständlichen Worten erklären können. Sie werden uns nicht schätzen, weil wir gelegentlich für wohltätige Zwecke spenden oder eine positive Lebenseinstellung ausstrahlen. Beeindrucken kann sie nur aufrichtige Liebe in unseren Herzen.

Martin hat mir das während unseres Aufenthalts im Dschungel immer wieder vor Augen geführt. Einmal bekamen wir einige Exemplare von *Reader's Digest* in die Hände, und wir lasen in ihnen, bis sie auseinanderfielen. Natürlich mochten wir auch die hinteren Seiten, auf denen sich mehrere lustige Geschichten fanden. Bei einer ging es um einen Lehrer, der die Schüler im Englischunterricht aufforderte, eine Geschichte mit beschreibenden Wörtern zu verfassen. Johnny gab ein Blatt ab, auf dem stand: »Das Schloss war groß.« Der Lehrer gab es ihm zurück und sagte: »Groß ist kein beschreibendes Wort. Das kannst du besser.« Die korrigierte Fassung lautete: »Das Schloss war groß, und wenn ich sage ›groß‹, dann meine ich GROSS.«

Wir lachten darüber, aber ein paar Tage später sagte Martin: »Ich habe die ganze Zeit über diese lustige Geschichte nachgedacht. Jesus hat gesagt, dass man, wenn man groß sein will im Reich Gottes, der Diener aller sein soll. Und als er das sagte, meinte er das umfassend.

Er sagte nicht, wir sollten Diener aller sein, ausgenommen die Terroristen. Jesus sagte auch, wir sollten unsere Feinde lieben. Tut Gutes denen, die euch hassen, sagte er, und: Betet für die, die euch verspotten und verfolgen.«

Und dann haben wir angefangen, danach zu handeln – wir haben für unsere Entführer gebetet, die uns verspotteten.

Wir haben die Möglichkeit, der Welt die Liebe Christi zu zeigen. Ich denke, Martin ist das im Dschungel wirklich gelungen. Ich bin nicht sicher, ob ich darin auch so viel Erfolg hatte. Und ich hoffe, niemand nennt mich eine Heldin, denn ich weiß, wie viel Bitterkeit mein Herz in diesem Jahr erfüllt hat – mit der ich immer noch zu kämpfen habe.

Wenn ich innehalte und darüber nachdenke, so muss ich sagen, die Abu Sayyaf waren nicht die einzigen »Bösen«. Jeder von uns hat seine dunklen Seiten. Zu der Erkenntnis zu gelangen, wie viel davon in mir zu finden war, gehörte zu den schwierigsten Erfahrungen meiner Gefangenschaft. Natürlich wusste ich, dass ich ein Sünder bin. Das hatte ich schon als Kind in der Sonntagsschule gelernt. Aber ich war auch eine Missionarin, die Tochter eines Pastors und lebenslang ein »gutes Mädchen«. Sollten Menschen wie ich nicht in der Lage sein, schwierige Situationen mit Kraft, Freundlichkeit und Mut sowie einem gewinnenden Wesen zu meistern? Warum waren bei mir diese Eigenschaften nicht so sehr vorhanden?

Ich wusste zum Beispiel, dass ich meinen Entführern vergeben sollte, aber die Wahrheit ist, ich hasste sie oft. Ich verachtete sie nicht nur, weil sie mich von meiner Familie fortgeholt und mir die einfachen Bequemlichkeiten des mir so zusagenden Lebens genommen hatten, sondern auch, weil sie mich zwangen, mich einer Seite von mir zu stellen, die mir nicht gefiel. Es gab eine Gracia, von deren Existenz ich kaum eine Ahnung hatte: die ängstliche Gracia, die selbstsüchtige Gracia, die verbitterte Gracia, die Gracia, die einen Groll gegen Gott hegte. Das war nicht meine ganze Persönlichkeit, aber es machte einen größeren Teil meiner Persönlichkeit aus, als ich akzeptieren wollte.

Dann und wann sprachen Martin und ich über die in Galater 5 beschriebene neunfache Frucht des Heiligen Geistes und darüber, wie gern wir Liebe, Freude und Frieden in unserem Leben erfahren würden.

»Ich sehe nur Trauer und Leid«, sagte ich dann. »Wie können wir das Gegenteil hervorbringen?«

Wir lernten, dass die Frucht des Heiligen Geistes nicht durch uns selbst gewirkt werden konnte. Wir konnten keine Freude, kein liebevolles Handeln, keinen Frieden erzwingen. Der Heilige Geist musste diese Dinge in uns entstehen lassen.

Manchmal bat ich den Herrn: »Bitte gib mir Frieden. Ich finde ihn nicht in meinem Herzen. Ich finde keine Geduld. Ich empfinde im Augenblick alles andere als Sanftmut. Bitte wirke Sanftmut in meinem Leben. Gib mir Freude inmitten dieser entsetzlichen Situation.«

Und das tat er.

Nun, da ich wieder zu Hause bin und mich in den kommenden Jahren auf meine Kinder konzentrieren kann, bin ich entschlossen, dem Herrn »mit Freuden« zu dienen, wie Martin an jenem letzten regnerischen Nachmittag, den wir zusammen verbrachten, betont hat. Manche Menschen in Amerika würden gern sehen, wie ich angesichts der Vorgehensweise der Regierung beleidigt, zornig und verbittert bin, weil sie dieses oder jenes nicht getan hat. Andere würden mich gern niedergeschlagen und trübsinnig sehen – die arme, jammernde Witwe.

Ich kann beides nicht sein. Was würde es nützen?

Niemand trägt an dem, was Martin und mir zugestoßen ist, die Schuld, sündige Menschen vielleicht ausgenommen – die Menschen, denen wir helfen wollten. Deswegen waren wir auf die Philippinen gekommen. Ich weigere mich, mir dadurch meine Freude dämpfen zu lassen oder mich der Liebe zu entziehen, die Gott in mir wachsen lassen möchte.

Vermisse ich meinen Mann? Natürlich. Wann immer ich ein Flugzeug über mir höre, muss ich unwillkürlich an ihn denken – und ich wohne in der Nähe von Wichita (Kansas), der »Lufthauptstadt der Welt«. Boeing, Cessna und andere Unternehmen – alles hat hier seinen Sitz. Außerdem befindet sich die McConnell Air Force Base ganz in der Nähe. Das erinnert mich unablässig an das, was Martin so gern getan hat und so gut konnte. Aber kein Klagen und Weinen wird ihn wieder zurückbringen. Stattdessen freue ich mich daran, dass ich so viele wertvolle Erinnerungen an ihn habe, und versuche, sie auch den Kindern lebendig zu erhalten.

Eines Freitagabends im August 2002 waren die Kinder in der Gemeinde zu einer Ferienbibelschule, und ich wollte an dem Abschlussprogramm teilnehmen. Meine Beinwunden waren so gut verheilt, dass ich beschloss, die kurze Strecke zur Gemeinde zu Fuß zu gehen und nicht im Wagen zurückzulegen. Unterwegs blickte ich hinauf in den weiten Himmel von Kansas, und aus irgendeinem Grund machte sich eine tiefe Freude in mir breit. Dabei dachte ich an Martin – an sein Leben, seinen Glauben, sein Vorbild. Er war einfach wundervoll.

Diese besonderen Menschen, die Gott uns schenkt, machen uns stärker, um die Anfechtungen einer hässlichen Welt zu ertragen. Natürlich habe ich nie erwartet, etwas von dieser Größenordnung zu erleben. Aber ich danke Gott, dass er mir geholfen hat, es zu erdulden. Ich ehre das Vermächtnis eines weisen und gottesfürchtigen Mannes, der mir geholfen hat, durchzuhalten, weiterzumarschieren und ein Feuergefecht nach dem anderen zu überstehen. Ich weiß die Bemühungen der vielen Menschen zu schätzen, die sich für meine Freilassung eingesetzt haben. Und ich entscheide mich dafür, auch weiterhin in Gottes Freude und Liebe zu leben, solange er mir Atem gibt.

Anhang: Aber Gott hat alles gut gemacht

(Herbst 2009)

Was ist doch alles in den Jahren passiert, seitdem ich wieder zu Hause bin! Glücklicherweise kann ich berichten, dass meine Beinwunden sehr schnell verheilten. Innerhalb weniger Wochen war ich die Krücken los und konnte wieder normal gehen. Was die Gesundheit betrifft, hatte ich den meisten Kummer mit der Amöbenruhr, die vor allem in den Tropen und Subtropen vorkommt. Eine Arznei erzeugte gefährlichen Brechreiz, sodass ich sie absetzen musste. Schließlich gab mir jemand ein Nahrungsergänzungsmittel, das mir half, mit dem Problem fertigzuwerden.

Im Dschungel machte ich mir in Bezug auf das Abnehmen (Fragen, die jede Frau beschäftigen: ›Mir ist klar, dass ich eine ganz beachtliche Menge Gewicht verlieren muss.‹) keinerlei Gedanken. Aber können Sie sich vorstellen, was ich feststellte, als mein Bein wieder stark genug war, auf einer Waage zu stehen? Ich hatte noch genau dasselbe Gewicht wie bei meiner Gefangennahme. Ich war entsetzt.

Es zeigte sich, dass bei den Anstrengungen, als wir die Mörsergranaten bergauf und bergab schleppen mussten, wohl Fett verbrannt wurde, aber auch die Muskeln größer und darum schwerer wurden. Ich hatte einige Zentimeter, aber keine Pfunde verloren.

Die Freude über meine wiedergewonnene Mobilität habe ich gleich wirksam werden lassen. An einem Sommermorgen zwischen halb zehn und zehn Uhr bekam ich einen schrecklichen Appetit auf eine Süßkartoffel. So ging ich drei Straßen weiter zum Gemüsehändler und kaufte eine. Ich brachte sie heim, kochte sie, bestrich sie dick mit Butter und tauchte sie in braunen Zucker. Dann setzte ich mich, um ein Festmahl zu halten! Meine Kinder hielten mich für verrückt, aber das kümmerte mich nicht.

Eine viel ernsthaftere Angelegenheit bestand in diesen ersten Wochen darin, in Rose Hill eine Wohnung zu finden. Natürlich hätten Paul und Oreta Burnham, Martins Eltern, uns lebenslang bei sich wohnen lassen, aber mir war eigentlich klar, dass wir am Ende eine eigene Wohnung finden müssten. Ich dachte, dass wir vielleicht einen einfachen Wohnwagen kaufen könnten.

Dann kam ein Brief von einem Mann aus unserem Ort mit Namen Steve McRae. Er sagte, er wolle etwas zu Martins Ehren tun. Einen Baum pflanzen? Das schien ihm zu wenig zu sein. Was würde ich davon halten, wenn die ganze Gemeinde zusammenkäme, um ein Haus zu bauen? Ob ich daran interessiert wäre?

Du liebe Zeit! Das übertraf bei Weitem meine wildesten Träume. Doch das Projekt nahm Gestalt an, und bevor ich mich recht versah, wurden Pläne gezeichnet für ein nagelneues Haus mit neun Zimmern, das auf einem Eckgrundstück mitten in der Stadt errichtet werden sollte. Die Leute begannen, Vorräte und Geld für »Gracias Haus« zu spenden, wie sie es nannten. Außerdem stellten sie ihre Arbeitszeit zur Verfügung. Im folgenden Februar zogen wir ein.

Währenddessen tat sich auch in Sachen Fahrzeug etwas völlig Überraschendes. Ein Mitarbeiter von Parks Motors, eines Autohauses aus der nahe gelegenen Stadt Augusta, rief an und sagte: »Stellen Sie sich vor, der Verband der Dodge-Händler von Kansas hat beschlossen, Ihnen ein Wohnmobil zu schenken. Es steht hier bei uns im Ausstellungsraum. Kommen Sie herüber und sehen Sie es sich an. Wenn Ihnen die Farbe nicht gefällt, werden wir ein anderes bestellen.«

Ich war sprachlos. Ohne die geringste Anstrengung meinerseits war ich plötzlich die Besitzerin eines nagelneuen Grand Caravan mit allem Drum und Dran.

Anfangs, als ich von den Philippinen heimgekehrt war, hatte ich mir Martin im Himmel vorgestellt, wie er Gott am Ärmel zupft und sagt: »Vergiss bitte nicht, auf Gracia und die Kinder aufzupassen. Achte bitte auf das, was sie nötig haben. Meinst du, dass du für alles sorgen kannst?«

Jetzt begriff ich, dass der Gott des Universums nicht erinnert werden muss, was er zu tun hat. Er kannte mich und wusste, was ich brauchte. Er liebte mich. Er bezahlte für meine Errettung. Jetzt dachte ich stattdessen, dass Gott Martin an den Ärmeln zupft:»Sieh genau hin, was ich für Gracia gerade tue …«

Der Herr hat bis heute nicht aufgehört, für all unsere Bedürfnisse zu sorgen. Er ermöglichte es mir, mich auf meine Mutterpflichten zu konzentrieren, ohne dass ich mir Gedanken um die Finanzen machen musste.

Die drei Kinder bekamen bald Sozialhilfe, weil ihr Vater gestorben war. Etliche Langzeitspender unterstützen uns weiterhin, weil ich noch immer auf der Mitarbeiterliste der New Tribes Mission stehe. Aufgrund der gelegentlichen Vortragshonorare und der Erträge aus dem Bücherverkauf ist die Finanzierung eines Büros möglich geworden. Gott hat mich mit einer wunderbaren Helferin gesegnet. Sie heißt Lynette und erledigt die Telefongespräche und den Briefverkehr, was manchmal gar nicht einfach ist. Auch hat Gott dafür gesorgt, dass ein pensionierter Pastor und seine Frau, Jack und Joyce Middleton, sich um die Buchführung kümmern. Diese drei sind mir eine gewaltige Hilfe geworden, und ich wüsste nicht, wie ich ohne sie fertigwürde.

Die Kinder

Die vielleicht häufigste Frage, die ich zurzeit gestellt bekomme, ist diese:»Wie geht es den Kindern?«

Nun, sie sind mir langsam entwachsen! Jeff machte 2005 seinen Abschluss an der Rose Hill High School. Er wusste schon, dass er Pilot werden wollte wie sein Vater. Martin hatte ihm versprochen, das Fliegen beizubringen, sobald er fünfzehn würde – woraus natürlich nichts geworden ist. Nun hat er es bei anderen Instrukteuren gelernt, und die Mission gab uns die alte Piper Super Cub, die Martin auf dem Missionsfeld flog. Sie war schon aus dem Verkehr gezogen, aber einige Missionskollegen haben sie aufs Beste wieder instand gesetzt.

Als daher Jeff im Herbst 2005 zur Liberty University in Virginia wechselte, war es letztendlich meine Aufgabe, mit all seinem Kram quer durch die Staaten zu fahren, während er mit dem Flugzeug zur Universität flog. Schon bald erhielt er dort einen Teilzeitjob als Lehrer in einem Luftfahrtprogramm, womit er seine Ausbildungskosten bestreiten konnte. Inzwischen hat er nach vier Jahren seinen Abschluss gemacht, wobei er es auf der Erfolgsleiter bis zum Zertifikat als Pilot für mehrmotorige Verkehrsflugzeuge und zum Ausbilder für Instrumentenflug gebracht hat. Das ist die gleiche Ausbildung, für die Martin etliche Jahre gebraucht hat. Ich bin sehr stolz auf meinen Erstgeborenen.

Er hat aber nicht seine ganze Zeit im Hangar oder im Cockpit verbracht. Während er studierte, erzählte er mir, dass er beabsichtige, ein anderes Missionarskind namens Sarah Neu zu heiraten. Schon vor Jahren lernte ich ihre Angehörigen kennen, und ich habe viel Hochachtung vor deren Charakter und Hingabe an den Herrn. Aber du liebe Zeit, diese Kinder sind doch noch so schrecklich jung! Jeff würde mit neunzehn zum Traualtar schreiten, während Sarah noch jünger ist.

»Du weißt ja, Kind«, sagte ich und versuchte dabei, die weise Mutter zu spielen, »in Amerika ist es doch üblich, erst die Ausbildung abzuschließen und ein wenig Geld anzusparen, um die Grundlage für ein Heim oder Ähnliches zu legen – und dann zu heiraten. So geht das hier.«

Er blickte mich von oben herab an und sagte in ernstem Ton: »Steht das irgendwo in der Bibel?«

»Immerhin hat Jesus gesagt, man solle die Kosten überschlagen, bevor man anfängt, ein Gebäude zu errichten. Du musst in der Lage sein, eine Frau zu versorgen.«

»Oh, das kann ich«, behauptete er mit größtem Selbstvertrauen. »Von meinem Job als Lehrer können wir leben, aber das Problem liegt ganz woanders: *Wenn ich Sarah nicht heirate, wird es ein anderer tun.*«

Ich saß da und dachte über die Scheidungsrate der Amerikaner nach. ›Steckt da wohl ein Fehler in der amerikanischen Kultur? Wie kann ich wirklich etwas dagegen haben, wenn Jeff tatsächlich glaubt, Gott wolle, dass er Sarah heiratet?‹ Ihre Eltern haben ebenfalls jung geheiratet und ihr ganzes Leben lang als Missionare gearbeitet.

Die Hochzeit am 27. Mai 2006 (am fünften Jahrestag unserer Gefangennahme) erwies sich als ganz großartig. Und seither ist es im Leben des jungen Paares sehr gut gelaufen. Die beiden sparen Geld und folgen Gottes Weisungen, so gut sie können. Wird es darauf hinauslaufen, dass sie in Übersee im Missionsflugdienst arbeiten? Die Zeit wird es erweisen. Zurzeit trainiert Jeff junge Piloten an der Liberty University. Er und Sarah erwarten mein erstes Enkelkind Anfang 2010.[56]

Inzwischen hat Mindy Anfang Dezember 2006 die Highschool beendet, um danach mit einem Zweijahresprogramm des New Tribes Bible Institute in der Nähe von Milwaukee (Wisconsin) zu beginnen. Sie wollte eine Stelle, an der sie gute biblische Unterweisung erhält, ohne zu tief in Schulden zu geraten. Die Schule ist ihr wie auf den Leib geschneidert.

Auch sie entdeckte während des Studiums die Liebe fürs Leben – ebenfalls ein Missionarskind. Es handelt sich um Andy Hedvall, der bei seinen Eltern in Paraguay aufwuchs. Wieder habe ich mich über ihre Wahl gefreut. Ich habe es ihm allerdings anfänglich ziemlich schwer gemacht, als er ankam und mich fragte, ob er mit Mindy »gehen« dürfe. Ich sagte:»Nun, du weißt, dass Martin den Abu Sayyaf im Dschungel sagte: ›Ich muss nach Hause kommen, weil ich eine Tochter habe (sie war damals zwölf). Eines Tages werden Jungen vorbeikommen und nach ihr schauen, und ich muss dann da sein und sie auf Herz und Nieren prüfen.‹ Dann pflegten die Abu Sayyaf zu antworten: ›Ja, ja, das ist sehr wichtig. Mach dir keine Sorgen – dies hier ist bald zu Ende.‹

Darum musst du sicherstellen, dass Martin damit zufrieden wäre, wie du seine Tochter behandelst, Andy!« Darauf antwortete er in ernstem und respektvollem Ton: »Ja, gnädige Frau. Sie werden nichts zu befürchten haben.«

Mindy und Andy werden es schon richtig machen. Ich mache mir keine Sorgen um sie. Andy ist außergewöhnlich vernünftig, und ich vertraue ihm meine Tochter an.

---

56 A.d.H.: Mittlerweile können sie sich über einen Sohn namens Tristan freuen.

Zachary, mein Jüngster, gleicht Martin am meisten. Manchmal höre ich ihn im Nebenraum über irgendetwas lachen, und es ist, als hörte ich seinen Vater. Er liebt den Herrn und fürchtet sich nicht, vor anderen über ihn zu sprechen.

Zach beendete die Highschool im Mai 2009 und suchte sich einen Studiengang an einem städtischen College hier in der Nähe aus. Nachdem man dort seine großartige Bass-Stimme gehört hatte, erhielt er von dieser Ausbildungsstätte ein beachtliches Stipendium. Und er wohnt bis jetzt noch immer bei mir.

Neulich fragte mich jemand: »Wenn du deine drei Kinder betrachtest, kannst du dann irgendwelche bleibenden Schäden sehen, weil sie fast 13 Monate lang ihren Eltern entrissen waren und weil sie ihren Vater durch einen unnötigen gewaltsamen Tod verloren?«

Ehrlich gesagt, ich entdecke nichts. Alle drei lieben weiterhin das Leben und sind positiv eingestellt. Sie lieben mich, sie lieben Gott, und sie lieben einander. Sowohl Jeff als auch Mindy fangen jetzt an, Einladungen von Jugendlagern, Frauenfrühstückstreffen und dergleichen anzunehmen, um dort zu sprechen. Hinterher berichten sie mir aufgeregt, wie es ihnen dabei ergangen ist.

Am Rednerpult

Öffentliche Ansprachen sind zu einem beständigen Teil meines Lebens geworden, obwohl ich das nie als eine meiner Gaben betrachtet habe. Anfangs erwartete ich natürlich einige Einladungen. Seltsam ist, dass ich jetzt genauso beschäftigt bin wie damals, als ich gerade heimgekommen war. Ich habe meine Verpflichtungen im ganzen letzten Jahr zusammengezählt und kam auf über hundert Ansprachen oder Medien-Interviews.

Manchmal scheint es mir, als würde ich an Orte eingeladen, wo ich nicht hingehöre! Außer in Gemeinden und bei Seminaren habe ich in Veteranen-Organisationen, in Krebshilfegruppen, bei Konzerten, in Gefängnissen, in Universitäten, auf Konferenzen philanthropischer Vereine, auf Parteiversammlungen – und sogar in einer Jachtfabrik in Florida gesprochen. Ein Rotarier-Verein bat mich, über folgendes Thema zu sprechen:»Terrorismus in Asien – Was dagegen getan wird und womit man diesbezüglich in der Zukunft rechnen muss«. Ich warf einen Blick auf diesen unmöglichen Titel und sagte ärgerlich:»Woher soll ich das wissen?«

So formte ich das gestellte Thema um, das dann folgendermaßen lautete:»Die Zukunft der Abu Sayyaf«. Darüber zu sprechen, fühlte ich mich ein wenig kompetenter. Ich skizzierte anfangs den Hintergrund und erzählte dann einige Dschungelgeschichten, um meine Glaubwürdigkeit zu erhöhen. Schließlich sagte ich:»Sie wissen, dass es eine Aussage in der Bibel gibt, die sich auf diese Terroristengruppe bezieht. In ihr ist davon die Rede, dass in dem Namen Jesu Christi sich jedes Knie beugen wird im Himmel, auf der Erde und unter der Erde. Jede Zunge wird bekennen, dass Jesus Christus Herr ist (vgl. Phil 2,10-11).«

»Es ist doch höchst interessant«, so fuhr ich fort,»dass die Zukunft der Abu Sayyaf ebenso Ihre Zukunft sein wird. Auch *Ihre* Knie werden sich beugen, auch *Ihre* Zunge wird bekennen, dass Jesus Herr ist. Die Frage wird nur sein, ob Sie oder ich das freiwillig tun werden oder nicht.«

Mehr als einmal stand ich bei einer Konferenz über Verbrechensopfer auf dem Podium. Die Planer scheinen zu denken, ich sei das richtige Vorzeigeobjekt für Ereignisse dieser Art. Bei solchen Gelegenheiten gehe ich nicht auf die Verschärfung der Gesetze ein. Ich verlange auch keinen leichteren Zugang zur Rechtsprechung und rufe nicht nach härteren Strafen. Stattdessen spreche ich über Vergebung. »Das ist nicht etwas, was man zum Wohl der anderen Person tut«, sage ich.»Es geht um Sie und mich. Niemand von uns soll eine Last von Zorn und Hass mit sich herumschleppen. Wir müssen all das Gott übergeben, oder wir werden am Ende darunter zusammenbrechen.«

Vor den Zuhörern derartiger Zusammenkünfte äußere ich mich auch anerkennend über die gute Arbeit der Rechtsanwälte der Opfer. Ich habe es selbst erlebt. Das sind zumeist mitfühlende Leute, die dem Opfer durch eine schreckliche Situation hindurchhelfen.

Nach solchen Vorträgen kamen manchmal sogar Regierungsbeamte auf mich zu und erklärten, dass sie gläubig sind. Sie wollten von nun an ihren Glauben mutiger in ihre Tätigkeit einbringen. »Das ist es, was den Opfern am meisten hilft«, sagten sie.

Wenn ich zu einer eindeutig christlichen Hörerschaft spreche, erwähne ich manchmal das Beispiel Ted Turners, des Gründers von CNN und eines der größten Landbesitzer auf der Welt. Er wuchs in einem christlichen Umfeld auf, wandte sich dann aber öffentlich davon ab. Sein Motto ist: »Das Christentum ist eine Religion für Verlierer!«

Meine Antwort: Und was will er damit sagen? Mich kann er damit nicht herausfordern. Wir brauchen nämlich alle Hilfen, wir alle sind auf Krücken angewiesen. Wenn ein Fußballspieler einer Highschool sich beim Spiel am Freitagabend verletzt, dann erscheint er am Montagmorgen mit Krücken. Niemand lacht ihn aus. Jedermann weiß, dass er die Hilfen benötigt.

Für manche von uns heute sind unsere Karrieren die Krücken – oder unsere nette Familie bzw. unser gutes Aussehen oder unser Geld.

Ja, der christliche Glaube ist mehr als eine Krücke, er ist eine Tragbahre. Er trägt uns dahin, wo wir aus eigener Kraft nie hätten hingelangen können, auch wenn wir es noch so sehr gehofft hätten. An jenem letzten regnerischen Nachmittag im Dschungel, als uns das Gewehrfeuer schließlich zum Halten zwang, versuchte ich nicht, mich selbst den Berg zu dem Helikopter hochzuschleppen. Ich war mehr als bereit, von jemandem Hilfe anzunehmen, der mich verband und für mich sorgte. Ich dankte Gott, dass er mir eine Hilfe geschickt hatte.

Wenn ich zu jungen Leuten spreche, fordere ich sie auf, darüber nachzudenken, an die schwierigen Orte in der Welt zu gehen. »Wo alles leicht geht, gibt es bereits Missionare«, sage ich ihnen. »Es sind die schwer zu erreichenden, isolierten Orte, die noch übrig sind. Es gibt eine ziemlich große Zahl von Sprachgruppen, zu denen nie ein Ausländer gekommen ist und mit deren Angehörigen niemand *auch nur das Geringste* gesprochen hat. Sie kennen nicht den Wert von reinem Trinkwasser, geschweige denn das Evangelium von Jesus.«

Ich räume gegenüber den Hörern ein, dass solche Orte nicht sehr aufnahmebereit sind, und oft sind sie gefährlich. Aber Gott braucht Leute, die dorthin gehen. So schrieb einmal der bekannte englische

Kricketspieler C. T. Studd, der sein Leben dem Dienst in China und am Kongo weihte:

Manch einer möchte bleiben,
wo Kirchenglocken gehen.
Mein Rettungszelt soll lieber
im Höllenvorhof stehen.

Wir erkennen die fortgesetzte Spannung zwischen dem Westen und der muslimischen Welt, und wir fragen uns, ob das nie anders werden wird. Gott hat eine Lösung für dieses Problem. Worin besteht sie? In Ihnen und in mir! Gott hat uns den Auftrag gegeben, uns um die Nöte der Menschen auf dieser Welt zu kümmern und sie dazu zu bringen, Christus zu lieben. Einen anderen Plan gibt es nicht.

Aber wie soll unser gottgemäßer Umgang mit dem aggressiven Islam sein? Jesus sagte es deutlich: »Liebt eure Feinde und betet für die, die euch verfolgen, damit ihr Söhne eures Vaters werdet, der in den Himmeln ist« (Mt 5,44-45). Gibt es eine Möglichkeit, die Muslime von dem auszuschließen, was in diesen Versen gesagt wird? Ich jedenfalls erkenne keine.

Manchmal sage ich den Zuhörern: »Mein Mann starb mit 42 Jahren. Und niemand kennt die Länge seines eigenen Erdenlaufs. Das wird uns an der Startlinie nicht gesagt. Wir wissen nur, dass wir zu laufen haben.

Ein Grabstein trägt zwischen dem Geburts- und dem Todesjahr gewöhnlich einen Strich. Der repräsentiert die Lebenszeit des Beerdigten, das ist sozusagen der entscheidende Strich zwischen den Daten. Und wir bekommen nur *einen* Strich, nicht zwei oder drei. Und da gibt es keinen nur zum Üben.

Darum sollen wir dafür sorgen, dass unser ›Strich‹ dort erscheint, wo er etwas zählt.«

Ich bin dafür dankbar, dass ich eine wachsende Zahl junger Leute sehe, die diesem Appell folgen. Als Martin und ich im Dschungel waren, beklagten wir oft, dass das ganze Geschehen in Verbindung mit unserer Geiselnahme der Zukunft der New Tribes Mission auf den Philippinen schweren Schaden zufügen werde.»Niemand wird fortan hierherkommen wollen, um in Zukunft unter diesen Stämmen zu arbeiten«, klagten wir.»Alle werden sich vor diesem Teil der Welt scheuen.«

Ich freue mich sehr, melden zu können, dass wir völlig falsch gedacht haben. Immer mehr Freiwillige melden sich. Die jungen Christen unserer Tage fürchten die Gefahren offenbar nicht. Der Ruf: »Wer will den Platz von Martin Burnham einnehmen?«, ist von überall her beantwortet worden.

Alltag

Kaum habe ich mich vom Mikrofon entfernt, so wollen die Leute mit mir über die tiefgründigsten Themen ihres Lebens reden. Vielleicht gehört es nur zur menschlichen Natur, dass diese Leute ihre Leiden lieber jemandem mitteilen, der auch schon gelitten hat. Völlig Fremde kommen in der Gemüseabteilung des Supermarkts auf mich zu und sagen etwa:»Sie kennen mich nicht, aber ich weiß, wer Sie sind, und ich möchte Sie nur fragen, ob Sie für meine Tochter im Teenageralter beten wollen; sie entfernt sich immer mehr von der Familie.« Ich habe gemerkt, dass ich mir aus solchen Gründen tatsächlich besondere Zeit beim Einkaufen nehmen soll.

Ich bin wegen schwieriger Probleme um Rat gefragt worden, die weit über mein Verständnis hinausgehen: Zum Beispiel: Was ist bei sexueller Belastung am Arbeitsplatz zu tun? Oder: Wie wird man mit rasender Wut fertig? Wenn ich Gott gewesen wäre, hätte ich *mich* nicht ausgesucht. Dann wäre ich nicht diejenige gewesen, die ein Jahr lang im Dschungel lebte und hinterher die Leute berät. Ich war offensichtlich das schwache Glied in unserer Ehe, das kleine Blondinchen, während Martin der Starke war. Heute kann ich nur weitergeben, was ich weiß, und die Fragenden inständig bitten, selbst zu dem großen Ursprung aller Antworten zu gehen.

Wenn Leute bei anderen Gelegenheiten kommen, dann oft nicht mit Problemen, sondern eher mit Segen. Am 7. Juni, dem Jahrestag von Martins Tod, sagte ich: »Hey Kinder – heute Abend wollen wir mal machen, was Papa gern gemacht hätte. Was haltet ihr davon?«

Sie schlugen bald vor, essen zu gehen und dann einen Film anzusehen.

Ich sagte: »Gut, ich weiß nicht, ob ich ein sehr gutes Essen bezahlen kann, und dann noch einen Film für vier. Da müssen wir wohl etwas Billiges essen, OK?«

So gingen wir zu Fazoli's[57]. Die Rechnung betrug, wenn ich mich recht erinnere, 14 Dollar.

Wir saßen in einer Nische und genossen unsere Pasta und Teigstangen, als ein kleines Mädchen von etwa sechs Jahren zaghaft auf uns zukam. Sie legte etwas Geld auf den Tisch und begann eine offensichtlich auswendig gelernte Rede. »Wir möchten euch dies geben«, sagte sie ihr Sprüchlein auf, »weil wir uns bedanken möchten für euren Dienst für den Herrn.« Dann rannte sie fort zu ihrer Mutter, die in einer anderen Nische saß. Wir lächelten alle und riefen ihr unser »Dankeschön« nach.

Zach faltete das Geld auseinander. Es war eine Zwanzig-Dollar-Note. Die Räder in seinem jungen Gehirn begannen sich zu drehen: Seine Augen funkelten, als er feststellte: »Wir haben zu unserem Essen noch sechs Dollar dazubekommen.«

Aber bei anderen Gelegenheiten genieße ich es, einfach nur eine normale Person zu sein, Teil einer Menge von Zuschauern, die sich auf den nicht überdachten Rängen ein Footballspiel der Rose Hill Rockets ansieht, oder jemand, der wie alle anderen im Gottesdienst am Sonntagmorgen in die Anbetungslieder einstimmt. Viele Glieder meiner Gemeinde hatten richtig damit zu tun gehabt, mich für etwas Besonderes zu halten. Mittlerweile lassen sie mich ein normales Mitglied einer kleinen Bibelstudiengruppe für Frauen sein. Und ich bemühe mich, anderen an dem Anteil zu geben, was mein Herz bewegt.

Im Dschungel habe ich mich immer nach dem Sonntagmorgen gesehnt, weil es der Tag des Herrn ist, und ich wollte versuchen, mich

---

57 US-amerikanische Schnellrestaurantkette, die sich auf italienische Küche spezialisiert hat.

selbst zu ermutigen – oftmals dadurch, dass ich leise für mich sang. Wenn wir die Urwaldpfade entlangmarschierten, sang ich manchmal, was ich vor langer Zeit in einem Lied von Evie Tornquist Karlsson gehört hatte. Dem Sinn nach etwa so:

Wir gehen zur Kirche; denn Sonntag ist heut,
rings schönes Wetter und Glockengeläut,
überall Volk, über das man sich freut,
mit dem wir gleich jubeln, o selige Zeit![58]

So tröstete ich mich. Und das erlebe ich nun auch in der Zeit danach, wenn ich in meiner Gemeinde in Amerika sitze. Ich finde es einfach wunderbar, mit anderen gemeinsam anzubeten.

Jedes Lied, in dem von *Erlösung* bzw. *Lösegeld* die Rede ist, weckt augenblicklich meine Aufmerksamkeit. So heißt es z. B. in Chris Tomlins Lied »Amazing Grace«[59]: »Meine Ketten sind fort, und ich bin frei; mein Gott, mein Retter, hat mich erlöst.«[60] Ich bin ja so dankbar, dass die endgültige Erlösung für meine Sünden bezahlt worden ist!

Ich kann beinahe nicht an mich halten, wenn wir das Lied »Wie tief muss Gottes Liebe sein …« von Stuart Townend singen. Da erhebt sich der zweite Teil der letzten Strophe zu dieser Höhe: »Welch Glück, dass ich auf ewig weiß: / Seine Wunden sind mein Loskaufpreis.«[61]

Meine Gemeinde ist dermaßen geduldig mit mir, dass sie sogar Kamerateams verschiedener Medien erlaubt, hinter mir her zu sein – ja, diese haben nicht einmal davor zurückgeschreckt, in mehreren Jugendstunden präsent zu sein, weil meine Kinder dabei waren. Die einheimischen Christen tun das mit den Worten ab: »Na gut, das gehört dazu, wenn man Gracia bei sich hat. Das stört uns aber nicht.«

---

58 »Sunday Mornin'«, Worte und Musik von Kurt Kaiser, Copyright © 1974 Word Music ASCAP (Nachdichtung: Hermann Grabe).

59 A. d. H.: Svw. »Erstaunliche Gnade«.

60 »Amazing Grace« (»My Chains Are Gone«), Arrangement von Louie Giglio und Chris Tomlin, Copyright © 2006 WorshipTogether.com; Six Steps Music (EMI CMG Publishing).

61 »How Deep the Father's Love for Us« von Stuart Townend, Copyright © 1995 Kingsway Thankyou Music (Nachdichtung: Hermann Grabe).

Ehrlich gesagt, es hat mich verwundert, wie lange das Medieninteresse angehalten hat. Bis zum heutigen Tag habe ich das Gefühl, dass sie drei- bis viermal im Jahr kommen –gewöhnlich in Zeiten, wenn irgendwo in der Welt etwas passiert, bei dem Geiseln genommen wurden. Irgendwie muss ich auf deren Besuchsliste stehen, oder so ähnlich. Da gehe ich so dahin und kümmere mich um meine eigenen Angelegenheiten, und plötzlich ist Larry King am Apparat und will ein Interview mit mir vereinbaren, oder BBC News möchte mich zitieren. Und dann kommen natürlich die lokalen Radiosender noch dazu, die wollen auch alles ganz genau wissen.

Mitarbeiter des englischen Ablegers von *National Geographic* kamen vor gar nicht langer Zeit und brachten drei Tage in meinem Haus zu, weil sie Szenen des Films *Locked Up Abroad* drehen wollten. Und Oliver North kam, um Filmaufnahmen für sein Programm *War Stories* zu machen.

Mir kommt es vor, als ob das Telefon immer dann klingelt, wenn ich am wenigsten Zeit habe – etwa um die Weihnachtstage. Dann fühle ich mich manchmal versucht, die Fragesteller schnell abzuspeisen. Doch dann erinnere ich mich daran, dass ihre Anliegen vielleicht von Gott geschickte »Türöffner« sind.

WE tv, ein Kabelfernsehkanal für Frauen, wollte einen Reporter und eine Filmcrew für einen Tag zu mir nach Hause schicken. Ich sagte zu. Man höre und staune, der Reporter entpuppte sich als eine muslimische Frau, die in Istanbul aufgewachsen war, eine Türkin. Wir unterhielten uns ziemlich lange miteinander. Als sie so im Haus umherging, fragte sie mich: »Wo ist ein Plätzchen, das Sie besonders charakterisiert?«

Ich zeigte ihr den Fensterplatz in meinem Schlafzimmer und erklärte dazu: »Ich genieße den Frieden, den ich hier empfinde.«

»Oh, davon müssen wir eine Aufnahme machen!«, sagte sie dem Kameramann.

Als Zach von der Schule heimkam, interviewte sie ihn ebenfalls. Anscheinend hatte sie ein weiches Herz. Später sagte Zach zu mir: »Mama, das ist das erste Mal, dass ich bei einem Interviewer Tränen in den Augen gesehen habe.«

Die Gruppe folgte uns am Abend in die Gemeinde, weil es Mittwoch war. Während der Zeit, in der Gebetsanliegen gesammelt wurden, wagte es diese Reporterin sogar, ein solches zu nennen.

Einige meiner christlichen Freunde sagten: »Gracia, was geschieht, wenn diese weltlichen Leute deine Worte verdrehen? Wie du weißt, kann man den Medien heutzutage nicht mehr trauen.« Aber Tatsache ist, dass ich schon sieben Jahre lang Interviews gebe, von Sendern in New York über Hollywood-Shows bis hin zu internationalen Organisationen. Nie wurde ich dabei schäbig behandelt. Alle haben mir erlaubt, mich so auszudrücken, wie ich es für angemessen halte. (Tatsächlich wurden meine Worte nur äußerst selten verdreht. Einmal geschah das – ob Sie es glauben oder nicht – in einer christlichen Zeitschrift. Ich werde nie begreifen, warum sie einen Theologen ausfindig machen mussten, der behauptete, ich hätte das Konzept der Erlösung nicht begriffen. Das stimmt nicht. Ich lebe in der Wirklichkeit der Erlösung.)

Gäste von Bundesbehörden

Als FBI-Agenten und Leute vom Außenministerium im Jahr 2002 erstmals nach Rose Hill zu einem Interview kamen, räumte ich ihnen mehrere Stunden ein. Aber an einem bestimmten Punkt am Nachmittag sagte ich ganz offen: »OK, meine Herren, das wär's für heute. Ich muss jetzt eine Mama sein und mir das Baseballspiel von Zach anschauen.«

»Wir gehen mit Ihnen!«, meinten sie. »Wir lieben Baseball.«

So gingen wir alle zusammen dorthin. Das war ein Bild oben auf den Rängen! Vier FBI-Männer in dunklen Anzügen, mit weißen Hemden und dunklen Krawatten schrien jedes Mal aus voller Kehle, wenn Zach an der Reihe war.

Seither kamen mehrere Bundesbeamte und Juristen zum Gespräch. Sie befragten mich, ob ich irgendetwas wüsste, was ihnen im Kampf gegen den Terror behilflich sein könnte. Selbst die philippinische Regierung schickte einen hohen Beamten aus dem Justizministerium auf den weiten Weg nach Kansas, damit er mich sprechen konnte.

Nie werde ich den Tag vergessen, als Beamte verstörende Fotos von getöteten Terroristen hervorholten, die bei dem gleichen Gefecht ums Leben gekommen waren wie Martin. Da waren sie wieder, verdreckt vom Schlamm wegen des Regens. Sie sahen schrecklich aus. Einer war Lukman, der so stolz auf sein neues T-Shirt war, das er kürzlich bekommen hatte. (Er hatte mir sein altes gegeben, das ich immer noch habe und meinen Hörern zeige, wenn ich Vorträge halte.) Er starb in diesem T-Shirt.

Ein anderes Foto zeigte einen Burschen, der in dem Gefecht *nicht* umgekommen war. Stattdessen war er gefangen genommen und während des Verhörs so schwer geschlagen worden, dass er an den Folgen starb. Als Todesursache stand darunter: »Herzschwäche«. Ich konnte nur laut lachen. »Diese Jungs waren topfit und junge Kämpfer, die Tag für Tag durch den Dschungel rennen konnten«, sagte ich dem Beamten, »auf keinen Fall hatten sie ein schwaches Herz.« Dann begann ich zu weinen.

Der Beamte starrte mich an. »Gracia, was ist los?«, fragte er. »Sind Sie nicht froh, dass diese Kerle jetzt tot sind?«

»Ja, ja«, antwortete ich und hielt inne, um die Tränen abzuwischen. »Wenn ich von meinen Glaubensüberzeugungen ausgehe, dann sind diese Burschen für ewig in die Hölle marschiert. Gottes Gnadenangebot gilt ihnen nun nicht mehr.«

Spätere Updates von John Gray und anderen FBI-Beamten haben weitere Informationen über die auf dem Fahndungsplakat gezeigten Leute geliefert:

– Abu Sabaya, unser Hauptverbindungsmann zu den Medien und der Regierung, starb nur wenige Wochen nach meiner Rettung bei einem Seegefecht. Was er nie erfahren hat, war Folgendes: Sein »Freund« Alvin Siglos hatte die Fronten gewechselt, nachdem er erfahren hatte, dass Sabaya in einem der Dörfer seinen Onkel enthauptet hatte. Seitdem arbeitete er für die CIA. Der neue Rucksack, den Alvin seinem »Freund« Sabaya geschickt hatte, enthielt einen winzigen Sender, durch den alle Bewegungen von den Soldaten nachvollzogen werden konnten.

- Hamsiraji Sali, der zu unserer Gruppe gehörte, uns aber wegen seiner mangelnden Englischkenntnisse nicht so vertraut war, wusste, dass seine Tage gezählt waren. So versuchte er es mit einem Deal, indem er sich an das amerikanische FBI wandte und seine Zusammenarbeit mit ihm anbot. Dabei hoffte er, seine Familie würde dann Millionen von Pesos als Belohnung erhalten. Er wollte auch lieber in einem amerikanischen als in einem philippinischen Gefängnis sitzen. Am Ende ging alles schief. Er begab sich zu einem AFP-Kontrollpunkt und meinte, dort sicher zu sein – und wurde prompt erschossen.

- Khadafi Janjalani, der damalige Führer aller Abu Sayyaf, starb durch einen Genickschuss, während er eines Abends eines der vorgeschriebenen muslimischen Gebete verrichtete. Seine Identität wurde erst Monate später festgestellt, als ein Gefangener die Behörden zu seinem Grab führte, und eine DNS-Probe die Sache bestätigte.

- Abu Solaiman, der immer lange philosophische Diskussionen mit Martin liebte, starb in einem Gefecht, als ich Geburtstag hatte. Am 17. Januar 2007 klingelte ganz früh am Morgen in meinem Haus das Telefon. Ich dachte, es sei eine meiner Schwestern im Fernen Osten, die mich anrief, um mir zum Geburtstag zu gratulieren. Stattdessen war es der Öffentlichkeitsarbeiter meines Verlegers, der eine Aussage für die *Associated Press* von mir wollte. Von da an klingelte das Telefon den ganzen Tag.
Ich dachte zurück an den Tag im Dschungel, als ich versuchte, Solaiman von dem großen Segen zu erzählen, der sich daraus ergibt, dass Jesus am Kreuz für unsere Sünden bezahlt hat. Er grinste höhnisch, als er antwortete: »Ich werde für meine Sünden selbst bezahlen.« Nun ... genau das geschah.

- Bro wurde gefangen und landete in einem Gefängnis in Manila. Mir wurde berichtet, dass er mit einem Dutzend anderer Abu Sayyaf ausbrechen wollte und dabei erschossen wurde. Bro hat uns immer wieder gesagt: »Ich will nicht in die Hölle, ich will im ›Heiligen Krieg‹ sterben«, was nach seiner Theologie einen schnellen Eintritt ins Paradies garantierte.

Gespräche im Capitol

Für einige meiner Gespräche mit Regierungsbeamten war es nötig, die entsprechenden Amtssitze aufzusuchen – das Capitol von Topeka zum Beispiel. Dort traf ich die Gouverneurin Kathleen Sebelius. Sie ist jetzt Gesundheitsministerin.[62] Mehrfach fuhr ich auch nach Washington D.C. Das erste Mal geschah das im Sommer 2002, als das Weiße Haus unsere Familie und sogar die Großeltern zu einer Begegnung mit Präsident George W. Bush einlud. In einem vorangehenden Telefongespräch sagte Präsident Bush zu mir: »Es tut mir schrecklich leid, dass Martin nicht herausgekommen ist, aber ich bin froh, dass Sie es geschafft haben. Wie geht es Ihnen?«

»Mir geht es gut, Mr. Präsident«, antwortete ich. »Viele Leute, die mich lieben, helfen mir in diesen Tagen.«

Das Betreten des Oval Office war ganz gewiss ein emotionaler Augenblick. Der Präsident kam zu uns, begrüßte uns und schüttelte jedem die Hand. Das veranlasste meine Schwiegermutter, ein paar Tränen zu unterdrücken. Daraufhin legte Mr. Bush freundlich seinen Arm um ihre Schulter und begann, uns ein wenig sein Büro zu zeigen: den Schreibtisch, der auf Franklin D. Roosevelts Zeit zurückging, den riesigen Teppich mit dem Siegel des Präsidenten in der Mitte usw.

Natürlich machten wir zwei Fotos zusammen. Dann sagte der Präsident (sofern ich mich an seine Worte richtig erinnere): »Ich möchte gern, dass Amerika ein sicherer Ort ist, ein Ort der Freiheit für unsere aufwachsenden Kinder. Und die einzige Möglichkeit, das zu erreichen, liegt darin, den Terrorismus jetzt zu bekämpfen. Ich werde versuchen, alles zu tun, damit die Kinder in einer Nation aufwachsen, die so ist wie jene, in der wir groß wurden.«

Er hatte auch zur Begrüßung einen kleinen Rat für Jeff, Mindy und Zach. »Kinder, wisst ihr, wie ihr erfolgreich sein könnt?«, fragte er in vollem Ernst. Sie schüttelten die Köpfe und erwarteten von ihm eine Antwort.

---

62   A. d. H.: Sie blieb bis Juni 2014 in diesem Amt.

Er lächelte kurz, bevor er antwortete: »Gehorcht eurer Mutter!«
Wir lachten alle gemeinsam.

»Ich möchte mich für alles bedanken, was Sie versucht haben, für Martin und mich zu tun«, sagte ich.

»Ich freue mich, dass Sie hier sind«, sagte er. »Und es gibt etwas, was Sie für mich tun können: Beten Sie jeden Tag für mich. Das habe ich wirklich nötig. Wenn ein Mensch, der in diesem Raum arbeitet, nicht begreift, wie nötig er Gottes Weisheit hat, dann weiß er tatsächlich überhaupt nicht, was hier passiert.«

Der gleiche freundliche Empfang zeigte sich im Frühjahr 2009 nach einem Regierungswechsel, als Eric Holder, der neue Generalbundesanwalt[63], mich während der National Crime Victims' Rights Week für den Special Courage Award[64] ausgewählt hatte.

Der Staatsanwalt des Justizministeriums, der mich zuerst angerufen hatte, erklärte mir, dass ich dafür drei Tage in Washington zubringen müsse, um alle Veranstaltungen mitzumachen.

Ich kannte ihn bereits von früheren Begegnungen und sagte ohne Umschweife: »Sie müssen wissen, dass ich zugesagt habe, am nächsten Wochenende in Kalifornien zu sprechen, was ganz in der entgegengesetzten Richtung liegt. Es tut mir also leid, dass ich nicht kommen kann.«

Danach war es lange still am Telefon. »Na, Gracia ...«, sagte er. »Wenn der Generalbundesanwalt der Vereinigten Staaten einer Person einen Orden verleihen will, dann wird diese Person auch einen Weg finden, hier zu erscheinen.«

O weh, sogleich änderte ich meine Pläne. Bald erfuhr ich, dass noch neun andere mit mir zusammen geehrt werden sollten. Alle anderen waren Leute oder Vertreter von Gruppen, die *für* Verbrechensopfer arbeiteten. Dazu gehörten ein Krisenzentrum in Boston, das sich für Vergewaltigungsopfer einsetzte, und eine Gruppe von sechs Leuten in North Carolina, die hinter versteckten Geldern und Besitztümern von Verbrechern her sind (meist im Ausland) und die das Geld

---

63 A. d. H.: In dieser Funktion war er faktisch zugleich Justizminister.
64 A. d. Ü.: Eine Auszeichnung für besonders mutiges Verhalten, die während dieser »Nationalen Woche für die Rechte der Verbrechensopfer« verliehen wird.

dann an die Opfer auszahlen. Wodurch war ich bloß in einer so auserlesenen Gesellschaft gelandet? Jeffrey Taylor, der frühere Interims-US-Staatsanwalt des District of Columbia, hatte mein Buch gelesen und meinen Namen auf die Liste gesetzt.

Zwischen prächtigen Mahlzeiten und Höflichkeitsbesuchen bei Senatoren und Abgeordneten fand das erste formale Ereignis statt – eine bei Kerzenschein abgehaltene Zeremonie in der US Chamber of Commerce Hall of Flags, die für die Öffentlichkeit geöffnet wurde. Eine ansehnliche Menge von Verbrechensopfern aus der Umgegend von Washington war anwesend – neben einigen FBI-Agenten, die unsere Gefangenschafts-Situation bearbeitet hatten. Eric Holder hielt an diesem Abend eine Rede. Dann wurden Kerzen entzündet, und es erklangen einige Musikbeiträge eines Kinderchores. Alles war sehr berührend.

Am nächsten Tag fand »nur für Eingeladene« die Verleihung der Auszeichnung statt, und zwar in dem beeindruckenden Andrew W. Mellon Auditorium an der Constitution Avenue. Die zu Ehrenden wurden einer nach dem anderen aufgerufen, und jeder wurde mit einem kurzen Filmbeitrag eingeführt. Mein Video hatte ein Produzent von der Westküste hergestellt, der den ganzen Weg bis Wichita auf sich genommen hatte, um es zu drehen. Es waren nur ein Neunzig-Sekunden-Film, aber er war sehr eindrücklich.

Ich war die Letzte, die aufgerufen wurde. Als ich nach dem Video auf die Bühne kam, deutete Eric Holder mit dem Finger direkt auf mich und sagte:»Sie sind die Ursache, weshalb wir diese Veranstaltung durchführen. Leute wie Sie sind es, die unsere Arbeit der Mühe wert sein lassen.« Die Leute standen und klatschten, als er mir eine schön gestaltete Plakette aushändigte, auf der stand:

Special Courage Award
presented to
Gracia Burnham
for Demonstrating Extraordinary Courage and Heroism[65]

---

65 A.d.Ü.: Svw. »Auszeichnung für besonderen Mut, verliehen an Gracia Burnham, weil sie in außergewöhnlicher Weise Mut und Heldentum gezeigt hat«.

Ich fühlte mich ein wenig fehl am Platze, weil ich eine Auszeichnung für besonderen Mut erhielt, wo ich doch gar nicht besonders mutig bin. Mehr Sinn hätte es gemacht, wenn ich einfach eine Überlebens-Plakette bekommen hätte. Aber ich habe sie trotzdem dankbar angenommen.

Zurück auf den Philippinen

Die Reise nach Washington glich eher einem Sprung über eine Pfütze – verglichen mit der Reise, um die mich das Außenministerium im Sommer 2004 bat. »Gracia, die Regierung der Philippinen ist jetzt soweit, acht Abu Sayyaf vor Gericht zu stellen. Man benötigt Ihre Zeugenaussage, um vor Gericht die Anklage besser vertreten zu können. Wollen Sie nach Manila fliegen?«

Ich holte tief Luft. »Gut, ich habe immer gesagt, ich würde alles tun, worum Sie mich bitten würden. Aber wird das eine sichere Sache sein? Was dies betrifft, so bin ich nicht an einer Reise interessiert, von der ich nicht zurückkomme. Sie wissen schon, was ich meine. Ich muss wieder nach Hause zu meinen Kindern kommen.«

»Absolut!«, kam die Antwort. »Wir werden Sie auf Schritt und Tritt bewachen. Sie werden nur auf dem Gelände der amerikanischen Botschaft bleiben. Rund um die Uhr werden Wachleute auf Sie aufpassen.«

Als ich den Kindern erzählte, was ich vorhatte, wollten sie natürlich mitfahren. »Mama, wir wurden nach Papas und deiner Gefangennahme innerhalb von Stunden außer Landes gebracht. Wir konnten noch nicht einmal unseren Freunden ›Auf Wiedersehen‹ oder irgendetwas sagen. Dürfen wir bitte, bitte diesmal mitfahren?«, bettelten sie.

Ich besprach die Sache mit Beamten des Außenministeriums und erhielt sofort die Antwort, dass dies nicht möglich sei. Sie sagten, mich zu bewachen, sei Herausforderung genug für sie.

So flog ich auf die Philippinen, begleitet von vier FBI-Leuten, unter denen eine Agentin war, die während des dortigen Aufenthalts mein

Double sein sollte. Sobald wir gelandet waren, holten sie mich durch einen Seitenausgang aus dem Flugzeug, um der Menge am Ende der Gangway zu entgehen. Aber damit täuschten sie die philippinischen Medien nicht. Man hätte denken können, ich sei Jessica Simpson[66], so jagten sie uns die nächsten Tage durch die Straßen. *Mrs. Burnham ist wieder da!* Es war einfach ganz und gar verrückt!

Sogar innerhalb des Botschaftsgeländes musste ich von bewaffneten Wächtern eskortiert werden, wenn ich von einem Gebäude in ein anderes ging. Ich schaffte es, einige Leute vom NBI[67] zu begrüßen, die sich sehr für meine Angelegenheiten eingesetzt hatten. Ich traf zwei Leute, die das Lösegeld in ein Kaufhaus gebracht hatten. Denen dankte ich für ihren Mut, und ich hielt es für eine Ehre, ein wenig bei ihnen sein zu dürfen.

Die ersten beiden Tage verbrachte ich mit drei philippinischen Anklagevertretern und mit zwei US-Rechtsanwälten. Diese kannte ich schon gut; denn sie hatten mir bei der Ausarbeitung meiner Zeugenaussage vor einem Großen Geschworenengericht in Washington geholfen. Sie arbeiteten alle zusammen und waren mir behilflich, mich auf die Aussage vor Gericht vorzubereiten. Ich wollte alles so gut wie möglich machen, aber ich war sehr besorgt. Was würde passieren, wenn ich tatsächlich die Abu Sayyaf im Gerichtssaal wiedersah und keine Haltung bewahren könnte? Ich betete um Standhaftigkeit, wenn es so weit kommen sollte.

Der Morgen des Prozesses kam heran. Er sollte in einem kleinen Gerichtssaal innerhalb des Männergefängnisses stattfinden. Die Medien waren natürlich voller Neugier und warteten am Tor der Botschaft auf meine Überführung um neun Uhr. Ein großer Konvoi war zusammengestellt und brauste den Boulevard hinunter, aber die Reporter wussten nicht, dass ich gar nicht in dem Hauptkonvoi saß. Die Rolle als Lockvogel hatte mein Double, die FBI-Agentin, übernommen. Tatsächlich war sie es, die in den Abendnachrichten an meiner Stelle überall in Manila zu sehen war!

---

66 A. d. H.: Bekannte US-amerikanische Schauspielerin und Sängerin.
67 Abkürzung für »National Bureau of Investigation«, philippinisches Gegenstück zum FBI.

In Wirklichkeit wurde ich schon morgens um fünf Uhr völlig unauffällig von der Botschaft zum Gefängnis gebracht und dort durch einen Hintereingang hineingelassen.

Als ich den Gerichtssaal betrat, erkannte ich sofort die Gesichter von Bro, Ustedz Khayr, Bas Ismael, Daud, Jandul und Umbran. Auch erkannte ich, dass den Männern ein Übersetzer beigegeben war, weil der Prozess auf Englisch stattfinden sollte. Mein Puls stieg an, als ich an deren mögliches Schicksal – die Todesstrafe – dachte. Dies war ein furchtbar ernster Tag in ihrem Leben.

Zum Glück brauchte ich sie während meiner Zeugenaussage nicht anzuschauen. Vor philippinischen Gerichten blickt der Zeuge den Richter an, nicht die Angeklagten. Die Anklagevertreter gingen mit mir eine Reihe von Fakten über unsere Erfahrungen im Dschungel durch. Schließlich wurde ich gebeten, mich umzudrehen und die Angeklagten der Reihe nach anzuschauen, ihre Namen zu nennen und zu sagen, wann ich sie erstmalig und letztmalig gesehen habe, was ihre Tätigkeit bei den Abu Sayyaf gewesen war und was ich sonst noch wüsste.

In zwei von acht Fällen musste ich sagen: »Euer Ehren, er sieht mir bekannt aus, aber ich bin nicht sicher genug, um zu erklären, ob er bei uns war. Darum möchte ich lieber keine Vermutungen aussprechen.« Die anderen sechs erkannte ich sofort. So konnte ich bei allen meine Aussagen machen.

Während ich sprach, sahen sie mich nicht hasserfüllt an. Tatsächlich nickte Ustedz, der am Ende der Reihe saß, mit dem Kopf! (Sein Englisch war ziemlich gut.) So signalisierte er damit bei allem, was ich sagte: *Ja, sie sagt, wie es war.* Warum flüsterte sein Anwalt ihm nicht ins Ohr, damit aufzuhören? Er klagte sich doch damit selbst an, und niemand half ihm.

Schließlich kam es zum Kreuzverhör. Der Richter kündigte an, dass der Verteidiger Fragen an mich richten durfte.

Die erste Frage an mich war: »Mrs. Burnham, aus Ihren Worten entnehmen wir, dass es während Ihrer Gefangenschaft Zusammenarbeit zwischen dem philippinischen Militär und den Abu Sayyaf gegeben hat. Stimmt das?«

Die beiden amerikanischen Rechtsanwälte, die bisher schweigsam geblieben waren, sprangen auf. »Einspruch, Euer Ehren!«, riefen sie. »Diese Frage ist völlig irrelevant für dieses Verfahren.«

»Einspruch anerkannt«, antwortete der Richter. »Sie brauchen diese Frage nicht zu beantworten. Verteidiger, setzen Sie bitte das Kreuzverhör fort.«

Die beiden Verteidiger zögerten. Schließlich sagte einer von ihnen: »Keine weiteren Fragen, Euer Ehren.«

›Wie bitte? Dafür war ich von so weit hergekommen? Ich hatte ihre Klienten mit so vielen Einzelheiten belastet, und sie hatten sonst keine Fragen an mich zu richten? Das ging ja wesentlich leichter, als ich es mir vorgestellt hatte!‹

Der Richter wurde wütend. »Sie haben seit drei Wochen gewusst, dass Mrs. Burnham hierherkommt! Und nun haben Sie keine Fragen an sie? Ich lege jetzt eine fünfzehnminütige Unterbrechung ein, in der Sie relevante Fragen vorbereiten können!« Dann fiel sein Hammer.

Man sollte annehmen, die beiden Männer hätten die Köpfe zusammengesteckt und Notizen gemacht. Aber nein – einer verließ sofort den Raum und ging zum Gefängnistor, damit er den Medien Meldung machen konnte. Der andere Rechtsanwalt eilte zu seinem Auto, um eine Ausgabe von *In the Presence of My Enemies* zu holen, das ich für seine Frau signieren sollte. »Sie bringt mich um, wenn ich heute Abend ohne die Signierung nach Hause komme!«, sagte er aufgeregt.

Ich war entsetzt. Auch wenn die Abu Sayyaf abscheuliche Gräueltaten begangen hatten, so hatten sie doch zumindest eine ordentliche Verteidigung verdient. Nirgends war für sie Hilfe in Aussicht. Du liebe Zeit, *ich* hätte ihnen mehr behilflich sein können als diese Verteidiger! Es wäre doch so einfach gewesen, wenn sie mich gefragt hätten: »OK, Mrs. Burnham, wie viele Sprachen sprechen Sie?«

Antwort: »Eine.«

»Und welche Sprache ist das?«

»Englisch!«

»Haben sich die Abu Sayyaf während Ihrer Gefangenschaft miteinander auf Englisch unterhalten?«

»Nein, nicht wirklich.«

»Dann wäre es doch möglich, dass Sie eine Menge von dem, was so täglich im Lager passierte, missverstanden haben könnten. Wie können Sie dann sagen, dies und das habe sich ereignet, wenn die einzigen Englisch sprechenden Leute in der Gruppe während der meisten Zeit Ihrer Geiselhaft Sie und Ihr Mann waren?«

Sie hätten meine Zeugenaussage ernsthaft in Zweifel ziehen können. Aber sie dachten überhaupt nicht daran.

Sie hätten auch versuchen können zu sagen, ihre Klienten seien mit Gewalt gezwungen worden, sich der Bewegung anzuschließen, indem man ihre Frauen und Kinder kurzerhand gefangen genommen hatte. Dagegen hätte ich nichts einwenden können, und tatsächlich geschah das häufig genug. Ich kannte Angeklagte, die sagten etwa: »Die Abu Sayyaf kamen durch unser Dorf, und ich wurde ›geopfert‹.« Das bedeutete, ihr Dorf wurde von mehreren Dutzend gefährlicher, Maschinenpistolen tragender Kämpfer überfallen, die den Bewohnern sagten: »Wir brauchen aus diesem Dorf drei Rekruten – oder …« Um dem wilden Morden, Vergewaltigen und Plündern zuvorzukommen, haben dann die Dorfältesten junge Männer als Rekruten angeboten. Das passierte immer wieder.

Ich sah mir die vom Gericht bestellten Übersetzer an. Sie taten überhaupt nichts. Dabei wusste ich, dass die Angeklagten nicht genug Englisch verstanden, um zumindest halbwegs mitzubekommen, was vor sich ging.

Ich blickte mich nach einem Gerichtsreporter um, der sich Notizen für den offiziellen Bericht über den Prozess machte, doch ich konnte keinen erblicken. Aber ich sah eine kleine Kamera, die auf den Zeugenstand gerichtet war. Vielleicht war das landesübliche Art der Dokumentation.

Es war offensichtlich, dass die Medien und die Öffentlichkeit von dem Prozess ausgeschlossen bleiben sollten. So war auch die kleine Zuschauergalerie leer. Aber in den Abendnachrichten des Fernsehens erschien der Prozess in voller Länge! Offensichtlich hatte einer der Insider schnell alles zu den Medien durchsickern lassen.

Nach der Rückkehr in die Botschaft sahen wir die Meldungen. Ein Rechtsanwalt sagte den Reportern mit ernstem Gesicht: »Mrs. Burnhams Aussagen entlasten das philippinische Militär, was jedwede Fehlhaltung der Armee während ihrer Gefangenschaft betrifft.« Ich hatte nichts dergleichen gesagt, weder Pro noch Kontra.

Bald flog ich nach Amerika zurück. Ich hatte getan, was meine Regierung von mir verlangt hatte, und die Verantwortlichen schienen mit meiner Arbeit zufrieden zu sein. Ich wartete natürlich gespannt auf Neues von dem Prozess und darauf, wie die Urteile ausfallen würden. Die Sache verzögerte sich allerdings immer weiter. Nach einer gewissen Zeit wurde auf den Philippinen per Präsidialerlass die Todesstrafe abgeschafft, was mich ein wenig beruhigte. Zumindest wurde niemand aufgrund meiner Zeugenaussagen hingerichtet. Aber immer noch hielten die »legalen« Intrigen an, und die Männer schmachteten weiter hinter Gittern.

Schließlich wurde eine Gruppe, zu der auch Bro gehörte, bei einem Ausbruchversuch erschossen. Es sollte noch bis zum Dezember 2007 dauern, bis die Übrigen schuldig gesprochen und zu einer lebenslangen Haftstrafe verurteilt wurden.

Eine sentimentale Reise

Sobald ich im Sommer 2004 nach Hause kam, wollten die Kinder natürlich jede Einzelheit erfahren. Ihr Wunsch, selbst zurückzufahren, wurde immer stärker. Immerhin waren sie mit den Philippinen genauso fest verbunden, wie ich es war. Wir sagten nun, dass unsere Familie einen kleinen »Dschihad« erklärt hatte – auf den Knien. Wann immer wir in der Zeitung lasen, die Abu Sayyaf hätten wieder Geiseln genommen oder ein Gebäude in die Luft gesprengt, beteten wir, sie mögen die Chance bekommen, wenigstens einmal das Evangelium von Jesus Christus in verständlicher Form zu hören, damit sie eine vernünftige Entscheidung treffen könnten.

Mindy fing sogar an, mich zu betteln, sie zur Faith Academy, der Missionsschule in Manila, zu überweisen, wo auch Martin seine Prüfungen abgelegt hatte. Ich schlug ihr diesen Gedanken nicht gleich rundweg ab.

Aber ich wusste aus Erfahrung, dass die philippinischen Medien uns während der ganzen Fahrt Unannehmlichkeiten bereiten würden, wenn wir öffentlich dorthin reisten. So begann ich, heimlich Pläne für einen Weihnachtsurlaub zu machen. Der New Tribes Mission erzählte ich nicht, was ich vorhatte, und auch dem amerikanischen FBI nicht, weil ich wusste, dass Beamte uns dann begleiten wollten. Nicht einmal meiner Verwandtschaft sagte ich etwas davon. Ich fuhr nur los und kaufte Tickets. Einer Familie, die für NTM in Manila arbeitete, sagte ich Bescheid und bat sie, uns abzuholen – und niemandem davon zu erzählen!

Der erste Teil unserer Reise führte uns zum O'Hare International Airport, einem Flughafen von Chicago, von wo aus wir möglichst unerkannt weiterreisen wollten. Ich sah, dass Jeff ein Sport-T-Shirt trug, auf dem vorn »FCA«[68] stand, während auf dem Rücken »Burnham« zu lesen war. Du liebe Zeit! »Jeff, du musst ein anderes T-Shirt anziehen«, befahl ich ihm. Dann zog ich mich in einen Warteraum zurück und setzte eine abscheulich lange, blonde Farrah-Fawcett-Perücke auf, die Lynette, meine Assistentin, für mich ausgesucht hatte. Als ich wieder zu meinen Kindern kam, sagte ich zu ihnen: »OK, lasst uns jetzt zum Flugsteig gehen.« Ihre Köpfe flogen erschrocken herum. Sie hatten mich nicht erkannt.

»Mama, die willst du doch wohl nicht tragen!«

»Doch!« Und es war sehr gut, dass ich das tat. Auf dem letzten Teilabschnitt unserer Reise von Tokio nach Manila saß ich neben einem sehr gesprächigen Filipino. Er begann, mir Fragen zu stellen – wo ich in Amerika wohnte, wohin ich wollte usw. Dann kam der Kracher: »Wie lautet Ihr Familienname?«

Gerade auf diese Frage war ich nicht vorbereitet. So stotterte ich herum und sagte schließlich: »Burnham.«

Er sah mich ernst an. »Vielleicht wissen Sie, dass vor einigen Jahren eine Familie dieses Namens in unserem Land war«, sagte er sehr leise. »Die gehörten wohl zu so einem Friedenskorps ... Die wurden

---

68 Abkürzung für »Fellowship of Christian Athlets«.

von den Abu Sayyaf als Geiseln genommen, eine wirklich traurige Geschichte.« Dann erzählte er alles, was er darüber wusste. Ich saß da, hörte zu und hielt den Atem an. Endlich war er fertig. Aber nun musste ich ja etwas darauf erwidern. Was sollte ich sagen? Ich schüttelte den Kopf und murmelte dazu: »Ja, ja, ich habe auch davon gehört.« Dann schnappte ich mir sogleich ein Kissen und stellte mich für den Rest der Reise schlafend.

Die Einwanderungsbehörde machte uns keine Schwierigkeiten, und bald trafen wir unsere Missionsfreunde. Sie ließen uns schnell aus der Stadt verschwinden und brachten uns nach Aritao, wo wir so lange gewohnt hatten. Da verschwand die Perücke natürlich.

Welch ein Erlebnis war es, nach mehreren Jahren wieder an diesem vertrauten Ort zu sein! Wir gingen zum Marktplatz, um Weihnachtsgeschenke füreinander einzukaufen. Die Leute waren erstaunt, mich wieder zu sehen. »Mrs. Burnham, haben Sie gar keine Angst?«, fragten sie mich immer wieder.

»Wovor sollte ich mich denn fürchten?«, antwortete ich jedes Mal.

»Na klar, ich glaube nicht, dass sich hier ein Abu Sayyaf herumtreibt.«

Wir hatten eine wunderbare Zeit miteinander. Auch kauften wir Vorräte für Opfer eines Taifuns, der kürzlich in der Nähe getobt hatte. Mit diesen Armen sangen wir christliche Lieder und hörten uns ihre traurige Geschichte an.

Für die Kinder war es gut, dass sie in ihr früheres Leben wiedereintauchen konnten. Ich merkte, wie sie sich entspannten. Sie wurden völlig gelöst. Die jetzt in »unserem« Haus wohnenden Missionare luden uns zu einem Festessen ein. Die Kinder gingen überall umher und erinnerten sich vergnügt: »Mama, denkst du noch daran, wie Papa das Badezimmer umgebaut hat?« Es war ein wunderbarer Abend.

Die Kinder machten lange Ausflüge in die Berge. Dort verbrachten sie ganze Nächte zusammen mit einigen Teenagern aus der Gemeinde, wobei sie gemeinsam mit ihnen zur Jahreswende um Mitternacht Feuerwerkskörper zündeten. Am nächsten Tag erst kehrten sie heim.

Wir nahmen auch unangemeldet an der Jahreskonferenz der New Tribes Mission teil, zu der die NTM-Missionare alljährlich von den verschiedenen philippinischen Inseln für eine Woche zusammen-kommen. Meine Gegenwart brachte den Zeitplan ziemlich durch-einander. Da waren viele Leute, die mich sprechen wollten. Auch für sie war es nötig, manches zum Abschluss zu bringen. Jeff gab an einem bunten Abend die Parodie eines »Goofy-Liedes« zum Besten. Alle lachten. Es war wunderschön.

Auf dem Weg zurück nach Manila hielten wir an einem großen Rastplatz an, um etwas zu essen. Da sah ich, wie einige Leute mit-einander flüsterten. Bald lief einer zu seinem Auto, um ein Buch zu holen, das ich signieren sollte. Das endete damit, dass ich Servietten signierte und mich mit vielen Leuten fotografieren ließ. Irgendwie schien es alles immer verrückter zu werden. So machten wir uns so schnell wie möglich davon.

Schließlich flogen wir nach drei wunderbaren Wochen wieder heim. Irgendwann im folgenden April riefen philippinische Medien-vertreter bei mir an und fragten: »Ist es wahr, dass Sie letztes Jahr zu Weihnachten hier waren?« Ja, es war wahr.

Ein Kanal für das Gute

Wie ich hoffe, wird diese Reise nicht die letzte gewesen sein, obwohl die Sicherheitsfrage immer bedacht sein will. Inzwischen halte ich beständig Ausschau danach, wo sich die Möglichkeit eines Diens-tes ergibt, den die Martin-und-Gracia-Burnham-Stiftung auf-nehmen kann. Ich fing mit dieser Sache auf Anraten einiger weiser Freunde an. Und das geschah, kurz nachdem wir aus der Gefangen-schaft befreit waren und von Leuten Geld erhielten, die an unserem Ergehen Anteil genommen hatten. Sie hatten während des ganzen Jahres, in dem wir im Dschungel steckten, für uns gebetet und woll-ten uns nun sehr gern helfen – konnten es aber nicht. Als ich dann in die Staaten zurückgekommen war, fanden ihre Anteilnahme und ihre Liebe ein Betätigungsfeld. Sie meinten, ich könne das Geld zur Förderung des Reiches Gottes auf die Philippinen oder in andere Regionen schicken.

Darum definierte ich vier Ziele für unseren Dienst:

- Evangelisation von Muslimen;
- Evangelisation in verschiedenen Stämmen;
- Missionsflugdienst;
- Hilfe für verfolgte Gläubige.

Ich legte auch fest, dass wir Geldspenden sofort weiterleiten würden. Mit anderen Worten: Wir wollten nicht versuchen, eine Stiftung jener Art zu gründen, die nur ein paar Prozent des Gewinns weitergibt. Würde jemand uns zehn Dollar geben, wollten wir diese zehn Dollar so effizient wie möglich weitergeben.

Als ich damals, 2003, in Boston Bücher signierte, begrüßte mich eine Dame und fragte: »Auf welche Weise kann ich für Sie beten?«

»Wissen Sie«, antwortete ich, »gerade in den letzten Wochen wird mir das Schicksal der muslimischen Frauen als Last und Anliegen aufs Herz gelegt. Und ich weiß nicht, wie ich helfen kann. Beten Sie, dass mir das klar wird.«

»Gut, kennen Sie das Projekt Hannah? Wenn Sie nach Hause kommen, googeln Sie danach, vielleicht ist das schon die Antwort.«

Ich tat das und entdeckte, dass es sich um ein Programm von Trans World Radio handelt, das am späten Vormittag als »Magazin für Frauen« gesendet wird und Ratschläge für Kindererziehung, Kochrezepte und Gesundheit gibt, verbunden mit der Verkündigung des Evangeliums. Dieses Programm wird in alle muslimischen Länder und alle übrigen Regionen der Welt gesendet.

Daraufhin rief ich bei TWR an und fragte, ob das Projekt Hannah auch auf den südlichen Philippinen zu empfangen ist. »Natürlich!«, sagte man mir.

»Was kostet das jährlich?«

Man nannte mir eine Zahl.

Dann rief ich die Mitglieder unseres Stiftungsrates zusammen und erhielt sofort volle Zustimmung. Als ich einige Tage später wieder bei TWR anrief und sagte, wir würden die Kosten übernehmen, war es eine Weile still am Telefon. Schließlich sagte der betreffende Mitarbeiter: »Jetzt im Augenblick findet unten im Saal eine Versammlung wegen dieser Angelegenheit statt. Wie haben kein Geld, die philippinische Ausgabe von ›Hannah‹ zu produzieren, und nun diskutieren unsere Leute darüber, ob sie das Projekt aufgeben sollen.«

Seitdem unterstützen wir das Projekt.

Wir sind auch froh, dass wir zu dem Projekt der Ibaloi-Übersetzung (Altes Testament) beitragen können. Das ist jene Stammessprache in den Bergen von Luzon, in deren Verbreitungsgebiet Paul und Oreta Burnham so lange gearbeitet hatten. Aber für Einzelpersonen geben wir nichts, sondern nur für Projekte. Und natürlich geben wir keinem der Burnhams direkt etwas, obwohl wir mehrere Missionare in der Familie haben.

Ich sprach in einer Universität in Arkansas, und der junge Mann, der für das Festessen verantwortlich war, erzählte mir, dass sein Vater und Martin während der Highschoolzeit gute Freunde gewesen seien, als sie beide damals die Faith Academy besuchten. »Im Grunde«, so fuhr er fort, »haben meine Großeltern ihr Leben mit der Übersetzung der Bibel ins … verbracht«, und er nannte den Namen derjenigen Stammessprache, die auch viele Abu Sayyaf sprechen. »Heute verbringen meine Großeltern ihre alten Tage in der Nähe von Dallas.«

Ich konnte es gar nicht abwarten, mit ihnen Kontakt aufzunehmen. Von ihnen erfuhr ich, dass vieles von ihrer Arbeit nicht mehr gedruckt wurde. Ich fand das unerhört und begann zu beten.

Nachdem ich in einer Gemeinde in Annapolis gesprochen hatte, spendete sie unserer gemeinnützigen Stiftung 5000 Dollar, sodass 13 Bücher aus der Reihe »Leben der Propheten« nachgedruckt werden konnten. Das waren Comics, die dieses Ehepaar vor etlichen Jahren übersetzt hatte. Die Geschichten handeln von Adam, Abraham, Mose, David und Elia bis hin zu Jesus Christus. Diese Bücher haben sich seitdem als sehr beliebt herausgestellt.

Wir erweckten auch eine Reihe von Morgen- und Abendandachten über Jesaja und die Psalmen zu neuem Leben, die besonders für den Ramadan (den muslimischen Fastenmonat) gedacht waren. Auch in dieser Auswahl geht es um die Prophezeiungen, die sich auf Jesus Christus beziehen.

Als wir überlegten, ein bilinguales Wörterbuch für diese Sprache und Englisch herauszubringen, merkten wir, dass die Kosten den Rahmen unserer Möglichkeiten weit übersteigen würden. Es gelang uns, die Hilfe der Tyndale House Foundation zu gewinnen. Diese Bücher werden gerade jetzt verpackt, um überall auf den südlichen Philippinen verteilt zu werden, zusammen mit Neuen Testamenten und den Comics.

Die zurzeit aufregendste Neuigkeit ist unsere Partnerschaft mit einem Ehepaar, das im New Bilibid Prison, einem Gefängnis in Muntinlupa City, arbeitet. Es ist ein Hochsicherheitsgefängnis in der Gegend von Manila. Dort sitzen auch einige der Abu-Sayyaf-Leute ein. Aufgrund des Dienstes dieses Ehepaars finden dort nun Bibelstunden statt. Ein weiterer Schwerpunkt ist die Verteilung christlicher Literatur. Außerdem werden wirklich bekehrte und von Gott berufene Leute zum geistlichen Dienst ausgebildet. Ja, neun dieser Gefangenen tun heute pastorale Dienste innerhalb der Anstalt.

Dieses Ehepaar hat auch Exemplare meines Buches verteilt. Ein Ergebnis davon war, dass diese Pastoren im Gefängnis, die vorher die Abu Sayyaf nur verachteten, nun bereit geworden sind, einen echten Zugang zu ihren Herzen zu suchen, indem sie sagen: »Wenn Gracia diesen Kerlen vergeben und sie lieben kann, dann können wir das auch.«

Einige der Terroristen, die Martin und mich gefangen hielten, sitzen nun in Muntinlupa – so ist einer von dem Trio, das an jenem ersten schrecklichen Morgen in unsere Ferienanlage eindrang, dort zu »lebenslänglich« verurteilt. Mir wurde gesagt, er wolle nichts mit amerikanischen Besuchern zu tun haben.

Ein anderer Häftling hingegen ist freundlicher. Er schreibt mir Briefe wie ein »alter Kumpel«, der stolz darauf ist, »einst ein Koch von Gracia Burnham gewesen zu sein«. Über einen kürzlich erhaltenen Brief konnte ich nur lächeln. Darin hieß es: »Wenn ich auch im Knast sitze, habe ich keine Schuld; ich bin gut.« (Wirklich? Dieser Bursche hatte eines Tages einen Vorübergehenden enthauptet und kam lachend den Hügel hinauf, während sein gelbes T-Shirt überall von Blut besudelt war.) Aber er unterzeichnet seine Briefe immer mit: »Dein Freund«.

Er hat nur noch ein Bein. Das kommt daher, weil er an dem Tag, als Martin starb, verwundet wurde und seinen Kameraden nicht folgen konnte, die den Fluss hinabflohen. Sie ließen ihn mit 500 Pesos (10 Dollar) zurück, weil sie meinten, damit sei ihm geholfen. Drei Tage später fand ihn das philippinische Militär. Aber inzwischen war das Bein brandig geworden und musste amputiert werden.

Nebenbei gesagt, die Geschichte, die er heute von diesen Geschehnissen erzählt, geht so: »Die Amerikaner haben mir das Bein abgeschnitten, damit ich nicht weglaufen konnte.«

Aber das Positive ist, dass dieser Mensch zu den Bibelstunden geht, obwohl er noch nicht wirklich an Christus glaubt. Der Bibelstundenleiter blickte sich vor gar nicht langer Zeit einmal in der Runde um und zählte mehr Muslime als Nicht-Muslime. Mindestens drei Abu Sayyaf sind in dem Gefängnis zur Erkenntnis des Herrn gekommen – vielleicht sogar mehr. Ich kenne zwei von ihnen. Ihre Veränderung zu einem neuen Leben in Christus sei ganz offensichtlich, wurde mir gesagt.

Jawohl, sie hatten es zuerst unter ihren Mitgefangenen sehr schwer und wurden manchmal verprügelt. Auch mussten sie sich etwa die Drohung anhören, dass ihre Familienangehörigen in den südlichen Regionen der Philippinen gekidnappt werden würden, wenn sie ihren neuen Glauben nicht aufgäben. Aber mit der Zeit haben diese Anfeindungen nachgelassen.

Da ich selbst mehr als nur ein paar Nächte versucht habe, auf hartem Boden zu schlafen, habe ich Mitgefühl mit den Insassen in Muntinlupa. Jawohl, sie sind Abu Sayyaf – aber sie sind immer noch menschliche Wesen. Und sie haben eine Seele, die einen Retter nötig hat. Ich sprach vor einer Gruppe von Senioren in einer Gemeinde in Missouri, die ich dafür interessieren konnte, eine große Ladung Decken zu schicken, die für die Gefangenen bestimmt sind – nicht zum Wärmen (dort in den Tropen!), sondern zum Zusammenrollen als Kissen. Auf jede Decke war gestickt: »Jesus, der Messias«.

Ich sprach mit meinen Kindern, ob nicht unsere Familie einigen von diesen Leuten monatlich ein bisschen Geld schicken könnte – vielleicht zehn Dollar, damit sie etwas frisches Obst oder Gemüse auf dem

Markt des Gefängnisses kaufen könnten, um ihre Ernährung etwas zu verbessern und um sich ein Paar *tsinelas* für ihre bloßen Füße zu besorgen. Sie sagten: »Klar, Mama – das machen wir!« Einige Leute in westlichen Ländern unterstützen arme Kinder durch eine monatliche Spende, damit diese zu essen haben, medizinisch versorgt werden und in die Schule gehen können, und wir wollen »Sponsoren« für gefangene Abu Sayyaf sein!

Ich habe unser Kontakt-Ehepaar auch angewiesen, alle handgefertigten Produkte der Abu Sayyaf abzukaufen und den Burschen zu sagen, Gracia Burnham sei ihre Kundin. Darum musste ich Kisten für diese Dinge kaufen, die ich dann verschenke. Auch schickte ich den Leuten Postkarten von Kansas, damit sie sehen können, wo ich jetzt wohne. So bin ich immer am Überlegen, was ich noch alles für die Abu Sayyaf und andere Filipinos tun kann. Meine Kinder lassen sich dabei mitreißen, indem sie selbst aktiv werden. Das alles rechtfertigt ein wenig, wofür ihr Vater starb.

Wohin ich auch komme, überall bitte ich die Leute, damit zu beginnen, für die gefangenen Abu Sayyaf zu beten. Sie sind verzweifelt und arm. Ihre schreckliche Bedürftigkeit hat einige von ihnen dazu gebracht, den Herrn um Antworten zu bitten. Jetzt haben sie Zeit, über ihr Leben und über die Ewigkeit nachzudenken.

Es gibt keine Ernte, wo nicht zuvor gepflanzt wurde. Und der im Dschungel ausgestreute Same ist nicht erstorben. In der gesamten, seither vergangenen Zeit sehen wir, wie Gott etwas Großartiges tut, und wir staunen darüber.

Martin und ich lebten, getrennt von unseren Lieben, ein Jahr lang unter Terroristen. Nur die Gnade des Herrn brachte uns durch. Nun ist alles vertauscht. Ich bin ganz eng mit meinen Kindern verbunden, während die Abu Sayyaf von ihren Frauen und Kindern getrennt sind. Aber derselbe Herr wartet darauf, auch ihnen Ruhe und Frieden in ihre Seelen zu geben. Es gehört zu meinen täglichen Freuden, dabei helfen zu dürfen, diese Verbindung herzustellen.

Über die Autoren

Gracia Burnham und ihr verstorbener Ehemann Martin, ein Dschungelpilot im Dienst der Mission, arbeiteten mit der New Tribes Mission von 1986 bis 2001 auf den Philippinen. Gracia wohnt jetzt in Rose Hill, Kansas. Sie ist Mutter dreier bereits erwachsener Kinder: Jeff, Mindy und Zachary.

Gracia Burnham ist außerdem Gründerin und Leiterin der Martin-und-Gracia-Burnham-Stiftung. Wegen ihrer einzigartigen Geschichte ist sie eine bekannte Sprecherin in Gemeinden, auf Konferenzen und in Schulen. Ihr zweites Buch, *To Fly Again*[69], enthält Geschichten aus dem eigenen Erfahrungsbereich und Betrachtungen, die uns zeigen, wie Gottes Gnade uns befähigt, unser Leben auch nach schrecklichen Verlusten und Enttäuschungen neu zu gestalten.

Dean Merrill ist der Autor von sieben Büchern und der Koautor von 28 weiteren Werken, wozu auch die zwei von Gracia Burnham zählen. Er war als Herausgeber von vier unterschiedlichen Zeitschriften tätig und bereiste 49 Länder, als er mit der International Bible Society und der Global Publishers Alliance unterwegs war. Er und seine Frau wohnen in Colorado Springs.

---

69 A. d. H.: Frei übersetzt svw. *... und wieder darf ich fliegen.*

Abkürzungen

A. d. H.	Anmerkung des Herausgebers
A. d. Ü.	Anmerkung des Übersetzers
Pl.	Plural
Schlachter 2000	*Die Bibel*, übersetzt von F. E. Schlachter (Version 2000), Genf, 2003.
svw.	so viel wie